# COMPLIANCE NAS CONTRATAÇÕES PÚBLICAS
## EXIGÊNCIA E CRITÉRIOS NORMATIVOS

RODRIGO PIRONTI

MIRELA MIRÓ ZILIOTTO

# COMPLIANCE NAS CONTRATAÇÕES PÚBLICAS
## EXIGÊNCIA E CRITÉRIOS NORMATIVOS

2ª edição revista, ampliada e atualizada

1ª reimpressão

Belo Horizonte

**FÓRUM**

CONHECIMENTO JURÍDICO

2022

© 2019 Editora Fórum Ltda.
2019 1ª Reimpressão
2020 2ª Reimpressão
2021 2ª edição
2022 1ª Reimpressão

É proibida a reprodução total ou parcial desta obra, por qualquer meio eletrônico, inclusive por processos xerográficos, sem autorização expressa do Editor.

Conselho Editorial

Adilson Abreu Dallari
Alécia Paolucci Nogueira Bicalho
Alexandre Coutinho Pagliarini
André Ramos Tavares
Carlos Ayres Britto
Carlos Mário da Silva Velloso
Cármen Lúcia Antunes Rocha
Cesar Augusto Guimarães Pereira
Clovis Beznos
Cristiana Fortini
Dinorá Adelaide Musetti Grotti
Diogo de Figueiredo Moreira Neto (*in memoriam*)
Egon Bockmann Moreira
Emerson Gabardo
Fabrício Motta
Fernando Rossi
Flávio Henrique Unes Pereira
Floriano de Azevedo Marques Neto
Gustavo Justino de Oliveira
Inês Virgínia Prado Soares
Jorge Ulisses Jacoby Fernandes
Juarez Freitas
Luciano Ferraz
Lúcio Delfino
Marcia Carla Pereira Ribeiro
Márcio Cammarosano
Marcos Ehrhardt Jr.
Maria Sylvia Zanella Di Pietro
Ney José de Freitas
Oswaldo Othon de Pontes Saraiva Filho
Paulo Modesto
Romeu Felipe Bacellar Filho
Sérgio Guerra
Walber de Moura Agra

FÓRUM
CONHECIMENTO JURÍDICO

Luís Cláudio Rodrigues Ferreira
Presidente e Editor

Coordenação editorial: Leonardo Eustáquio Siqueira Araújo
Aline Sobreira de Oliveira

Rua Paulo Ribeiro Bastos, 211 – Jardim Atlântico – CEP 31710-430
Belo Horizonte – Minas Gerais – Tel.: (31) 2121.4900
www.editoraforum.com.br – editoraforum@editoraforum.com.br

Técnica. Empenho. Zelo. Esses foram alguns dos cuidados aplicados na edição desta obra. No entanto, podem ocorrer erros de impressão, digitação ou mesmo restar alguma dúvida conceitual. Caso se constate algo assim, solicitamos a gentileza de nos comunicar através do *e-mail* editorial@editoraforum.com.br para que possamos esclarecer, no que couber. A sua contribuição é muito importante para mantermos a excelência editorial. A Editora Fórum agradece a sua contribuição.

Dados Internacionais de Catalogação na Publicação (CIP) de acordo com ISBD

| | |
|---|---|
| P672c | Pironti, Rodrigo |
| | Compliance nas contratações públicas: exigência e critérios normativos / Rodrigo Pironti, Mirela Miró Ziliotto. – 2. ed. - 1. Reimpressão. Belo Horizonte : Fórum, 2021. 364 p. : il. ; 14,5cm x 21,5cm. |
| | Inclui bibliografia e apêndice. ISBN: 978-65-5518-278-1 |
| | 1. Direito Administrativo. 2. Licitações. 3. Contratações Públicas. 5. Compliance. I. Ziliotto, Mirela Miró. II. Título. |
| 2021-3456 | CDD 341.3 CDU 342.9 |

Elaborado por Vagner Rodolfo da Silva - CRB-8/9410

Informação bibliográfica deste livro, conforme a NBR 6023:2018 da Associação Brasileira de Normas Técnicas (ABNT):

PIRONTI, Rodrigo; ZILIOTTO, Mirela Miró. *Compliance nas contratações públicas*: exigência e critérios normativos. 2. ed. 1. Reimpr. Belo Horizonte: Fórum, 2021. 364 p. ISBN 978-65-5518-278-1.

*Aos meus filhos, Enrico e Chiara, frutos do melhor de mim e de minha esposa, Ana.*

Rodrigo Pironti

*Ao meu pai, Luiz Cesar, sempre presente.*

Mirela Miró Ziliotto

*À minha amada família, Ana Cláudia, Enrico e Chiara. Aos meus pais, Nilo e Sandra. Ao meu irmão, Ricardo. Aos colegas de escritório.*

Rodrigo Pironti

*Para todas e todos aqueles que se interessam pelo meu trabalho, que reconhecem meu esforço e que me motivam a atingir meus objetivos e ser uma pessoa melhor, meus mais sinceros agradecimentos.*

*Em especial, agradeço à minha família, formada por seres humanos inspiradores, de alma leve e valores sólidos, com quem aprendo diariamente sobre honestidade, paciência, tolerância, empatia, disciplina, generosidade, perseverança, resiliência e cooperação, e, sem os quais, nenhuma das minhas conquistas seria possível.*

*Agradeço especialmente, também, ao meu mentor, professor, sócio, amigo e coautor desta obra, Rodrigo Pironti, que me desafia todos os dias a ser uma pessoa e uma profissional melhor, parceiro de grandes conquistas, e, especialmente, por me instigar a sempre ir além.*

Mirela Miró Ziliotto

SUMÁRIO

PREFÁCIO DA PRIMEIRA EDIÇÃO

**Juarez Freitas** .................................................................................21

APRESENTAÇÃO DA SEGUNDA EDIÇÃO ......................................25

APRESENTAÇÃO DA PRIMEIRA EDIÇÃO

**Benjamin Zymler** ............................................................................27

CAPÍTULO 1
CONSIDERAÇÕES INICIAIS .............................................................29
1.1    Contratações públicas e corrupção ....................................35
1.2    O *compliance* (sistema de integridade) como pilar de contratações
sustentáveis................................................................45
1.3    O combate preventivo à corrupção amparado na redução e
mitigação de riscos .............................................................49
1.4    Breve resumo da obra .........................................................54

CAPÍTULO 2
A EXIGÊNCIA DE *COMPLIANCE* NAS RELAÇÕES
CONTRATUAIS COM A ADMINISTRAÇÃO PÚBLICA ....................55
2.1    Constitucionalidade da exigência por ausência de violação
à norma geral .....................................................................62
2.2    Qualificação das empresas contratadas ..............................66

CAPÍTULO 3
CRITÉRIOS NORMATIVOS À IMPLEMENTAÇÃO DE
SISTEMAS DE *COMPLIANCE* ..........................................................71
3.1    Lei Estadual nº 7.753/2017 – Rio de Janeiro .......................71
3.1.1  Parâmetros de alcance da norma .......................................72

| | | |
|---|---|---|
| 3.1.2 | Objetivos da exigência normativa | 74 |
| 3.1.3 | O sistema de integridade para Lei Estadual nº 7.753/2017 | 75 |
| 3.1.4 | Prazo para implementação de sistemas de integridade e *compliance* e despesas resultantes da implementação | 76 |
| 3.1.5 | Dos parâmetros de comprovação à efetividade do sistema de integridade | 77 |
| 3.1.5.1 | O comprometimento da alta administração | 81 |
| 3.1.5.2 | Políticas de ética e integridade aplicáveis a todos os colaboradores da empresa e estendidos, quando necessário, a terceiros | 83 |
| 3.1.5.3 | Treinamentos periódicos sobre o sistema de integridade | 84 |
| 3.1.5.4 | Análise periódica de riscos | 85 |
| 3.1.5.5 | Registros contábeis efetivos | 88 |
| 3.1.5.6 | Controles internos confiáveis | 89 |
| 3.1.5.7 | A instituição de procedimentos específicos para prevenir fraudes e ilícitos nas contratações públicas | 91 |
| 3.1.5.8 | Criação de área independente para aplicação do sistema de integridade e fiscalização de seu cumprimento | 94 |
| 3.1.5.9 | A instituição de canais de denúncia | 96 |
| 3.1.5.10 | Instituição de medidas disciplinares em caso de violação do sistema de integridade | 97 |
| 3.1.5.11 | Procedimentos que assegurem a pronta interrupção de irregularidades e a tempestiva remediação dos danos gerados | 97 |
| 3.1.5.12 | Diligências apropriadas para contratação e supervisão de terceiros | 98 |
| 3.1.5.13 | Verificação, durante os processos de operações societárias, do cometimento de irregularidades ou ilícitos ou da existência de vulnerabilidades nas pessoas jurídicas envolvidas | 100 |
| 3.1.5.14 | Realização de monitoramento contínuo do sistema de integridade e ações de promoção da cultura ética e de integridade | 101 |
| 3.1.6 | Comprovação do sistema e responsabilidade pela inclusão da exigência | 102 |
| 3.1.7 | Dos responsáveis pela fiscalização | 103 |
| 3.1.8 | O que acontece em caso de não implementação do sistema? | 105 |
| 3.2 | Lei Distrital nº 6.112/2018 – Distrito Federal | 107 |
| 3.2.1 | Parâmetros de alcance da norma | 108 |
| 3.2.2 | Objetivos da exigência normativa | 112 |
| 3.2.3 | O sistema de integridade para Lei Distrital nº 6.112/2018 | 113 |
| 3.2.4 | Prazo para implementação de sistemas de integridade e *compliance* e despesas resultantes da implementação | 115 |

| | | |
|---|---|---|
| 3.2.5 | Dos parâmetros de comprovação à efetividade do sistema | 121 |
| 3.2.6 | Comprovação do sistema e responsabilidade pela inclusão da exigência nos editais e contratos | 126 |
| 3.2.7 | Dos responsáveis pela fiscalização | 130 |
| 3.2.8 | O que acontece em caso de não implementação do sistema? | 132 |
| 3.2.9 | Decreto Distrital nº 40.388/2020 | 136 |
| 3.3 | Lei Estadual nº 15.228/2018 – Rio Grande do Sul | 139 |
| 3.3.1 | Parâmetros de alcance da norma | 139 |
| 3.3.2 | O objetivo da exigência normativa | 140 |
| 3.3.3 | O sistema de integridade para Lei Estadual nº 15.228/2018 do Rio Grande do Sul | 141 |
| 3.3.4 | Prazo para implementação de sistemas de integridade e *compliance* e despesas resultantes da implementação | 141 |
| 3.3.5 | Dos parâmetros de comprovação à efetividade do sistema | 142 |
| 3.3.6 | Comprovação do sistema e responsabilidade pela inclusão da exigência nos editais e contratos | 143 |
| 3.3.7 | Dos responsáveis pela fiscalização | 143 |
| 3.3.8 | O que acontece em caso de não implementação do sistema? | 143 |
| 3.4 | Lei Estadual nº 4.730/2018 – Amazonas | 144 |
| 3.4.1 | Parâmetros de alcance da norma | 145 |
| 3.4.2 | O objetivo da exigência normativa | 146 |
| 3.4.3 | O sistema de integridade para a Lei Estadual nº 4.730/2018 – Amazonas | 147 |
| 3.4.4 | Prazo para implementação de sistemas de integridade e *compliance* e despesas resultantes da implementação | 147 |
| 3.4.5 | Dos parâmetros de comprovação à efetividade do sistema | 148 |
| 3.4.6 | Comprovação do sistema e responsabilidade pela inclusão da exigência nos editais e contratos | 150 |
| 3.4.7 | Dos responsáveis pela fiscalização | 150 |
| 3.4.8 | O que acontece em caso de não implementação do sistema? | 152 |
| 3.5 | Lei Estadual nº 20.489/2019 – Goiás | 153 |
| 3.5.1 | Parâmetros de alcance da norma | 153 |
| 3.5.2 | O objetivo da exigência normativa | 154 |
| 3.5.3 | O sistema de integridade para Lei Estadual nº 20.489/2019 – Goiás | 155 |
| 3.5.4 | Prazo para implementação de sistemas de integridade e *compliance* e despesas resultantes da implementação | 156 |
| 3.5.5 | Dos parâmetros de comprovação à efetividade do sistema | 156 |

| | | |
|---|---|---|
| 3.5.6 | Comprovação do sistema e responsabilidade pela inclusão da exigência nos editais e contratos | 157 |
| 3.5.7 | Dos responsáveis pela fiscalização | 158 |
| 3.5.8 | O que acontece em caso de não implementação do sistema? | 159 |
| 3.6 | Lei Estadual nº 16.772/2019 – Pernambuco | 160 |
| 3.6.1 | Parâmetros de alcance da norma | 160 |
| 3.6.2 | O objetivo da exigência normativa | 162 |
| 3.6.3 | O sistema de integridade para Lei Estadual nº 16.722/2019 – Pernambuco | 163 |
| 3.6.4 | Prazo para implementação de sistemas de integridade e *compliance* e despesas resultantes da implementação | 163 |
| 3.6.5 | Dos parâmetros de comprovação à efetividade do sistema | 164 |
| 3.6.6 | Comprovação do sistema e responsabilidade pela inclusão da exigência nos editais e contratos | 165 |
| 3.6.7 | Dos responsáveis pela fiscalização | 167 |
| 3.6.7.1 | Decreto Estadual nº 50.365, de 4.3.2021 | 172 |
| 3.6.8 | O que acontece em caso de não implementação do sistema? | 174 |
| 3.7 | Lei Estadual nº 11.123/2020 – Mato Grosso | 178 |
| 3.7.1 | Parâmetros de alcance da norma | 178 |
| 3.7.2 | O objetivo da exigência normativa | 179 |
| 3.7.3 | O sistema de integridade para Lei Estadual nº 11.123/2020 do Mato Grosso | 180 |
| 3.7.4 | Prazo para implementação de sistemas de integridade e *compliance* e despesas resultantes da implementação | 180 |
| 3.7.5 | Dos parâmetros de comprovação à efetividade do sistema | 181 |
| 3.7.6 | Comprovação do sistema e responsabilidade pela inclusão da exigência nos editais e contratos | 182 |
| 3.7.7 | Dos responsáveis pela fiscalização | 183 |
| 3.7.8 | O que acontece em caso de não implementação do sistema? | 184 |
| 3.8 | Lei Estadual nº 11.463/2021 – Maranhão | 185 |
| 3.8.1 | Parâmetros de alcance da norma | 185 |
| 3.8.2 | O objetivo da exigência normativa | 187 |
| 3.8.3 | O sistema de integridade para Lei Estadual nº 11.463/2021 do Maranhão | 188 |
| 3.8.4 | Prazo para implementação de sistemas de integridade e *compliance* e despesas resultantes da implementação | 188 |
| 3.8.5 | Dos parâmetros de comprovação à efetividade do sistema | 189 |
| 3.8.6 | Comprovação do sistema e responsabilidade pela inclusão da exigência nos editais e contratos | 191 |

| | | |
|---|---|---|
| 3.8.7 | Dos responsáveis pela fiscalização | 192 |
| 3.9.8 | O que acontece em caso de não implementação do sistema? | 193 |
| 3.9 | Lei Estadual nº 8.866/2021 – Sergipe | 195 |
| 3.9.1 | Parâmetros de alcance da norma | 196 |
| 3.9.2 | O objetivo da exigência normativa | 197 |
| 3.9.3 | O sistema de integridade para Lei Estadual nº 8.866/2021 de Sergipe | 197 |
| 3.9.4 | Prazo para implementação de sistemas de integridade e *compliance* e despesas resultantes da implementação | 198 |
| 3.9.5 | Dos parâmetros de comprovação à efetividade do sistema | 198 |
| 3.9.6 | Comprovação do sistema e responsabilidade pela inclusão da exigência nos editais e contratos | 200 |
| 3.9.7 | Dos responsáveis pela fiscalização | 201 |
| 3.9.8 | O que acontece em caso de não implementação do sistema? | 201 |
| 3.10 | Portaria nº 877/2018 – Ministério de Estado da Agricultura, Pecuária e Abastecimento – Mapa | 203 |
| 3.10.1 | Parâmetros de alcance da norma | 203 |
| 3.10.2 | Objetivos da norma | 204 |
| 3.10.3 | O sistema de integridade para Portaria Mapa nº 877/2018 | 205 |
| 3.10.4 | Prazo para implementação de sistemas de integridade e *compliance* | 205 |
| 3.10.5 | Dos parâmetros de comprovação à efetividade do sistema | 206 |
| 3.10.6 | Das despesas resultantes da implementação e responsabilidade da inclusão da exigência | 210 |
| 3.10.7 | Dos responsáveis pela fiscalização | 211 |
| 3.10.8 | O que acontece em caso de não implementação do sistema de integridade? | 213 |
| 3.11 | Regulamento de Licitações e Contratos da Petrobras – RLCP | 214 |
| 3.12 | Nova Lei de Licitações e Contratos – Lei nº 14.133/2021 | 223 |
| 3.12.1 | Obrigação contratual | 223 |
| 3.12.2 | Critério de desempate | 227 |
| 3.12.3 | Aplicação de sanção | 230 |
| 3.12.4 | Reabilitação de licitantes ou contratados | 232 |
| 3.13 | Comparativo das leis regionais analisadas | 235 |
| 3.14 | Comparativo dos atos normativos analisados | 241 |
| 3.15 | Comparativo de leis distritais | 244 |
| 3.16 | Conclusão | 255 |

CAPÍTULO 4

## O QUE É UM PROGRAMA DE *COMPLIANCE* E COMO SE ADEQUAR ÀS NOVAS EXIGÊNCIAS........................257

4.1    O que é *compliance?* ........................260

4.2    Reequilíbrio econômico-financeiro dos contratos e os programas de *compliance*........................263

4.3    Instrumentos e comportamentos necessários ao *compliance*........263

4.3.1    Comprometimento da alta administração (*tone at the top*)........................264

4.3.2    Estruturação e atribuições da área de *compliance*........................268

4.3.2.1    Alocação no organograma da empresa........................268

4.3.2.2    Atribuições da área de *compliance*........................276

4.3.2.3    A escolha do profissional de *compliance* (*compliance officer*)........279

4.3.2.4    Instrumentos necessários para a atuação do profissional de *compliance*........................283

CAPÍTULO 5

## ANÁLISE DE RISCOS........................285

5.1    Análise de risco: uma introdução necessária........................285

5.1.1    Metodologia de gerenciamento de riscos na ISO 31000/18........288

5.2    *Risk assessment* e a matriz de riscos como instrumento de gestão ........................292

5.2.1    Política de gerenciamento de riscos ........................292

5.2.2    Gestão de riscos como política corporativa........................293

5.2.3    *Risk assessment* institucional: matriz de integridade........................298

5.3    Estruturas internas voltadas à gestão de riscos ........................305

5.4    *Compliance* e o grau de risco de integridade (GRI) nas licitações e contratações públicas: uma análise sobre a legalidade da exigência........................307

CAPÍTULO 6

## CÓDIGO DE CONDUTA E INTEGRIDADE E POLÍTICAS INTERNAS........................315

CAPÍTULO 7

## CANAL DE COMUNICAÇÃO E DENÚNCIAS ........................321

CAPÍTULO 8
PLANO DE COMUNICAÇÃO, CAPACITAÇÃO E
TREINAMENTO ..............................................................................................325

CAPÍTULO 9
MONITORAMENTO E APRIMORAMENTO CONTÍNUO DO
PROGRAMA DE INTEGRIDADE E *COMPLIANCE* .............................329

9.1    Indicadores-chave de crise (KCIs – *key crisis indicators*) em
*compliance* ....................................................................................................335

CAPÍTULO 10
CONSIDERAÇÕES FINAIS ........................................................................339

REFERÊNCIAS ..............................................................................................341

APÊNDICE ......................................................................................................351

## PREFÁCIO DA PRIMEIRA EDIÇÃO

Os programas de integridade – plexos concatenados de providências destinadas a prevenir, detectar e sancionar as condutas administrativas corrompidas, fraudulentas e desviantes – são instrumentos cruciais de salvaguarda do direito fundamental à boa administração pública e do princípio constitucional do desenvolvimento sustentável.

O livro *Compliance nas contratações públicas*, que tenho a honra de prefaciar, é, sem favor algum, autêntico curso destinado ao avanço de tais programas. De estilo conciso, direto e didático, revela o acentuado talento expositivo dos juristas Rodrigo Pironti Aguirre de Castro (autor consagrado de obras referenciais sobre o tema) e Mirela Miró Ziliotto (pesquisadora de sólida formação).

A obra escrutina a constitucionalidade, a cogência e a aplicabilidade dos programas de integridade no bojo das contratações públicas brasileiras. Com efeito, notadamente a partir da Lei Anticorrupção e da Lei das Estatais, sem esquecer diplomas como a Lei de Acesso à Informação e a Lei de Conflito de Interesses, avulta a percepção do caráter mandatório dos programas e planos de integridade, nas relações de administração *lato sensu*. São ferramentas que demandam acurada identificação dos riscos éticos e o continuado escrutínio. O imperativo da integridade alcança, assim, órgãos e entidades públicas, mas se irradiam mandamentos para fornecedores e demais entes privados que têm relacionamentos com o Estado.

Os autores discorrem – com precisão digna de nota – sobre a obrigatoriedade dos programas de integridade e *compliance* nas relações contratuais que envolvem o Poder Público, evocando comandos normativos de vários entes federativos. No exercício de argumentação convincente, defendem a constitucionalidade das normas que determinam essa prática (por inexistir violação às normas gerais referidas no art. 37, XXI, da CF), vendo-a em complementaridade sinérgica, em face de peculiaridades regionais. Enfrentam, ainda, a questão da suposta inconstitucionalidade material por violação à competividade licitatória. Descartam-na, agudamente, eis que se trata de obrigação contratual, relacionada à fase executória, não requisito de habilitação. Mercê dessa constatação, afirmam inexistir o menor cerceamento à competição preconizada pela Carta.

No tocante aos critérios normativos para a implementação dos aludidos programas, ilustram-nos com leis estaduais e o regulamento de licitações e contratos de conhecida sociedade de economia federal. Sublinham, nesse passo, o peso da análise periódica de riscos (contábeis, administrativos, relacionamentos), no desiderato de prevenir, reduzir e mitigar os eventos nefastos.

Esclarecem, ato contínuo, o conceito de *compliance* e o modo de se adequar, o mais breve possível, às determinações legais. Percebem a feição obrigatória do comprometimento da alta administração, a relevância do monitoramento contínuo e a força testemunhal dos gestores, sem prejuízo da premência de área específica de compliance, independente e autônoma, com o acesso irrestrito a sistemas e documentos.

No concernente à análise de riscos, assinalam, em tópico específico, a diferença entre a política de gestão de riscos e a mera previsão contratual de matriz de riscos, elucidando, a propósito, os setores que precisam ser inseridos no modelo de tratamento integrado da matéria.

Na sequência, recordam a prescrição normativa do processo de gestão de riscos, sem confundi-la com o simples dever do estabelecimento de matriz de riscos. Eis o ponto crítico: converter a avaliação de riscos à integridade numa legítima política corporativa. Dedicam, para além disso, capítulo ao código de conduta e integridade. Corretamente, não aceitam os códigos ornamentais e de prateleira.

Ao escreverem sobre o canal de comunicação e denúncias, põem em justo realce a vedação de retaliação aos denunciantes de boa-fé, e, como etapa derradeira de implantação dos programas de integridade, referem a qualificada comunicação ao público interno e externo.

Já ao versarem sobre o monitoramento contínuo do programa de integridade e *compliance*, recomendam, com sagacidade, a interação entre as linhas de defesa, a *due diligence*, a remediação e os indicadores confiáveis de desempenho.

Concluem, ponderadamente, que os programas de integridade e *compliance* não se resumem a generalidades e à edição de códigos de fachada. Almejam algo mais sério e profundo. Sabem que falar de integridade só faz sentido quando representa mudança dos hábitos mentais e da cultura associada.

Em outros termos, os autores pretendem, com pleno acerto, que a integridade seja levada às últimas consequências e concretamente universalizada. Eis, portanto, trabalho idôneo, acessível e valioso, que contribuirá à assimilação da integridade como peça do projeto de refundar a Administração Pública, no intuito de fazê-la sustentável, inclusive eticamente. A Editora Fórum e os autores, estimados colegas Rodrigo e Mirela, estão de parabéns. Quem dedicar a merecida atenção ao texto, nas linhas e entrelinhas, fortalecerá o engajamento lúcido, no rumo dos propósitos decentes, legítimos e probos. Enfim, trata-se de leitura oportuna, fluente, proveitosa e positiva. Numa palavra: recomendável.

**Juarez Freitas**

Professor de Direito Administrativo da PUCRS e da UFRGS. Presidente do Conselho Científico do Instituto Brasileiro de Altos Estudos de Direito Público.

## APRESENTAÇÃO DA SEGUNDA EDIÇÃO

## APRESENTAÇÃO DA PRIMEIRA EDIÇÃO

Foi com muita honra que recebi o convite de Rodrigo Pironti Aguirre de Castro e Mirela Miró Ziliotto para apresentar esta admirável obra. Os autores são notáveis advogados atuantes no ramo do direito administrativo, com relevante produção acadêmica na área.

O livro traz reflexões sobre o programa de integridade e *compliance*, que vem a ser um dos instrumentos previstos na legislação pátria para a prevenção de condutas antiéticas e lesivas no âmbito das contratações públicas.

O tema ganhou especial relevância no contexto da Administração Pública brasileira com a publicação da Lei Federal nº 12.846/2013, popularmente conhecida como Lei Anticorrupção. Posteriormente, o instituto foi tratado na Lei Federal nº 13.303/2016, que cuida do Estatuto Jurídico das Empresas Estatais, assim como em normas infralegais, tal como a Portaria nº 57/2019 da Controladoria-Geral da União – CGU, que alterou a Portaria nº 1.089/2018 que regulamentava a implementação dos programas de integridade do Governo Federal.

Dentro desse cenário, alguns estados e municípios editaram normas instituindo a obrigatoriedade de implementação de programas de integridade e *compliance* por empresas que celebrassem contratos e instrumentos congêneres com a Administração Pública. É nesse contexto que a obra se coloca como uma relevante contribuição acadêmica.

O livro se desenvolve em três capítulos. No primeiro, os autores analisam a constitucionalidade das normas que instituíram a exigência de programas de integridade e *compliance*. Na sequência, eles apresentam, de forma detalhada, alguns dos principais diplomas normativos que trataram do tema. Ao final, a obra traz uma espécie de passo a passo de um programa de *compliance* e integridade eficiente e efetivo, numa abordagem didática e prática.

Por todo o destacado neste breve cotejo da obra, percebe-se que o tema apresentado é de extrema complexidade, o que só reforça a sensação aprazível que tive, ao ler um trabalho atual, profundo e ao mesmo elucidativo em sua exposição.

É com grande satisfação, portanto, que faço estas breves considerações sobre esta obra de alta qualidade, que se coloca como uma excelente contribuição para o estudo, aperfeiçoamento e disseminação dos programas de integridade e *compliance*.

**Benjamin Zymler**
Ministro do Tribunal de Contas da União desde 2001. Mestre em Direito e Estado pela Universidade de Brasília. Autor das obras *Direito administrativo e controle, O controle externo das concessões de serviços públicos e das parcerias público-privadas, Direito administrativo e política & direito: uma visão autopoiética.* Formado em Engenharia Elétrica pelo Instituto Militar de Engenharia (IME) e em Direito pela Universidade de Brasília.

CAPÍTULO 1

# CONSIDERAÇÕES INICIAIS

A humanidade enfrenta uma crise aguda pela falta de confiança entre os seres humanos e destes nas instituições.[1] E esse é, sem dúvida, o cerne do problema da corrupção sistêmica nas contratações públicas, já que ambientes sem confiança mútua e sem senso de obrigação tácito são propícios para a permanência de uma cultura cotidiana e endêmica da corrupção.

Não há dúvida, dessa forma, que o problema da corrupção no Brasil é um obstáculo cultural. A falta de transparência e confiança e a promiscuidade nas relações entre agentes privados e o Poder Público são fatos históricos.[2] E, sendo um obstáculo cultural e um fato histórico, portanto, não é nenhuma novidade que a corrupção está enraizada no país e foi herdada do colonialismo português, cujo legado resultou numa cultura de base patrimonialista, eivada de vícios que possuem respaldo na contradição entre os regimentos, leis e a conduta jurídica, bem como na distorção e nas evasivas dos textos em favor do apetite e avareza de alguns.[3] Segundo o Ministro do Supremo Tribunal Federal Luís Roberto Barroso, a triste verdade é que o Brasil vive sob "o signo da má definição do público e do privado", sob "a atávica apropriação do Estado e do espaço público pelo interesse privado dos segmentos sociais dominantes", não tendo se libertado da herança patrimonialista desde o seu descobrimento, até o início do terceiro milênio.[4]

---

[1]  HARARI, Yuval Noah. *Na batalha contra o coronavírus, faltam líderes à humanidade.* Tradução de Odorico Leal. São Paulo: Companhia das Letras, 2020.

[2]  BERTOCCELLI, Rodrigo de Pinho. Compliance. *In*: CARVALHO, André Castro; ALVIM, Tiago Cripa; BERTOCELLI, Rodrigo de Pinho; VENTURINI, Otávio. *Manual de compliance.* Rio de Janeiro: Forense, 2019. p. 51.

[3]  FAORO, Raymundo. *Os donos do poder.* Rio de Janeiro: Globo, 1987.

[4]  BARROSO, Luís Roberto. *Curso de direito constitucional contemporâneo*: os conceitos fundamentais e a construção do novo modelo. 2. ed. São Paulo: Saraiva, 2010. p. 68.

E esse comportamento enraizado é o que, de fato, fundamenta o famoso "jeitinho brasileiro", que, segundo o antropólogo Roberto DaMatta, é uma das formas de incorporação cultural da corrupção pela sociedade civil, driblando-se a excessiva quantidade de regulamentação, criando-se um ambiente que facilita o desrespeito aos princípios informadores da atuação administrativa.[5] Marcelo Zenkner bem destaca que essa expressão é utilizada para indicar condutas que "se valem de um subterfúgio às exigências formais de uma regra ou de uma lei a fim de contornar um problema derivado da burocracia estatal, das normas sociais, ou, até mesmo, da própria corrupção".[6]

Diante desse cenário, há tempos que o combate à corrupção vem ocupando papel de destaque na agenda do Brasil e do mundo. Fenômeno complexo, cujo conceito não é universal e que possui reflexos incalculáveis, a corrupção é considerada – por muitos –o oposto da democracia, sendo nefastos os impactos sociais que lhe são decorrentes e alarmantes os impactos econômicos da mesma forma.

Em que pese não exista um conceito universal de corrupção,[7] há certo consenso na doutrina[8] de que a corrupção é uma atividade nociva, que atinge todos os países, independentemente de seu grau de desenvolvimento, e que consiste em práticas como obtenção de vantagem indevida, abuso de poder, desvio de recursos e condutas típicas de corrupção disciplinadas como crime, lavagem de dinheiro, pagamentos de propina, direcionamento de licitação, superfaturamento de contratos públicos, nepotismo, entre tantas outras.

Como se pode notar, a noção de corrupção está diretamente relacionada ao comportamento dos indivíduos e uma espécie de cultura determinada em uma sociedade, de modo que se pode sintetizar que a corrupção é uma característica comportamental do ser humano, que impacta, sobremaneira, nas instituições.

---

[5]  LEAL, Rogério Gesta. Os descaminhos da corrupção e seus impactos sociais e institucionais: causas, consequências e tratamentos. *Interesse Público – IP*, Belo Horizonte, ano 14, n. 74, jul./ago. 2012. p. 34. Disponível em: http://www.bidforum.com.br/bid/PDI0006. aspx?pdiCntd=81184. Acesso em: 20 jul. 2021.

[6]  ZENKNER, Marcelo. *Integridade governamental e empresarial*: um espectro da repressão e da prevenção à corrupção no Brasil e em Portugal. Belo Horizonte: Fórum, 2019. p. 67.

[7]  FORTINI, Cristiana; MOTTA, Fabrício. Corrupção nas licitações e contratações públicas: sinais de alerta segundo a Transparência Internacional. *A&C – Revista de Direito Administrativo & Constitucional*, Belo Horizonte, ano 16, n. 64, p. 93-113, abr./jun. 2016. p. 93.

[8]  PIOVESAN, Flávia; GONZAGA, Victoriana Leonora Corte. Combate à corrupção e ordem constitucional: desafios e perspectivas para o fortalecimento do Estado democrático de direito. *Revista dos Tribunais*, São Paulo, v. 967, p. 21-38, maio 2016. p. 24.

Não sem razão, recente levantamento realizado pela Organização das Nações Unidas demonstrou exatamente que nenhum país está imune à corrupção, já que todos os anos 1 trilhão de dólares é pago em propinas e outros 2,6 trilhões de dólares são desviados por meio deste tipo de conduta; valor este que equivale a mais de 5% do PIB global.[9]

Ainda, de acordo com a Transparência Internacional, até 25% do valor investido em saúde é desperdiçado em corrupção no mundo, fator que se agravou durante o período de pandemia Covid-19.[10] Da mesma forma, o Escritório das Nações Unidas sobre Drogas e Crimes destaca que nos serviços de saúde dos países desenvolvidos estima-se que fraude e abuso custam entre US$12 e US$23 bilhões por ano a cada governo.[11] Ainda, o Fórum Econômico Mundial estima que o custo da atividade econômica é acrescido em até 10% em média em razão de práticas corruptas.[12]

Trazendo essa realidade ao ambiente das contratações públicas, de acordo com pesquisa realizada pela OCDE em 2015, destacou-se que o custo extra da corrupção em licitações poderia chegar a 50% do valor do contrato.[13] Nesse mesmo sentido, estudo realizado pelos economistas Claudio Frischtak e João Mourão apontou que entre 1970 e 2015 as obras de infraestrutura tiveram sobrepreço de R$100 a R$300 bilhões, o que implicaria um custo médio anual de R$6,6 bilhões.[14] Da mesma forma, o Relatório Fiscobras de 2019 indicou que das 77 obras analisadas, 59 apresentaram indícios de graves irregularidades, o que representaria um percentual de 76%. Essas irregularidades reputadas

---

[9] O CUSTO da corrupção: trilhões de dólares são perdidos anualmente, diz Gutiérrez. *ONU News*, 9 dez. 2018. Disponível em: https://news.un.org/pt/story/2018/12/1651051. Acesso em: 9 dez. 2018.

[10] TRANSPARENCY INTERNATIONAL. *Procuring for life*. Disponível em: https://www.transparency.org/en/news/procuring-for-life#. Acesso em: 30 jul. 2021.

[11] UNODC. *Corrupção e Desenvolvimento*. Disponível em: https://www.unodc.org/documents/lpo-brazil/Topics_corruption/Campanha-2013/CORRUPCAO_E_DESENVOLVIMENTO.pdf. Acesso em: 23 mar. 2021.

[12] WEFORUM. *Exploring blockchain technology for government transparency*: blockchain-based public procurement to reduce corruption. Disponível em: https://www.weforum.org/reports/exploring-blockchain-technology-for-government-transparency-to-reduce-corruption. Acesso em: 2 jun. 2021.

[13] OCDE. *Seminário OCDE-CADE sobre Licitação Pública e Colusão*. Disponível em: https://www.oecd.org/brazil/seminario-ocde-cade-sobre-licitacao-publica-e-colusao-discurso-de-abertura.htm. Acesso em: 2 jun. 2020.

[14] FRISCHTAK, Cláudio; MOURÃO, João. *O estoque de capital de infraestrutura no Brasil*: uma abordagem setorial. *Desafios da Nação*, 22 ago. 2017. Disponível em: https://epge.fgv.br/conferencias/modernizacao-da-infraestrutura-brasileira-2017/files/estoque-de-capital-setorial-em-infra-brasil-22-08-2017.pdf. Acesso em: 2 jun. 2021.

como graves representam as seguintes situações: (i) sobrepreço, (ii) superfaturamento; (iii) direcionamento de licitação; (iv) má qualidade da obra contratada.[15]

Considerando esse cenário, portanto, existem diversas campanhas ao redor do globo cujo intuito é incentivar políticas contra corrupção. Da mesma forma, os anseios por mudanças culturais inspiram a criação e o fortalecimento de mecanismos aptos a monitorar, controlar e reprimir essa atuação imoral e antiética, que carrega consigo prejuízos à economia, agrava as desigualdades sociais e impede o adequado desenvolvimento econômico-social e sustentável, notadamente, de países em desenvolvimento, como é o caso do Brasil.[16]

Diante dessa preocupação geral com a necessidade em estar de acordo com padrões de ética e integridade, a presente obra tem por objetivo refletir sobre os instrumentos previstos na legislação pátria, inspirados em programas de combate à corrupção aptos a prevenir condutas antiéticas e imorais, cujo objetivo é assegurar, entre outros parâmetros, eficiência, vantajosidade e sustentabilidade às contratações públicas.

Referidos instrumentos são os sistemas de integridade e *compliance*, cuja obrigatoriedade de implementação cresce no Brasil, especialmente, nas entidades públicas e empresas privadas que se relacionam com o Poder Público.

O *compliance* ficou conhecido com essa nomenclatura na chamada "era de *compliance*", na década de 1950, quando o governo dos Estados Unidos passou a se preocupar com o acompanhamento da legislação e monitoramento de atividades empresariais. Foi na década seguinte, entretanto, que as ações de *compliance* começaram a se expandir naquele país, que passou a exigir a criação de procedimentos internos aptos a pautar a atuação de empresas privadas.[17]

No Brasil, o tema ganhou especial relevância décadas mais tarde, com a introdução de temas específicos na agenda empresarial,

---

[15] TCU. *Relatório FISCOBRAS 2019*. Disponível em: https://portal.tcu.gov.br/biblioteca-digital/fiscobras-2019.htm. Acesso em: 2 jun. 2021.

[16] Sobre o tema, conferir MOREIRA NETO, Diogo de Figueiredo; FREITAS, Rafael Véras de. A juridicidade da Lei Anticorrupção – Reflexões e interpretações prospectivas. *Revista Fórum Administrativo*, Belo Horizonte, v. 14, n. 156, fev. 2014. p. 1. Disponível em: http://www.editoraforum.com.br/wp-content/uploads/2014/01/ART_Diogo-Figueiredo-Moreira-Neto-et-al_Lei-Anticorrupcao.pdf. Acesso em: 10 nov. 2018.

[17] NEGRÃO, Célia Lima; PONTELO, Juliana de Fátima. *Compliance, controles internos e riscos*: a importância da área da gestão de pessoas. Brasília: Senac, 2014. p. 23.

como: governança e governança corporativa, consolidando-se com a publicação da Lei Federal nº 12.846/2013, popularmente conhecida como Lei Anticorrupção, e após, com o Decreto Regulamentador nº 8.420/2015, os quais expressamente fizeram menção aos termos *procedimentos internos de integridade* e *programa de integridade*, respectivamente.

No ano seguinte à publicação do decreto que regulamentou a Lei Anticorrupção, o Estatuto Jurídico das Empresas Estatais, Lei Federal nº 13.303/2016, trouxe a ditames legais o termo *compliance*,[18] exigindo a observância pelas estatais de "regras de governança corporativa, de transparência e de estruturas, práticas de gestão de riscos e de controle interno, composição da administração e, havendo acionistas, mecanismos para sua proteção, todos constantes desta Lei".

Cabe destacar, contudo, que, a inserção do *compliance* no país não se inicia, tampouco se esgota, com as leis federais nº 12.846/2013 e nº 13.303/2016, eis que, ainda que não com essa terminologia, já existiam anteriormente – no ordenamento jurídico – normas que introduziram parâmetros de busca pela integridade e transparência. Entre elas, podem-se elencar: o Código de Ética Profissional do Servidor Público Civil do Poder Executivo Federal – Decreto nº 1.171/94; a Lei de Responsabilidade Fiscal nº 101/2000; a Lei de Acesso à Informação, nº 12.527/2011; a Lei de Conflito de Interesses, nº 12.813/2013 e o Decreto nº 8.793/2016, que dispõe sobre a Política Nacional de Inteligência. Além desses diplomas, novas leis e atos normativos vêm sendo constantemente publicados, exigindo que as instituições públicas se adéquem e determinem que as empresas privadas também assumam o compromisso de combate à corrupção. É o caso, por exemplo, da Portaria nº 57/2019 da Controladoria-Geral da União – CGU, que alterou a Portaria nº 1.089/2018 que regulamentava a implementação dos Programas de Integridade do Governo Federal, exigindo que os órgãos e as entidades da Administração Pública Federal direta, autárquica e fundacional instituíssem um sistema de integridade que demonstrasse o comprometimento da alta administração e que fosse compatível com sua natureza, porte, complexidade, estrutura e área de atuação, até o dia 29.3.2019. É também o caso na Nova Lei Geral de Licitações e Contratações Públicas, Lei nº 14.133/2021, que passou a exigir ou

---

[18] CASTRO, Rodrigo Pironti Aguirre de; ZILIOTTO, Mirela Miró. Compliance e a lógica do controle interno prevista no artigo 70 da Constituição da República de 1988: trinta anos de atualidade. *In*: DI PIETRO, Maria Sylvia Zanella; MOTTA, Fabrício (Coord.). *O direito administrativo nos 30 anos da Constituição*. Belo Horizonte: Fórum, 2018. p. 276.

recomendar a implementação de sistemas de integridade às empresas que se relacionam com o Poder Público, conforme será analisado no decorrer desta obra.

Não há como negar, entretanto, que a Lei Anticorrupção e a Lei das Estatais foram marcos legais importantíssimos no campo da disseminação de políticas e mecanismos de prevenção e combate à corrupção, ficando a cargo da Lei das Estatais a inserção da concepção do *public compliance* no Brasil; impondo como obrigação às empresas públicas e sociedades de economia mista a implementação de sistemas de integridade e códigos de conduta, pautando a sua atuação em princípios relacionados à probidade e à integridade.

A Lei Anticorrupção e seu decreto regulamentador, por sua vez, em que pese tenham previsto a disciplina dos sistemas de integridade em seus diplomas, não determinaram sua implementação obrigatória às empresas privadas, sendo vistos apenas como uma boa prática recomendada pelos órgãos de controle e entidades internacionais.

Desde 2017, entretanto, a onda de combate à corrupção e à fraude em licitações e contratos públicos se fortaleceu e se tornou ainda mais presente na agenda do país. Notadamente, saiu da esfera federal, passando a impactar diretamente nos estados e municípios brasileiros. É que esse movimento, inserido em um contexto de incentivo à integridade, à moralidade e à probidade, acompanhado de uma indissociável mudança cultural, que antes se tratava apenas de uma boa prática recomendada, está se transformando em efetiva obrigação às empresas privadas. Hoje, estados, municípios, entidades e órgãos exigem que organizações que pretendam se relacionar em seu âmbito de atuação devem implementar mecanismos de integridade em sua estrutura.

2017, por assim dizer, foi o ano em que muitos projetos de leis – com o objetivo de combater a corrupção – foram apresentados por deputados estaduais e vereadores às suas respectivas casas legislativas ao redor do país. Por certo, grande parte desses projetos foram espelhados nas exigências já disciplinadas na Lei Anticorrupção Empresarial e em seu decreto regulamentador, por isso, muitas das disciplinas dessas leis, simplesmente, repetem a norma federal.

Não obstante, esses novos diplomas também trouxeram novidades, que, inclusive, causaram discussões na doutrina pátria, sobretudo em relação à obrigatoriedade da implementação de sistemas de integridade nas empresas privadas que se relacionam com o Poder

Público, gerando discordâncias a respeito da constitucionalidade dessa exigência, conforme se observará no decorrer da obra. A obrigatoriedade da implementação de sistemas de integridade já é uma realidade no país, especialmente, às empresas que se relacionam com o Poder Público do estado do Rio de Janeiro, do Distrito Federal, do estado do Rio Grande do Sul, do estado do Amazonas, do estado de Goiás, do estado do Mato Grosso, do estado do Maranhão e do estado do Sergipe, bem como com a Petrobras e o Ministério da Agricultura, Pecuária e Abastecimento – MAPA. Diante disso, organizações que hoje se relacionam com os governos dessas localidades ou pretendem se relacionar deverão se adequar aos novos regramentos e exigências.

Não resta qualquer dúvida, portanto, de que a preocupação da estrutura orgânica brasileira para com os movimentos em prol do combate à fraude e à corrupção – no âmbito das contratações públicas – é assente. Além disso, o interesse externado por detrás da publicação de instrumentos normativos que solidificam esses movimentos é legítimo, de modo que as organizações privadas que desejem se relacionar com o Poder Público deverão, em curto prazo, adequar-se às novas exigências. Do contrário, não estarão aptas a contratar com a Administração Pública. Por isso, perfeitamente aplicável ao contexto aquela velha máxima de que "a hora de consertar o telhado é quando não está chovendo".

## 1.1 Contratações públicas e corrupção

A inclusão do "custo propina" nos valores dos contratos e a inadequação do direcionamento dos recursos públicos por ausência de planejamento são exemplos de que a corrupção é parte integrante das contratações públicas, e mais, que afeta a todos, atingindo "de forma ainda mais brutal a camada economicamente mais frágil da população, porque os recursos públicos não serão alocados de forma a suprir suas carências".[19] Isto é, "impossibilitando o investimento em diversas áreas e projetos sociais, como os relativos à segurança pública, ao combate à fome e ao desemprego, à educação, à saúde, etc.".[20]

---

[19] FORTINI, Cristiana; MOTTA, Fabrício. Corrupção nas licitações e contratações públicas: sinais de alerta segundo a Transparência Internacional. *A&C – Revista de Direito Administrativo & Constitucional*, Belo Horizonte, ano 16, n. 64, p. 93-113, abr./jun. 2016. p. 94.

[20] SENNA, Gustavo. Combate à má governança e à corrupção: uma questão de direitos fundamentais e direitos humanos. *In*: ALMEIDA, Gregório Assagra de (Coord.). *Coleção direitos fundamentais e acesso à justiça no estado constitucional de direito em crise*. Belo Horizonte: D'Plácido, 2018. p. 191.

Esse cenário impulsiona cada vez mais as instituições públicas a exigir a implementação de mecanismos de combate à corrupção em empresas que se relacionam com o Poder Público, sendo este o compromisso de um Estado republicano democrático de direito. Não sem razão, a Lei Anticorrupção possui artigo específico para tratar de práticas ilícitas no âmbito das licitações e contratos públicos, e, da mesma forma, preceituam a então Lei Geral de Contratações Públicas (Lei nº 8.666/1993) e o Novo Regime de Licitações e Contratos Administrativos (Lei nº 14.133/2021), tipificando diversas condutas ilícitas no âmbito das licitações e contratos públicos como crimes.

Em que pese o "custo propina" seja fenômeno bastante presente nas contratações públicas, a corrupção não se acha estritamente vinculada à propina e à utilização inadequada de recursos, mas, sim, pode ser identificada em todas as fases da licitação que vão anteceder a assinatura do contrato, bem como na sua posterior execução. São as referidas fases: (i) planejamento: quando haverá a determinação do objeto, análise orçamentária, pesquisa de preços, parecer jurídico e elaboração do edital, que é o instrumento convocatório para participação de empresas no certame e que vinculará a entidade licitante, bem como as empresas privadas que participarem; (ii) escolha do fornecedor: nessa etapa serão apresentadas as propostas de valores, bem como os documentos de habilitação, sendo escolhida aquela empresa que apresentar a proposta mais vantajosa. Lembrando-se de que proposta mais vantajosa não significa o menor preço, eis que de nada adianta a empresa apresentar o menor preço, mas não atender a qualidades mínimas para execução do objeto; e (iii) execução do contrato e fiscalização: quando as obrigações das partes serão realizadas, isto é, execução do objeto contratual com a contrapartida de pagamento. Exemplos de que a corrupção está em todas as fases da contratação são os conhecidos jargões empresariais de que "licitação é processo encomendado", que "o pregoeiro escolhe quem ele quer" e que "precisa-se conhecer alguém de dentro para ganhar".

Em análise de estudo realizado pela Transparência Internacional – TI[21] sobre as condutas sugestivas de práticas ilícitas durante

---

[21] "A TRANSPARÊNCIA INTERNACIONAL – TI é um movimento global, cuja visão é um mundo em que governos, empresas e o cotidiano das pessoas estejam livres da corrupção e missão é acabar com a corrupção e promover a transparência e a integridade em todos os níveis e em todos os setores da sociedade" (TRANSPARÊNCIA INTERNACIONAL – TI. *Sobre a Transparência Internacional*. Disponível em: https://transparenciainternacional.org. br/quem-somos/sobre-a-ti/. Acesso em: 20 jan. 2019).

processos de contratação, Cristiana Fortini e Fabrício Motta comentaram algumas práticas que retratam, exatamente, os jargões acima referidos. Na fase de planejamento da licitação, por exemplo, a corrupção ocorre mediante ausência de transparência, quebra de sigilo de informações para determinados licitantes, especificações editalícias que não permitem a avaliação da *performance* do contratado, desvio do padrão usual de contratação; previsão de tempo inadequado para preparação das propostas; especificações editalícias para diminuição da competitividade. Já na fase de escolha do fornecedor, fatores como decisões tomadas por um único agente, ausência de expertise pelos responsáveis pelo processo, similitude de propostas, atrasos injustificáveis na seleção e desistência do certame por licitantes qualificados podem ser considerados sinais de alerta para condutas corruptas. Por fim, na fase de execução e fiscalização do contrato, a existência de custos além do contratado sem justificativa, a ausência ou pouca fiscalização da execução contratual e a ausência de registro de avaliações também podem ser considerados sinais de alerta à ocorrência de corrupção.[22]

De fato, a maioria desses riscos de alerta pode sugerir a ocorrência de práticas corruptas e, até mesmo, a própria ineficiência do órgão licitante. Contudo, não se pode ignorar o fato de que as *red flags* identificadas devem ser tomadas em um ambiente de contratação em que não exista justificativa ao comportamento externado (motivação adequada), eis que, do contrário, isto é, caso exista justificativa/motivação para qualquer das práticas, não se estará a tratar de prática ilícita.

Após verificação do que considerou a Transparência Internacional – TI, acredita-se não ser novidade que, durante a fase interna dos certames, em que as decisões são tomadas fora do alcance da luz, isto é, antes de se tornar público o processo, é plenamente possível que se escolha de antemão a empresa contratada, bastando que se façam exigências indevidas que reduzam a competitividade do certame, ou que se inclua indevidamente o processo de contratação no rol das exceções para contratações diretas. Esses exemplos, sem dúvida, são evidentes em licitações eivadas de vícios de corrupção.

Também, não se pode negar ser bastante comum a imposição de especificações contratuais genéricas propositalmente, eis o objetivo escuso de inviabilizar uma adequada fiscalização no decorrer da

---

[22] FORTINI, Cristiana; MOTTA, Fabrício. Corrupção nas licitações e contratações públicas: sinais de alerta segundo a Transparência Internacional. *A&C – Revista de Direito Administrativo & Constitucional*, Belo Horizonte, ano 16, n. 64, p. 93-113, abr./jun. 2016. p. 96-100.

execução do contrato, que impedirá a aplicação de eventuais sanções ao contratado ou exigir melhores índices de desempenho. É que empresas que se submetem às práticas corruptas, ao oferecerem propina, não o fazem gratuitamente, beneficiando-se às custas do patrimônio público. Da mesma forma, o contato com "alguém de dentro" pode garantir o conhecimento de informações importantes e privilegiadas, colocando em vantagem o licitante que recebeu essa informação ou, até mesmo, direcionando o certame após trocas de informações. Assim, a intimidade entre os licitantes e autoridades responsáveis pelo certame pode proporcionar um ambiente favorável à corrupção, mediante superfaturamento, sobrepreço e cegueira deliberada dos fiscais do contrato.

Como se pode notar, de acordo com a *Cartilha de integridade nas compras públicas* da Estratégia Nacional de Combate à Corrupção e à Lavagem de Dinheiro (ENCCLA), os principais riscos à integridade ocorrem durante o processo de seleção do fornecedor, mediante (i) abuso de poder em favor de interesses escusos, isto é, quando o agente público utiliza essa condição para atender a interesse particular, próprio ou de terceiros, deixando de cumprir suas obrigações, aceitando informações falsas ou desclassificando licitantes indevidamente, por exemplo; (ii) conflito de interesses, comprometendo-se o interesse coletivo e influenciando de maneira negativa o desempenho da função pública, em razão de situações como admissão no processo licitatório de empresa cujo sócio é parente do agente público, ou até mesmo com a sua atuação como representante ou intermediário dos interesses de empresa licitante na Administração Pública contratante; (iii) solicitação ou recebimento de vantagem indevida com interesse em processo de contratação com a Administração Pública; e (iv) falta de transparência e preferência por licitações presenciais, em detrimento da adoção de ferramentas eletrônicas, dificultando o controle social e, por conseguinte, restringindo a competitividade das contratações públicas.[23]

Casos práticos como os exemplos apontados, contudo, vêm cada vez mais sendo desvelados e reprimidos, seja por incentivo de movimentos e organizações internacionais e nacionais, seja por imposição do Poder Legislativo, ou seja, pelos próprios anseios das sociedades contemporâneas. As fraudes e atos de corrupção devem ser reprimidos

---

[23] ESTRATÉGIA NACIONAL DE COMBATE À CORRUPÇÃO E À LAVAGEM DE DINHEIRO (ENCCLA). *Integridade nas compras públicas*. 2019. Disponível em: http://enccla.camara. leg.br/acoes/arquivos/resultados-enccla-2019/cartilhaintegridadecompraspublicas/view. Acesso em: 2 jun. 2020.

CAPÍTULO 1
CONSIDERAÇÕES INICIAIS | 39

com veemência pelos órgãos de controle e mediante o controle social, sendo essas ações necessárias para que menos situações hipotéticas como as acima narradas sejam vivenciadas.

Por isso, é preciso ter em mente que transparência e integridade são grandes aliadas no combate à corrupção, já que amparadas no compromisso de reforçar a agenda brasileira em prol do combate à fraude e à corrupção, transformando a cultura do "jeitinho brasileiro"[24] nos corredores das repartições públicas, fortalecendo mecanismos aptos a monitorar, controlar e reprimir condutas ilícitas e auxiliando na implementação de políticas efetivas e específicas.

É bem verdade que instrumentos e políticas propostos para mitigar ou evitar práticas corruptas não são infalíveis, tampouco podem ser considerados solução para o problema da corrupção como prática internalizada universalmente. Não se pode olvidar, contudo, que, se por um lado não são infalíveis, por outro, certamente, incentivam a mudança cultural de determinada localidade e auxiliam agentes públicos e privados a frear práticas lesivas e fraudulentas. Como bem destacam Cristiana Fortini e Fabrício Motta, no campo das licitações e contratações públicas, não existem ferramentas e mecanismos perfeitos capazes de eliminar os desvios de conduta, entretanto, "a existência de um sistema que possa de forma harmônica contribuir para desincentivar/reduzir/detectar/punir é fundamental para sinalizar a preocupação da sociedade e do governo".[25]

É importante frisar, nesses termos, que no âmbito normativo das licitações e contratos, principiologicamente, o ordenamento pátrio brasileiro apresenta inúmeras disciplinas normativas que buscam vedar práticas lesivas e atos de corrupção – a começar pelos princípios norteadores da atuação administrativa. A Constituição da República de

---

[24] O "jeitinho brasileiro se trata de um valor da sociedade brasileira que significa uma forma de expressar condutas realizadas para contornar de forma ilícita, ilegal ou ilegítima uma determinada situação. Trata-se daquela situação típica em que, em uma estrada, dois veículos transitando em sentido contrário se cruzam e um deles dá sinais de luz constantemente; tal ação busca demonstrar que existem policiais na pista, alertando-se o outro motorista para que não seja multado. A ideia aqui retratada, portanto, é de que "um motorista adverte o outro sobre a polícia e frauda a fiscalização porque ele não confia nos policiais, ou seja, comete uma pequena corrupção para evitar ser vítima de outra". Sobre o tema cf. ZENKNER, Marcelo. *Integridade governamental e empresarial*: um espectro da repressão e da prevenção à corrupção no Brasil e em Portugal. Belo Horizonte: Fórum, 2019. p. 68.

[25] FORTINI, Cristiana; MOTTA, Fabrício. Corrupção nas licitações e contratações públicas: sinais de alerta segundo a Transparência Internacional. *A&C – Revista de Direito Administrativo & Constitucional*, Belo Horizonte, ano 16, n. 64, p. 93-113, abr./jun. 2016. p. 111.

1988, em seu art. 37, disciplina expressamente o princípio da moralidade como um dos cinco pilares da Administração Pública brasileira. Além dessa previsão expressa, a moralidade, assim como a integridade, está implicitamente prevista na norma fundamental como expressão dos princípios da impessoalidade, da legalidade, da publicidade e da eficiência.

Em âmbito infraconstitucional não é diferente, conforme visto, a então Lei Geral de Licitações e Contratos, Lei Federal nº 8.666/1993, prevê – expressamente em seu art. 3º – a necessária observância do princípio da moralidade, da probidade administrativa, do desenvolvimento sustentável e do julgamento objetivo das propostas nas contratações públicas. Além disso, tipifica como crime alguns ilícitos e fraudes à licitação.

Da mesma forma, o Novo Regime Jurídico de Licitações e Contratos Administrativos, previsto na Lei nº 14.133/2021, disciplina – expressamente em seu art. 5º – a necessária observância dos princípios da moralidade, da probidade administrativa, do planejamento, da transparência, da motivação, da segurança jurídica, da razoabilidade, da competitividade, da proporcionalidade, entre outros. Além disso, determina de modo expresso a necessidade de evitar contratações com sobrepreço ou com preços manifestamente inexequíveis e superfaturamento na execução dos contratos, mediante a gestão de riscos e controles internos, conforme disciplina o seu art. 11. Assim, destacando o sobrepreço como "hipótese de preço orçado para licitação ou contratado em valor expressivamente superior aos preços referenciais de mercado, seja de apenas 1 (um) item, se a licitação ou a contratação for por preços unitários de serviço, seja do valor global do objeto, se a licitação ou a contratação for por tarefa, empreitada por preço global ou empreitada integral, semi-integrada ou integrada" (art. 6º, inc. LVI, Lei nº 14.133/2021) e o superfaturamento como o "dano provocado ao patrimônio da Administração", em razão de situações como: a) medição superior às efetivamente executadas ou fornecidas; b) deficiência na execução contratual que impacte em qualidade, vida útil ou segurança; c) alterações no orçamento contratual que causem desequilíbrio econômico-financeiro indevido em favor do contratado; e d) alterações de cláusulas financeiras que gerem recebimentos contratuais antecipados, distorção do cronograma físico-financeiro, prorrogação injustificada do prazo contratual com custos adicionais para a Administração ou reajuste irregular de preços (art. 6º, inc. LVII, Lei nº 14.133/2021).

## CAPÍTULO 1
### CONSIDERAÇÕES INICIAIS
**41**

Indo adiante, o Estatuto Jurídico das Estatais, Lei Federal nº 13.303/2016, além de destacar os princípios já citados, previu expressamente em seu art. 31 que se considera contratação mais vantajosa aquela que se preocupa em evitar operações em que se caracterize sobrepreço ou superfaturamento. Nos termos da lei, considera-se sobrepreço quando os preços orçados para a licitação ou os preços contratados são expressivamente superiores aos preços referenciais de mercado (inc. I, §1º). Já o superfaturamento ocorre quando houver medição superior, deficiência na execução e alteração nos orçamentos (inc. II, §1º) – verdadeiras fraudes à licitação e à execução do contrato. Ainda, em seu art. 32, destacou expressamente a integridade como diretriz nas transações com partes relacionadas no âmbito das licitações e contratos das estatais.

Além desses instrumentos infralegais, outros tantos passaram a tratar da temática. Daí dizer que o combate à fraude e à corrupção é constituído por uma sistemática formada por instrumentos distintos, incluindo a legislação, mas não só. Para que o sistema se fortaleça, é preciso que entes, entidades e agentes públicos, organizações privadas e a sociedade comprometam-se com a pauta anticorrupção e busquem o fortalecimento de procedimentos que impliquem reais mudanças de valores sociais, culturais e históricos.

O agir humano decorre de valores, que são os critérios utilizados nas escolhas que representam as preferências de cada indivíduo.[26] São dispositivos de análise de percepções que influenciam o que se vê no ambiente e as decisões comportamentais tomadas.[27] Os valores, por assim dizer, guiam as ações humanas, transmitindo padrões gerais de orientação aos indivíduos, o que, no âmbito das contratações públicas, não é diferente, eis que os valores organizacionais são aqueles que demonstram "as crenças básicas de uma organização e exibem a essência de sua filosofia para o alcance do sucesso, uma vez que fornecem uma direção comum e orientam o comportamento cotidiano".[28]

---

[26] ZENKNER, Marcelo. *Integridade governamental e empresarial*: um espectro da repressão e da prevenção à corrupção no Brasil e em Portugal. Belo Horizonte: Fórum, 2019. p. 31.

[27] RAVLIN, Elizabeth. Valores. *In*: COOPER, Cary L.; ARGYRIS, Chris (Org.). *Dicionário enciclopédico de administração*. São Paulo: Atlas, 2003. p. 1402.

[28] CUNHA, Daniele Estivalete; MOURA, Gilnei Luiz de; RIZZETTI, Daniele Medianeira; TEIXEIRA, Emidio Gressler. A influência dos valores organizacionais no comportamento estratégico: um estudo das empresas do setor hoteleiro da região turística das Hortênsias/RS. *Espacios*, v. 37, n. 28, 2016. p. 19. Disponível em: https://www.revistaespacios.com/a16v37n28/16372819.html. Acesso em: 12 dez. 2020.

Valores como a ética, por exemplo, envolvem regras de comportamento em torno daquilo que é certo e errado, bem como estabelecem um código de conduta visando ao bem comum.[29] Daí porque se falar que a confiança é o que levará a um bom convívio social e uma melhora nas contratações públicas, sendo o respeito e a confiança no outro o alicerce da cooperação entre os indivíduos em prol do bem de todos. Do contrário, como assevera Marcelo Zenkner:

> a percepção de que os outros são desonestos e de que a lei é leniente acaba gerando uma desconfiança generalizada que facilita o descumprimento de normas estabelecidas, já que as pessoas são induzidas a comportamentos semelhantes àqueles que estão ao seu redor.[30]

Trata-se do efeito manada: havendo uma percepção objetiva de um indivíduo acerca da prevalência ou não da corrupção em determinada sociedade, os indivíduos "tendem a alinhar seu comportamento com aquele grupo que o cerca".[31]

A abordagem das liberdades como instrumentos ao desenvolvimento de Amartya Sen,[32] portanto, permite reconhecer o papel de influência dos valores sociais e costumes nas liberdades de que os indivíduos desfrutam e os quais prezam, e, por conseguinte, da adoção de práticas de integridade nas contratações públicas. Isso porque, segundo o economista, normas comuns podem influenciar diversas características sociais, indicando, inclusive, a presença ou não de corrupção em determinadas sociedades.[33] É que a corrupção é, senão, um exemplo de inversão de valores para ampliação de liberdades, que rompe com pressupostos fundamentais do regime democrático, reduz a influência da população nas decisões políticas e minimiza a transparência das ações governamentais.[34] Daí se dizer que a corrupção,

---

[29] ZENKNER, Marcelo. *Integridade governamental e empresarial*: um espectro da repressão e da prevenção à corrupção no Brasil e em Portugal. Belo Horizonte: Fórum, 2019. p. 32.

[30] ZENKNER, Marcelo. *Integridade governamental e empresarial*: um espectro da repressão e da prevenção à corrupção no Brasil e em Portugal. Belo Horizonte: Fórum, 2019. p. 37-38.

[31] CANETTI, Rafaela; MENDONÇA, José. Corrupção para além da punição: aportes da economia comportamental. *Revista de Direito Econômico e Socioambiental*, Curitiba, v. 10, n. 1, p. 104-125, jan./abr. 2019. p. 115. DOI: 10.7213/rev.dir.econ.soc.v10i1.19003.

[32] Sobre o tema cf. SEN, Amartya Kumar. *Development as freedom*. 4. reimpr. *Oxford: Oxford University Press, 2000.*

[33] SEN, Amartya Kumar. *Development as freedom*. 4. reimpr. *Oxford: Oxford University Press,* 2000. p. 9.

[34] ZANON, Patricie Barricelli; GERCWOLF, Susana. Programas de Compliance e incentivos no combate à corrupção no Brasil. *In*: NOHARA, Irene Patrícia; PEREIRA, Fábio Bastos

a bem da verdade, "dissemina o descrédito nas instituições públicas e privadas, subverte acordos de lealdade, fragiliza regras de confiança social e vilipendia o mérito".[35]

O comportamento de licitantes, portanto, sempre será determinado por valores, princípios, normas de conduta e padrões de comportamento existentes.[36] Assim, a mudança de determinado padrão de comportamento de uma organização será um importante instrumento de autoconhecimento e aculturamento para uma realidade da integridade, conformidade, ética e transparência, já que o modo como os indivíduos se comportam é reflexo do que eles veem ou percebem de outros indivíduos.[37] Assim, se o que move a sociedade são os valores nela inseridos, se a incorreção em determinada comunidade for aceitável, aqueles que a integram serão mais propensos à desonestidade.[38] Assim, no mesmo sentido que a presença de comportamento corrupto encoraja outros comportamentos corruptos, a diminuição do predomínio da corrupção pode enfraquecê-la ainda mais, de modo que a inversão de direção desse círculo vicioso implicará a existência de um círculo virtuoso.[39]

Diante desse cenário, percebe-se que a ausência de confiança abre espaço à corrupção, minimizando a transparência das ações governamentais, seja em razão das fraudes nos processos eleitorais, seja em razão da desconfiança ou suspeita gerada entre os próprios cidadãos em relação ao governo,[40] seja em razão do "custo propina" e existência

---

(Coord.). *Governança, compliance e cidadania*. 2. ed. rev., atual. e ampl. São Paulo: Thomson Reuters Brasil, 2019. p. 50.

[35] ZENKNER, Marcelo. *Integridade governamental e empresarial*: um espectro da repressão e da prevenção à corrupção no Brasil e em Portugal. Belo Horizonte: Fórum, 2019. p. 27.

[36] ZENKNER, Marcelo. *Integridade governamental e empresarial*: um espectro da repressão e da prevenção à corrupção no Brasil e em Portugal. Belo Horizonte: Fórum, 2019. p. 41.

[37] Tradução literal de "How people behave often depends on how they see-and perceive others as be having. Much depends, therefore, on the reading of prevailing behavioral norms" (SEN, Amartya Kumar. *Development as freedom*. 4. reimpr. Oxford: Oxford University Press, 2000. p. 277).

[38] RESENDE, André Lara. Corrupção e capital cívico. *Valor Econômico*, São Paulo, 31 jul. 2015.

[39] Tradução literal de: "Just as the presence of corrupt behavior encourages other corrupt behavior, the diminution of the hold of corruption can weaken it further. In trying to alter a climate of conduct, it is encouraging to bear in mind the fact that each vicious circle entails a virtuous circle if the direction is reversed" (SEN, Amartya Kumar. *Development as freedom*. 4. reimpr. Oxford: Oxford University Press, 2000. p. 278).

[40] ZANON, Patricie Barricelli; GERCWOLF, Susana. Programas de Compliance e incentivos no combate à corrupção no Brasil. *In*: NOHARA, Irene Patrícia; PEREIRA, Fábio Bastos (Coord.). *Governança, compliance e cidadania*. 2. ed. rev., atual. e ampl. São Paulo: Thomson Reuters Brasil, 2019. p. 51.

de fraude nas licitações. Não restam dúvidas, nesse sentido, de que a corrupção possui reflexos incalculáveis, sobretudo se considerar que a prevalência de condutas corruptas em determinada sociedade é uma das mais graves barreiras no caminho do desenvolvimento. Um nível elevado de corrupção em determinado país, por exemplo, pode tornar ineficazes as políticas públicas propostas, bem como afastar o investimento nas atividades econômicas de setores produtivos.[41]

Assim, ao se chegar a um consenso de que um comportamento corrupto envolve a violação de regras estabelecidas em prol do autointeresse e para o ganho e o lucro pessoal,[42] isto é, que envolve o abuso de poder para obtenção de ganhos privados[43] em prejuízo ao desenvolvimento sustentável, casos de corrupção devem ser desincentivados, reduzidos e reprimidos, o que se inicia com um sistema normativo eficaz e uma cultura institucional aderente, como as novas propostas legislativas sobre a obrigatoriedade de implementação de sistemas de integridade em empresas que se relacionam com o Poder Público.

Conforme destacado, a legislação brasileira é rigorosa quanto à aplicação de sanções àqueles que praticam atos de corrupção ou coadunam com estes, de modo que o que se espera é que esse rigor repercuta com maior impacto nas contratações públicas. Por isso, não permita a imposição de penalidades à sua empresa para só então a adequar às novas exigências legais. Isto é, "não deixe iniciar a chuva para que se comece a arrumar o telhado".

Assim, o compromisso do Poder Público e das empresas privadas com políticas de transparência e integridade deve se dar de maneira urgente, do contrário, a Administração Pública continuará expulsando empresas idôneas de seus processos, e, por conseguinte, permanecerá contratando mal, afetando diretamente o mercado e o desenvolvimento econômico, social e sustentável do país.

---

[41] Tradução literal de "A high level of corruption can make public policies ineffective and can also draw investment and economic activities away from productive pursuits toward the towering rewards of underhanded activities" (SEN, Amartya Kumar. *Development as freedom*. 4. reimpr. *Oxford: Oxford University Press*, 2000. p. 275).

[42] Tradução literal de: "What, then, is 'corrupt' behavior? Corruption involves the violation of established rules for personal gain and profit" (SEN, Amartya Kumar. *Development as freedom*. 4. reimpr. *Oxford: Oxford University Press*, 2000. p. 275).

[43] Tradução literal do conceito de corrupção elaborado pela Transparência Internacional: "corruption is the abuse of an entrusted power for private gain" (Disponível em: https://www.transparency.org/what-is-corruption#define. Acesso em: 12 dez. 2019).

## 1.2 O *compliance* (sistema de integridade) como pilar de contratações sustentáveis

A contratação pública é um dos elementos centrais da atuação governamental e de concretização de políticas públicas. Contudo, não tem passado despercebido o aumento de casos desvelados de escândalos de corrupção, batizados com nomes como "Lava-Jato", "Ratatouille", "Sodoma", "Kamikase" etc., os quais envolvem fraudes em licitações e elevado desvio de dinheiro público.[44] Por isso, merece atenção o tema da transparência e da integridade como pilar de contratações sustentáveis.

O art. 37, inc. XXI, da Constituição da República de 1988, prevê que as contratações públicas deverão ser precedidas de processo de licitação pública nos termos da lei. A então Lei Geral de Licitações (Lei Federal nº 8.666/1993), por sua vez, em seu art. 3º, prescreve como objetivos da licitação a garantia da observância do princípio constitucional da isonomia, da seleção da proposta mais vantajosa para a Administração e da *promoção do desenvolvimento nacional sustentável*. Da mesma forma, o Novo Regime de Licitações e Contratos Administrativos (Lei nº 14.133/2021), em seu art. 11, prescreve como objetivos da licitação a garantia da observância da seleção da contratação mais vantajosa para a Administração Pública, o tratamento isonômico e justa competição entre os licitantes, o impedimento de contratações com sobrepreço, preços inexequíveis ou superfaturamento e o incentivo à inovação e ao desenvolvimento nacional sustentável; atribuindo à alta administração responsável pela governança das contratações a implementação de processos e estruturas, inclusive de gestão de riscos e controles internos, para avaliar, direcionar e monitorar os processos licitatórios e os respectivos contratos, com o intuito de alcançar os tais objetivos, promovendo um ambiente íntegro e confiável, assegurando o alinhamento das contratações ao planejamento estratégico e às leis orçamentárias e promovendo eficiência, efetividade e eficácia em suas contratações. Além disso, o novo regime elevou a transparência ao patamar de princípio em seu art. 5º e passou a exigir a implementação de programas de integridade em situações específicas, conforme disciplinam os arts. 25, §4º, 60, inc. IV, 156, §1º, inc. V e 163, parágrafo único.

---

[44] SANTOS, Franklin Brasil; SOUZA, Kleberson Roberto. *Como combater a corrupção em licitações*: detecção e prevenção de fraudes. 3. ed. rev., ampl. e atual. Belo Horizonte: Fórum, 2020. p. 21.

Assim, para compor a análise da presente obra, notadamente quanto aos objetivos das contratações, merece atenção o tema não muito explorado pela doutrina especializada em licitações e contratos públicos: a integridade como pilar de contratações sustentáveis. Quando se depara com os capítulos de contratações sustentáveis em grandes manuais de direito administrativo, vê-se que muito se fala em desenvolvimento nacional sustentável como princípio constitucional inafastável, como destacado em decisão do Supremo Tribunal Federal, lavrada pelo Ministro Celso de Mello:

> O princípio do desenvolvimento sustentável, além de impregnado de caráter eminentemente constitucional, encontra suporte legitimador em compromissos internacionais assumidos pelo Estado Brasileiro e representa fator de obtenção do justo equilíbrio entre as exigência da economia e as da Ecologia, subordinada, no entanto, à invocação desse postulado, quando ocorrente situação de conflito entre valores constitucionais relevantes, a uma condição inafastável, cuja observância não comprometa nem esvazie o conteúdo essencial de um dos mais significativos direitos fundamentais: o direito à preservação do meio ambiente, que traduz bem de uso comum da generalidade das pessoas, a ser resguardado em favor das presentes e futuras gerações.[45]

Também se discutem as três ordens da sustentabilidade: sociopolítica, ambiental e econômica. Em análise realizada por Egon Bockmann Moreira e Fernando Vernalha Guimarães,[46] os autores destacam que a *sustentabilidade sociopolítica* tem foco primário no respeito aos direitos humanos, à diversidade cultural e às metas do progresso humano. O objetivo desse desenvolvimento, portanto, seria considerar as singularidades dos indivíduos. "O desenvolvimento, aqui, é visto como um direito das pessoas enquanto e porque seres humanos dignos de consideração individual". Já a *sustentabilidade ambiental* é componente do princípio da sustentabilidade, que se preocupa com as estabilidades dos ecossistemas e condições de vida dos seres vivos. A *sustentabilidade econômica*, por sua vez, seria responsável pela integração de temas relativos ao meio ambiente e à dignidade da pessoa humana, os quais impactam diretamente em decisões econômicas.

---

[45] STF, ADI/MC nº 3.540-DF.
[46] MOREIRA, Egon Bockmann; GUIMARÃES, Fernando Vernalha. *Licitação pública*: a Lei Geral de Licitações/LGL e o Regime Diferenciado de Contratação/RDC. São Paulo: Malheiros, 2012. p. 87.

Como bem anotado, a promoção do desenvolvimento nacional sustentável não se resume apenas a questões ambientais. Também, não se resume a questões sociopolíticas ou financeiras, sendo importante vertente da agenda de contratações sustentáveis à integridade como pilar da sustentabilidade sociopolítica e também econômica, e, por conseguinte, um dos objetivos das contratações públicas.

A integridade está intrinsecamente ligada ao desenvolvimento sustentável por diversas razões. É que, em que pese a sustentabilidade possa ser dividida em três macrocomponentes (sociopolítica, ambiental e econômica), como determinam Moreira e Guimarães, é preciso reconhecer que o conceito de sustentabilidade é mutável, porque instrumento reflexo da sociedade e do próprio tempo. Por tal razão, portanto, é a sustentabilidade que busca equilibrar aquilo que é socialmente necessário, economicamente desejável e ecologicamente saudável.

Nesse contexto, a sustentabilidade deve ser analisada de forma holística, inclusive, de acordo com os ditames da integridade. Isso, porque, hoje, para garantir a sustentabilidade da economia, da própria evolução da sociedade, inclusive do meio ambiente, é extremamente necessário que o mercado e o Estado possuam compromisso com mecanismos aptos a combater a corrupção, que afeta todas as camadas sociais, mas, especialmente, aquelas que mais dependem de serviços públicos essenciais, de um meio ambiente saudável e de uma economia em desenvolvimento.

Não sem razão, a sustentabilidade é tomada como princípio constitucional que determina responsabilidade ao Estado e à sociedade pela concretização solidária do desenvolvimento ético e eficiente. Nesse sentido, é o posicionamento de Juarez Freitas, para quem sustentabilidade é:

> O princípio constitucional que determina, com eficácia direta e imediata, a responsabilidade do Estado e da sociedade pela concretização solidária do desenvolvimento material e imaterial, socialmente inclusivo, durável e equânime, ambientalmente limpo, inovador, ético e eficiente, no intuito de assegurar, preferencialmente de modo preventivo e precavido, no presente e no futuro, o direito ao bem-estar físico, psíquico e espiritual, em consonância homeostática com o bem de todos.[47]

---

[47] FREITAS, Juarez. *Sustentabilidade*: direito ao futuro. Belo Horizonte: Fórum, 2012. p. 41.

Assim, ao dispor sobre a dimensão ética da sustentabilidade, Juarez Freitas destaca que a percepção ética convém àqueles que assumem a tarefa de "resguardar a integridade e nobreza de caráter".[48] Trata-se de dimensão, portanto, que se preocupa com o bem-estar do outro. Dessa forma, a importância da consideração dessa dimensão da sustentabilidade nas contratações públicas é vital, eis que o bem-estar social é afetado quando os recursos que deveriam ser destinados a determinado serviço são desviados para benefício de alguns poucos (agentes corruptos). É dizer, o "custo propina" é um atentado à dimensão ética da sustentabilidade, eis que pautado única e exclusivamente pelo comportamento autointeressado de alguns em detrimento do bem-estar de todos.

Nesse sentido, para além das dimensões sociopolítica, ambiental e econômica, deve, também, ser considerada a sua dimensão ética, que se conecta com todas as demais, e permite um verdadeiro desenvolvimento sustentável. Daí se afirmar que os contratos administrativos, mediante a observância de padrões sustentáveis, em sua vertente holística e integrada, contribuirão prioritariamente às escolhas proporcionadoras "do bem-estar das gerações presentes, sem impedir que as gerações futuras produzam o seu próprio bem-estar", de modo que cada vez mais as contratações públicas serão "celebradas e controladas em conformidade com a diretriz intertemporal de escolhas sustentáveis".[49]

Não se pode olvidar, portanto, que a integridade é um dos pilares necessários a se buscar nos processos de licitações públicas, e, por conseguinte, concretizar contratações públicas sustentáveis. Do contrário, obras ineficientes, serviços nefastos e produtos nocivos persistirão sendo a realidade das compras públicas, violando-se diretamente o ordenamento constitucional, eis que toda e qualquer contratação será sustentável ou restará no campo da ilicitude.[50]

O consórcio da transparência, integridade e ética como lentes da sustentabilidade permite concluir, portanto, que as licitações sustentáveis serão aquelas que asseguram no bojo do certame isonômico e probo a contratação da proposta mais vantajosa, ponderando-se objetivamente os custos e benefícios sociais, econômicos e ambientais.[51] Daí porque se

---

[48]  FREITAS, Juarez. *Sustentabilidade*: direito ao futuro. Belo Horizonte: Fórum, 2012. p. 60-61.

[49]  FREITAS, Juarez. *O controle dos atos administrativos e os princípios fundamentais*. 5. ed. rev. e ampl. São Paulo: Malheiros, 2013. p. 129; 227.

[50]  FREITAS, Juarez. *O controle dos atos administrativos e os princípios fundamentais*. 5. ed. rev. e ampl. São Paulo: Malheiros, 2013. p. 230.

[51]  FREITAS, Juarez. *O controle dos atos administrativos e os princípios fundamentais*. 5. ed. rev. e ampl. São Paulo: Malheiros, 2013. p. 238-239.

afirmar que o teste de sustentabilidade de licitações: (i) proíbe, em um só tempo, a ineficiência e ineficácia das compras públicas, conferindo prioridade para produção e consumo saudáveis; (ii) impõe a prevenção como regra, mediante obrigação de planejamento e antevisão de resultados e externalidades; e (iii) estimula escolhas mais responsáveis, em homenagem a ganhos futuros; reconfigurando as contratações públicas, afastando-as das falhas de mercado, dos desvios de finalidade e das fraudes, sendo, assim, instrumento de transformação cultural e prevenção e combate à corrupção.[52]

Assim, estudo realizado por Tammy Cowart, Kurt Schulzke e Sherry Jackson aponta que, em longo prazo, empresas seriam beneficiadas se promovessem a sustentabilidade ética em sua atuação,[53] o que permite concluir que a lente da sustentabilidade, especialmente sob seu viés da ética, trata-se de via de duas mãos, beneficiando tanto a Administração Pública, quanto as partes privadas interessadas.

## 1.3 O combate preventivo à corrupção amparado na redução e mitigação de riscos

Junto à ideia de integridade como pilar de contratações sustentáveis, bem como de um sistema efetivo de combate à fraude e à corrupção, importante tecer breves considerações a respeito da nova linha de que vem se apropriando a atividade estatal no campo da implementação de mecanismos e políticas de integridade.

A evolução crescentemente complexa e dinâmica da sociedade brasileira, especialmente na busca por maior participação, notadamente em questões que envolvem escândalos de corrupção, exige que sejam repensadas algumas formas de atuação estatal. Assim, em tempos de revisão de dogmas, tem ocupado relevante espaço na pauta de discussões doutrinárias o fenômeno da abertura do Estado ao consenso, da prevenção *versus* sanção.

---

[52] FREITAS, Juarez. *O controle dos atos administrativos e os princípios fundamentais*. 5. ed. rev. e ampl. São Paulo: Malheiros, 2013. p. 242-243.

[53] Tradução literal de: "We have pointed to evidence that companies will be better off in the long run if they foster ethical sustainability and encourage potential whistleblowers to bring their concerns forward early and internally to management. We have also highlighted specific steps that companies can take to promote these sustainability-enhancing objectives" (COWART, Tammy; SCHULZKE, Kurt; JACKSON, Sherry. Carrots and sticks of whistleblowing: what classification trees say about false claims act lawsuits. *Accounting, Finance & Business Law Faculty Publications and Presentations*, Paper 6, 2019. Disponível em: http://hdl.handle.net/10950/1869. Acesso em: 2 jun. 2020).

Partindo da premissa da existência de um novo modelo de controle estatal que tem por base a dialogicidade, relevante importância guarda a atuação preventiva da Administração, que, inclusive, extrai-se da legislação mais recente publicada no país e, também, da característica participativa assumida pela sociedade contemporânea que valoriza o diálogo para efetivação de seus direitos.

A valorização do diálogo, por assim dizer, impulsionou o processo de perda gradual do caráter eminentemente sancionatório do Estado, abrindo-se ala para uma atuação mais preventiva e negocial. A prevenção trata-se de instrumento típico de uma Administração consensual, de impulso, que visa encerrar o problema antes de torná-lo litigioso, bem como da concretização de eventos de impactos danosos.

No âmbito das licitações e contratos administrativos, a prevenção pode ser extraída do mapeamento de riscos e elaboração de riscos nos contratos administrativos, sendo forte aliada do controle e monitoramento de práticas ilícitas e imorais, eis que permite averiguar se os atos públicos e privados estão de acordo com a suas finalidades legais e institucionais. Além disso, a prevenção é tipicamente extraída da mitigação e correção de atos fraudulentos ou práticas corruptas para que se evitem danos futuros ao erário e à própria sociedade que usufrui de grande parte dos objetos contratados pelo Poder Público.

Inclusive, o Novo Regime Jurídico das Licitações e Contratos Administrativos previsto na Lei nº 14.133/2021 disciplina expressamente a matriz de riscos como cláusula contratual necessária nos casos de contratação de obras e serviços de grande vulto ou quando forem adotados os regimes de contratação integrada e semi-integrada (art. 22, §3º), definindo-a como "cláusula contratual definidora de riscos e de responsabilidades entre as partes e caracterizadora do equilíbrio econômico-financeiro inicial do contrato, em termos de ônus financeiro decorrente de eventos supervenientes à contratação" (art. 6º, inc. XXVII). Ademais, dispõe de um capítulo específico para tratativa de alocação de riscos (Título III, Capítulo III). Além disso, como já destacado, define como dever da alta administração para consecução dos objetivos das contratações públicas o estabelecimento de processos e estruturas de gestão de riscos e controles internos, para avaliar, direcionar e monitorar os processos licitatórios e os respectivos contratos, promovendo um ambiente íntegro e confiável, bem como eficiência, efetividade e eficácia em suas contratações (art. 11, parágrafo único).

Assim, apenas nos casos em que as práticas preventivas não deem conta de evitar ou mitigar o evento danoso é que deverá ser instaurado o correspondente processo de responsabilização e averiguação de atos irregulares ou faltosos. E, mesmo nesses casos, mecanismos auxiliares também têm preterido à sanção. É o caso, por exemplo, do acordo de leniência previsto na Lei Anticorrupção, instituído como instrumento a assegurar maior eficiência nos processos de averiguação de condutas e responsabilização de agentes.

Para Thiago Marrara, o acordo de leniência trata-se de um instrumento negocial, um ajuste celebrado entre determinado ente estatal e um infrator confesso, no qual o primeiro recebe a colaboração probatória e o segundo a suavização da punição (acordos integrativos) ou até mesmo a extinção desta (acordos substitutivos).[54] Em igual sentido, Moreira Neto e Rafael de Freitas destacam que o acordo de leniência se trata de um acordo substitutivo, por meio do qual a Administração Pública flexibiliza sua conduta imperativa e celebra um acordo com o administrado, substituindo uma conduta primariamente exigível, por uma segunda conduta, secundariamente negociável.[55]

Para Marrara, nesses termos, a leniência prevista no ordenamento pátrio possui características essenciais, entre elas, a de ser um acordo integrativo, o que permite dizer que não se trata de atuação consensual que exclui a ação unilateral do Estado, apenas reduz as sanções que seriam precipuamente impostas, em troca da cooperação do colaborador. Para o autor, portanto, a obrigação de colaborar para com o leniente é uma obrigação de meio, eis que servirá para subsidiar a instrução de um processo que culminará com um ato final e unilateral da Administração Pública.[56] Nesse mesmo sentido, Maurício Zockun leciona que "o acordo de leniência é apenas um dos meios concebidos pela ordem jurídica para tutela do interesse público".[57]

---

[54] MARRARA, Thiago. Acordos de leniência no processo administrativo brasileiro: modalidades, regime jurídico e problemas emergentes. *Revista de Direito Administrativo*, v. 2, n. 2, p. 509-527, 2015. p. 512.

[55] MOREIRA NETO, Diogo de Figueiredo; FREITAS, Rafael Véras de. A juridicidade da Lei Anticorrupção – Reflexões e interpretações prospectivas. *Revista Fórum Administrativo*, Belo Horizonte, v. 14, n. 156, fev. 2014. p. 18. Disponível em: http://www.editoraforum.com.br/wp-content/uploads/2014/01/ART_Diogo-Figueiredo-Moreira-Neto-et-al_Lei-Anticorrupcao.pdf. Acesso em: 10 nov. 2018.

[56] MARRARA, Thiago. Acordos de leniência no processo administrativo brasileiro: modalidades, regime jurídico e problemas emergentes. *Revista de Direito Administrativo*, v. 2, n. 2, p. 509-527, 2015. p. 513-514.

[57] ZOCKUN, Maurício. Aspectos gerais da Lei Anticorrupção. *In*: PUCSP. *Enciclopédia jurídica da PUCSP*. 1. ed. São Paulo: Pontifícia Universidade Católica de São Paulo, 2017. p. 3-4. Disponível em: https://enciclopediajuridica.pucsp.br/verbete/6/edicao-1/aspectos-gerais-da-lei-anticorrupcao. Acesso em: 13 dez. 2018.

No Brasil, existem três modalidades de leniência. A saber: uma prevista na Lei de Concorrência e duas previstas na Lei Anticorrupção Empresarial. A análise minuciosa de cada uma delas, contudo, implicaria um estudo monográfico sobre o tema. Assim, considerando a temática da importância da implementação de mecanismos de prevenção e de mitigação de riscos ou de eventos danosos, importante destacar os requisitos para celebração do acordo de leniência previsto na Lei Anticorrupção Empresarial, bem como, a exigência e importância dos sistemas de integridade para relativização de sanções.

Nesse contexto, cumpre registrar que a Lei Anticorrupção Empresarial, que teve sua aprovação acelerada diante de pressões populares em relação ao combate à corrupção, foi criada com o intuito de reprimir condutas que atentam à moralidade, à probidade e à integridade, mediante a imposição de sanções, bem como de preveni-las, instituindo-se mecanismos de monitoramento e controle. Diante disso, essa lei passou a integrar o sistema legal de defesa da moralidade, que é composto pela Lei de Improbidade Administrativa (Lei nº 8.429/92), pela parte penal da então Lei Geral de Licitações e Contratos (Lei nº 8.666/92), pela Lei de Defesa da Concorrência (Lei nº 12.529/11) e pela Lei da Ficha Limpa (Lei Complementar nº 135/2010).[58]

Nos termos do art. 5º da Lei Anticorrupção, os atos contra o patrimônio público nacional ou estrangeiro, contra princípios da Administração Pública ou contra os compromissos internacionais assumidos pelo Brasil devem ser reprimidos, sancionando-se aquelas pessoas jurídicas que não atuam de modo conforme em suas relações com a Administração Pública, sendo, a LAE, nas palavras de Maurício Zockun, um diploma normativo que busca acautelar a escorreita tutela do interesse público por meio da função administrativa sancionadora, veiculando uma forma qualificada de moralidade administrativa.[59]

O acordo de leniência, assim, é um desses instrumentos aptos a reprimir e prevenir condutas imorais, eis que, uma vez atendidos os

---

[58] MOREIRA NETO, Diogo de Figueiredo; FREITAS, Rafael Véras de. A juridicidade da Lei Anticorrupção – Reflexões e interpretações prospectivas. *Revista Fórum Administrativo*, Belo Horizonte, v. 14, n. 156, fev. 2014. p. 3-4. Disponível em: http://www.editoraforum.com.br/wp-content/uploads/2014/01/ART_Diogo-Figueiredo-Moreira-Neto-et-al_Lei-Anticorrupcao.pdf. Acesso em: 10 nov. 2018.

[59] ZOCKUN, Maurício. Aspectos gerais da Lei Anticorrupção. *In*: PUCSP. *Enciclopédia jurídica da PUCSP*. 1. ed. São Paulo: Pontifícia Universidade Católica de São Paulo, 2017. p. 1; 5. Disponível em: https://enciclopediajuridica.pucsp.br/verbete/6/edicao-1/aspectos-gerais-da-lei-anticorrupcao. Acesso em: 13 dez. 2018.

requisitos à sua celebração,[60] os quais, por si só, implicam cessação da conduta imoral, o acordo é celebrado, e a organização infratora tem o dever de colaborar com a Administração.

Em que pese seja um mecanismo bastante importante a ser mais bem explorado no tocante ao combate à fraude e à corrupção, este instrumento não está imune a críticas. É que os acordos de leniência não geram efeitos em outras esferas, isto é, a leniência é válida apenas na esfera competente à celebração do acordo.[61] Diante disso, torna-se absolutamente necessária a busca por leniências múltiplas (celebrada com mais de uma autoridade competente) e simultâneas a outras formas de cooperação, como as colaborações premiadas e termos de ajustamento de conduta. Assim, para que se tenha segurança jurídica, é de suma importância a celebração de diferentes tipos de acordo.

Naquilo que diz respeito aos acordos de leniência em si, pode-se dizer que são instrumentos de suma importância em tempos de quebra de paradigma, eis que, além de proporcionarem processos administrativos com maior densidade probatória, também, incentivam e ampliam a cultura de prevenção e mitigação de riscos empresariais.

Essa ampliação da cultura de integridade nas organizações, sejam elas públicas ou privadas, muitas vezes, materializa-se mediante a implementação de sistemas de *compliance*.

Públicos e privados corrompem e são corrompidos todo dia, por isso a necessidade de incentivo à mudança cultural em ambas as áreas. Nesse contexto, Marçal Justen Filho bem destaca que a Lei Anticorrupção Empresarial impõe o dever de diligência especial no âmbito das empresas privadas, criando estruturas como os sistemas de integridade de acordo com parâmetros anticorrupção.[62] A existência desses sistemas, por sua vez, como determina de forma expressa o art. 7º, inc. VIII da Lei Anticorrupção Empresarial, deve ser levada em consideração na

---

[60] De acordo com o §1º, do art. 16, da Lei Anticorrupção, o acordo de leniência somente poderá ser celebrado se, cumulativamente, a pessoa jurídica for a primeira a se manifestar sobre seu interesse em cooperar para a apuração do ato ilícito, cesse completamente seu envolvimento na infração investigada a partir da data de propositura do acordo, admita sua participação no ilícito e coopere plena e permanentemente com as investigações e o processo administrativo, comparecendo, sob suas expensas, sempre que solicitada, a todos os atos processuais, até seu encerramento.

[61] Importante frisar que as leniências simultâneas conferem maior segurança jurídica à celebração de acordos, uma vez que a legislação atual que versa sobre o tema possui diversas lacunas, o que acaba por diminuir a incidência da celebração desses acordos.

[62] JUSTEN FILHO, Marçal. A "Nova" Lei Anticorrupção Brasileira (Lei Federal 12.846/2013). *Informativo Justen, Pereira, Oliveira e Talamini*, Curitiba, n. 82, dez. 2013. Disponível em: http://www.justen.com.br/informativo. Acesso em: 10 dez. 2018.

aplicação de sanções. Trata-se, portanto, de um instrumento de combate preventivo, já que busca incentivar as empresas a adotarem mecanismos de integridade e, em contrapartida, a sanção aplicada seria abrandada. Daí se infere a importância dos sistemas de integridade como mecanismos aptos a controlar e prevenir práticas corruptas.

## 1.4 Breve resumo da obra

Por todo o destacado neste breve cotejo inicial, percebe-se que o tema da presente obra é de extrema complexidade, o que, muitas vezes, leva à veiculação apressada e equivocada de algumas informações.

Diante disso, na sequência, serão tecidas importantes considerações sobre a constitucionalidade das leis e atos normativos que exigem sistemas de *compliance* nas relações contratuais com a Administração Pública, especialmente, a possível violação de norma geral e restrição ao caráter competitivo do certame, o que ensejaria inconstitucionalidade formal e material, respectivamente, desses diplomas.

Conforme se observa, os instrumentos normativos que contêm a referida exigência têm por base, justamente, os princípios da probidade e da moralidade previstos em ambas as normas gerais de licitações e contratos, o que, por si só, afastaria a possível violação à norma geral. Além disso, entende-se que não há que se falar em restrição ao caráter competitivo do certame, quando a exigência se trata de obrigação contratual e não de um requisito à habilitação ou impedimento de participar de certames públicos.

Assim, considerando a complexidade, importância e repercussão do tema, ainda mais no país da Operação Lava-Jato, em que os reflexos das atividades administrativas e normativas são cobrados na prática, a presente obra voltar-se-á à análise prática e exemplificativa de alguns instrumentos normativos vigentes, no tocante à obrigatoriedade de implementação de sistemas de *compliance* nas empresas que se relacionam com o Poder Público. Após, será avaliado o que se pode compreender por um sistema de *compliance* efetivo e quais os benefícios por ele trazidos às empresas que contratam com o Poder Público. Ao final, serão apresentadas as conclusões.

CAPÍTULO 2

# A EXIGÊNCIA DE *COMPLIANCE* NAS RELAÇÕES CONTRATUAIS COM A ADMINISTRAÇÃO PÚBLICA

Diversos estados e municípios brasileiros vêm endossando a agenda nacional de combate à corrupção, conforme se depreende dos mapas a seguir:

TENDÊNCIAS LEGISLATIVAS SOBRE A OBRIGATORIEDADE
DE SISTEMA DE INTEGRIDADE PARA CONTRATAÇÃO
COM O SETOR PÚBLICO NO BRASIL

**LEIS EM VIGOR**

Lei nº 7.753/17 - Rio de Janeiro
Lei nº 6.112/18 - Distrito Federal
Lei nº 10.744/18 e nº 11.123/20 - Mato Grosso
Lei nº 650/18 - Vila Velha, ES
Lei nº 15.228/18 - Rio Grande do Sul
Lei nº 4.730/18 - Amazonas
Lei nº 20.489/19 - Goiás
Lei nº 16.722/19 - Pernambuco
Lei nº 11.463/21 - Maranhão
Lei nº 8.866/21 - Sergipe
Lei nº 8.772/19 - Joinville, SC

**ÓRGÃOS PÚBLICOS COM REGULAMENTAÇÃO INTERNA**

Portaria nº 877/2018 – Ministério da Agricultura, Pecuária e Abastecimento

## TENDÊNCIAS LEGISLATIVAS SOBRE A OBRIGATORIEDADE DE SISTEMA DE INTEGRIDADE PARA CONTRATAÇÃO COM O SETOR PÚBLICO NO BRASIL

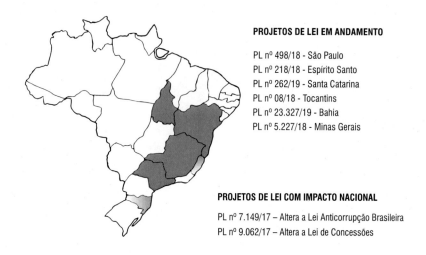

**PROJETOS DE LEI EM ANDAMENTO**

PL nº 498/18 - São Paulo
PL nº 218/18 - Espírito Santo
PL nº 262/19 - Santa Catarina
PL nº 08/18 - Tocantins
PL nº 23.327/19 - Bahia
PL nº 5.227/18 - Minas Gerais

**PROJETOS DE LEI COM IMPACTO NACIONAL**

PL nº 7.149/17 – Altera a Lei Anticorrupção Brasileira
PL nº 9.062/17 – Altera a Lei de Concessões

## TENDÊNCIAS LEGISLATIVAS SOBRE A OBRIGATORIEDADE DE SISTEMA DE INTEGRIDADE PARA CONTRATAÇÃO COM O SETOR PÚBLICO NO BRASIL

**PREVISÃO EM PLANOS DE GOVERNO**

Estado do Paraná
Governador eleito Ratinho Júnior (2019/2022)

No Rio de Janeiro, por exemplo, a Lei Estadual nº 7.753/2017, logo em seu art. 1º, determina de forma expressa a exigência de implementação de sistemas de *compliance* nas empresas que mantêm relações com a Administração Pública direta, indireta e fundacional do estado, cujo valor da contratação seja superior aos valores para contratação na modalidade de concorrência prevista na Lei Federal nº 8.666/1993, e o prazo do contrato seja igual ou superior a 180 dias.[63]

No mesmo sentido, mas com peculiaridades que merecem atenção, o Distrito Federal publicou a Lei Distrital nº 6.112/2018, que, em seu art. 1º, dispõe sobre a obrigatoriedade de implementação de sistemas de integridade às empresas que mantenham relação contratual com a Administração Pública do Distrito Federal, em todas as esferas de poder, cujos limites de valor sejam superiores a cinco milhões de reais,[64] e o prazo do contrato seja igual ou superior a 180 dias.[65]

Seguindo a prática adotada pelo Rio de Janeiro e Distrito Federal, o estado do Rio Grande do Sul, ao sancionar a Lei Estadual nº 15.228/2018,[66] que dispõe sobre a aplicação, no âmbito da Administração Pública estadual, da Lei Brasileira Anticorrupção (Lei nº 12.846/2013), também estabeleceu como exigência a implementação de sistemas de integridade para empresas como requisito à celebração de contrato, consórcio, convênio, concessão ou parceria público-privada com a Administração Pública estadual, cujos limites em valor sejam superiores a R$330.000,00 (trezentos e trinta mil reais) para obras e serviços de engenharia, e acima de R$176.000,00 (cento e setenta e seis mil reais) para compras e serviços, mesmo que na forma de pregão eletrônico, nos termos do art. 37.

Os entes citados acima foram os pioneiros no tocante à exigência de implementação de sistemas de integridade no âmbito das contratações públicas. Mas, logo na sequência, os estados do Amazonas (Lei Estadual nº 4.730/18), Goiás (Lei Estadual nº 20.489/19), Pernambuco (Lei Estadual nº 16.722/2019), Mato Grosso (Lei Estadual nº 11.123/2020),

---

[63] RIO DE JANEIRO (Estado). *Lei Estadual nº 7.753, de 17 out. 2017*. Disponível em: http://www2.alerj.rj.gov.br. Acesso em: 29 jun. 2018.

[64] A Lei Distrital nº 6.112/18 foi substancialmente alterada pela Lei Distrital nº 6.308/2019, e já possui regulamentação sobre o tema, conforme análise realizada no item 3.2 desta obra.

[65] DISTRITO FEDERAL. *Lei Distrital nº 6.112, de 2 fev. 2018*. Disponível em: https://www.legisweb.com.br/legislacao/?id=356400. Acesso em: 29 jun. 2018.

[66] RIO GRANDE DO SUL (Estado). *Lei Estadual nº 15.228, de 25 de setembro de 2018*. Disponível em: http://www.legislacao.sefaz.rs.gov.br/Site/Document.aspx?inpKey=264558&inpCod Dispositive=&inpDsKeywords=. Acesso em: 11 out. 2018.

Maranhão (Lei Estadual nº 11.463/2021) e Sergipe (Lei Estadual nº 8.866/2021) também aderiram à pauta e publicaram suas respectivas leis exigindo a implementação de sistemas de integridade em empresas que pretendam ser contratadas pelo Poder Público nessas regiões

Além das localidades citadas, importante frisar que, antes de publicar a Lei nº 11.123/2020, o estado do Mato Grosso, embora não impusesse obrigatoriedade de implementação de sistemas de *compliance* nas empresas que mantivessem relação com a Administração Pública, desde 2018, ao publicar a Lei Estadual nº 10.744/2018,[67] oriunda do PL nº 134/2017, exigia a assinatura de um termo anticorrupção pelas empresas contratadas, o que, na prática, obrigava essas empresas a adotarem, desde aquela época, políticas e procedimentos que em muito se assemelhavam aos sistemas de integridade exigidos em outros diplomas legais.

Da mesma forma, o estado do Espírito Santo passou a exigir a observância de um Código de Conduta e Integridade pelos fornecedores de bens e prestadores de serviços ao estado do Espírito Santo, após a publicação da Lei Estadual nº 10.793/2017.[68] Mais uma vez, na prática, ainda que não se imponha obrigatoriedade de implementação de sistemas de integridade, exige-se que as empresas que se relacionam com o Poder Público naquela região adotem políticas integrantes de sistemas de integridade e *compliance*, bem como observem princípios éticos, em especial: I – valorização do bem comum e de interesse público; II – cumprimento das leis e normas aplicáveis ao setor público e privado, preservando a honestidade, a justiça, a impessoalidade, a transparência, a valorização e o incentivo ao diálogo, a veracidade e a prestação de contas; III – preservação da integridade pessoal e profissional do servidor público; IV – respeito às divergências de entendimento e aos direitos individuais e coletivos; V – preservação da imagem e do patrimônio material e intelectual de interesse público, nos termos do art. 6º do diploma estadual.

Além desses estados, outros também vêm demonstrando preocupação com a integridade nas relações contratuais com a Administração Pública, e, hoje, contam com a tramitação de projetos de lei nesse

---

[67] MATO GROSSO (Estado). *Lei Estadual nº 10.744, de 29 de agosto de 2018*. Disponível em: http://www.al.mt.gov.br/storage/webdisco/leis/lei-10744-2018.pdf. Acesso em: 10 out. 2018.

[68] ESPÍRITO SANTO (Estado). *Lei Estadual nº 10.793, de 22 de dezembro de 2017*. Disponível em: https://secont.es.gov.br/Media/secont/Legisla%C3%A7%C3%B5es/Lei%2010.793%20de%2021%20de%20dezembro%20de%202017.pdf. Acesso em: 29 de jun. 2018.

CAPÍTULO 2
A EXIGÊNCIA DE *COMPLIANCE* NAS RELAÇÕES CONTRATUAIS COM A ADMINISTRAÇÃO PÚBLICA | 59

sentido. A saber: o estado de São Paulo, com o PL nº 498/18;[69] o estado da Bahia, com o PL nº 23.327/2019;[70] o estado de Minas Gerais, com o PL nº 5.227/2018;[71] o estado de Espírito Santo, com o PL nº 218/2018, que "dispõe sobre a exigência do Programa de Integridade de Conduta – '*compliance*' às empresas que contratarem com a Administração Pública", e o PL nº 483/2020, que altera a Lei 10.793, de 21.12.2017, citada acima, para instituir obrigação de fornecedores manterem sistema de prevenção de atos corruptivos e de antissuborno; o estado de Santa Catarina, com o PL nº 262/2019;[72] e o estado de Tocantins, com o PL nº 8/2018.

E, as iniciativas legislativas não se deram somente nos estados. Hoje, tramitam dois importantes projetos de lei no Congresso Nacional que visam à implementação de sistemas de integridade no âmbito das contratações públicas. O PL nº 7.149/2017 –[73] que altera a Lei Anticorrupção brasileira, estabelecendo diretrizes a serem observadas nos sistemas de *compliance* implementados pelas empresas que contratam com a Administração Pública, e o PL nº 9062/2017 – que altera a Lei de Concessões e Permissões e dispõe sobre a obrigatoriedade de sistemas de *compliance* anticorrupção nos programas de concessão brasileiros.[74] Como se pode notar, são projetos de nível nacional, que, quando aprovados, causarão impacto em todas as contratações públicas do país.

Além desses projetos nacionais, importante destacar que o PL nº 1.292/1995 – que buscava alterar a Lei Geral de Licitações e Contratos – foi aprovado e publicado em 1º.4.2021, dando vida à Nova Lei de Licitações e Contratações Públicas, Lei nº 14.133/2021. Essa norma, portanto, indo ao encontro da valorização do combate à corrupção e do incentivo à cultura da ética, integridade e transparência, prevê a obrigatoriedade de implementação de sistemas de integridade e

---

[69] Referido projeto de lei encontra-se arquivado (Disponível em: https://www.al.sp.gov.br/propositura/?id=1000222889).

[70] Disponível em: https://www.al.ba.gov.br/atividade-legislativa/proposicao/PL.-23.327-2019.

[71] Disponível em: https://www.almg.gov.br/atividade_parlamentar/tramitacao_projetos/interna.html?a=2018&n=5227&t=PL&aba=js_tabTramitacao.

[72] Disponível em: http://www.alesc.sc.gov.br/legislativo/tramitacao-de-materia/PL./0262.0/2019.

[73] Disponível em: https://www.camara.leg.br/proposicoesWeb/fichadetramitacao?idPropo sicao=2125887#:~:text=Ementa%3A%20Estabelece%20a%20obrigatoriedade%20 de,contratarem%20com%20a%20Administra%C3%A7%C3%A3o%20P%C3%BAblica.

[74] Disponível em: https://www.camara.leg.br/proposicoesWeb/fichadetramitacao?idProposi cao=2161939.

*compliance* em contratações de grande vulto, nos termos de seu art. 25, §4º, bem como condição de reabilitação de licitantes ou contratadas que apresentem declaração ou documentação falsa exigida para o certame, prestem declaração falsa durante a licitação ou a execução do contrato (art. 155, VIII) ou pratiquem os atos lesivos previstos no art. 5º da Lei nº 12.846, de 1º.8.2013 (art. 155, XII), nos termos do seu art. 163, parágrafo único. Além das disposições anteriores, a Nova Lei de Licitações e Contratações Públicas também previu a hipótese de considerar a implantação ou o aperfeiçoamento de programa de integridade na aplicação de sanções administrativas (art. 156, §1º, inc. V), indo ao encontro do que já disciplinava a Lei Anticorrupção, bem como inovou no cenário da exigência de integridade nas contratações públicas disciplinando ainda mais uma hipótese de valorização da adoção desses programas por licitantes, de modo que em seu art. 60, inc. IV, a norma disciplina o desenvolvimento de sistemas de integridade pelas licitantes como critério de desempate de duas ou mais propostas.[75] Essas iniciativas também são vislumbradas em âmbito municipal. O município de Vila Velha, do Espírito Santo, por exemplo, conta com a Lei Municipal nº 6.050/2018,[76] que prevê a obrigatoriedade de implementação de sistemas de integridade e *compliance* nas empresas que vierem a celebrar contratos com a Administração Pública municipal, a exemplo dos outros diplomas normativos já citados. O município de Cascavel no Paraná, por sua vez, também prevê que as pessoas físicas e jurídicas que queiram celebrar contratos, consórcios, concessões ou parcerias público-privadas com a Administração Pública direta, indireta ou fundacional do município de Cascavel deverão ter o programa de integridade implantado, nos termos do art. 1º da Lei Municipal nº 7.184, de 17.12.2020.[77] O município de Joinville, igualmente, traz tal disciplina nos termos da Lei Municipal nº 8.772/2019.[78]

---

[75] ZILIOTTO, Mirela Miró. A obrigatoriedade da implementação de programa de integridade nas contratações de grande vulto à luz do artigo 25, parágrafo 4º, do Projeto de Lei Nº 1292/95. *Observatório da Nova Lei de Licitações.* Disponível em: http://www.novaleilicitacao. com.br/category/artigos/mirela-miro-ziliotto/. Acesso em: 9 dez. 2019.

[76] VILA VELHA (Município). *Lei Municipal nº 6.050 de 27 de agosto de 2018.* Disponível em: https://www.vilavelha.es.gov.br/legislacao/Arquivo/Documents/legislacao/html/L6050 2018.html. Acesso em: 31 ago. 2021.

[77] CASCAVEL (Município). *Lei Municipal nº 7.184 de 17 de dezembro de 2020.* Disponível em: https://leismunicipais.com.br/a2/pr/c/cascavel/lei-ordinaria/2020/719/7184/lei-ordinaria-n-7184-2020-dispoe-sobre-a-instituicao-do-programa-de-integridade-nas-empresas-que-contratarem-com-a-administracao-publica-do-municipio-de-cascavel-e-da-outras-providencias. Acesso em: 20 dez. 2020.

[78] JOINVILLE (Município). *Lei Municipal nº 8.772 de 05 de dezembro de 2019.* Disponível em: https://leismunicipais.com.br/a2/sc/j/joinville/lei-ordinaria/2019/878/8772/lei-ordinaria-n-

O bom exemplo dos entes federativos fez com que entidades e órgãos, principalmente em âmbito federal, também passassem a exigir a implementação de sistemas de integridade e *compliance* nas empresas privadas que com aqueles se relacionam, como foi o caso do Ministério da Agricultura, Pecuária e Abastecimento (MAPA), da Petrobras, da Eletrobras e outras empresas estatais.

O MAPA, no dia 6.6.2018, ao publicar a Portaria nº 877 tornou obrigatória a exigência nos seus editais de licitação e respectivos contratos, determinando que as empresas contratadas implementassem procedimentos efetivos de gestão de riscos, canais de denúncias, códigos de conduta e políticas de *compliance* e integridade.[79] De acordo com a normativa em referência, a exigência será aplicada a todos os contratos firmados que possuam valor igual ou superior a cinco milhões de reais, devendo a efetividade dos sistemas de integridade e *compliance* das contratadas ser comprovada ao Mapa, no prazo máximo de até nove meses, a contar da data da assinatura do contrato.

A Petrobras, por sua vez, após a publicação de seu novo regulamento de licitações e contratos, incluiu em seu processo de contratação exigência para as licitantes de assunção de compromisso em cumprir as leis anticorrupção e as políticas, procedimentos e regras de integridade aplicáveis, bem como, sem limitação, o Código de Ética e o Guia de Conduta da Petrobras, de modo que as empresas que desejem iniciar ou manter relacionamento com a Petrobras serão submetidas a diligências, à luz do Programa Petrobras de Prevenção à Corrupção (PPPC), sendo-lhes atribuídos graus de risco de integridade para a contratação.

Não há como negar, portanto, que esses diplomas instituíram caminho sem volta à obrigatoriedade de implementação de sistemas de integridade e *compliance* nas empresas privadas no Brasil; impondo verdadeira obrigação à efetividade desses sistemas, bem como à busca pela mudança cultural da atuação da empresa pautada em princípios da ética e da transparência.

Nesses termos, a exigência de implementação de sistemas de integridade no âmbito das contratações públicas pode ser compreendida

---

8772-2019-dispoe-sobre-a-instituicao-do-programa-de-integridade-nas-pessoas-juridicas-que-contratarem-com-a-administracao-publica-municipal?q=8772. Acesso em: 20 dez. 2020.

[79] BRASIL. Ministério da Agricultura, Pecuária e Abastecimento – Mapa. *Portaria nº 877, de 6 jun. 2018*. Disponível em: http://www.agricultura.gov.br/noticias/mapa-exige-que-prestadores-de-servicos-instituam-programas-de-integridade/Portarian877MAPA2018P rogramadeIntegridadedoMA-PAaprovadopelaPortariaMAPANo705de07042017jun.pdf. Acesso em: 29 jun. 2018.

em duas dimensões: uma extrínseca, que consiste numa política adotada pelo Estado para estimular a disseminação do *compliance* no mercado, e uma intrínseca, que consiste em uma exigência que tem direta relação de permanência com os objetivos primários das contratações públicas,[80] bem como com a efetivação de princípios norteadores do direito administrativo, como legalidade, impessoalidade, moralidade, igualdade, probidade administrativa e julgamento objetivo das propostas.

Ocorre que a adequação dessas exigências à norma fundamental brasileira não encontra posicionamento unânime na doutrina, isso porque, para alguns juristas, a competência para legislar sobre a matéria seria privativa da União, nos termos do art. 22, inc. XXVII, da Constituição da República de 1988, sendo vedada, portanto, a edição de tais normas por outro ente federado. Além disso, a exigência de sistemas de *compliance* nas relações contratuais com a Administração Pública implicaria restrição à competição, eis que as empresas que já possuem um sistema de integridade poderiam ser beneficiadas.

Essa, contudo, não parece a interpretação mais acertada, já que os instrumentos normativos que contêm a referida exigência têm por base, justamente, os princípios da impessoalidade, probidade, igualdade, moralidade, eficiência e contratação mais vantajosa e sustentável, todos previstos tanto na Lei Geral nº 8.666/1993 quanto na Lei Geral nº 14.133/2021, o que afastaria a possível inconstitucionalidade.

## 2.1 Constitucionalidade da exigência por ausência de violação à norma geral

De início, cumpre registrar que as normas gerais são normas que transcendem às pessoas políticas da República brasileira e que não se confundem com lei federal, estadual ou municipal.[81] São normas, portanto, editadas para unificação de determinado tema, sem, contudo, exauri-lo; deixando as especificações temáticas a cargo das normas especiais instituídas de acordo com as peculiaridades de cada ente.

---

[80] GUIMARÃES, Fernando Vernalha; REQUI, Érica Miranda dos Santos. Exigência de programa de integridade nas licitações. *In*: PAULA, Marco Aurélio Borges de; CASTRO, Rodrigo Pironti Aguirre de (Org.). *Compliance, gestão de riscos e combate à corrupção*. Belo Horizonte: Fórum, 2018. p. 204-205. Cap. 10.

[81] ATALIBA, Geraldo. Regime constitucional e leis nacionais e federais. *In*: CLÉVE, Clèmerson Merlin; BARROSO, Luís Roberto (Org.). *Doutrinas essenciais do direito constitucional*. São Paulo: Saraiva, 2011. v. III. p. 291.

Como bem leciona Roque Antônio Carraza, as normas gerais servem para apontar as diretrizes, os lineamentos básicos, operando por sínteses, indicando e resumindo. Em outras palavras, as normas gerais nunca devem se debruçar sobre assuntos de peculiar interesse regional ou local.[82] Esse, também, é o entendimento de José Afonso da Silva, para quem normas gerais são aquelas normas que:

> não regulam diretamente situações fáticas, porque se limitam a definir uma normatividade genérica a ser obedecida pela legislação específica federal, estadual e municipal: direito sobre direito, normas que traçam diretrizes, balizas, quadros à atuação legislativa daquelas unidades da Federação.[83]

Como se pode notar, as normas gerais são abertas, traçam diretrizes, diferentemente dos atos e normas, que são editados para atender às peculiaridades de cada ente.

Nesse contexto, cabe destacar que, em matéria de licitações e contratos, a Lei nº 8.666/1993 é norma geral que deu espaço para a nova norma geral – Lei nº 14.133/2021. Assim, justamente diante da natureza geral desses diplomas, é o que os faz responsáveis por determinar as balizas e diretrizes mínimas a serem seguidas em um processo de contratação pública. Entre essas balizas, conforme se depreende do art. 3º da Lei nº 8.666/1993, está a determinação expressa de que a licitação será processada e julgada em estrita conformidade com os princípios básicos da legalidade, da impessoalidade, da moralidade, da igualdade, da publicidade, da probidade administrativa, da vinculação ao instrumento convocatório, do julgamento objetivo e dos que lhes são correlatos. Da mesma forma, é o que disciplina o art. 5º da Lei nº 14.133/2021, determinando que nos processos de contratação pública:

> serão observados os princípios da legalidade, da impessoalidade, da moralidade, da publicidade, da eficiência, do interesse público, da probidade administrativa, da igualdade, do planejamento, da transparência, da eficácia, da segregação de funções, da motivação, da vinculação ao edital, do julgamento objetivo, da segurança jurídica, da razoabilidade, da competitividade, da proporcionalidade, da celeridade,

---

[82] CARRAZA, Roque Antônio. *Curso de direito constitucional tributário*. 20. ed. rev., ampl. e atual. São Paulo: Malheiros, 2004. p. 836.

[83] SILVA, José Afonso da. *Comentário contextual à Constituição*. 2. ed. São Paulo: Malheiros, 2006. p. 280-281.

da economicidade e do desenvolvimento nacional sustentável, assim como as disposições do Decreto-Lei nº 4.657, de 4 de setembro de 1942 (Lei de Introdução às Normas do Direito Brasileiro).

Aos princípios acima elencados, especialmente os da transparência, da moralidade e da probidade administrativa, por serem normas gerais de licitação, devem observância aos demais entes políticos. Não sem razão, são justamente esses princípios que fundamentam os instrumentos normativos estaduais, municipais e infralegais que exigem a implementação de sistemas de integridade de empresas que contratam com o Poder Público, já que são diretrizes básicas a serem seguidas em processos licitatórios e contratações públicas.

Diante desse cenário, será analisada a primeira questão (talvez) polêmica abordada nesta obra: a inconstitucionalidade formal de instrumentos normativos que exigem sistemas de *compliance* nas relações contratuais com a Administração Pública.

Aqueles que defendem a inconstitucionalidade, fazem-no aventando que a exigência constante nesses instrumentos estaria violando a competência privativa da União para dispor sobre normas gerais de licitações e contratos, disciplinada no art. 22, inc. XXVII, da Constituição da República de 1988. Isto é, as inovações normativas estariam criando uma condição especial mais restritiva à assinatura de contratos administrativos, o que somente poderia se veicular por meio de norma geral.[84]

Não obstante, a exigência de sistemas de *compliance* nas relações contratuais com a Administração Pública não carece de constitucionalidade formal, eis que, ao contrário do externado acima, a exigência vai ao encontro das diretrizes básicas das Normas Gerais de Licitações e Contratações Pública, que privilegiam os princípios da transparência, da moralidade e da probidade, os quais, inclusive, justificam a publicação dos atos em comento, mediante a exigência de estruturas que comprovem o interesse das contratadas no controle de riscos internos e externos e no combate a fraudes.

Com efeito, as leis regionais que exigem a implementação dos sistemas de integridade e *compliance* descrevem como objetivos da exigência a proteção da Administração Pública de atos lesivos, a garantia da execução contratual, a redução de riscos e a obtenção de

---

[84] PINHO, Clóvis Alberto Bertolini de. É preciso cautela ao exigir compliance em contrato público. *Conjur*, 18 fev. 2018. Disponível em: https://www.conjur.com.br/2018-fev-18/clovis-pinho-preciso-cautela-compliance-contrato-publico. Acesso em: 25 jun. 2018.

melhores desempenhos e qualidade. No mesmo sentido, a Portaria nº 877 do Ministério da Agricultura, Pecuária e Abastecimento – MAPA, por exemplo, expressa que os objetivos à exigência dos sistemas de integridade são: alinhar os fornecedores do Mapa aos esforços de integridade, mitigar e reduzir riscos e obter melhores desempenhos.

Esses objetivos, como se nota, são suficientes a demonstrar que a exigência dos sistemas de *compliance* nas relações contratuais, em momento algum, fere as diretrizes básicas das normas gerais de licitações e contratações públicas. É que, se a exigência está em estrita concordância com as diretrizes das normas gerais, ainda que estas não tenham disciplinado de modo expresso determinada obrigação para toda e qualquer contratação (a Lei nº 14.133/2021 determina a obrigação apenas para as contratações de grande vulto) – o que sequer é de sua natureza, já que, como se observa, as normas gerais disciplinam balizas, que serão melhor delineadas pela legislação específica sobre o tema –, não há que se falar em inconstitucionalidade.

Daí dizer que a obrigatoriedade dos sistemas de *compliance* nas relações contratuais com a Administração Pública – exigida em diplomas estaduais ou distritais, ou, ainda, em atos normativos infralegais (portarias ministeriais etc.) – não conflita com os princípios gerais das licitações públicas previstos no art. 37, inc. XXI, da Constituição da República de 1988, tampouco com as normas gerais disciplinadas na Lei nº 8.666/1993 e na Lei nº 14.133/2021, mas, ao contrário, complementa-os e os define de acordo com as peculiaridades de cada ente.

Corrobora o entendimento em destaque o fato de que a Lei nº 8.666/1993 já permitia e a própria Nova Lei Geral de Licitações e Contratações Públicas, Lei nº 14.133/2021, permite a exigência de requisitos técnicos previstos em legislação específica, ou, ainda, de qualificação restritiva no próprio bojo do instrumento convocatório, quando devidamente justificada e de acordo com os princípios gerais das licitações e contratações públicas, nos termos dos seus arts. 18, inc. IX[85] e 67, inc. IV.[86] Não poderia ser diferente, portanto, com a

---

[85] "Art. 18. [...] IX - a motivação circunstanciada das condições do edital, tais como justificativa de exigências de qualificação técnica, mediante indicação das parcelas de maior relevância técnica ou valor significativo do objeto, e de qualificação econômico-financeira, justificativa dos critérios de pontuação e julgamento das propostas técnicas, nas licitações com julgamento por melhor técnica ou técnica e preço, e justificativa das regras pertinentes à participação de empresas em consórcio" (BRASIL. *Norma Geral de Licitações e Contratações*. Lei nº 14.133 de 1º de abril de 2021. Disponível em: http://www.planalto.gov.br/ccivil_03/_ato2019-2022/2021/lei/L14133.htm. Acesso em: 31 ago. 2021).

[86] "Art. 67. [...] IV - prova do atendimento de requisitos previstos em lei especial, quando for o caso; [...]" (BRASIL. *Norma Geral de Licitações e Contratações*. Lei nº 14.133 de 1º de

exigência de implementação de sistemas de integridade e *compliance*, após a assinatura do contrato, já que, como visto, a exigência se encontra em estrita consonância às diretrizes básicas das licitações.

Conforme se verá no decorrer desta obra, não se está aqui a defender a perfeição dos instrumentos normativos que exigem a implementação de sistemas de integridade e *compliance*. Isto é, não se olvida que as inovações não são no todo adequadas, merecendo, sim, alguns reparos. Contudo, quanto à inconstitucionalidade formal da exigência dos sistemas de *compliance* nas relações contratuais com a Administração Pública, dentro de um olhar mais apurado, não há como defendê-la, sendo a exigência, portanto, constitucional.

## 2.2 Qualificação das empresas contratadas

A segunda questão polêmica abordada neste estudo diz respeito à possível inconstitucionalidade material quando da exigência de sistemas de *compliance* nas contratações com a Administração Pública.

É que, para os que defendem a inconstitucionalidade, haveria restrição à competitividade do certame, já que somente as empresas possuidoras de sistemas de *compliance* poderiam participar das licitações públicas com a referida exigência, ou, ao menos, teriam vantagem em suas propostas, uma vez que não precisariam gastar tempo, dinheiro e recursos humanos com a criação de um sistema no prazo estabelecido pelas normas. Tal ocorrência, portanto, violaria diretamente o art. 37, inc. XXI, da Constituição da República Federativa do Brasil de 1988, que assegura a igualdade de concorrência entre todos os participantes.[87]

Esse posicionamento, contudo, decorre de uma leitura apressada dos novos diplomas legais e não corresponde à melhor interpretação normativa. Isso, porque, até agora, a princípio, os instrumentos normativos vigentes estabelecem a exigência de implementação dos

---

abril de 2021. Disponível em: http://www.planalto.gov.br/ccivil_03/_ato2019-2022/2021/lei/L14133.htm. Acesso em: 31 ago. 2021).

[87] "Art. 37. [...] XXI - ressalvados os casos especificados na legislação, as obras, serviços, compras e alienações serão contratados mediante processo de licitação pública que assegure igualdade de condições a todos os concorrentes, com cláusulas que estabeleçam obrigações de pagamento, mantidas as condições efetivas da proposta, nos termos da lei, o qual somente permitirá as exigências de qualificação técnica e econômica indispensáveis à garantia do cumprimento das obrigações" (BRASIL. *Constituição da República Federativa do Brasil, de 05 outubro de 1988*. Brasília: Senado Federal, 1988. Disponível em: http://www.planalto.gov.br/ccivil_03/constituicao/constituicaocompilado.htm. Acesso em: 29 jun. 2018).

sistemas de *compliance* como *obrigação contratual* e não como *condição de impedimento ou habilitação*. Em outras palavras, não se trata de uma condição à participação no certame, mas, sim, de uma obrigação que deverá ser concretizada após a assinatura do contrato. Assim, qualquer empresa poderá participar de certames licitatórios, possuindo ou não sistemas de *compliance*.

Nesse sentido, há de se destacar que os diplomas hoje vigentes determinam que os sistemas de *compliance* sejam implementados e comprovados no prazo de 180 dias a nove meses após a celebração do contrato. Aqui, a inovação coube ao Distrito Federal, que, em 16.7.2018, alterou o teor do art. 5º da Lei Distrital nº 6.112/2018, que conferia o prazo de 180 dias à implementação efetiva de sistemas de *compliance*. A nova redação do artigo, então, passou a exigir como termo certo e determinado para cumprimento da obrigação a data de 1º.6.2019, o que poderia, de fato, ensejar algum questionamento. Referido dispositivo, entretanto, foi novamente alterado em 2019, deixando claro que a exigência do programa de integridade se dá a partir da celebração do contrato, consórcio, convênio, concessão ou parceria público-privada, em seu art. 5º.

Conforme será analisado no próximo capítulo, essa iniciativa do governo do Distrito Federal foi bastante adequada, deixando claro o prazo de início de cumprimento da obrigação, garantindo maior segurança à implementação dos sistemas de integridade e, até mesmo, maior maturidade a eles quando da celebração de contratos públicos.

Como se nota, as novas exigências – implementação de sistema de integridade eficiente após a celebração do contrato – não inviabilizam a participação de empresas sem sistemas de integridade implementados em licitações públicas, eis que se trata de uma obrigação contratual. Inclusive, a existência de multa contratual como sanção administrativa aplicável em caso de descumprimento da referida exigência corrobora o citado entendimento.

Importante deixar claro: os sistemas de *compliance* somente serão exigidos na 3ª fase da contratação, isto é, no âmbito da execução do contrato administrativo. Durante as fases de planejamento e de escolha do fornecedor, a existência ou não de sistemas de integridade efetivos nas empresas participantes do certame não as diferenciará em nada, não sendo este um critério de escolha. O valor apresentado em suas propostas, a sua capacidade técnica e o atendimento aos documentos habilitatórios continuarão sendo os únicos critérios classificatórios e habilitatórios à obtenção da proposta mais vantajosa pela Administração Pública.

Diante do cenário apresentado, somente uma leitura apressada dos instrumentos normativos em comento poderia levar a ratificar o entendimento pela inconstitucionalidade material da exigência de implementação de sistemas de *compliance* nas relações contratuais com a Administração Pública. Em outras palavras, jamais se poderia afirmar a ocorrência de restrição à competição no caso em análise, já que os sistemas de *compliance* somente tornar-se-ão exigíveis após a celebração do contrato, como obrigação contratual, não sendo, portanto, exigência à celebração do contrato administrativo.

Em que pese não se possa falar em inconstitucionalidade da exigência, eis que, conforme visto, não há restrição ao caráter competitivo do certame, alguns reparos precisam ser realizados para que a exigência não se torne inócua, conforme será analisado adiante.

Ademais, naquilo que diz respeito à inconstitucionalidade pela suposta vantagem competitiva das empresas que já possuem sistemas de *compliance* implementados, eis que não precisariam inserir os custos da implementação em sua proposta, à luz de um olhar mais apurado também não é a interpretação mais correta. Isso, porque, é da natureza das licitações públicas a exigência de qualificações dos seus participantes, sendo recorrente, ainda, a exigência de qualidades mais específicas a depender do objeto da licitação.

Nesse contexto, se os editais podem exigir especificações técnicas, sem que isso configure inconstitucionalidade ou implique vantagem a determinados participantes, já que, pelo porte ou natureza destes, podem já possuir determinadas qualificações em sua estrutura, é natural, portanto, que quando a exigência venha de uma imposição normativa não exista, também, restrição à competição. Até porque, se a interpretação pela inconstitucionalidade fosse acertada, qualquer edital que disciplinasse uma exigência técnica para além daquelas constantes nas normas gerais de licitações e contratos incorreria em inconstitucionalidade. Essa interpretação, por assim dizer, além de ser equivocada, engessaria toda a estrutura de contratação da Administração Pública, impedindo, especialmente, a contratação mais vantajosa, indo de encontro à dialogicidade e ao protagonismo do edital proposto pela Lei nº 14.133/2021, Nova Lei de Licitações e Contratações Públicas. O que, nesse caso, sim, acarretaria inconstitucionalidade por violação direta do art. 37, inc. XXI, da Constituição da República de 1988.

Daí, no que tange a um olhar mais apurado, não há que se falar em restrição do mercado às empresas que já possuem sistemas de *compliance* em detrimento à competitividade necessária nos procedimentos licitatórios, uma vez que a exigência de implementação de sistemas de *compliance* não é um requisito à assinatura do contrato administrativo, à participação no certame, tampouco à formulação de propostas.

CAPÍTULO 3

# CRITÉRIOS NORMATIVOS À IMPLEMENTAÇÃO DE SISTEMAS DE *COMPLIANCE*

Considerando a constitucionalidade da exigência nos termos propostos nos diplomas normativos vigentes, inicia-se, neste capítulo, a análise exemplificativa dos critérios elencados à implementação de sistemas de integridade previstos nas leis do Rio de Janeiro, do Distrito Federal, do Rio Grande do Sul, do Amazonas, de Goiás, de Pernambuco, do Mato Grosso, do Maranhão e de Sergipe, bem como na portaria do Ministério da Agricultura, Pecuária e Abastecimento – MAPA e no Regulamento de Licitação e Contratos da Petrobras – RLCP.

Referida análise terá como base a verificação dos parâmetros de alcance da norma (quais organizações e que contratos), dos objetivos da exigência, do que consiste um sistema de integridade para referidos diplomas, do prazo para implementação desses, dos parâmetros de avaliação a comprovar efetividade do sistema, dos responsáveis pela fiscalização da implementação e das sanções em caso de descumprimento da medida.

## 3.1   Lei Estadual nº 7.753/2017 – Rio de Janeiro

A Lei Estadual nº 7.753/2017 do Rio de Janeiro foi a primeira lei estadual publicada no Brasil que estabeleceu a obrigatoriedade de implementação de sistemas de integridade às empresas que se relacionam com o Poder Público regional. Nesse sentido, passa-se à análise de seus critérios normativos.

## 3.1.1 Parâmetros de alcance da norma

Art. 1º Fica estabelecida a exigência do Programa de Integridade às empresas que celebrarem contrato, consórcio, convênio, concessão ou parceria público-privado com a administração pública direta, indireta e fundacional do Estado do Rio de Janeiro, cujos limites em valor sejam superiores ao da modalidade de licitação por concorrência, sendo R$1.500.000,00 (um milhão e quinhentos mil reais) para obras e serviços de engenharia e R$650.000,00 (seiscentos e cinquenta mil reais) para compras e serviços, mesmo que na forma de pregão eletrônico, e o prazo do contrato seja igual ou superior a 180 (cento e oitenta) dias.

§1º Aplica-se o disposto nesta Lei às sociedades empresárias e às sociedades simples, personificadas ou não, independentemente da forma de organização ou modelo societário adotado, bem como, a quaisquer fundações, associações de entidades ou pessoas, ou sociedades estrangeiras, que tenham sede, filial ou representação no território brasileiro, constituídas de fato ou de direito, ainda que temporariamente.

§2º VETADO.

§3º VETADO.

§4º Em 1º de janeiro de cada exercício posterior a 2018, o valor estabelecido no art. 1º, caput e §3º, será atualizado pela UFIR-RJ – Unidade Fiscal de Referência.

Da análise do art. 1º do diploma em comento, é possível perceber a incidência de dois critérios distintos de alcance da norma, um subjetivo e outro objetivo.

O critério subjetivo está relacionado a quem se aplica a exigência legal; já o critério objetivo relaciona-se diretamente ao instrumento pactuado com a Administração Pública fluminense. Nesses termos, o critério objetivo subdivide-se em dois subcritérios: um referente ao valor contratado e outro ao tempo da contratação. Assim, de acordo com o art. 1º e §1º da Lei Estadual nº 7.753/2017, a obrigatoriedade de implementação de sistema de integridade e *compliance* aplica-se, de acordo com o *aspecto subjetivo*, a todas as sociedades empresárias e às sociedades simples, personificadas ou não, independentemente da forma de organização ou modelo societário adotado, bem como a quaisquer fundações, associações de entidades ou pessoas, ou sociedades estrangeiras, que tenham sede, filial ou representação no território brasileiro, constituídas de fato ou de direito, ainda que temporariamente. De acordo com o *aspecto objetivo*, a lei em comento aplica-se às empresas que celebrem contrato, consórcio, convênio, concessão ou parceria público-privada

# CAPÍTULO 3
CRITÉRIOS NORMATIVOS À IMPLEMENTAÇÃO DE SISTEMAS DE *COMPLIANCE* | 73

com a Administração Pública direta, indireta e fundacional do estado do Rio de Janeiro, cujos limites em valor sejam superiores ao da modalidade de licitação por concorrência,[88] sendo R$1.500.000,00 (um milhão e quinhentos mil reais) para obras e serviços de engenharia e R$650.000,00 (seiscentos e cinquenta mil reais) para compras e serviços, mesmo que na forma de pregão eletrônico, e o prazo do contrato seja igual ou superior a 180 (cento e oitenta) dias.

Como se pode notar, a norma se aplica a todas as empresas que se relacionam com o Poder Público fluminense, sem distinção de porte, desde que os contratos celebrados tenham valor superior a R$1.500.000,00 (um milhão e quinhentos mil reais) para obras e serviços de engenharia e R$650.000,00 (seiscentos e cinquenta mil reais) para compras e serviços,[89] e o prazo contratual seja igual ou superior a 180 dias.

Vale destacar que as regras são as mesmas para todas as empresas, não havendo qualquer diferenciação no tocante à aplicação de qualquer dispositivo, nem mesmo dos parâmetros de comprovação de efetividade.

Assim, a amplitude da norma demonstra, ao menos em nível legal, o comprometimento do Poder Executivo estadual do Rio de Janeiro com a agenda de combate à corrupção, notadamente em contratações de grande vulto, que, por sua natureza, são mais complexas e exigem um maior grau de zelo. De outro bordo, a inexistência de diferenciação clara e precisa da exigência às empresas de pequeno porte pode onerá-las demasiadamente, pelo que cabe uma reavaliação dos parâmetros de alcance da norma nesse quesito, de modo a considerar o porte da empresa, os recursos financeiros e humanos que mantém, assim como, acertadamente, fez a Lei nº 6.112/2018 do Distrito Federal, conforme será analisado na sequência.

Essa deficiência, contudo, pode ser suprida quando da análise sistemática do Decreto Estadual nº 46.366, do Rio de Janeiro, que regulamentou a Lei Anticorrupção em âmbito estadual e passou a prever

---

[88] Naquilo que diz respeito aos limites de valor da modalidade de concorrência, cumpre registrar que a Nova Lei de Licitações e Contratações Pública – NLLC não mais diferencia suas modalidades em razão de limite de valor, mas em razão do objeto a ser contratado, de modo que a disciplina constante na Lei Estadual fluminense ainda decorre da lógica da Lei nº 8.666/2021, que perderá a integralidade de sua eficácia quando encerrado o prazo de transição entre as normas gerais, devendo o artigo em comento ser adequado à nova realidade.

[89] Esses valores serão atualizados a cada 1º de janeiro posterior a 2018, pela unidade responsável.

em seu Capítulo VII os parâmetros de avaliação de um sistema de integridade, e em seu art. 62, §1º, inc. VIII e §3º, diferenciou as microempresas e empresas de pequeno porte, já que, à luz da criticidade, ambos os diplomas se complementam em matéria de sistema de integridade.

## 3.1.2 Objetivos da exigência normativa

> Art. 2º A exigência da implantação do Programa de Integridade tem por objetivo:
>
> I - proteger a administração pública estadual dos atos lesivos que resultem em prejuízos financeiros causados por irregularidades, desvios de ética e de conduta e fraudes contratuais;
>
> II - garantir a execução dos contratos em conformidade com a Lei e regulamentos pertinentes a cada atividade contratada;
>
> III - reduzir os riscos inerentes aos contratos, provendo maior segurança e transparência na sua consecução;
>
> IV - obter melhores desempenhos e garantir a qualidade nas relações contratuais; [...].

Daquilo que se depreende do art. 2º da lei fluminense, a exigência da implementação do sistema de integridade tem por objetivo proteger a Administração Pública do Rio de Janeiro de práticas lesivas (irregularidades, desvios de ética e de conduta e fraudes contratuais) que resultem prejuízos financeiros, garantir a execução dos contratos em conformidade à lei, reduzir riscos das contratações, promovendo transparência e segurança, e obter melhores desempenhos e resultados.

Como se nota, no decorrer do capítulo anterior, os objetivos propostos pelo legislador, expressamente externados no diploma normativo em comento, demonstram a preocupação do Poder Público fluminense para com as condutas lesivas e práticas de corrupção no âmbito dos contratos administrativos que celebra, de modo que a exigência se trata de verdadeiro mecanismo de resposta no combate à corrupção.

Essa postura do governo fluminense, portanto, deve ser valorada com bons olhos.

### 3.1.3 O sistema de integridade para Lei Estadual nº 7.753/2017

Art. 3º O Programa de Integridade consiste, no âmbito de uma pessoa jurídica, no conjunto de mecanismos e procedimentos internos de integridade, auditoria e incentivo à denúncia de irregularidades e na aplicação efetiva de códigos de ética e de conduta, políticas e diretrizes com o objetivo de detectar e sanar desvios, fraudes, irregularidades e atos ilícitos praticados contra a administração pública do Estado do Rio de Janeiro.

Parágrafo único. O Programa de Integridade deve ser estruturado, aplicado e atualizado de acordo com as características e riscos atuais das atividades de cada pessoa jurídica, a qual, por sua vez, deve garantir o constante aprimoramento e adaptação do referido programa, visando a garantir a sua efetividade.

Nos próximos capítulos, será analisado – de modo exaustivo – o que é um sistema de integridade e *compliance* efetivo, bem como que medidas deverão ser adotadas pelas empresas para que estejam adequadas aos novos parâmetros legais. Contudo, cabe aqui destacar o que a Lei Estadual nº 7.753/2017 entende por sistema de integridade.

Daquilo que se depreende de seu art. 3º, para lei fluminense, um sistema de integridade consiste no conjunto de mecanismos e procedimentos internos de integridade, auditoria e incentivo à denúncia de irregularidades e na aplicação efetiva de códigos de ética e de conduta, políticas e diretrizes com o objetivo de detectar e sanar desvios, fraudes, irregularidades e atos ilícitos praticados contra a Administração Pública do estado do Rio de Janeiro.

Nota-se na sequência que, a bem da verdade, não se pode resumir um sistema de integridade efetivo ao disposto na norma, tampouco se pode presumir que a única vantagem da implementação desses sistemas é identificar e sanar desvios e fraudes praticados contra a Administração Pública do Rio de Janeiro.

Nesse sentido, o parágrafo único do referido art. 3º bem destaca que o sistema de integridade deve ser estruturado, aplicado e atualizado de acordo com as características e riscos atuais das atividades de cada pessoa jurídica, a qual, por sua vez, deve garantir o constante aprimoramento e adaptação do referido sistema, visando a garantir a sua efetividade. Esta, sim, trata-se de uma exigência bastante importante presente na legislação, e ratificada, quando da análise dos parâmetros de avaliação do sistema, é imprescindível para que os instrumentos e mecanismos de integridade não sejam meramente de papel, isto é, apenas, para atender às exigências legais.

### 3.1.4 Prazo para implementação de sistemas de integridade e *compliance* e despesas resultantes da implementação

> Art. 5º A implantação do Programa de Integridade no âmbito da pessoa jurídica dar-se-á no prazo de 180 (cento e oitenta) dias corridos, a partir da data de celebração do contrato.
>
> §1º VETADO.
>
> §2º Para efetiva implantação do Programa de Integridade, os custos/despesas resultantes correrão à conta da empresa contratada, não cabendo ao órgão contratante o seu ressarcimento.

Nos termos do art. 5º da lei, as empresas terão 180 (cento e oitenta) dias corridos para implementar seus respectivos sistemas de integridade, contados da data da celebração do contrato.

À luz de um olhar mais apurado, o prazo estipulado é muito curto, especialmente às empresas que possuem estrutura mais complexa. Isso porque a implementação consciente e efetiva de um sistema de *compliance* deve iniciar com o apoio da alta administração, que deverá estar aberta à mudança cultural da organização em prol da integridade, para, na sequência, ser realizada uma análise de maturidade da empresa no aspecto de *compliance*, bem como do apetite de risco relacionado às atividades da organização. Somente após essa atuação mapeadora é que se iniciará o planejamento e estruturação do plano de integridade da organização, elaborando-se ou aprimorando-se seu código de conduta, criando-se uma estrutura sólida de *compliance*, bem como instituindo-se políticas internas de integridade. Ao final da estruturação do sistema, ainda será necessária a realização de treinamento dos colaboradores e, em alguns casos, até mesmo dos fornecedores, de modo a tornar clara a necessidade da observância das políticas de integridade criadas e do comprometimento dos envolvidos, sob pena de o sistema de *compliance* mostrar-se ineficiente.

Como se nota, a implementação de um sistema de *compliance* é atividade complexa, que, com toda a certeza, leva mais do que seis meses a se mostrar efetiva, eis que demanda tempo, compromisso e técnica, devendo a exigência do prazo à sua implementação ser ajustada nos instrumentos normativos existentes, permitindo-se, assim, a adequação das organizações em um prazo maior.

A implementação apressada de sistemas de *compliance*, no prazo curtíssimo de 180 dias, por exemplo, poderá fazer com que esses sistemas não sejam efetivos, sendo implementados apenas pela aparência, sem, contudo, trazer qualquer resultado à empresa e benefícios à contratação, em total arrepio aos objetivos disciplinados na legislação, e que justifica a exigência desses sistemas nas relações contratuais com a Administração Pública.

Naquilo que diz respeito aos custos/despesas resultantes da implementação do sistema, o que, de acordo com §2º, do art. 5º do diploma em comento, deverá correr às expensas da contratada, como a lei fluminense não determinou a exigência da implementação do sistema aos contratos já vigentes, parece bastante lógico que quem deva "arcar" com os custos e despesas de implementação do sistema de integridade seja a própria empresa contratada, eis que se trata de mecanismo interno que trará benefícios às contratações públicas, mas, especialmente, à empresa privada.

## 3.1.5 Dos parâmetros de comprovação à efetividade do sistema de integridade

Art. 4º O Programa de Integridade será avaliado, quanto à sua existência e aplicação, de acordo com os seguintes parâmetros:

I - comprometimento da alta direção da pessoa jurídica, incluídos os conselhos, quando aplicado, evidenciados pelo apoio visível e inequívoco ao programa;

II - padrões de conduta, código de ética, políticas e procedimentos de integridade, aplicáveis a todos os empregados e administradores, independentemente de cargo ou função exercidos;

III - padrões de conduta, código de ética e políticas de integridade estendidos, quando necessário, a terceiros, tais como, fornecedores, prestadores de serviço, agentes intermediários e associados;

IV - treinamentos periódicos sobre o Programa de Integridade;

V - análise periódica de riscos para realizar adaptações necessárias ao Programa de Integridade;

VI - registros contábeis que reflitam de forma completa e precisa as transações da pessoa jurídica;

VII - controles internos que assegurem a pronta elaboração e confiabilidade de relatórios e demonstrações financeiras da pessoa jurídica;

VIII - procedimentos específicos para prevenir fraudes e ilícitos no âmbito de processos licitatórios, na execução de contratos administrativos ou em qualquer interação com o setor público, ainda que intermediada por terceiros, tal como pagamento de tributos, sujeição a fiscalizações, ou obtenção de autorizações, licenças, permissões e certidões;

IX - independência, estrutura e autoridade da instância responsável pela aplicação do Programa de Integridade e fiscalização de seu cumprimento;

X - canais de denúncia de irregularidades, abertos e amplamente divulgados a funcionários e terceiros, e de mecanismos destinados à proteção de denunciantes de boa-fé;

XI - medidas disciplinares em caso de violação do Programa de Integridade;

XII - procedimentos que assegurem a pronta interrupção de irregularidades ou infrações detectadas e a tempestiva remediação dos danos gerados;

XIII - diligências apropriadas para contratação e, conforme o caso, supervisão, de terceiros, tais como, fornecedores, prestadores de serviço, agentes intermediários e associados;

XIV - verificação, durante os processos de fusões, aquisições e reestruturações societárias, do cometimento de irregularidades ou ilícitos ou da existência de vulnerabilidades nas pessoas jurídicas envolvidas;

XV - monitoramento contínuo do Programa de Integridade, visando a seu aperfeiçoamento na prevenção, detecção e combate à ocorrência dos atos lesivos previstos no art. 5º da Lei Federal nº 12.846 de 2013; e

XVI - ações comprovadas de promoção da cultura ética e de integridade por meio de palestras, seminários, workshops, debates e eventos da mesma natureza.

Os parâmetros mínimos de avaliação do sistema de integridade – exigidos no art. 4º da Lei Estadual nº 7.753/2017 do Rio de Janeiro – são bastante similares àqueles disciplinados no art. 42 do Decreto Federal nº 8.420/2015[90] e no art. 62 do Decreto Estadual nº 46.366/2018 do Rio de

---

[90] "Art. 42. Para fins do disposto no §4º do art. 5º, o programa de integridade será avaliado, quanto a sua existência e aplicação, de acordo com os seguintes parâmetros: I - comprometimento da alta direção da pessoa jurídica, incluídos os conselhos, evidenciado pelo apoio visível e inequívoco ao programa; II - padrões de conduta, código de ética, políticas e procedimentos de integridade, aplicáveis a todos os empregados e administradores, independentemente de cargo ou função exercidos; III - padrões de conduta, código de ética e políticas de integridade estendidas, quando necessário, a

## CAPÍTULO 3
### CRITÉRIOS NORMATIVOS À IMPLEMENTAÇÃO DE SISTEMAS DE *COMPLIANCE* | 79

Janeiro,[91] ambos regulamentadores a nível federal e estadual, respectivamente, da Lei Anticorrupção Empresarial (Lei Federal nº 12.846/2013).

terceiros, tais como, fornecedores, prestadores de serviço, agentes intermediários e associados; IV - treinamentos periódicos sobre o programa de integridade; V - análise periódica de riscos para realizar adaptações necessárias ao programa de integridade; VI - registros contábeis que reflitam de forma completa e precisa as transações da pessoa jurídica; VII - controles internos que assegurem a pronta elaboração e confiabilidade de relatórios e demonstrações financeiros da pessoa jurídica; VIII - procedimentos específicos para prevenir fraudes e ilícitos no âmbito de processos licitatórios, na execução de contratos administrativos ou em qualquer interação com o setor público, ainda que intermediada por terceiros, tal como: pagamento de tributos, sujeição a fiscalizações, ou obtenção de autorizações, licenças, permissões e certidões; IX - independência, estrutura e autoridade da instância interna responsável pela aplicação do programa de integridade e fiscalização de seu cumprimento; X - canais de denúncia de irregularidades, abertos e amplamente divulgados a funcionários e terceiros, e de mecanismos destinados à proteção de denunciantes de boa-fé; XI - medidas disciplinares em caso de violação do programa de integridade; XII - procedimentos que assegurem a pronta interrupção de irregularidades ou infrações detectadas e a tempestiva remediação dos danos gerados; XIII - diligências apropriadas para contratação e, conforme o caso, supervisão, de terceiros, tais como, fornecedores, prestadores de serviço, agentes intermediários e associados; XIV - verificação, durante os processos de fusões, aquisições e reestruturações societárias, do cometimento de irregularidades ou ilícitos ou da existência de vulnerabilidades nas pessoas jurídicas envolvidas; XV - monitoramento contínuo do programa de integridade visando a seu aperfeiçoamento na prevenção, detecção e combate à ocorrência dos atos lesivos previstos no art. 5º da Lei no 12.846, de 2013; e XVI - transparência da pessoa jurídica quanto a doações para candidatos e partidos políticos. §1º Na avaliação dos parâmetros de que trata este artigo, serão considerados o porte e especificidades da pessoa jurídica, tais como: I - a quantidade de funcionários, empregados e colaboradores; II - a complexidade da hierarquia interna e a quantidade de departamentos, diretorias ou setores; III - a utilização de agentes intermediários como consultores ou representantes comerciais; IV - o setor do mercado em que atua; V - os países em que atua, direta ou indiretamente; VI - o grau de interação com o setor público e a importância de autorizações, licenças e permissões governamentais em suas operações; VII - a quantidade e a localização das pessoas jurídicas que integram o grupo econômico; e VIII - o fato de ser qualificada como microempresa ou empresa de pequeno porte".

[91] "Art. 62. Para fins do disposto no art. 36, V, e no art. 51, IV, deste Decreto, o programa de integridade será avaliado, quanto à sua existência e aplicação, de acordo com os seguintes parâmetros: I - comprometimento da alta direção da pessoa jurídica, incluídos os conselhos, evidenciado pelo apoio visível e inequívoco ao programa; II - padrões de conduta, código de ética, políticas e procedimentos de integridade, aplicáveis a todos os empregados e administradores, independentemente de cargo ou função exercidos; III - padrões de conduta, código de ética e políticas de integridade estendidas, quando necessário, a terceiros, tais como, fornecedores, prestadores de serviço, agentes intermediários e associados; IV - treinamentos periódicos sobre o programa de integridade; V - análise periódica de riscos para realizar adaptações necessárias ao programa de integridade; VI - registros contábeis que reflitam de forma completa e precisa as transações da pessoa jurídica; VII - controles internos que assegurem a pronta elaboração e confiabilidade de relatórios e demonstrações financeiros da pessoa jurídica; VIII - procedimentos específicos para prevenir fraudes e ilícitos no âmbito de processos licitatórios, na execução de contratos administrativos ou em qualquer interação com o setor público, ainda que intermediada por terceiros, tal como pagamento de tributos, sujeição a fiscalizações, ou obtenção de autorizações, licenças, permissões e certidões; IX - independência, estrutura e autoridade da instância interna responsável pela aplicação do programa de integridade

A novidade conferida pela Lei Estadual nº 7.753/2017 consta no inc. XVI do art. 4º, ora em análise, que suprimiu disposição referente à política de doações a candidatos e partidos políticos, em razão de mudança legislativa, passando a exigir tão somente a realização de ações de promoção da cultura ética e de integridade por meio de palestras, seminários, *workshops*, debates e eventos similares.

Assim, daquilo que se depreende do *caput* e dos dezesseis incisos do art. 4º da lei fluminense, que exige a implementação de sistemas de integridade nas empresas que se relacionam com o Poder Público, tão logo implementado o sistema de integridade, este será avaliado quanto à sua existência e aplicação efetiva, de acordo com os parâmetros normativos elencados nas figuras 1 e 2 a seguir.

Figura 1

e fiscalização de seu cumprimento; X - canais de denúncia de irregularidades, abertos e amplamente divulgados a funcionários e terceiros, e de mecanismos destinados à proteção de denunciantes de boa-fé; XI - medidas disciplinares em caso de violação do programa de integridade; XII - procedimentos que assegurem a pronta interrupção de irregularidades ou infrações detectadas e a tempestiva remediação dos danos gerados; XIII - diligências apropriadas para contratação e, conforme o caso, supervisão, de terceiros, tais como, fornecedores, prestadores de serviço, agentes intermediários e associados; XIV - verificação, durante os processos de fusões, aquisições e reestruturações societárias, do cometimento de irregularidades ou ilícitos ou da existência de vulnerabilidades nas pessoas jurídicas envolvidas; e XV - monitoramento contínuo do programa de integridade visando a seu aperfeiçoamento na prevenção, detecção e combate à ocorrência dos atos lesivos previstos no art. 5º da Lei nº 12.846/13".

Figura 2

### 3.1.5.1 O comprometimento da alta administração

O primeiro passo para a efetividade de um sistema de integridade é, justamente, o comprometimento da alta administração desde a sua implantação até sua manutenção e monitoramento contínuo. Isso, porque, de acordo com a teoria da influência dos valores, existe uma tendência de os colaboradores de determinada instituição seguirem os exemplos de seus superiores.[92] Um dos maiores riscos às economias emergentes, por exemplo, é a falta de um modelo de conduta ética endossado pela alta administração aliado às incompatibilidades no comportamento e no discurso.[93]

---

[92] ZENKNER, Marcelo. *Integridade governamental e empresarial*: um espectro da repressão e da prevenção à corrupção no Brasil e em Portugal. Belo Horizonte: Fórum, 2019. p. 373.
[93] CLAYTON, Mona. Entendendo os desafios de compliance no Brasil: um olhar estrangeiro sobre a evolução do compliance anticorrupção em um país emergente. *In*: DEBBIO,

O comprometimento da alta administração representa, dessa maneira, o *walk the talk*, que significa fazer aquilo o que se discursa,[94] isto é, seria uma adequação do ditado "faça o que eu digo, não faça o que eu faço" para "faça o que eu digo, e faça o que eu faço". Assim, a alta administração deve dar o exemplo, deve se manifestar e propagar a cultura do *compliance*, conferindo apoio incondicional com recursos humanos e financeiros.[95] É necessário, portanto, um alinhamento entre aquilo que se fala e aquilo que se faz, de modo que, quando as ações e comportamentos do grupo não estão em concordância, há uma brecha de autenticidade e integridade e não há base para confiança.[96] Pode-se dizer, assim, que não há *top level commitment* nessas situações.[97]

O comprometimento da alta administração previsto no inc. I do art. 4º em comento, portanto, representa o necessário engajamento e apoio da cúpula administrativa da organização em promover a mudança cultural da empresa, mediante as ações necessárias para a implementação de sistemas e políticas de integridade e *compliance*.

Esse apoio, contudo, conforme destacado em outras oportunidades, pode parecer difícil de ser mensurado na prática. Em razão disso, cabe destacar que, justamente considerando o fator genérico e abstrato do conceito de apoio, esse parâmetro pode ser subdividido em dois critérios de aplicabilidade prática distintos:

---

Alessandra Del; MAEDA, Bruno Carneiro; AYRES, Carlos Henrique (Coord.). *Temas de anticorrupção e compliance*. Rio de Janeiro: Elsevier, 2013. p. 152.

[94] ANDRADE, Renata Fonseca. Compliance no relacionamento com o governo. *In*: NOHARA, Irene Patrícia; PEREIRA, Fábio Bastos (Coord.). *Governança, compliance e cidadania*. 2. ed. rev., atual. e ampl. São Paulo: Thomson Reuters Brasil, 2019. p. 353.

[95] CARVALHO, Itamar; ALMEIDA, Bruno. Programas de compliance: foco no programa de integridade. *In*: CARVALHO, André Castro; ALVIM, Tiago Cripa; BERTOCELLI, Rodrigo de Pinho; VENTURINI, Otávio (Coord.). *Manual de compliance*. Rio de Janeiro: Forense, 2019. p. 62-63.

[96] "We call this alignment between what we say and what we do 'walking the talk' because as outside observers the only way we know what is going on internally in others is what they tell us. If the actions and behaviors of individuals or groups are in alignment with the values and beliefs that they tell us they espouse, then we consider this person or group to operate with authenticity or integrity. When the actions and behaviors of individuals or groups are not in concordance, there is a lack of authenticity and integrity and there is no foundation for trust" (BARRETT, Richard. *Building a values-driven organization*: a whole system approach to cultural transformation. Oxford: Elsevier, 2006. p. 107. Disponível em: http://shora.tabriz.ir/Uploads/83/cms/user/File/657/E_Book/Economics/Building%20 a%20Values-Driven.pdf. Acesso em: 12 dez. 2019).

[97] MAEDA, Bruno Carneiro. Programas de compliance anticorrupção: importância e elementos essenciais. *In*: DEBBIO, Alessandra Del; MAEDA, Bruno Carneiro; AYRES, Carlos Henrique (Coord.). *Temas de anticorrupção e compliance*. Rio de Janeiro: Elsevier, 2013. p. 182.

- liderança e comprometimento;
- determinação de papéis, responsabilidades e autoridades organizacionais.

O primeiro critério, liderança e comprometimento, consiste em deveres, atuações e práticas relacionados à gestão do sistema de integridade de determinada organização, cuja competência é apenas da alta administração. Nesse ponto, pode-se destacar, por exemplo, a competência da alta administração em assegurar a disponibilidade de recursos à implementação de políticas, instrumentos e mecanismos aptos a fortalecer, monitorar e melhorar o sistema de integridade da organização ou, ainda, a competência da alta administração em assegurar que os valores da organização estejam em harmonia com os valores da ética, integridade e *compliance*. Assim, a partir dessas premissas, pode-se avaliar o efetivo comprometimento da alta administração com o sistema de integridade.

O segundo critério, determinação de papéis, responsabilidades e autoridades organizacionais, consiste no fato de que a gestão de um sistema de integridade, para que seja efetiva, deve atribuir de forma clara as responsabilidades de todas autoridades e níveis da organização, notadamente, da alta administração. Assim, uma vez determinadas as responsabilidades, esta pode ser uma forma de avaliar o comprometimento das autoridades.

Considerando as duas faces do comprometimento da alta administração apresentadas, pode-se concluir que o conceito não é tão genérico quanto se apresenta, podendo facilmente ser vislumbrado na prática.

## 3.1.5.2 Políticas de ética e integridade aplicáveis a todos os colaboradores da empresa e estendidos, quando necessário, a terceiros

Normalmente, a mudança cultural de uma organização que pretende se adequar aos ditames do *compliance* inicia-se com a mudança dos padrões de conduta internos, bem como das políticas de relação com agentes externos. Para tanto, são determinados padrões de conduta, que serão redigidos e divulgados em um código de ética e conduta e em políticas voltadas à integridade.

Usualmente, esses documentos contemplam os valores da organização, que devem estar diretamente relacionados com padrões de conduta ética e de integridade; os parâmetros de aplicabilidade das normas previstas no código e nas políticas correlatas; o objetivo da adoção de um novo padrão de conduta alinhado com valores de ética e integridade; as práticas toleradas e vedadas pela organização; sanções aplicáveis; instituição de um setor responsável pela atualização do código e pela análise de conformidade da conduta, bem como das infrações eventualmente cometidas; previsão de um canal de denúncias independente, bem como demais políticas e mecanismos que serão regulamentados em apartado.

O código de conduta é, portanto, mecanismo de manifestação concreta do sistema de integridade que serve como parâmetro de orientação e consulta das condutas tidas como aceitáveis ou não pela organização, bem como de definição de procedimentos a serem adotados.

Importante destacar que, como parte integrante de um sistema de integridade, o código de conduta deve ser elaborado de acordo com as peculiaridades de cada organização, observando a cultura, o porte, a localização geográfica, o tipo de negócio, as regiões de atuação, a eventual relação da empresa com o setor público, a análise dos questionários respondidos pelos integrantes de todos os níveis da empresa, entre outros fatores que podem identificar particularidades da organização.

Como o código de ética e conduta é um documento de padronização da cultura, dentro de uma empresa, isto é, a regra principal que dita o que se entende por certo e errado, o ideal é que seus ditames sejam objetivos, em uma linguagem clara e de fácil compreensão, de modo que todos os afetados possam compreender as regras a serem seguidas.

Da mesma forma que se exige que os colaboradores internos da organização estejam em conformidade com os padrões de conduta da empresa, pode-se exigir que terceiros, como fornecedores, prestadores de serviço e agentes intermediários, por exemplo, adotem ou assumam o compromisso de aderir às políticas internas de integridade da organização, mediante ciência e reconhecimento do código de conduta da empresa ou instituição de cláusulas contratuais ou assinatura de termo específico de conformidade às políticas de integridade internas e externas da empresa.

### 3.1.5.3 Treinamentos periódicos sobre o sistema de integridade

Os treinamentos relacionados ao sistema de integridade normalmente são a última etapa da implementação de cada fase de um sistema de integridade, devendo, ainda, ser realizados ao final da implementação, e de modo periódico, a fim de que os valores da ética e integridade estejam presentes no cotidiano de todos os envolvidos. Esses treinamentos, portanto, são de suma importância e de natureza obrigatória e periódica às empresas que pretendem implementar sistemas efetivos e constantemente aprimorados. Muitas vezes, excelentes políticas são criadas, mas os colaboradores da organização não possuem conhecimento amplo desses mecanismos ou não entendem como funcionam na prática. Assim, para que as regras implementadas tenham realmente efetividade, os responsáveis por fazerem respeitá-las e por serem aplicadas devem repassá-las aos demais que devem conhecê-las e compreendê-las. Por isso, é extremamente necessário que todos os integrantes da organização recebam treinamentos e orientações sobre valores e o *modus operandi* do sistema de integridade.

Durante os treinamentos, que serão planejados de diferentes modos e especificamente para cada uma das áreas de atuação da empresa, eis que cada área deve atender de modo singular às políticas, a códigos e a instrumentos, compreendendo com maior profundidade aquelas que se aplicam diretamente ao seu setor, deverão ser apresentados casos práticos-modelos, a fim de que todos os envolvidos possam vivenciar diretamente situações de conflitos, de desatendimento de políticas internas, de violação de regras de conduta, entre outras, aprendendo a se comportar de acordo com o esperado nas respectivas situações-modelo.

### 3.1.5.4 Análise periódica de riscos

Um dos principais pilares de um sistema de integridade, senão a base de avaliação e conhecimento para implementação de um efetivo sistema de *compliance* na organização, é a análise periódica de riscos. Diretriz esta que deve ser realizada de acordo com a matriz de riscos da empresa, mapeando-se os riscos e valorando-se de forma clara os ditames da cultura de prevenção, redução e mitigação de riscos.

Nesse passo, são os controles internos de uma organização os responsáveis pela identificação e avaliação de riscos inerentes à atuação da empresa, para posterior elaboração de medidas de resposta àqueles. Essa função, exercida pelos diversos setores de controle, é de suma importância para uma boa administração do negócio, eis que não existem atividades, sejam públicas ou privadas, em que não esteja inserido o fator risco. O risco, por assim dizer, é inerente à estrutura de gestão, por isso, deve ser controlado.

O controle de riscos, nesses termos, mostra-se relevante ferramenta à governança, já que a identificação precípua de riscos pode minimizar eventuais perdas, como, também, oferecer vantagens. Sobre o tema, Nilton Cano Martin, Lílian Regina dos Santos e José Maria Dias Filho bem lecionam que "o perfil atual de riscos de uma empresa e as estimativas de suas prováveis tendências futuras são os instrumentos básicos usados pela governança para elaborar diretrizes para a administração dos riscos". Nesse sentido, o controle de riscos de uma instituição é de responsabilidade de todas as suas linhas, pelo que todas as áreas devem atuar em conjunto "para auxiliar a fixação de responsabilidades pela gestão dos riscos em cada setor".[98]

Os riscos, na concepção apresentada pelo Comittee of Sponsoring Organizations of the Treadway Comission – Coso são eventos que podem ocorrer e afetar negativamente a realização dos objetivos previamente estabelecidos de uma instituição.[99] Celso Lafer, nesse sentido, destaca que o risco possui inúmeras dimensões, que se multiplicam no mundo contemporâneo, sendo que o que lhe caracteriza "é a possibilidade de ser estimado e calculado, com alguma orientação de certeza, por meio das técnicas de previsão, cálculo de probabilidades e algoritmos".[100]

Os riscos podem ser conceituados, portanto, como eventos negativos ou positivos, estimáveis ou previsíveis, que podem influenciar diretamente o atingimento dos objetivos de um organismo público. São base das ações de controle, por assim dizer, já que, quando identificados, possível afastá-los ou mitigá-los, aumentando-se a credibilidade e eficiência da organização.

Evidente, nesses termos, que *riscos* e *controles* fazem parte de um ciclo inafastável para uma boa governança. Até porque conjecturar a ausência de riscos ou a sua plena eliminação pelo controle seria ilusório, uma vez que os riscos são inerentes às atividades de gestão. Dessa forma, riscos e controles devem ser geridos de forma integrada,

---

[98] MARTIN, Nilton Cano; SANTOS, Lílian Regina dos; DIAS FILHO, José Maria. Governança empresarial, riscos e controles internos: a emergência de um novo modelo de controladoria. *Revista Contabilidade & Finanças*, São Paulo, v. 15, n. 34, jan./abr. 2004. Disponível em: http://www.scielo.br/scielo.php?script=sci_arttext&pid=S1519-70772004000100001. Acesso em: 5 mar. 2018.

[99] O termo *evento* deve ser interpretado como possíveis incidentes decorrentes de atuações internas da organização ou de fatores externos a esta.

[100] LAFER, Celso. Incerteza jurídica. *O Estado de S. Paulo*, São Paulo, 18 mar. 2018. Disponível em: http://opiniao.estadao.com.br/noticias/geral,incerteza-juridica,70002231774. Acesso em: 18 mar. 2018.

objetivando o estabelecimento de um ambiente de controle e gestão de riscos que respeite os valores, interesses e expectativas da organização e de seus colaboradores, bem como de todas as partes interessadas, inclusive, agentes externos.

Por tal razão, a identificação e análise de riscos pelos controles internos possui grande relevância, já que, uma vez identificados os riscos, deve ser aferida a probabilidade de sua ocorrência, de modo que "não se dê prioridade à definição de procedimentos de controle para eventos com menor probabilidade de ocorrência em detrimento a outros com maior probabilidade".[101]

Diante desse panorama de probabilidade de riscos, pode-se concluir que, para os controles internos serem efetivos, necessário que existam áreas específicas de identificação, avaliação, análise periódica e resposta aos riscos, já que, quanto maior o controle, menor o risco. Uma das áreas de controle responsáveis pela identificação e avaliação de riscos é o *compliance*, cuja principal função é a de, mediante o levantamento de informações para posterior criação de regulamentos internos adequados, garantir que a organização atinja suas metas. Registre-se, o levantamento de informações citado é importante instrumento para prevenção de riscos, pois é a partir da tomada de conhecimento da situação interna que o fator risco é identificado. As informações levantadas, assim, são responsáveis por determinar os parâmetros básicos de planejamento de atividades voltadas à mitigação e à liquidação de riscos.

Nesse seguimento, considerando o contexto particular de cada organização, é preciso identificar fatores externos e internos que podem interferir – positiva ou negativamente – no atingimento dos objetivos estabelecidos. Por isso, a principal função da gestão de riscos, portanto, é a de gerir o aspecto negativo das incertezas inerentes para fins de aumentar as certezas da gestão do projeto ou da organização. Para tanto, é necessário identificar, analisar, classificar, tratar e monitorar os riscos.

Segundo a norma técnica internacional ISO 31000:2018, o processo de gestão de riscos inclui as seguintes fases: (i) comunicação e consulta; (ii) definição do alcance, contexto e critérios da gestão de riscos; (iii) avaliação dos riscos, que compreende a identificação, análise e valoração do risco; (iv) tratamento ou abordagem dos riscos; (v) monitoramento e revisão; (vi) registro e reporte.

---

[101] GLOCK, José Osvaldo. *Sistema de controle interno na Administração Pública*. 2. ed. rev. e atual. Curitiba: Juruá, 2015. p. 87.

Durante a gestão de riscos, portanto, deve-se elaborar uma matriz de riscos que conte com a identificação de eventos, a probabilidade de ocorrência desses eventos, as consequências decorrentes, a probabilidade da sua confirmação e o impacto do prejuízo causado. Isto é, deve-se se elaborar uma matriz de impacto-probabilidade, pelo que todas as normas internas de integridade deverão ter como base esses parâmetros para sua elaboração.

Convém deixar claro que, nessa gestão, não se fará análise apenas de riscos de integridade ou reputacional, mas de todo e qualquer risco que possa vir a impactar na consecução do negócio da organização. É extremamente importante que esse processo de análise de riscos seja periódico e contínuo, de modo a que eventuais novos riscos sejam sempre contemplados na matriz de riscos da empresa.

### 3.1.5.5 Registros contábeis efetivos

Muitas vezes depara-se com escândalos de corrupção que têm por base, senão, a alteração dolosa de registros contábeis, seja para fraudar a licitação, participando do certame como microempresa ou empresa de pequeno porte, seja para ocultar patrimônio, ou seja para manipular resultados, sonegar impostos etc.

A exigência de demonstração de registros contábeis efetivos, portanto, vem ao encontro dos novos parâmetros de ética e integridade que visam ao combate a essas práticas corruptas. Sobre o tema, para fins de assegurar a efetividade dos registros, a Controladoria-Geral da União – CGU, no *Manual prático de avaliação de programa de integridade* destaca ser necessário que os registros contábeis sejam analíticos e com histórico elaborado, contemplando, por exemplo, justificativas no tocante à necessidade da contratação, informações sobre o preço contratado e preço de mercado, justificativas para eventual pagamento de valores acima do valor de mercado, informações sobre a entrega do produto ou serviço e comentários sobre a qualidade do serviço prestado em comparação ao valor pago, de modo que permitam o monitoramento das despesas e das receitas, facilitando a detecção de ilícitos.[102]

---

[102] BRASIL. Controladoria-Geral da União – CGU. *Manual prático de avaliação de programa de integridade em PAR*. Brasília: CGU, 2018. p. 48. Disponível em: http://www.cgu.gov.br/Publicacoes/etica-e-integridade/arquivos/manual-pratico-integridade-par.pdf. Acesso em: 20 dez. 2018.

## 3.1.5.6 Controles internos confiáveis

Conforme visto anteriormente, o sistema de controle interno de uma organização possui importante relevância à gestão de riscos, bem como à própria operação do negócio. Assim, pode-se destacar que o *controle* é importante função administrativa de uma organização e, como tal, deve ser estruturado em adequados sistemas de informação e fiscalização, de modo a permitir a constante avaliação das metas traçadas e a verificar a existência de sua conformidade com os resultados alcançados.

Culturalmente, a palavra *controle* é rejeitada pelo indivíduo. Ninguém quer ser controlado. É ainda mais rejeitada quando tomada como ato exclusivo de restrição de liberdades, mediante a padronização de condutas e imposição de sanções, quando desrespeitadas essas condutas. Ocorre, e em que pese essa evidente rejeição, unânime é o consentimento pela *necessidade de controlar* atividades, notadamente, aquelas realizadas por organizações públicas ou privadas, a fim de que seja assegurada sua eficiência.

Assim, em que pese os indivíduos culturalmente rejeitarem o *controle*, a deflagração de grandes operações policiais recentemente no país e a publicação de novas leis – com o objetivo de aprimorar o controle das atividades em prol do combate à corrupção –, leva-se a crer que essa rejeição precisa ser superada, sendo necessário fortalecer uma cultura por controles e fiscalizações mais efetivos.

*Controlar*, por sua vez, nada mais é do que influenciar determinado comportamento de modo a assegurar o resultado planejado. O ato *de controlar*, portanto, possui elevada importância, já que intimamente relacionado com o ato de planejar, uma vez que "o ato de controlar [...] dá retorno ao processo de planejamento e visa garantir que [...] os aspectos legais estão sendo rigorosamente observados",[103] devendo ambos serem realizados de forma integrada.

O controle, portanto, é uma das etapas da fiscalização mais importantes da gestão de uma organização, justamente, porque irá avaliar e averiguar a execução correta e concreta do que foi planejado, podendo, inclusive, e se necessário, exigir medidas corretivas. Em outras palavras, o controle é atividade indispensável para uma organização responsiva e se revela instrumento capaz de avaliar o cumprimento de

---

[103] CRUZ, Flávio da; GLOCK, José Osvaldo. *Controle interno nos municípios*: orientação para implantação e relacionamento com o Tribunal de Contas. São Paulo: Atlas, 2003. p. 19.

metas, o atingimento de resultados e a transparência de determinada organização.

Nesse sentido, o ato de controlar jamais será equiparado ao ato de gerir. Isto é, não se trata de uma cogestão, mas, sim, de interferências na gestão com o intuito de avaliá-la, para que seja eficiente, segura e ágil. O controle também não deve ser considerado unilateral, eis que possui diversas facetas, cuja responsabilidade pode recair para diferentes áreas de uma organização, as quais devem atuar de forma coordenada e conjunta, formando-se uma estrutura organizada reconhecida como *sistema de controle interno*.

O sistema de controle interno de uma organização, portanto, deve atuar em todas as suas áreas e não somente em operações contábeis ou financeiras. Daí dizer que o sistema de controle interno engloba tanto os controles contábeis, voltados a questões fiscais e financeiras, como os controles administrativos, voltados a questões operacionais e de gestão.[104]

Sobre o conceito de sistema de controle interno, a International Organization of Supreme Audit Institutions – Intosai o definiu como um conjunto de controles de qualquer natureza de uma entidade, no qual se incluem a estrutura organizacional, os métodos, os procedimentos e a auditoria interna, estabelecidos segundo os objetivos da entidade, o que contribui para que esta:

> seja regularmente administrada de forma econômica, eficiente e eficaz, garantindo, assim, a observância das políticas determinadas pela administração, salvaguardando bens e recursos, assegurando a fidedignidade e integridade dos registros contábeis e produzindo informações financeiras e gerenciais confiáveis e tempestivas.[105]

Em síntese, pode-se conceituá-lo como conjunto de mecanismos e procedimentos aptos a identificar, avaliar, evitar ou mitigar os riscos inerentes à atuação da organização, com vistas a garantir o cumprimento

---

[104] Sobre o tema cf. CRUZ, Flávio da; GLOCK, José Osvaldo. *Controle interno nos municípios*: orientação para implantação e relacionamento com o Tribunal de Contas. São Paulo: Atlas, 2003; e CAVALHEIRO, Jader Branco; FLORES, Paulo Cesar. *A organização do sistema de controle interno municipal*. 4. ed. rev. e ampl. Porto Alegre: CRCRS, 2007. Disponível em: http://www.crcrs.org.br/arquivos/livros/livro_cont_int_mun.PDF. Acesso em: 20 nov. 2018.

[105] INTERNATIONAL ORGANIZATION OF SUPREME AUDIT INSTITUTIONS – INTOSAI. Normas de auditoria. *Revista Tribunal de Contas da União*, Brasília, v. 22, 1991. p. 295.

das diretrizes organizacionais e uma atuação administrativa eficiente e responsiva.

Ainda que o sistema de controle interno não seja única e exclusivamente voltado à fiscalização contábil e à financeira, não se pode olvidar que ambos – sistema de controle interno e fiscalização contábil e financeira – estão diretamente relacionados, eis que, uma vez apresentados os registros contábeis mais detalhados, melhor e mais fácil o monitoramento pelo setor responsável, o que garantirá mais eficiência ao controle, bem como confiabilidade interna e externa à atuação da organização. Indubitavelmente, com os controles voltados a questões operacionais e de gestão, da mesma forma. Assim, eventuais indícios de fraude e práticas de corrupção serão mais facilmente identificados pelo setor de controle interno da empresa, e, por conseguinte, as chances dessas práticas imorais e antiéticas se concretizarem serão mais baixas ou nulas.

### 3.1.5.7 A instituição de procedimentos específicos para prevenir fraudes e ilícitos nas contratações públicas

Conforme destacado anteriormente, para que o sistema de integridade de uma empresa seja eficiente, é necessário que se leve em consideração, entre outros fatores, o relacionamento da organização com o setor público.

Além disso, como se observa, no início da obra, os recentes escândalos de corrupção no país demonstram que inúmeras *red flags* são abordadas como possíveis práticas corruptas e fraudulentas no âmbito das contratações públicas. Não sem razão, a Lei Anticorrupção possui um artigo específico que dispõe sobre fraudes em licitações e contratos:

Art. 5º Constituem atos lesivos à administração pública [...]

IV - no tocante a licitações e contratos:

a) frustrar ou fraudar, mediante ajuste, combinação ou qualquer outro expediente, o caráter competitivo de procedimento licitatório público;

b) impedir, perturbar ou fraudar a realização de qualquer ato de procedimento licitatório público;

c) afastar ou procurar afastar licitante, por meio de fraude ou oferecimento de vantagem de qualquer tipo;

d) fraudar licitação pública ou contrato dela decorrente;

e) criar, de modo fraudulento ou irregular, pessoa jurídica para participar de licitação pública ou celebrar contrato administrativo;

f) obter vantagem ou benefício indevido, de modo fraudulento, de modificações ou prorrogações de contratos celebrados com a administração pública, sem autorização em lei, no ato convocatório da licitação pública ou nos respectivos instrumentos contratuais; ou

g) manipular ou fraudar o equilíbrio econômico-financeiro dos contratos celebrados com a administração pública; [...].

Da mesma forma, a Lei Geral de Licitações e Contratos – nº 8.666/1993 –tipificava como crime práticas notadamente fraudulentas nesse campo de atuação:

> Art. 89. Dispensar ou inexigir licitação fora das hipóteses previstas em lei, ou deixar de observar as formalidades pertinentes à dispensa ou à inexigibilidade:
>
> Pena - detenção, de 3 (três) a 5 (cinco) anos, e multa.
>
> Parágrafo único. Na mesma pena, incorre aquele que, tendo comprovadamente concorrido para a consumação da ilegalidade, beneficiou-se da dispensa ou inexigibilidade ilegal, para celebrar contrato com o Poder Público.
>
> Art. 90. Frustrar ou fraudar, mediante ajuste, combinação ou qualquer outro expediente, o caráter competitivo do procedimento licitatório, com o intuito de obter, para si ou para outrem, vantagem decorrente da adjudicação do objeto da licitação:
>
> Pena - detenção, de 2 (dois) a 4 (quatro) anos, e multa.
>
> Art. 91. Patrocinar, direta ou indiretamente, interesse privado perante a Administração, dando causa à instauração de licitação ou à celebração de contrato, cuja invalidação vier a ser decretada pelo Poder Judiciário:
>
> Pena - detenção, de 6 (seis) meses a 2 (dois) anos, e multa.
>
> Art. 92. Admitir, possibilitar ou dar causa a qualquer modificação ou vantagem, inclusive, prorrogação contratual, em favor do adjudicatário, durante a execução dos contratos celebrados com o Poder Público, sem autorização em lei, no ato convocatório da licitação ou nos respectivos instrumentos contratuais, ou, ainda, pagar fatura com preterição da ordem cronológica de sua exigibilidade, observado o disposto no art. 121 desta Lei:
>
> Pena - detenção, de dois a quatro anos, e multa.
>
> Parágrafo único. Incide na mesma pena o contratado que, tendo comprovadamente concorrido para a consumação da ilegalidade, obtém vantagem indevida ou se beneficia, injustamente, das modificações ou prorrogações contratuais.

Art. 93. Impedir, perturbar ou fraudar a realização de qualquer ato de procedimento licitatório:

Pena - detenção, de 6 (seis) meses a 2 (dois) anos, e multa.

Art. 94. Devassar o sigilo de proposta apresentada em procedimento licitatório, ou proporcionar a terceiro o ensejo de devassá-lo:

Pena - detenção, de 2 (dois) a 3 (três) anos, e multa.

Art. 95. Afastar ou procura afastar licitante, por meio de violência, grave ameaça, fraude ou oferecimento de vantagem de qualquer tipo:

Pena - detenção, de 2 (dois) a 4 (quatro) anos, e multa, além da pena correspondente à violência.

Parágrafo único. Incorre na mesma pena quem se abstém ou desiste de licitar, em razão da vantagem oferecida.

Art. 96. Fraudar, em prejuízo da Fazenda Pública, licitação instaurada para aquisição ou venda de bens ou mercadorias, ou contrato dela decorrente:

I - elevando arbitrariamente os preços;

II - vendendo, como verdadeira ou perfeita, mercadoria falsificada ou deteriorada;

III - entregando uma mercadoria por outra;

IV - alterando substância, qualidade ou quantidade da mercadoria fornecida;

V – tornando, por qualquer modo, injustamente, mais onerosa a proposta ou a execução do contrato:

Pena - detenção, de 3 (três) a 6 (seis) anos, e multa.

Art. 97. Admitir a licitação ou celebrar contrato com empresa ou profissional declarado inidôneo:

Pena - detenção, de 6 (seis) meses a 2 (dois) anos, e multa.

Parágrafo único. Incide na mesma pena aquele que, declarado inidôneo, venha a licitar ou a contratar com a Administração.

Art. 98. Obstar, impedir ou dificultar, injustamente, a inscrição de qualquer interessado nos registros cadastrais ou promover indevidamente a alteração, suspensão ou cancelamento de registro do inscrito:

Pena - detenção, de 6 (seis) meses a 2 (dois) anos, e multa.

Por tal razão, o relacionamento da empresa privada com agentes públicos deve receber especial atenção pela gestão de riscos da organização,[106] o que se deve materializar em normas ou políticas

---

[106] Não sem razão, conforme será analisado adiante, a Nova Lei Geral de Licitações e Contratações Públicas determina de forma expressa a necessidade de realizar gestão de riscos nas contratações públicas.

internas que regulamentem essa relação público-privada. Exemplos dessas políticas são: políticas de brindes e doações, políticas de relacionamento com fornecedor, código de ética e conduta que discipline sobre participação em licitação, política de consequências, política de informações privilegiadas, política de relacionamento com pessoas politicamente expostas – PPE, entre outras.

### 3.1.5.8 Criação de área independente para aplicação do sistema de integridade e fiscalização de seu cumprimento

A área *de compliance*[107] é setor de grande importância que deve ser instituído nas empresas privadas, sendo sua responsabilidade identificar, prevenir e mitigar a prática de eventos que possam causar danos à organização, elaborando-se códigos de conduta e regulamentos internos a adequar a atuação dos colaboradores aos padrões de integridade da empresa.

Entre suas diversas funções, as principais são: (i) a criação de códigos de conduta e integridade que abranjam princípios, valores e missões da organização pública; (ii) a instituição de canal de denúncias que permita o recebimento de denúncias internas e externas relativas aos descumprimentos dos regulamentos internos do Poder Público e demais legislações aplicáveis; (iii) a instituição de mecanismos de proteção, com a determinação de sanções em caso de descumprimento das regras criadas; e (iv) a realização de treinamentos periódicos, buscando-se a atualização contínua dos agentes públicos.

Da mesma forma, sobre as funções da instância interna responsável pelo sistema de integridade, o *Manual prático de avaliação de programa de integridade* da CGU disciplina como suas principais atividades elaboração e atualização das políticas de integridade; desenvolvimento ou auxílio no desenvolvimento dos controles internos; garantia da correta aplicação das políticas e controles internos; garantia da observância das leis relacionadas à integridade; recebimento, investigação e encaminhamento das denúncias; estabelecimento e implementação do plano de comunicação e treinamento; realização de análise de risco com foco em

---

[107] Área de *compliance*: unidade de controle responsável por disseminar a cultura de controles e assegurar o cumprimento de leis e regulamentos internos existentes.

integridade (ou participação ativa desta atividade); e monitoramento da aplicação do sistema de integridade.[108]

Em igual sentido, Candeloro, Rizzo e Pinho ressaltam que os objetivos da área de *compliance* são cumprir com as normas internas e internacionais, prevenir litígios, aumentar a transparência na atuação pública, evitar conflitos de interesse entre as diversas áreas de atuação dentro da Administração Pública e, o mais importante, disseminar na cultura organizacional os pilares e valores do *compliance*.[109]

A figura responsável por essa área é o *compliance officer*,[110] indivíduo que, a partir da realização das funções acima elencadas, ajusta a atividade interna da organização aos pilares da boa governança. Assim, o principal papel do *compliance officer* é identificar a probabilidade da ocorrência de eventos negativos à Administração Pública e reconhecer seus impactos. E, a partir daí, criar normas e regulamentos internos factíveis para evitá-los ou mitigá-los. O *compliance officer*, portanto, cria mecanismos aptos a manter a relação entre o agir em conformidade com os regulamentos da Administração Pública e o agir ético, sendo responsável por aconselhar todas as linhas da organização, bem como todas as áreas de suporte, sempre zelando pelos mais altos padrões éticos de comportamento.[111]

Não se pode confundir, nesses termos, o *compliance officer* com um fiscal da organização, eis que se trata de um agente responsável por promover e gerir a integridade da organização,[112] supervisionando o canal de denúncias, acompanhando as investigações, elaborando relatórios, responsabilizando-se pela gestão do sistema de *compliance* e dos treinamentos relacionados ao tema.[113]

---

[108] BRASIL. Controladoria-Geral da União – CGU. *Manual prático de avaliação de programa de integridade em PAR*. Brasília: CGU, 2018. p. 37. Disponível em: http://www.cgu.gov.br/Publicacoes/etica-e-integridade/arquivos/manual-pratico-integridade-par.pdf. Acesso em: 20 dez. 2018.

[109] CANDELORO, Ana Paula P.; RIZZO, Maria Balbina Martins de; PINHO, Vinícius. *Compliance 360º*: riscos, estratégias, conflitos e vaidades no mundo corporativo. São Paulo: Trevisan, 2012. p. 37-38.

[110] *Compliance officer*: agente responsável pelo acompanhamento da legislação aplicável e elaboração de código de conduta e regulamentos internos para conduzir as atividades administrativas da entidade.

[111] CANDELORO, Ana Paula P.; RIZZO, Maria Balbina Martins de; PINHO, Vinícius. *Compliance 360º*: riscos, estratégias, conflitos e vaidades no mundo corporativo. São Paulo: Trevisan, 2012. p. 31.

[112] COIMBRA, Marcelo de Aguiar; BINDER, Vanessa Alessi Manzi (Org.). *Manual de compliance*: preservando a boa governança e a integridade das organizações. São Paulo: Atlas, 2010. p. 47-48.

[113] FORIGO, Camila Rodrigues. *A figura do compliance officer no direito brasileiro*: funções e responsabilização penal. Rio de Janeiro: Multifoco, 2017. p. 87-88.

Desta feita, assim como é de suma importância o apoio da alta administração, é de extrema importância que uma área de *compliance* seja instituída, garantindo-se o devido suporte à implementação e à gestão dos sistemas de integridade. Essa área deve possuir autonomia e independência, tanto operacional quanto financeira, e deve reportar-se diretamente à alta administração, para que eventuais condutas em desacordo aos sistemas implementados tenham imediata repressão de linha hierarquicamente superior. Nesse sentido, a área de *compliance* deve se relacionar diretamente com os controles internos da empresa, eis que ambos se encontram na mesma linha da organização, atuando em conjunto, coordenando esforços, a fim de garantir a efetiva aplicação e fiscalização do sistema de integridade.

### 3.1.5.9  A instituição de canais de denúncia

Os canais de denúncia são mecanismos de detecção de práticas ilícitas dentro de uma organização, postos à disposição para que qualquer interessado possa noticiar situações de violação ao sistema de integridade da empresa.

Como mecanismos de detecção de práticas ilícitas, portanto, os canais de denúncias devem ser um meio de comunicação independente e seguro, de modo que o denunciante não seja identificado, e, por conseguinte, desencorajado a relatar condutas violadoras de normas internas da empresa, por medo de sofrer represálias de superior hierárquico, por exemplo. Assim, o sigilo e o anonimato devem ser os princípios basilares de um canal de denúncia para que ele seja efetivo.

A orientação, nesses termos, é que esse mecanismo seja externo e independente, eis que é mais difícil assegurar sigilo e imparcialidade dentro da empresa, mediante um canal de denúncias interno. Não sem razão, empresas que já possuem canais de denúncia efetivos contratam empresas independentes e especializadas para realizar sua operação e gerenciamento, garantindo maior confiança àqueles que pretendem denunciar.

Como se pode notar, o canal de denúncia é instrumento de grande importância a garantir a efetividade de sistemas de integridade, já que pode auxiliar a reduzir, mitigar e, até mesmo, evitar a consumação de eventos cujas consequências podem causar impactos à imagem e à gestão operacional e financeira da organização.

## 3.1.5.10 Instituição de medidas disciplinares em caso de violação do sistema de integridade

Conforme visto, o canal de denúncia é importante mecanismo de detecção de condutas irregulares praticadas dentro da organização. Além desse mecanismo, outras políticas internas da empresa deverão auxiliar a identificar eventual infração às normas internas, como as políticas de monitoramento do sistema, bem como fiscalizações realizadas pela área responsável e pelos controles internos.

Contudo, não basta identificar determinada informação ou evento irregular, é preciso apurar os fatos denunciados ou identificados pelo sistema de controle interno da organização, assegurando uma resposta assertiva, para que novas condutas similares não sejam repetidas. Daí a importância da instituição de medidas disciplinares, como sanções disciplinares, afastamento preventivo da empresa e até mesmo demissão do cargo, em caso de violação comprovada do sistema de integridade da organização.

Nesse diapasão, importante que a organização institua normas e políticas específicas que determinem as condutas vedadas pela empresa, bem como as medidas disciplinares previstas em caso de consumação da conduta irregular. Além disso, essas normas também devem disciplinar os procedimentos a serem adotados para apuração dos fatos e das responsabilidades, para que não sejam violados os direitos fundamentais do contraditório e da ampla defesa, corolários do princípio do devido processo legal, exigidos em qualquer processo disciplinar.

Para assegurar a seriedade do sistema, ademais, é de suma importância que, em caso de confirmação das infrações, apliquem-se as sanções devidas, independentemente da posição hierárquica do denunciado, eis que o sistema de integridade não se aplica apenas aos funcionários, mas a todos os integrantes da organização, inclusive, membros da alta administração. Não à toa, o seu comprometimento é exigência número um de um sistema de *compliance*.

## 3.1.5.11 Procedimentos que assegurem a pronta interrupção de irregularidades e a tempestiva remediação dos danos gerados

Conforme visto, nenhuma organização está imune à ocorrência de eventos, potencialmente danosos, eis que o risco está na essência de qualquer negócio.

Partindo dessa premissa, importante que os mecanismos relacionados ao sistema de integridade de uma organização estejam aptos a assegurar a pronta interrupção de eventuais irregularidades e eventos de risco, bem como proporcionem a tempestiva remediação dos impactos gerados por essas práticas e eventos. O investimento em instrumentos dessa monta, portanto, deve ser levado em consideração pelas organizações, especialmente aquelas cuja imagem reputacional possa influir diretamente no negócio, causando-lhes prejuízos.

Sabe-se que a avaliação do risco reputacional, hoje, é extremamente importante, eis que cada vez as empresas, de qualquer porte, têm se mostrado interessadas em se apresentar como empresas éticas e íntegras ao mercado. Assim, com procedimentos de interrupção de irregularidades e remediação de impactos fortalecidos, certamente, a empresa aumentará as chances de usufruir grandes benefícios advindos de um sistema de integridade com credibilidade.

Nesse sentido, tão logo ocorra um evento danoso, de imediato, deve ser apresentada sua solução. Da mesma forma, caso um evento não contemplado na matriz de riscos ocorra, por exemplo, como forma de interromper novos eventos do mesmo tipo, deverá a empresa atualizar e aprimorar seu sistema de integridade, de modo a evitar a reincidência do dano e, por conseguinte, dos impactos por ele gerados.

Assim, orienta-se para que exista uma ampla divulgação dos procedimentos que assegurem a pronta interrupção das irregularidades, bem como das medidas aplicadas em decorrência dos processos de fiscalização, de modo a tornar público a todos aqueles que pretendem manter relação com a sua organização que violações ao sistema de integridade não serão toleradas, existindo mecanismos aptos e hábeis para encerrá-las, remediá-las e não permitir que elas se repitam.

### 3.1.5.12 Diligências apropriadas para contratação e supervisão de terceiros

O item em questão dispõe especificamente dos procedimentos de *due diligence* de terceiros – termo proveniente do inglês, cuja tradução literal é "devida diligência". O instrumento busca mitigar possíveis eventos de risco e exposições da empresa, bem como protegê-la de práticas corruptas em suas relações com terceiros, notadamente, investidores ou fornecedores. Mecanismo de prevenção por excelência, portanto, a *due diligence* possui por intento alertar e reduzir os possíveis envolvimentos da empresa em fraudes e ilícitos que possam macular a sua reputação, bem como impactar diretamente a gestão operacional ou financeira do negócio.

A forma de avaliação do terceiro dependerá do tamanho da organização avaliada, do valor econômico envolvido e dos possíveis impactos que pode causar à empresa. Além disso, as *due diligences* podem ser de diferentes níveis de aprofundamento, relacionado ao grau de relacionamento com a empresa ou pessoa física foco da pesquisa (*target*) e quantidade de informações analisadas, conforme imagem a seguir.

Figura 3

Os níveis de aprofundamento, por sua vez, irão variar de acordo com os níveis de relacionamento exigidos na análise. *Due diligences* iniciais, por exemplo, contam com levantamentos de informações relacionadas à empresa *target*, e aquelas em 1º nível de relacionamento, além da identificação de pessoas físicas e jurídicas relacionadas em 2º nível. *Due diligences* intermediárias, por sua vez, contam com o levantamento de informações relacionadas à empresa *target*, bem como aquelas em 1º e 2º nível de relacionamento, além da identificação de pessoas físicas e jurídicas relacionadas em 3º nível. *Due diligences* completas consistem em levantamento de todas as informações referentes às diligências iniciais e intermediárias, além de levantamento de informações relacionadas em 3º nível de relacionamento.

Esses processos de avaliação, portanto, devem estar na pauta de organizações que pretendem estar de acordo com os valores da ética e integridade. Isso porque, nas empresas sérias e íntegras, o que se tem de mais relevante é o nome ou a marca. Assim, investir em diligências, certamente, trará enormes benefícios à manutenção reputacional da organização no mercado, bem como operacionais e financeiros, uma vez que não é incomum um processo de *due diligence* comprovar que um negócio considerado uma grande oportunidade, *a priori*, seja, a bem da verdade, um grande "presente de grego".

### 3.1.5.13 Verificação, durante os processos de operações societárias, do cometimento de irregularidades ou ilícitos ou da existência de vulnerabilidades nas pessoas jurídicas envolvidas

Da mesma forma que há possibilidade de realizar *due diligence* de terceiros, nos casos de fornecedores, investidores, clientes etc., também, devem ser realizadas *due diligences* de empresas quando da realização de operações societárias, como fusões, aquisições e reestruturações. Nesse caso, a *due diligence* será de uma empresa (*target*) que pretende ingressar no negócio como parte integrante da sociedade.

Nesses casos, as verificações mediante *due diligences* se mostram bastante benéficas, notadamente, porque toda a carga financeira, operacional e cultural da empresa que está adentrando o negócio, como responsabilidades, débitos e padrões de relacionamento, passarão a integrar a seara de responsabilidade da sociedade.

As *due diligences*, nesses casos, serão responsáveis pela análise dos riscos do negócio, de modo que a organização poderá avaliar se vale a pena ou não correr determinado risco reputacional, por exemplo, em detrimento de auferir elevado benefício econômico. Em outras palavras, a *due diligence* de operações societárias permite que a empresa avalie o seu apetite de risco ao negócio, diminuindo a assimetria de informação[114] entre os negociantes.

---

[114] A *assimetria de informação* ocorre quando uma das partes da relação tem acesso a uma informação que seja melhor, mais precisa, ou que, simplesmente, a outra parte não tenha tido acesso. Esse fenômeno é explicado por George Akerlof em sua tese *The market for "lemons": quality uncertainty and the market mechanism*. Nesse artigo, o autor analisa o mercado automotivo, reconhecendo que a assimetria de informação é prejudicial ao mercado, já que em sua teoria, no mercado de carros usados, "os carros em mau estado tendem a expulsar do mercado os carros em bom estado" e isso porque aqueles são vendidos pelo mesmo preço destes, sendo impossível a um comprador compreender a diferença entre um ou outro quando é o vendedor quem detém a informação. Livre tradução de "bad cars drive out the good because they sell at the same price as good can; similarly, bad money drives out good because the exchange rate is even. But the bad cars sell at the same price as good cars since it is impossible for a buyer to tell the difference

Importante frisar que esses procedimentos de *due diligence*, em operações societárias não são simples, de modo que é necessário que se contrate empresa ou profissional com conhecimento específico e detenha as ferramentas necessárias, eis que somente essas habilidades permitirão a identificação e análise de um maior número de informações, em menor período de tempo.

## 3.1.5.14 Realização de monitoramento contínuo do sistema de integridade e ações de promoção da cultura ética e de integridade

O sistema de integridade de uma organização deve estar sempre em constante aperfeiçoamento e atualização, eis que o mercado é cíclico, assim como os eventos danosos à empresa. Para ser efetivo, portanto, deve ser periodicamente monitorado.

Uma vez implementado o sistema de integridade em determinada organização, ele deve ser monitorado de forma contínua pelo setor responsável, que deverá avaliar sua efetividade e reportar o que deve ser corrigido e adequado. Assim, além de permitir o aperfeiçoamento do sistema, o monitoramento contínuo também permitirá que eventos danosos sejam prontamente interrompidos.

Não há uma forma única de monitorar um sistema de integridade, isto é, cada empresa deverá adotar a forma de monitoramento que melhor se adequar à sua estrutura, desde que ele permita coletar e analisar informações que demonstrem o grau de efetividade do sistema, se o sistema está respondendo aos riscos prontamente, se a execução está de acordo com as metas e se as políticas implementadas atendem às particularidades da organização, o que impacta diretamente no sucesso do sistema de integridade da empresa.

Nesse sentido, uma excelente forma de monitorar a efetividade do sistema é mediante a realização de ações de promoção da cultura ética e de integridade, mediante palestras, *workshops*, eventos e os próprios treinamentos realizados dentro da empresa, eis que, assim, estar-se-á a promover a ciência de todos os envolvidos no tocante aos valores de conduta adotados pela organização, tornando presente o sistema de integridade no cotidiano de todos os seus colaboradores.

---

between a good and a bad car; only the seller knows" (AKERLOF, George A. The market for "lemons": quality uncertainty and the market mechanism. *The Quarterly Journal of Economics*, v. 84, n. 3, ago. 1970. p. 490).

O *feedback* dos colaboradores nesses eventos é, senão, uma excelente oportunidade de avaliar se as políticas são claras e efetivas.

## 3.1.6 Comprovação do sistema e responsabilidade pela inclusão da exigência

> Art. 10. A empresa que possuir o Programa de Integridade implantado deverá apresentar no momento da contratação declaração informando a sua existência nos termos do art. 4º da presente Lei. [...]
>
> Art. 13. Cabe ao Poder Executivo fazer constar nos editais licitatórios e instrumentos contratuais a aplicabilidade desta Lei.

A responsabilidade pela inclusão da exigência de implementação dos sistemas ficará a cargo do Poder Executivo, que deverá fazer constá-la nos certames licitatórios e nos instrumentos contratuais, nos termos do art. 13 da Lei nº 7.753/2017.

Considerando que o art. 1º da referida lei é expresso ao determinar que a lei se aplica somente às empresas que se relacionem com a Administração Pública direta, indireta e fundacional do estado do Rio de Janeiro, resta claro que a responsabilidade deverá incidir somente sob o Poder Executivo Estadual, eis que é o único poder ao qual se aplica a referida norma.

No tocante à comprovação da existência do sistema, a empresa que objetiva contratar com a Administração Pública fluminense e que possua sistema de integridade devidamente implementado deverá apresentar no momento da contratação uma declaração informando a sua existência de acordo com os parâmetros anteriormente destacados, nos termos do art. 10 da lei.

Importante destacar que a declaração deverá informar todas as políticas e mecanismos inerentes ao sistema, de modo a atender a todos os critérios legais exigidos, bem como comprovar a efetividade do sistema.

Por uma interpretação sistemática da norma, caso a empresa contratada ainda não possua um sistema implementado, deverá comprová-lo no prazo de 180 dias assinatura do contrato.

## 3.1.7 Dos responsáveis pela fiscalização

Art. 11. Caberá ao Gestor de Contrato, no âmbito da administração pública, sem prejuízo de suas demais atividades ordinárias, as seguintes atribuições:

I - fiscalizar a implantação do Programa de Integridade, garantindo a aplicabilidade da Lei;

II - VETADO.

III - informar ao Ordenador de Despesas sobre o não cumprimento da exigência na forma do art. 5º desta Lei;

IV - informar ao Ordenador de Despesas sobre o cumprimento da exigência fora do prazo definido no art. 5º desta Lei.

§1º Na hipótese de não haver a função do Gestor de Contrato, o Fiscal de Contrato, sem prejuízo de suas demais atividades ordinárias, será atribuído das funções relacionadas neste artigo.

§2º As ações e deliberações do Gestor de Contrato não poderão implicar interferência na gestão das empresas nem ingerência de suas competências, devendo ater-se a responsabilidade de aferir o cumprimento do disposto nesta Lei, o que se dará através de prova documental emitida pela empresa, comprovando a implantação do Programa de Integridade na forma do art. 4º.

Art. 12. O Ordenador de Despesas, no âmbito da Administração Pública, ficará responsável pela retenção e ressarcimento conforme descritos no art. 6º desta Lei, sem prejuízo de suas demais atividades ordinárias. [...].

Art. 14. Fica o Poder Executivo autorizado a contratar com empresas de consultoria especializadas na realização de treinamento com foco na detecção de casos de fraude e corrupção, objetivando a capacitação de servidores do Estado do Rio de Janeiro no que tange aos principais aspectos relacionados à identificação de condutas de fraude e à corrupção., objetivando a capacitação de servidores do Estado do Rio de Janeiro no que tange aos principais aspectos relacionados à identificação de condutas de fraude e corrupção.

Conforme análise do art. 4º da lei fluminense, os sistemas de integridade serão avaliados de acordo com os parâmetros destacados nos incisos do referido artigo, a fim de atestar a sua efetividade. Partindo dessa premissa, é importante que os sistemas sejam efetivos de modo amplo, já que serão constantemente avaliados pelo gestor do contrato celebrado, ou, na remota hipótese de não existir a função do gestor de contrato, pelo fiscal de contrato, sem prejuízo de suas demais atividades ordinárias, conforme determina o art. 11 e seu §1º, da Lei Estadual nº 7.753/2017.

Além de fiscalizar a implementação do sistema, fica também a cargo do gestor ou fiscal do contrato dever de informar ao ordenador de despesas sobre o não cumprimento da exigência ou o cumprimento da exigência fora do prazo definido no art. 5º desta lei, ficando este responsável pela retenção e ressarcimentos nos termos da lei.

A atribuição de competência de fiscalização dos sistemas de *compliance* ao gestor ou fiscal do contrato tratada acima, contudo, é mais um dos pontos que merece reparo no instrumento normativo em voga. É que, à luz de um olhar mais apurado, a competência para fiscalização da implementação não deveria ser do fiscal ou gestor do contrato, que já tem suas atribuições específicas – e que não são tarefas simples – não possuindo, portanto, tempo, capacidade e expertise necessários para fiscalizar de modo eficiente a implementação dos sistemas de *compliance*.

Considerando a realidade do funcionalismo público no país, não são raras as vezes em que servidores ou funcionários públicos são designados a exercer determinada função sem possuir qualquer expertise para tanto, ou ao menos conhecimento do objeto do contrato, ou ainda, para um cem número de contratos, sendo os resultados dessas designações equivocadas conhecidos por todos: ineficiência, execução contratual inadequada e insatisfação do usuário.

Nesse sentido, a designação de agentes com expertise em fiscalização dos sistemas de integridade das contratadas, diferentes do gestor ou fiscal do contrato, que, por sua natureza de atuação cuidam de verificação de atividades técnicas e operacionais, é de suma importância a garantir a correta avaliação desses agentes. Do contrário, ao invés de reprimir a fraude e a corrupção, estas podem até mesmo ser facilitadas ou potencializadas, comprometendo a eficácia da própria exigência legal.

Indo ao encontro do acima externado, a Lei Estadual nº 7.989/2018, do Rio de Janeiro, que dispõe sobre o Sistema de Controle Interno do Poder Executivo do Estado do Rio de Janeiro, em seu art. 12, inc. XIV passou a prever como responsabilidade da Corregedoria-Geral do Estado auditar as empresas que celebrarem contrato, consórcio, convênio, concessão ou parceria público-privada com a Administração Pública direta, indireta e fundacional do estado do Rio de Janeiro, objetivando aferir o cumprimento dos preceitos estabelecidos na Lei nº 7.753/2017. Assim, além da autoridade designada (gestor ou fiscal), caberá a análise dos sistemas de integridade à Corregedoria-Geral do Estado do Rio de Janeiro.

Em que pese essa previsão de dupla análise, a disciplina da Lei Estadual nº 7.989/2018 não supre a necessidade de se designar um agente com expertise necessária à fiscalização dos sistemas de integridade. Por isso, caso não seja possível designar autoridade específica à fiscalização de sistemas de integridade e *compliance*, é necessário que os gestores e fiscais dos contratos sejam capacitados a exercer esta função. Essa capacitação, ademais, deve ter como foco a detecção de casos de fraude e corrupção e pode ser realizada mediante a contratação de empresa de consultoria especializada nesses treinamentos, conforme disciplina do art. 14 da Lei nº 7.753/2017.

### 3.1.8 O que acontece em caso de não implementação do sistema?

Art. 6º Pelo descumprimento da exigência prevista nesta Lei, a Administração Pública direta, indireta e fundacional do Estado do Rio de Janeiro aplicará à empresa contratada multa de 0,02% (dois centésimos por cento), por dia, incidente sobre o valor do Contrato.

§1º O montante correspondente à soma dos valores básicos das multas moratórias será limitado a 10% (dez por cento) do valor do contrato.

§2º O cumprimento da exigência da implantação fará cessar a aplicação da multa.

§3º O cumprimento da exigência da implantação não implicará ressarcimento das multas aplicadas.

Art. 7º VETADO.

Art. 8º O não cumprimento da exigência durante o período contratual acarretará na impossibilidade da contratação da empresa com o Estado do Rio de Janeiro até a sua regular situação.

Art. 9º Subsiste a responsabilidade da pessoa jurídica na hipótese de alteração contratual, transformação, incorporação, fusão ou cisão societária.

§1º A sucessora se responsabilizará pelo cumprimento da exigência na forma desta Lei.

§2º As sanções descritas nos arts. 6º e 8º desta Lei serão atribuídas à sucessora.

Conforme visto no decorrer do segundo capítulo, a exigência de implementação de sistemas de integridade trata-se de uma obrigação contratual. Assim, pelo descumprimento do contrato, o Poder Executivo do Estado do Rio de Janeiro aplicará à empresa contratada multa de 0,02% (dois centésimos por cento), por dia, incidente sobre o valor do contrato, a qual deverá ser limitada a 10% (dez por cento) do valor do contrato. Além disso, o não cumprimento da exigência durante o período contratual acarretará na impossibilidade da contratação da empresa com o Estado do Rio de Janeiro até a sua regular situação. Importante destacar que, nos termos dos §§2º e 3º do art. 6º, somente o cumprimento da exigência fará cessar a aplicação da multa, o que não implicará, no entanto, ressarcimento das multas aplicadas e já quitadas.

Não obstante as sanções específicas determinadas na lei estadual, ao descumprimento do contrato, aplicam-se todas as demais sanções previstas na Lei Geral de Licitações (Lei Federal nº 8.666/93), notadamente, as sanções previstas nos arts. 86 e 87 do referido diploma,[115] as sanções previstas no art. 7º da Lei do Pregão (Lei nº 10.520/2002),[116] no art. 83 do Estatuto Jurídico das Estatais (Lei Federal nº 13.303/2016)[117] e na Nova Lei Geral de Licitações e Contratações Públicas (Lei nº 14.133/2021).

Outro ponto sensível a ser destacado é que, em que pese exista determinação de aplicação de sanção específica na lei fluminense, não há qualquer menção ao procedimento aplicável à aplicação da sanção. Diante disso, e para que o Poder Executivo estadual não incorra em

---

[115] "Art. 86. O atraso injustificado na execução do contrato sujeitará o contratado à multa de mora, na forma prevista no instrumento convocatório ou no contrato. Art. 87. Pela inexecução total ou parcial do contrato a Administração poderá, garantida a prévia defesa, aplicar ao contratado as seguintes sanções: I - advertência; II - multa, na forma prevista no instrumento convocatório ou no contrato; III - suspensão temporária de participação em licitação e impedimento de contratar com a Administração, por prazo não superior a 2 (dois) anos; IV - declaração de inidoneidade para licitar ou contratar com a Administração Pública enquanto perdurarem os motivos determinantes da punição ou até que seja promovida a reabilitação perante a própria autoridade que aplicou a penalidade, que será concedida sempre que o contratado ressarcir a Administração pelos prejuízos resultantes e após decorrido o prazo da sanção aplicada com base no inciso anterior".

[116] "Art. 7º Quem, convocado dentro do prazo de validade da sua proposta, não celebrar o contrato, deixar de entregar ou apresentar documentação falsa exigida para o certame, ensejar o retardamento da execução de seu objeto, não mantiver a proposta, falhar ou fraudar na execução do contrato, comportar-se de modo inidôneo ou cometer fraude fiscal, ficará impedido de licitar e contratar com a União, Estados, Distrito Federal ou Municípios e, será descredenciado no Sicaf, ou nos sistemas de cadastramento de fornecedores a que se refere o inciso XIV do art. 4º desta Lei, pelo prazo de até 5 (cinco) anos, sem prejuízo das multas previstas em edital e no contrato e das demais cominações legais".

[117] "Art. 83. Pela inexecução total ou parcial do contrato a empresa pública ou a sociedade de economia mista poderá, garantida a prévia defesa, aplicar ao contratado as seguintes sanções: I - advertência; II - multa, na forma prevista no instrumento convocatório ou no contrato; III - suspensão temporária de participação em licitação e impedimento de contratar com a entidade sancionadora, por prazo não superior a 2 (dois) anos".

nenhuma ilegalidade, referido diploma deve ser interpretado à luz da Constituição da República de 1988 e do Estado Democrático de Direito, de modo que devem ser respeitadas as garantias do devido processo legal, do contraditório e da ampla defesa, podendo ser adotados os ritos das normas gerais de licitações e contratações públicas ou do Estatuto Jurídico das Estatais, a depender da situação, salvo se houver procedimento próprio regulamentado pela entidade licitante.

## 3.2 Lei Distrital nº 6.112/2018 – Distrito Federal[118]

A Lei nº 6.112/2018 do Distrito Federal, seguindo a regulamentação do Rio de Janeiro, também estabeleceu a obrigatoriedade de implementação de sistemas de integridades às empresas que se relacionam com o Poder Público regional. Referida legislação, entretanto, sofreu diversas alterações pela Lei Distrital nº 6.308, de 13.6.2019,[119] conforme análise a seguir.

---

[118] Diversas foram as alterações promovidas pela Lei Distrital nº 6.308/2019 na Lei Distrital nº 6.112/2019, cujos impactos são bastante expressivos. Após análise geral dessas alterações e das normas em referência, pode-se concluir que foram promovidas mais alterações positivas do que negativas, notadamente aquelas em relação à motivação, segurança jurídica e efetividade dos programas de integridade. Ainda que se possa discordar de algumas mudanças, a verdade é que a partir de 1º.1.2020 a exigência entrou em vigor, pelo que é importante que as empresas que se relacionam com os três poderes do Distrito Federal busquem adequação imediata.

[119] DISTRITO FEDERAL. *Lei Distrital nº 6.308/2019 que alterou a Lei Distrital nº 6.112/2018.* Disponível em: http://legislacao.cl.df.gov.br/Legislacao/consultaTextoLeiParaNorma JuridicaNJUR524981!buscarTextoLeiParaNormaJuridicaNJUR.action. Acesso em: 17 jun. 2019.

## 3.2.1 Parâmetros de alcance da norma

*(continua)*

| Redação antiga | Nova redação |
|---|---|
| Art. 1º Fica estabelecida a obrigatoriedade de implementação do Programa de Integridade em todas as empresas que celebrem contrato, consórcio, convênio, concessão ou parceria público-privada com a Administração Pública do Distrito Federal, em todas as esferas de Poder, cujos limites de valor sejam iguais ou superiores aos da licitação na modalidade tomada de preço, estimados entre R$80.000,00 e R$650.000,00, ainda que na forma de pregão eletrônico, e o prazo do contrato seja igual ou superior a 180 dias.<br><br>Parágrafo único. Os valores estabelecidos no caput são atualizados em conformidade com os parâmetros fixados na Lei federal nº 8.666, de 21 de junho de 1993, ou na legislação superveniente. | II - Art. 1º passa a vigorar com a seguinte redação:<br><br>Art. 1º Fica estabelecida a obrigatoriedade de implementação do Programa de Integridade em todas as pessoas jurídicas que celebrem contrato, consórcio, convênio, concessão, parceria público-privada e qualquer outro instrumento ou forma de avença similar, inclusive decorrente de contratação direta ou emergencial, pregão eletrônico e dispensa ou inexigibilidade de licitação, com a administração pública direta ou indireta do Distrito Federal em todas as esferas de poder, com valor global igual ou superior a R$5.000.000,00.<br><br>§1º O valor previsto neste artigo é atualizado anualmente pelo mesmo índice que atualiza os valores expressos em moeda corrente na legislação do Distrito Federal.<br><br>§2º Aplica-se esta Lei em sua plenitude às pessoas jurídicas que firmem relação contratual com prazo de validade ou de execução igual ou superior a 180 dias.<br><br>§3º (VETADO).<br><br>§4º As cooperativas que contratem com a administração pública do Distrito Federal devem observar o disposto no art. 107 da Lei federal nº 5.764, de 16 de dezembro de 1971, independentemente dos valores previstos no caput. |

# CAPÍTULO 3
CRITÉRIOS NORMATIVOS À IMPLEMENTAÇÃO DE SISTEMAS DE *COMPLIANCE* | 109

*(conclusão)*

| Redação antiga | Nova redação |
|---|---|
| Art. 2º Aplica-se o disposto nesta Lei:<br><br>I - às sociedades empresárias e às sociedades simples, personificadas ou não, independentemente da forma de organização ou modelo societário adotado, bem como a quaisquer:<br><br>a) fundações;<br><br>b) associações civis;<br><br>c) sociedades estrangeiras que tenham sede, filial ou representação no território brasileiro, constituídas de fato ou direito, ainda que temporariamente;<br><br>II - aos contratos em vigor com prazo de duração superior a 12 meses;<br><br>III - a todos os contratos celebrados com ou sem dispensa de processo licitatório, desde que atendidos os critérios de valor estabelecidos no caput do art. 1º. | III - o art. 2º, I a III, passa a vigorar com a seguinte redação:<br><br>I - às sociedades empresárias e sociedades simples, personificadas ou não, independentemente da forma de organização ou modelo societário adotado;<br><br>II - às fundações e associações civis;<br><br>III - às sociedades estrangeiras que tenham sede, filial ou representação no território brasileiro, constituídas de fato ou direito, ainda que temporariamente. |
| | IV - o art. 2º é acrescido dos seguintes §§1º e 2º:<br><br>§1º Tratamento diferenciado e favorecido é dispensado às microempresas e empresas de pequeno porte, nos termos da Lei Complementar federal nº 123, de 14 de dezembro de 2006, observado o disposto nesta Lei.<br><br>§2º Na aplicação do disposto nesta Lei às empresas públicas e sociedades de economia mista, deve ser observado o disposto na Lei federal nº 13.303, de 30 de junho de 2016. |

Da análise comparativa dos dispositivos acima, percebe-se que, assim como a lei fluminense, o alcance da norma também encontra amparo em um aspecto subjetivo e outro objetivo.

Nesse sentido, de acordo com o anterior art. 2º da Lei Distrital nº 6.112/2018, a obrigatoriedade de implementação de sistema de integridade e *compliance* aplicava-se a todas as sociedades empresárias e às sociedades simples, personificadas ou não, independentemente da forma de organização ou modelo societário adotado, bem como a quaisquer fundações, associações civis ou sociedades estrangeiras, que tivessem sede, filial ou representação no território brasileiro, constituídas de fato ou de direito, ainda que temporariamente (aspecto subjetivo), que, nos termos do anterior art. 1º do referido diploma, celebrassem contrato, consórcio, convênio, concessão ou parceria público-privado com a Administração Pública do Distrito Federal, em todas as esferas de poder, cujos limites em valor fossem superiores ao da modalidade de tomada de preço, estimados entre R$80.000,00 (oitenta mil reais) e R$650.000,00 (seiscentos e cinquenta mil reais), precedidos ou não de licitação, ainda que na forma de pregão eletrônico, e o prazo do contrato seja igual ou superior a 180 (cento e oitenta) dias (aspecto objetivo).

Veja-se, dessa forma, que, em relação ao art. 1º vigente, se alterou, de fato, o limite do valor contratual em relação à exigência de sistema de integridade, pelo que não se trata mais de aplicação do limite da modalidade de tomada de preços, mas de contratos com valor global igual ou superior a R$5 milhões.

Ainda no tocante ao art. 1º, foi mantida a aplicabilidade constante na redação precípua da Lei nº 6.112/2018 relacionada ao alcance temporal da norma aos contratos com prazo de validade ou execução igual ou superior a 180 dias, incluída referida redação no §2º do artigo em comento.

Além das alterações anteriores, o art. 1º passou a contar ainda com outros três parágrafos. O §1º, que determina que o valor de R$5 milhões será atualizado anualmente; o §3º, que foi vetado; e o §4º, que determina que as cooperativas devem observar o disposto na Lei Federal nº 5.764/71, independentemente do valor de R$5 milhões previsto no *caput* do artigo em comento.

Como se pode notar, a Lei nº 6.112/2018 sofreu diversas alterações em relação aos parâmetros de alcance objetivo da exigência de implementação de sistemas de integridade e *compliance* nas empresas que contratam com o Poder Público do Distrito Federal.

Importante registrar que anteriormente a norma distrital possuía determinação expressa de que a sua aplicabilidade iria além dos novos contratos, isto é, aplicar-se-ia aos contratos em vigor na data de sua publicação, desde que possuíssem prazo de duração superior a 12 meses, e a todos os contratos celebrados com ou sem dispensa de processo licitatório, desde que atendidos os critérios de valor destacados acima.

Ocorre, daquilo que se depreende da nova redação, que não há mais essa retroatividade da lei, reduzindo o âmbito de alcance subjetivo da norma. E, aqui, cabe frisar que andou bem a Lei Distrital nº 6.308/19 ao alterar a redação da Lei Distrital nº 6.112/18, excluindo-se a aplicabilidade a contratos de forma retroativa, eis que esta permitiria o desequilíbrio da equação econômico-financeira do contrato administrativo.

Da breve análise dos arts. 1º e 2º citados acima, percebe-se que há uma tênue diferença de abordagem entre os diplomas do Rio de Janeiro e do Distrito Federal no tocante ao valor do contrato e ao âmbito de aplicação, isso porque a norma se aplica a todas as empresas que se relacionam com o GDF, em *todas as esferas de poder* (Poder Executivo, Legislativo e Judiciário).

Vale destacar que, em que pese o alcance da norma seja para todas as empresas, notar-se-á – nos próximos tópicos – que há diferenciação no tocante à aplicação dos parâmetros de avaliação de efetividade dos sistemas de integridade para as pequenas empresas – MPEs, de modo que foram acrescentados dois parágrafos ao art. 2º, que destacam, justamente, o tratamento diferenciado e favorecido às microempresas e empresas de pequeno porte, bem como a necessidade de observação da Lei Federal nº 13.303/2016 quando da aplicação da referida lei às estatais. Neste campo, importante destacar que o tratamento diferenciado foi estabelecido em decreto, o Decreto Distrital nº 40.338/2020, o que assegurará a efetividade da exigência, bem como segurança jurídica às microempresas e empresas de pequeno porte.

Trata-se a Lei Distrital nº 6.112/2018, portanto, de mais uma norma que demonstra o compromisso do Poder Público em exigir de suas contratadas a instituição de mecanismos de prevenção e combate à corrupção nas contratações públicas.

## 3.2.2 Objetivos da exigência normativa

| Redação antiga | Nova redação |
| --- | --- |
| Art. 3º A exigência da implantação do Programa de Integridade tem por objetivo:<br><br>I - proteger a Administração Pública distrital dos atos lesivos que resultem em prejuízos financeiros causados por irregularidades, desvios de ética e de conduta e fraudes contratuais;<br><br>II - garantir a execução dos contratos em conformidade com a lei e com os regulamentos pertinentes a cada atividade contratada;<br><br>III - reduzir os riscos inerentes aos contratos, provendo maior segurança e transparência em sua consecução; | V - o art. 3º, caput e incisos I, II e III, passa a vigorar com a seguinte redação:<br><br>Art. 3º O Programa de Integridade tem por objetivos:<br><br>I - proteger a administração pública distrital dos atos lesivos que resultem em prejuízos materiais ou financeiros causados por irregularidades, desvios de ética e de conduta e fraudes contratuais;<br><br>II - garantir a execução dos contratos e demais instrumentos em conformidade com a lei e regulamentos pertinentes a cada atividade contratada;<br><br>III - reduzir os riscos inerentes aos contratos e demais instrumentos, provendo maior segurança e transparência em sua consecução. |

Daquilo que se depreende do anterior art. 3º da lei em comento, a exigência da implementação do sistema de integridade tem exatamente os mesmos objetivos constantes na lei fluminense, isto é, prevenir práticas lesivas, assegurar adequada execução do contrato, reduzir riscos e obter melhores desempenhos e resultados.

O art. 3º vigente, entretanto, suprimiu o termo "exigência" do *caput*, tendo seus incs. I a III incluído a busca pela proteção da Administração Pública do Distrito Federal de prejuízos materiais como objetivo legal expresso, bem como ampliou a garantia da execução e redução de riscos a todos os instrumentos celebrados pelos poderes do Distrito Federal, e não apenas aos contratos.

Como se nota, o verdadeiro intento é acautelar o GDF de riscos contratuais que possam lhe resultar perdas, "sendo um elemento contributivo da economicidade e da eficiência da licitação",[120] pelo que a

---

[120] GUIMARÃES, Fernando Vernalha; REQUI, Érica Miranda dos Santos. Exigência de programa de integridade nas licitações. *In*: PAULA, Marco Aurélio Borges de; CASTRO, Rodrigo Pironti Aguirre de (Org.). *Compliance, gestão de riscos e combate* à *corrupção*. Belo Horizonte: Fórum, 2018. p. 208. Cap. 10.

CAPÍTULO 3
CRITÉRIOS NORMATIVOS À IMPLEMENTAÇÃO DE SISTEMAS DE *COMPLIANCE* | 113

sua exigência, conforme destacado, quando da análise da constitucionalidade das leis, está, senão, diretamente relacionada aos princípios informadores das contratações públicas.

## 3.2.3 O sistema de integridade para Lei Distrital nº 6.112/2018

| Redação antiga | Nova redação |
|---|---|
| Art. 4º O Programa de Integridade consiste, no âmbito de uma pessoa jurídica, no conjunto de mecanismos e procedimentos internos de integridade, auditoria, controle e incentivo à denúncia de irregularidades e na aplicação efetiva de códigos de ética e de conduta, políticas e diretrizes com o objetivo de detectar e sanar desvios, fraudes, irregularidades e atos ilícitos praticados contra a Administração Pública do Distrito Federal. | VI - o art. 4º passa a vigorar com a seguinte redação:<br><br>Art. 4º O Programa de Integridade da pessoa jurídica consiste no conjunto de mecanismos e procedimentos de integridade, controle e auditoria, com o objetivo de prevenir, detectar e sanar desvios, fraudes, irregularidades e atos ilícitos praticados contra a administração pública do Distrito Federal. |
| Parágrafo único. O Programa de Integridade deve ser estruturado, aplicado e atualizado de acordo com as características e os riscos atuais das atividades de cada pessoa jurídica, a qual, por sua vez, deve garantir o constante aprimoramento e adaptação do referido Programa, visando a garantir a sua efetividade. | §1º Estão incluídos no conjunto de mecanismos e procedimentos de integridade o incentivo à denúncia de irregularidade, a instituição e aplicação do código de ética e de conduta e a aplicação e disseminação das boas práticas corporativas.<br><br>§2º O Programa de Integridade deve ser estruturado, aplicado e atualizado de acordo com as características e os riscos atuais das atividades da pessoa jurídica, cabendo a esta garantir o constante aprimoramento e adaptação do Programa visando à garantia da sua efetividade. |

Da mesma forma que destacamos quando analisamos a Lei Estadual nº 7.753/2017 do Rio de Janeiro, nos próximos capítulos, será analisado, de modo exaustivo, o que é um sistema de integridade e *compliance* efetivo, cabendo aqui esclarecer o que a Lei Estadual nº 6.112/2018 entende por sistema de integridade.

Daquilo que se depreende de seu art. 4º, nos mesmos termos da lei fluminense, um sistema de integridade para o Distrito Federal consiste no conjunto de mecanismos e procedimentos internos de integridade, auditoria e incentivo à denúncia de irregularidades e na aplicação efetiva de códigos de ética e de conduta, políticas e diretrizes com o objetivo de detectar e sanar desvios, fraudes, irregularidades e atos ilícitos praticados contra a Administração Pública do GDF.

O art. 4º da Lei Distrital nº 6.112/18 também sofreu alterações pela Lei Distrital nº 3.608/2019, de modo a tornar mais claro o que se entende por sistema de integridade e *compliance*, incluindo dois parágrafos no artigo em análise.

Assim, a cargo do §1º ficou a determinação de quais serão os mecanismos e procedimentos minimamente necessários em um sistema de integridade, como o incentivo à denúncia de irregularidade, a instituição e aplicação do código de ética e de conduta e a aplicação e disseminação das boas práticas corporativas. Já o §2º apenas repetiu a redação anterior do então parágrafo único do art. 4º da Lei Distrital nº 6.112/2018, que determinava que esses sistemas de integridade devem ser implementados de acordo com as atividades específicas de cada pessoa jurídica, o que é essencial para que sejam de fato efetivos.

Da mesma forma que se comentou quando da análise da Lei Estadual nº 7.753/2017, portanto, um sistema de integridade efetivo não pode se resumir aos mecanismos e procedimentos indicados na legislação, tampouco possui como única vantagem detectar e sanar desvios e fraudes praticados contra o GDF.

## 3.2.4 Prazo para implementação de sistemas de integridade e *compliance* e despesas resultantes da implementação

| Redação antiga | Nova redação |
|---|---|
| Art. 5º A implantação do Programa de Integridade no âmbito da pessoa jurídica se dá a partir de 1º de junho de 2019. (Redação do caput dada pela Lei nº 6176 de 16/07/2018). Parágrafo único. Para efetiva implantação do Programa de Integridade, os custos ou despesas resultantes correm à conta da empresa contratada, não cabendo ao órgão contratante o seu ressarcimento. | VII - o art. 5º passa a vigorar com a seguinte redação: Art. 5º A exigência do Programa de Integridade dá-se a partir da celebração do contrato, consórcio, convênio, concessão ou parceria público-privada de que trata o art. 1º. §1º É considerada como nova relação contratual, para fins de aplicação do prazo a que se refere o caput, a prorrogação ou renovação da relação contratual por prazo superior ao previsto no art. 1º, §2º, cujo valor total contratado ultrapasse o limite mínimo estabelecido no referido dispositivo. §2º Os custos e despesas com a implantação e manutenção do Programa de Integridade ficam a cargo da pessoa jurídica contratada, não cabendo ao órgão ou entidade contratante o seu ressarcimento. Lei Distrital nº 3.608/2019 - Art. 2º O Programa de Integridade previsto na Lei nº 6.112, de 2018, se dá a partir de 1º de janeiro de 2020 e aplica-se exclusivamente aos contratos, consórcios, convênios, concessões ou parcerias público-privadas celebrados após essa data. |

Primeiramente, importante registrar que a data inicial para exigência de implementação do Sistema de Integridade também foi alterada pela Lei Distrital nº 6.308/2019, pelo que a exigência passou a ser aplicável à celebração de contratos ocorrida a partir do dia 1º.1.2020.

Importante registrar que, inicialmente, o art. 5º da Lei Distrital nº 6.112/2018 previa que as empresas que se relacionassem com o GDF teriam o prazo de 180 (cento e oitenta) dias corridos para implementar seus respectivos sistemas de integridade, contado a partir da celebração do contrato.[121] Contudo, referido artigo sofreu alteração em setembro de 2018, de modo que o prazo para implementação do sistema de integridade às contratadas passou a ser a data de 1º.6.2019.[122] Três dias antes de chegar o prazo certo e determinado pela Lei Distrital nº 6.176/18, em 28.5.2019, o PL nº 435/2019 foi aprovado pela Câmara Legislativa do Distrito Federal, alterando-se o prazo de início da aplicação da exigência para o 1º dia do ano de 2020, que foi confirmado com a publicação da Lei Distrital nº 6.308, de 13.6.2019.

Assim, o art. 5º da Lei Distrital nº 6.112/2018, diversamente do que constava na redação anterior, passou a disciplinar que, para além dos contratos novos com valores acima de R$5 milhões e com prazo superior a 180 dias, a lei também será aplicada às prorrogações ou renovações contratuais.

No que tange à prorrogação de contratos, entende-se que a exigência afeta o equilíbrio econômico-financeiro do contrato, eis que haverá uma obrigação nova, não prevista no edital licitatório, e que, portanto, deveria implicar ressarcimento pela Administração Pública do Distrito Federal, caso comprovado que os valores da implementação dos sistemas de integridade e *compliance* de fato afetariam a equação econômico-financeira do contrato administrativo.

Em relação às renovações contratuais, por sua vez, importante frisar que nestes casos haverá a renovação do contrato mediante novo processo de licitação, isto é, o objeto do contrato será renovado, não necessariamente com a mesma contratada, somente após finalizado o processo licitatório. Portanto, não há que se falar em afetação da equação econômico-financeira do contrato administrativo na renovação contratual, uma vez que a exigência constará no edital do certame e se consumará apenas no âmbito da execução contratual.

Além disso, destaque-se que o prazo de 1º.1.2020 não foi incluído na Lei Distrital nº 6.112/2018, ficando a cargo do art. 2º da própria Lei Distrital nº 6.308/2019, que disciplinou expressamente que "o Programa de Integridade previsto na Lei nº 6.112, de 2018, se dá a partir de 1º de janeiro de 2020 e aplica-se exclusivamente aos contratos, consórcios, convênios, concessões ou parcerias público-privadas celebrados após essa data".

---

[121] "Art. 5º A implantação do Programa de Integridade no âmbito da pessoa jurídica se dá no prazo de 180 dias corridos, a partir da data de celebração do contrato ou da publicação desta Lei na hipótese do art. 2º, II".

[122] "Art. 5º A implantação do Programa de Integridade no âmbito da pessoa jurídica se dá a partir de 1º de junho de 2019. (Redação do caput dada pela Lei Nº 6.176 de 16/07/2018)".

CAPÍTULO 3
CRITÉRIOS NORMATIVOS À IMPLEMENTAÇÃO DE SISTEMAS DE *COMPLIANCE* | 117

É certo, portanto, que a exigência do sistema de integridade se dará a partir dos contratos celebrados após o primeiro dia do ano de 2020. Assim, se anteriormente defendemos que a alteração realizada em setembro de 2018 não havia suprido "o problema do prazo exíguo à implementação desses programas", a nova alteração supre, eis que desde a publicação da Lei Distrital nº 6.112/18 em 2.2.2018 até a exigência efetiva dos sistemas em 1º.1.2020 se passaram quase dois anos, de modo que os fornecedores e prestadores de serviços do Distrito Federal e o próprio Poder Público têm conhecimentos mais aprofundados sobre a estrutura e os parâmetros de avaliação de um sistema de integridade e *compliance*, não havendo que se falar em novas prorrogações, sob pena de afastar o próprio reconhecimento de que os sistemas de integridade e *compliance* representam verdadeiro avanço no aprimoramento das relações entre público e privado.

Naquilo que diz respeito aos custos/despesas resultantes da implementação dos sistemas, disciplinados no atual §2º do art. 5º da Lei Distrital nº 6.112/2018, da mesma forma que a lei fluminense, determina que correrão às expensas da contratada, não cabendo ao órgão contratante o seu ressarcimento. Aqui, contudo, considerando que a lei distrital previu expressamente que a lei se aplica às prorrogações, há que se fazer uma análise cuidadosa, em razão da possível afetação da equação econômico-financeira do contrato.

Assim, apesar de considerar a exigência de implementação de sistema de integridade nesses casos constitucional, é preciso que o dispositivo em análise seja interpretado, de fato, à luz da Constituição da República de 1988, tendo em vista a possível violação do equilíbrio econômico-financeiro do contrato, do princípio da vinculação ao instrumento convocatório e da previsibilidade, afetando-se diretamente a manutenção das condições iniciais da avença.

Nesses termos, em que pese a exigência de implementação dos sistemas servir, também, às prorrogações contratuais, em homenagem à intangibilidade da equação econômico-financeira do contrato, os custos pela implementação dos sistemas de integridade jamais poderiam ser suportados pela contratada.

Importante memorar, nesse contexto, que qualquer modificação não prevista nas etapas iniciais da avença, e que afete o equilíbrio econômico-financeiro do contrato, deve ser devidamente recomposta. Nesse sentido, pois, Fernando Vernalha Guimarães assevera que a intangibilidade se trata de princípio que assegura aos contratantes a mesma relação de equidade existente no momento da celebração do contrato, sendo esta equidade não só referente aos aspectos econômicos do contrato, mas à "realização, viabilização e continuidade do interesse público perseguido pela via do contrato".[123]

Marçal Justen Filho, por sua vez, reconhece a equação econômico-financeira como a relação entre encargos e vantagens assumidas pelas partes, a qual é intangível, isto é, deve ser preservada ao longo da execução contratual. O jurista ainda destaca que o "exercício de competências anômalas da Administração não pode alterar a equação econômico-financeira original". Assim, uma vez alterada alguma condição contratual, concomitantemente devem ser alteradas as cláusulas que onerem a contratada, eis que a equidade não poderá ser jamais afetada.[124]

Em outras palavras, não se pode surpreender a empresa contratada com exigências não previstas no decorrer do processo de contratação, alterando-se unilateralmente as condições contratuais, ainda mais quando a alteração impactar diretamente na estrutura da própria contratada. Evidente que, nesses casos, não se poderia impor tamanho ônus à contratada, sem reconhecer que este deverá ser ressarcido.

Tamanha é a importância da tutela do equilíbrio econômico-financeiro nos contratos administrativos que este direito encontra guarida em disposições expressas de ordenamento jurídico pátrio.

No âmbito constitucional, o princípio da intangibilidade do equilíbrio econômico-financeiro encontra-se insculpido no art. 37, inc. XXI, da Constituição Federal,[125] ao tratar especificamente da manutenção das condições efetivas da proposta, bem como no art. 5º, inc. XXXVI, do mesmo diploma, que assenta que "a lei não prejudicará o direito adquirido, o ato jurídico perfeito e a coisa julgada".

---

[123] GUIMARÃES, Fernando Vernalha. *Alteração unilateral do contrato administrativo*. São Paulo: Malheiros, 2003. p. 259-261.

[124] JUSTEN FILHO, Marçal. *Curso de direito administrativo*. 11. ed. rev., atual. e ampl. São Paulo: Revista dos Tribunais, 2015. p. 526. Também nesse sentido se posicionam Maria Sylvia Zanella Di Pietro e Celso Antônio Bandeira de Mello (DI PIETRO, Maria Sylvia Zanella. *Direito administrativo*. 30. ed. rev., atual. e ampl. Rio de Janeiro: Forense, 2017. p. 314; BANDEIRA DE MELLO, Celso Antônio. *Curso de direito administrativo*. 31. ed. rev. e atual. São Paulo: Malheiros, 2014. p. 655-663).

[125] "Art. 37. [...] XXI - Ressalvados os casos especificados na legislação, as obras, serviços, compras e alienações serão contratados mediante processo de licitação pública que assegure igualdade de condições a todos os concorrentes, com cláusulas que estabeleçam obrigações de pagamento, mantidas as condições efetivas da proposta, nos termos da lei, o qual somente permitirá as exigências de qualificação técnica e econômica indispensáveis à garantia do cumprimento das obrigações".

CAPÍTULO 3
CRITÉRIOS NORMATIVOS À IMPLEMENTAÇÃO DE SISTEMAS DE *COMPLIANCE* | 119

Nesta toada, como bem assevera Fernando Vernalha Guimarães, as consequências da previsão do princípio no seio da Carta Magna produzem implicações de singular relevância:

> Por um lado, impede-se que o legislador infraconstitucional elimine a garantia da manutenção das condições econômicas efetivas da proposta; por outro, subtrai-se da Administração (incumbida da confecção da minuta do contrato) a possibilidade de pactuar o afastamento da incidência do princípio. Os instrumentos de recomposição da equação econômico-financeira do contrato serão sempre exercitáveis em face da verificação da situação pressuposta, independentemente de sua previsão no conteúdo do contrato.[126]

Assim, pode-se concluir que a manutenção da equação econômico-financeira não encontra albergue na discricionariedade do legislador infraconstitucional, sendo a sua aplicação de natureza mandamental, sob o risco de ferir o próprio núcleo duro do Estado democrático de direito. Nesse sentido, "o restabelecimento do equilíbrio econômico-financeiro do contrato, se e quando vier a ser rompido", trata-se de um direito do contratado.[127]

Cumpre mencionar, ainda, que a garantia constitucional é reprisada também em sede infraconstitucional, de modo que, por certo, a Lei Geral de Licitações, nº 8.666/1993,[128] a Nova Lei Geral de Licitações e Contratações Públicas[129] e o Estatuto Jurídico das

---

[126] GUIMARÃES, Fernando Vernalha. A recomposição da equação econômico-financeira do contrato administrativo em face do incremento dos encargos salariais. *Revista Eletrônica de Direito Administrativo Econômico (REDAE)*, Salvador, n. 21, fev./abr. 2010. Disponível em: http://www.direitodoestado.com/revista/REDAE-21-FEVEREIRO-2010-FERNANDO-VERNALHA-GUIMARAES.pdf. Acesso em: 15 jan. 2019.

[127] JUSTEN FILHO, Marçal. *Comentários à Lei de Licitações e Contratos Administrativos*. 11. ed. São Paulo: Dialética, 2005. p. 543.

[128] "Art. 65. Os contratos regidos por esta Lei poderão ser alterados, com as devidas justificativas, nos seguintes casos: [...] II - por acordo das partes: [...] d) para restabelecer a relação que as partes pactuaram inicialmente entre os encargos do contratado e a retribuição da administração para a justa remuneração da obra, serviço ou fornecimento, objetivando a manutenção do equilíbrio econômico-financeiro inicial do contrato, na hipótese de sobrevirem fatos imprevisíveis, ou previsíveis porém de consequências incalculáveis, retardadores ou impeditivos da execução do ajustado, ou, ainda, em caso de força maior, caso fortuito ou fato do príncipe, configurando álea econômica extraordinária e extracontratual.

[129] "Art. 124. Os contratos regidos por esta Lei poderão ser alterados, com as devidas justificativas, nos seguintes casos: [...] II - por acordo entre as partes: [...] d) para restabelecer o equilíbrio econômico-financeiro inicial do contrato em caso de força maior, caso fortuito ou fato do príncipe ou em decorrência de fatos imprevisíveis ou previsíveis de consequências incalculáveis, que inviabilizem a execução do contrato tal como pactuado, respeitada, em qualquer caso, a repartição objetiva de risco estabelecida no contrato".

Estatais,[130] igualmente, não deixaram de mencionar de forma expressa a necessidade da manutenção do equilíbrio econômico-financeiro dos contratos.

Por certo, não são todas as situações que geram o desequilíbrio na relação firmada entre as partes que estão albergadas pelo princípio da manutenção econômico-financeira dos contratos administrativos, mas, certamente, a exigência de implementação de sistema de integridade, que gera custo de pessoal, financeiro e operacional à contratada, sem previsão inicial na avença, é situação que atinge a equação econômico--financeira.

Diante desse cenário, entende-se que existiu um grande avanço em prol da eficiência e do combate às irregularidades com a exigência da implementação de sistemas de integridade nas relações contratuais com a Administração Pública. Contudo, andou mal a Lei Distrital nº 6.112/2018 quando impôs os custos e despesas às expensas das contratadas, sem obrigatoriedade de recomposição do equilíbrio econômico-financeiro, quando de eventual prorrogação contratual. Essa disposição, portanto, precisa ser repensada e ajustada, para que novos instrumentos normativos não incorram no mesmo erro.

Por ora, há que se fazer uma interpretação sistemática da Lei Distrital nº 6.112/2018 conjuntamente à Constituição da República de 1988 e demais diplomas correlatos a licitações e a contratos, de modo que sejam mantidas as condições efetivas da proposta dos contratos já vigentes, que, certamente, terão a sua equação econômico-financeira afetada.

---

[130] "Art. 81. Os contratos celebrados nos regimes previstos nos incisos I a V do art. 43 contarão com cláusula que estabeleça a possibilidade de alteração, por acordo entre as partes, nos seguintes casos: [...] VI - para restabelecer a relação que as partes pactuaram inicialmente entre os encargos do contratado e a retribuição da administração para a justa remuneração da obra, serviço ou fornecimento, objetivando a manutenção do equilíbrio econômico-financeiro inicial do contrato, na hipótese de sobrevirem fatos imprevisíveis, ou previsíveis, porém, de consequências incalculáveis, retardadores ou impeditivos da execução do ajustado, ou, ainda, em caso de força maior, caso fortuito ou fato do príncipe, configurando álea econômica extraordinária e extracontratual".

## 3.2.5 Dos parâmetros de comprovação à efetividade do sistema

*(continua)*

| Redação antiga | Nova redação |
|---|---|
| Art. 6º O Programa de Integridade é avaliado, quanto a sua existência e aplicação, de acordo com os seguintes parâmetros: | VIII - o art. 6º passa a vigorar com as seguintes alterações: |
| II - padrões de conduta, código de ética, políticas e procedimentos de integridade, aplicáveis a todos os empregados e administradores, independentemente de cargo ou função exercidos; | a) o caput passa a vigorar com a seguinte redação: |
| | Art. 6º O Programa de Integridade é avaliado, quanto à sua existência, aplicação e efetividade, de acordo com os seguintes parâmetros: |
| IV - treinamentos periódicos sobre o Programa de Integridade; | b) os incisos II, IV, V e VIII a XVI passam a vigorar com a seguinte redação: |
| V - análise periódica de riscos para realizar adaptações necessárias ao Programa de Integridade; | II - padrões de conduta, código de ética e políticas e procedimentos de integridade, aplicáveis a todos os empregados, administradores e dirigentes, independentemente do cargo ou função exercida; [...] |
| VIII - procedimentos específicos para prevenir fraudes e ilícitos no âmbito de processos licitatórios, na execução de contratos administrativos ou em qualquer interação com o setor público, ainda que intermediada por terceiros, tais como pagamento de tributos, sujeição a fiscalizações, ou obtenção de autorizações, licenças, permissões e certidões; | IV - capacitação periódica sobre os temas relacionados com o Programa de Integridade; |
| | V - análise periódica de riscos para realizar as adaptações necessárias ao Programa de Integridade; [...] |
| IX - independência, estrutura e autoridade da instância responsável pela aplicação do Programa de Integridade e fiscalização de seu cumprimento; | VIII - procedimentos específicos para prevenir fraude e ilícito no processo licitatório, na execução de contrato e demais instrumentos ou em qualquer interação com o setor público, ainda que intermediada por terceiros; |
| X - existência de canais de denúncia de irregularidades, abertos e amplamente divulgados a funcionários e terceiros, e de mecanismos destinados à proteção de denunciantes de boa-fé; | IX - estruturação e independência da instância responsável pela aplicação do Programa de Integridade e fiscalização do seu cumprimento; |
| XI - medidas disciplinares em caso de violação do Programa de Integridade; | X - existência de canais de denúncia de irregularidades, acessíveis e amplamente divulgados a empregados, fornecedores e terceiros, e de mecanismos destinados à proteção de denunciantes de boa fé; |
| XII - procedimentos que assegurem a pronta interrupção de irregularidades ou infrações detectadas e a tempestiva remediação dos danos gerados; | XI - medidas disciplinares em caso de descumprimento do Programa de Integridade; |

*(continua)*

| Redação antiga | Nova redação |
|---|---|
| XIII - diligências apropriadas para contratação e, conforme o caso, supervisão, de terceiros, tais como fornecedores, prestadores de serviço, agentes intermediários e associados;<br><br>XIV - verificação, durante os processos de fusões, aquisições e reestruturações societárias, do cometimento de irregularidades ou ilícitos ou da existência de vulnerabilidades nas pessoas jurídicas envolvidas;<br><br>XV - monitoramento contínuo do Programa de Integridade, visando a seu aperfeiçoamento na prevenção, na detecção e no combate à ocorrência dos atos lesivos previstos no art. 5º da Lei federal nº 12.846, de 1º de agosto de 2013;<br><br>XVI - ações comprovadas de promoção da cultura ética e de integridade por meio de palestras, seminários, workshops, debates e eventos da mesma natureza.<br><br>§1º Na avaliação dos parâmetros de que trata este artigo, são considerados o porte e as especificidades da pessoa jurídica, tais como:<br><br>I - a quantidade de funcionários, empregados e colaboradores;<br><br>III - a utilização de agentes intermediários como consultores ou representantes comerciais;<br><br>IV - o setor do mercado em que atua;<br><br>§2º Na avaliação de microempresas e empresas de pequeno porte, são reduzidas as formalidades dos parâmetros previstos neste artigo, não se exigindo especificamente os incisos III, IX, XIII e XIV do caput. | XII - procedimentos que assegurem a pronta interrupção das irregularidades ou infrações cometidas e a tempestiva remediação dos danos causados;<br><br>XIII - mecanismos de prudência apropriados para contratação de terceiros, inclusive fornecedores, prestadores de serviços e afins;<br><br>XIV - verificação, durante o processo de aquisição, incorporação, fusão, cisão ou qualquer outra forma de reestruturação societária, do cometimento de irregularidades ou ilícitos, ou da existência de vulnerabilidades nas pessoas jurídicas envolvidas;<br><br>XV - monitoramento contínuo do Programa de Integridade visando ao seu aperfeiçoamento na prevenção, detecção e combate dos atos lesivos referidos no art. 5º da Lei federal nº 12.846, de 1º de agosto de 2013, e na legislação correlata;<br><br>XVI - ações de promoção da cultura ética e de integridade por meio de eventos, e instrumentos que comprovem a sua realização.<br><br>c) o §1º, caput e incisos I, III e VII, e o §2º passam a vigorar com a seguinte redação:<br><br>§1º Na avaliação dos parâmetros de que trata este artigo, são considerados o porte e as especificidades da pessoa jurídica,<br><br>I - a quantidade de empregados, dirigentes e colaboradores; [...]<br><br>III - a utilização de agentes intermediários como consultores ou representantes comerciais; [...]<br><br>VII - a quantidade e a localização das pessoas jurídicas que integram o grupo econômico; [...] |

CAPÍTULO 3
CRITÉRIOS NORMATIVOS À IMPLEMENTAÇÃO DE SISTEMAS DE *COMPLIANCE* | 123

*(conclusão)*

| Redação antiga | Nova redação |
|---|---|
| | §2º Na avaliação de microempresas e empresas de pequeno porte, são reduzidas as formalidades dos parâmetros previstos neste artigo, na forma do regulamento, não se exigindo especificamente o cumprimento do disposto nos incisos III, IX, XIII e XIV do caput. <br> d) é-lhe acrescido o seguinte §3º: <br> §3º O canal de denúncia a que se refere o inciso X do caput pode ser instituído individualmente pela pessoa jurídica ou de forma compartilhada, podendo ser terceirizado ou operacionalizado por entidade de classe à qual esteja associada, responsabilizando-se aquela objetivamente pela sua implementação e efetividade. |

De acordo com o art. 6º da Lei Distrital nº 6.112/2018, o sistema de integridade, assim que implementado, será avaliado nos exatos termos já apresentados quando da análise do art. 4º da lei fluminense. Entretanto, como quase todos os artigos da Lei Distrital nº 6.112/18 foram alterados pela Lei Distrital nº 6.308/2019, sendo o art. 6º, que trata dos parâmetros de avaliação do sistema de integridade, um deles, é necessário comentar esse artigo novamente.

O *caput* do art. 6º foi alterado de modo a incluir que, para além da existência e aplicação do sistema de integridade, também será avaliada a sua efetividade. Essa mudança é bastante positiva e responde às inúmeras críticas às legislações estaduais que contemplam a exigência de sistemas de *compliance* nas contratações públicas de que haveria exigência de mera demonstração de existência do sistema.

Em relação aos parâmetros indicados nos incisos do art. 6º, os incs. II, IV e VIII a XV foram efetivamente alterados, de modo a também incluir os dirigentes das empresas privadas na aplicabilidade das políticas e procedimentos de integridade (inc. II); a alterar o termo "treinamentos" para capacitação, englobando todos os temas relacionados ao programa de integridade (inc. IV); a ampliar o escopo de aplicabilidade aos demais instrumentos e não só aos contratos (inc. VIII); a excluir o termo "autoridade" da instância responsável pela aplicação do programa de integridade e a fiscalização de seu cumprimento (inc. IX); a alterar a qualificação dos canais de denúncia de "acessíveis" para "abertos" (inc. X); a alterar o termo "violação" para "descumprimento" do programa de integridade (inc. XI); a alterar a expressão "infrações detectadas" para "infrações cometidas", e "danos gerados" para "danos causados" (inc. XII); a excluir a expressão "diligências apropriadas", passando a exigir mecanismos de prudência apropriados para contratação de terceiros (inc. XIII); a incluir a necessidade de verificar qualquer alteração ou reestruturação societária (inc. XIV); e a incluir a necessidade de prevenção, detecção e combate dos atos lesivos referidos no art. 5º da Lei Anticorrupção e na legislação correlata (inc. XV).

Em relação ao §1º do art. 6º, este foi alterado de modo a deixar claro o seu rol exemplificativo, alterando-se a expressão "tais como" para "especialmente"; além de, no inc. I da referida norma, incluir os dirigentes na avaliação quantitativa da empresa, isto é, em relação ao número de colaborares. Já o §2º do art. 6º, determinou a necessidade de incluir a redução das formalidades da avaliação das microempresas e empresas de pequeno porte, o que se fará de acordo com o regulamento da Lei Distrital nº 6.112/18 que será elaborado pelo Poder Executivo do GDF.

Ao art. 6º ainda foi acrescido o §3º, que determina que o canal de denúncia pode ser instituído individualmente pela pessoa jurídica ou de forma compartilhada, podendo ser terceirizado ou operacionalizado por entidade de classe à qual esteja associada, responsabilizando-se aquela objetivamente pela sua implementação e efetividade.

Veja-se que o Governo do Distrito Federal, com as alterações promovidas, busca, senão, a verdadeira efetividade dos sistemas de integridade exigidos das empresas que se relacionam com o Poder Público daquela localidade.

Além disso, como inovação ao discutido em relação à lei fluminense, a lei distrital trouxe requisitos à avaliação dos sistemas que merecem análise mais aprofundada, eis que, nos §§1º e 2º de seu art. 6º, há menção expressa ante a necessidade de se considerar o porte e as especificidades da pessoa jurídica para que a avaliação do atendimento ao sistema seja também eficaz, nos exatos termos da Lei Anticorrupção e de seu decreto regulamentador:

> Art. 6º [...].
>
> §1º Na avaliação dos parâmetros de que trata este artigo, são considerados o porte e as especificidades da pessoa jurídica,

I - a quantidade de empregados, dirigentes e colaboradores;

II - a complexidade da hierarquia interna e a quantidade de departamentos, diretorias e setores [...]

III - a utilização de agentes intermediários como consultores ou representantes comerciais;

IV - o setor do mercado em que atua;

V - as regiões em que atua, direta ou indiretamente;

VI - o grau de interação com o setor público e a importância de autorizações, licenças e permissões governamentais em suas operações;

VII - a quantidade e a localização das pessoas jurídicas que integram o grupo econômico;

VIII - o fato de ser qualificada como microempresa ou empresa de pequeno porte.

§2º Na avaliação de microempresas e empresas de pequeno porte, são reduzidas as formalidades dos parâmetros previstos neste artigo, na forma do regulamento, não se exigindo especificamente o cumprimento do disposto nos incisos III, IX, XIII e XIV do caput.

Como se pode notar, deve-se levar em consideração efetivamente: o tamanho da empresa, o número de funcionários, a complexidade da atividade, o setor de mercado, a região de atuação e, notadamente, o porte da organização.

O inc. VIII, do §1º e o §2º, ambos do art. 6º, que dispõem sobre tratamento levemente diferenciado às pequenas empresas, dispensam expressamente a demonstração, para microempresas (ME) e empresas de pequeno porte (EPP), de:

- padrões de conduta, código de ética e políticas de integridade estendidos, quando necessário, a terceiros, como: fornecedores, prestadores de serviço, agentes intermediários e associados;
- independência, estrutura e autoridade da instância responsável pela aplicação do programa de integridade e fiscalização de seu cumprimento;
- diligências apropriadas para contratação e, conforme o caso, supervisão, de terceiros, como: fornecedores, prestadores de serviço, agentes intermediários e associados;
- verificação, durante os processos de fusões, aquisições e reestruturações societárias, do cometimento de irregularidades ou ilícitos ou da existência de vulnerabilidades nas pessoas jurídicas envolvidas.

A determinação constante na lei distrital vai ao encontro dos princípios da isonomia, da razoabilidade e da realidade, trazidos a termos legais no tocante às pequenas empresas após a publicação da Lei Complementar nº 123/2006, que instituiu o Estatuto Nacional da Microempresa e da Empresa de Pequeno Porte; sendo acertada a interpretação de que as empresas devem ser avaliadas de acordo com suas mais diversas especificidades e particularidades, notadamente, se forem enquadradas em regimes diferenciados.

## 3.2.6 Comprovação do sistema e responsabilidade pela inclusão da exigência nos editais e contratos

*(continua)*

| Redação antiga | Nova redação |
|---|---|
| Art. 7º Para que o Programa de Integridade seja avaliado, a pessoa jurídica deve apresentar relatório de perfil e relatório de conformidade do Programa, nos moldes daqueles regulados pela Lei federal nº 12.846, de 2013, pelo Decreto federal nº 8.420, de 18 de março de 2015, e pelo Decreto nº 37.296, de 29 de abril de 2016, ou pela legislação correlata superveniente, no que for aplicável. | IX - o art. 7º, caput e §§2º e 3º, passa a vigorar com a seguinte redação: Art. 7º Para que o Programa de Integridade seja avaliado, a pessoa jurídica deve apresentar relatório de perfil e relatório de conformidade do Programa, observado o disposto nesta Lei e, no que for aplicável, na Lei federal nº 12.846, de 2013, e legislação correlata. [...] |
| §2º A comprovação pode abranger documentos oficiais, correios eletrônicos, cartas, declarações, correspondências, memorandos, atas de reunião, relatórios, manuais, imagens capturadas da tela de computador, gravações audiovisuais e sonoras, fotografias, ordens de compra, notas fiscais, registros contábeis ou outros documentos, preferencialmente em meio digital. | §2º A comprovação pode abranger documentos oficiais, correios eletrônicos, cartas, declarações, correspondências, memorandos, atas de reunião, relatórios, manuais, imagens capturadas da tela de computador, gravações audiovisuais e sonoras, fotografias, ordens de compra, notas fiscais, registros contábeis ou outros documentos, preferencialmente em meio digital, conforme regulamento por decreto. |
| §3º A autoridade responsável pode realizar entrevistas e solicitar novos documentos para fins da avaliação de que trata o caput. | §3º A autoridade responsável pode realizar entrevistas, que devem ser documentadas, e solicitar novos documentos para fins da avaliação de que trata o caput, em caso de justificada necessidade. |
| §4º O Programa de Integridade que seja meramente formal e que se mostre absolutamente ineficaz para mitigar o risco de ocorrência de atos lesivos previstos na Lei federal nº 12.846, de 2013, não é considerado para fins de cumprimento desta Lei. | §4º O Programa de Integridade que seja meramente formal e que se mostre absolutamente ineficaz para mitigar o risco de ocorrência de atos lesivos previstos na Lei federal nº 12.846, de 2013, não é considerado para fins de cumprimento desta Lei. |

CAPÍTULO 3
CRITÉRIOS NORMATIVOS À IMPLEMENTAÇÃO DE SISTEMAS DE *COMPLIANCE* | 127

*(conclusão)*

| Redação antiga | Nova redação |
|---|---|
| Art. 12. A empresa que possua o Programa de Integridade implantado deve apresentar, no momento da contratação, declaração informando a sua existência nos termos do art. 7º desta Lei. | XV - o art. 12 passa a vigorar com a seguinte redação:<br>Art. 12. A pessoa jurídica que tenha implementado o Programa de Integridade deve apresentar ao órgão ou entidade contratante, no momento da formalização da relação contratual, declaração de existência do referido Programa nos termos desta Lei. |
| Art. 15. Cabe a cada esfera de Poder do Distrito Federal fazer constar nos editais licitatórios e nos instrumentos contratuais a aplicabilidade desta Lei. | XVII - o art. 15 passa a vigorar com a seguinte redação:<br>Art. 15. Cabe ao órgão ou entidade responsável, em cada esfera de poder, fazer constar dos editais de licitação e dos instrumentos contratuais as cláusulas necessárias à aplicabilidade e cumprimento desta Lei. |

Para avaliação do sistema, nos termos do art. 7º da Lei nº 6.112/ 2018 do Distrito Federal, a contratada deverá, ainda, apresentar um relatório de perfil e relatório de conformidade do sistema, conforme regulamentação prevista na Lei Anticorrupção e na Portaria CGU nº 909/2015, que dispõe sobre a avaliação de programas de integridade de pessoas jurídicas. Nesse sentido, referido artigo foi alterado para determinar que os meios de comprovação e avaliação do sistema de integridade serão regulamentados por decreto do Poder Executivo, bem como que as entrevistas realizadas a fim de avaliação devem ser documentadas.

Veja-se aqui, mais uma vez, a preocupação do legislador em garantir segurança jurídica às empresas privadas, que saberão mediante regulamento o que lhes será exigido especificamente, bem como em garantir a efetividade dos sistemas de integridade, já que se busca não apenas a declaração de existência do sistema, mas sua efetividade e atingimento dos objetivos da própria lei.

Dessa forma, a comprovação do sistema dar-se-á pela pessoa jurídica, que deverá demonstrar completude, clareza e organização das informações prestadas, notadamente, dos documentos apresentados conforme rol exemplificativo do §2º do art. 7º:

Art. 7º [...].

§2º A comprovação pode abranger documentos oficiais, correios eletrônicos, cartas, declarações, correspondências, memorandos, atas de reunião, relatórios, manuais, imagens capturadas da tela de computador, gravações audiovisuais e sonoras, fotografias, ordens de compra, notas fiscais, registros contábeis ou outros documentos, preferencialmente em meio digital, conforme regulamento por decreto.

Após apresentação dos documentos nas formas acima destacadas, a autoridade responsável, da qual se falará adiante, poderá realizar entrevistas e solicitar novos documentos para fins de avaliação do sistema, e tudo deverá ser devidamente regulamentado.

Deve-se destacar que, para as empresas que já possuem o sistema devidamente implementado, o art. 12 da lei em comento determina que seja apresentada uma declaração comprovando a sua existência nos termos da Lei Distrital nº 6.112/18

O §4º, do art. 7º em comento, por sua vez, traz relevante disciplina normativa, quando dispõe – em termos legais – que sistemas implementados apenas para "inglês ver", isto é, que sejam meramente formais e que se mostrem absolutamente ineficazes para mitigar os riscos de ocorrência de atos lesivos previstos na Lei Federal nº 12.846/2013, não serão considerados para fins de cumprimento da Lei Distrital nº 6.112/2018.

A implementação de sistemas de *compliance*, nesse sentido, merece especial atenção das organizações que contratam com o Poder Público do Distrito Federal, eis que, conforme já destacado, os sistemas de integridade devem ser vistos não apenas como uma exigência legal, mas também, como uma oportunidade de as empresas se apresentarem ao mercado positivamente, demonstrando sua preocupação com a integridade e ética em suas relações.

A complexidade atual do tema e, notadamente, as exigências postas pelos novos instrumentos normativos aqui analisados, são a prova de que as empresas privadas que têm interesse em estreitar relações com a Administração Pública devem começar a se adequar às novas tendências, voltando-se especialmente à garantia de integridade.

Vale destacar, portanto, que a adequação mediante a implementação dos sistemas de integridade deve ser efetiva, isto é, não adianta implementar sistemas apenas de papel. Em outras palavras, de nada adianta comprar sistemas prontos, embasados em modelos e realidades de outras empresas. Os sistemas de integridade, como elemento vinculado a questões de governança corporativa, devem sempre estar adequados às particularidades de cada organização. A implementação de um sistema de *compliance*, portanto, não é uma atividade simples. E, conforme visto, demanda tempo, comprometimento e expertise, por isso, sistemas-modelos não serão efetivos e não atenderão às necessidades específicas da organização.

Nesse sentido, é de suma importância que empresas que se relacionam com o GDF implementem sistemas adequados ao seu próprio negócio, levando-se em conta as suas peculiaridades e não se deixem levar pela simples cópia de modelos existentes no mundo cibernético.

Naquilo que diz respeito à responsabilidade pela inclusão da exigência de implementação dos sistemas de integridade nas empresas que se relacionam com o Distrito Federal, ficará a cargo de cada esfera de Poder deste, que deverão fazer constá-la nos certames licitatórios e nos instrumentos contratuais, nos termos do art. 15 da Lei Distrital nº 6.112/2018.

Como se vê, no caso do Distrito Federal, ao contrário do Rio de Janeiro, a Lei nº 6.112/2018 é expressa ao determinar que a sua aplicabilidade recai a todas as esferas de Poder do GDF, pelo que resta claro que a responsabilidade em análise deverá incidir sob os poderes Executivo, Legislativo e Judiciário, o que denota a grande amplitude de incidência do diploma normativo em comento.

## 3.2.7 Dos responsáveis pela fiscalização

| Redação antiga | Nova redação |
|---|---|
| Art. 13. Cabe ao gestor de contrato, no âmbito da Administração Pública de cada esfera de Poder, sem prejuízo de suas demais atividades ordinárias, as seguintes atribuições: | XVI - o art. 13 passa a vigorar com a seguinte redação: |
| | Art. 13. Cabe ao órgão ou entidade fiscalizadora definida em ato do chefe de poder respectivo: |
| I - fiscalizar a implantação do Programa de Integridade, garantindo a aplicabilidade da lei; | I - fiscalizar o Programa de Integridade quanto à sua implementação tempestiva, efetividade e conformidade legal; |
| II - informar ao ordenador de despesas sobre o não cumprimento da exigência na forma do art. 5º desta Lei; | II - registrar e informar à autoridade competente quando da não implementação do Programa de Integridade ou da sua implementação fora do prazo estabelecido; |
| III - informar ao ordenador de despesas sobre o cumprimento da exigência fora do prazo definido no art. 5º desta Lei. | III - estabelecer novo prazo para cumprimento do referido no inciso II, quando for o caso. |
| §1º Na hipótese de não haver a função do gestor de contrato, ao fiscal de contrato, sem prejuízo de suas demais atividades ordinárias, são atribuídas as funções relacionadas neste artigo. | §1º A fiscalização do Programa de Integridade é realizada mediante critério da dupla visita, sendo a primeira voltada prioritariamente para orientação quanto ao saneamento de eventuais desconformidades levantadas. |
| §2º As ações e as deliberações do gestor de contrato não podem implicar interferência na gestão das empresas nem ingerência nas suas competências e devem ater-se à responsabilidade de aferir o cumprimento do disposto nesta Lei, o que se dá mediante prova documental emitida pela empresa, comprovando a implantação do Programa de Integridade na forma do art. 7º. | §2º O disposto no §1º não se aplica às hipóteses de intempestividade na implementação do Programa e de constatação de situações de elevado grau de risco que, a critério do órgão ou entidade fiscalizadora, requeira providências imediatas. |
| | §3º O órgão ou entidade fiscalizadora deve se ater, em relação ao Programa de Integridade, ao cumprimento do disposto nesta Lei, vedada nessa hipótese a interferência direta na gestão e a ingerência nas competências das pessoas jurídicas. |
| | §4º O órgão ou entidade que, ante a documentação apresentada pela pessoa jurídica, não reconheça ou não certifique a implementação do Programa de Integridade deve apresentar as razões pelas quais essa decisão foi adotada. |

CAPÍTULO 3
CRITÉRIOS NORMATIVOS À IMPLEMENTAÇÃO DE SISTEMAS DE *COMPLIANCE* | 131

Conforme destacado, é de suma importância que sistemas de integridade sejam implementados com seriedade e efetivo compromisso, do contrário, certamente, serão considerados sistemas meramente formais.

Assim, inovando a redação anterior, em relação à fiscalização da implementação dos sistemas de *compliance*, a Lei Distrital nº 6.308/19 alterou a redação do art. 13, que antes atribuía a competência de fiscalização ao gestor do contrato, e agora a atribui ao órgão ou entidade fiscalizadora específica, cuja atribuição será definida em ato do chefe do Poder Executivo.

Assim, caberá ao responsável (i) fiscalizar o programa de integridade quanto à sua implementação tempestiva, efetividade e conformidade legal; (ii) registrar e informar à autoridade competente quando da não implementação do programa de integridade ou da sua implementação fora do prazo estabelecido; e (iii) estabelecer novo prazo para cumprimento do referido no inc. II, quando for o caso.

Veja-se que andou muito bem a alteração legal ao optar por retirar a atribuição de fiscalizar a implementação dos sistemas de integridade do gestor do contrato, eis que, conforme já destacamos, este não possui a expertise necessária para cumprir de maneira adequada a fiscalização, além de já possuir inúmeras outras atribuições, pelo que a permanência da fiscalização em sua pessoa, certamente, impactaria sua função precípua, bem como a própria efetividade da exigência.

Ainda em relação à fiscalização, a Lei Distrital nº 6.112/2018 foi alterada de modo a exigir que a fiscalização seja realizada mediante critério da dupla visita. Isto é, a primeira fiscalização será voltada prioritariamente para orientação quanto ao saneamento de eventuais desconformidades levantadas (§1º, art. 13). Esse critério, entretanto, não se aplica às hipóteses de intempestividade na implementação do sistema e de constatação de situações de elevado grau de risco que, a critério do órgão ou entidade fiscalizadora, requeira providências imediatas (§2º, art. 13).

Aqui há uma preocupação do legislador em permitir que as contratadas compreendam de modo claro e preciso o que será exigido, sendo possível eventual correção, sem lhe ser aplicada de plano as consequências legais por descumprimento da legislação.

Dois pontos também importantes em relação à fiscalização disciplinados na Lei Distrital nº 6.112/2018, e que foram incluídos em razão das alterações promovidas pela Lei Distrital nº 6.308/19, são: (i) a impossibilidade de interferência direta na gestão e ingerência das contratadas pelo órgão ou entidade fiscalizadora (§3º, art. 13); e (ii) necessidade de motivação da decisão que não reconhecer ou certificar a implementação do programa de integridade (§4º, art. 13).

A motivação proposta coaduna-se com os ideais constitucionais, bem como com as novas orientações da Lei de Introdução às Normas de Direito brasileira e da Nova Lei de Licitações e Contratações Públicas, que prezam por decisões administrativas motivadas, que não se pautem em valores jurídicos abstratos sem que sejam consideradas as consequências práticas da decisão, que demonstrem a necessidade e a adequação da medida imposta, inclusive em face das possíveis alternativas, e indiquem de modo expresso suas consequências jurídicas e administrativas.

Assim, esta foi mais uma positiva alteração promovida pelo legislador do Distrito Federal.

## 3.2.8 O que acontece em caso de não implementação do sistema?

*(continua)*

| Redação antiga | Nova redação |
|---|---|
| Art. 8º Pelo descumprimento da exigência prevista nesta Lei, a Administração Pública do Distrito Federal, em cada esfera de Poder, aplica à empresa contratada multa de 0,1%, por dia, incidente sobre o valor atualizado do contrato. | X - o art. 8º, caput e §§1º e 2º, passa a vigorar com a seguinte redação: <br> Art. 8º Pelo descumprimento das exigências referidas nesta Lei, a administração pública do Distrito Federal, em cada esfera de poder, aplica à pessoa jurídica contratada multa equivalente a 0,08%, por dia, incidente sobre o valor atualizado do contrato. |
| §1º O montante correspondente à soma dos valores básicos da multa moratória é limitado a 10% do valor do contrato. | §1º O montante correspondente à soma dos valores básicos da multa é limitado a 10% do valor atualizado do contrato. |
| §2º O cumprimento da exigência estabelecida nesta Lei, mediante atestado da autoridade pública da existência e aplicação do Programa de Integridade, faz cessar a aplicação da multa. | §2º O cumprimento das exigências estabelecidas nesta Lei, mediante atestado do órgão ou entidade pública quanto à existência e aplicação do Programa de Integridade, faz cessar a aplicação da multa. |

CAPÍTULO 3
CRITÉRIOS NORMATIVOS À IMPLEMENTAÇÃO DE SISTEMAS DE *COMPLIANCE* | **133**

*(conclusão)*

| Redação antiga | Nova redação |
|---|---|
| Art. 9º Fica determinado que a multa definida no art. 8º está vinculada ao contrato, não podendo ter sua obrigação transferida, tampouco seu valor deduzido em outra relação de qualquer natureza. | XI - o art. 9º passa a vigorar com a seguinte redação: Art. 9º A multa referida no art. 8º é recolhida ao tesouro do Distrito Federal ou deduzida dos valores devidos à pessoa jurídica quando há previsão contratual nesse sentido. |
| Art. 10. O não cumprimento da obrigação implica inscrição da multa em dívida ativa da pessoa jurídica sancionadora e justa causa para rescisão contratual, com incidência cumulativa de cláusula penal e impossibilidade de contratação da empresa com a Administração Pública do Distrito Federal, de qualquer esfera de Poder, pelo período de 2 anos ou até a efetiva comprovação de implantação e aplicação do Programa de Integridade. | XII - o art. 10 passa a vigorar com a seguinte redação: Art. 10. O não cumprimento da obrigação de pagamento da multa no prazo estabelecido implica: I - inscrição em dívida ativa, em nome da pessoa jurídica sancionada; II - sujeição a rescisão unilateral da relação contratual, a critério do órgão ou entidade contratante; III - impedimento de contratar com a administração pública do Distrito Federal, de qualquer esfera de poder, até a efetiva comprovação de implementação do Programa de Integridade, sem prejuízo do pagamento da multa aplicada. |
| Art. 11. Subsiste a responsabilidade da pessoa jurídica na hipótese de alteração contratual, transformação, incorporação, fusão ou cisão societária. §2º As sanções descritas nos arts. 8º e 10 desta Lei são atribuídas à sucessora. | XIII - revoga-se o art. 11, §2º; |
| Art. 11. Subsiste a responsabilidade da pessoa jurídica na hipótese de alteração contratual, transformação, incorporação, fusão ou cisão societária. §1º A sucessora se responsabiliza pelo cumprimento da exigência na forma desta Lei. | XIV - o art. 11, §1º, é renumerado para parágrafo único e passa a vigorar com a seguinte redação: Parágrafo único. São atribuídas à sucessora a responsabilidade pelo cumprimento das exigências previstas nesta Lei e as sanções referidas nos seus arts. 8º e 10. |

Conforme visto no decorrer do segundo capítulo, a exigência de implementação de sistemas de *compliance* trata-se de uma obrigação contratual, de modo que, no que tange às consequências em casos de descumprimento da exigência, desde o início a Lei Distrital nº 6.112/2018 buscou sancionar mediante multas as contratadas que não se adequassem à nova legislação. Assim, com a alteração promovida pela Lei Distrital nº 6.308/2019, a multa diária pela não implementação de sistemas de integridade e *compliance*, incidente sobre o valor do contrato, foi reduzida de 0,1% para 0,08%. Veja-se que a multa foi reduzida, mas ainda continua a ser uma das multas mais altas aplicadas nos casos de descumprimento da exigência, se comparada com as demais legislações estaduais sobre o tema em que a regra é a aplicação de multa de 0,02% sobre o valor do contrato.

Em relação à destinação da multa, a primeira redação do art. 9º da Lei Distrital nº 6.112/2018 disciplinava que aquela, por estar vinculada ao contrato, não poderia ter sua obrigação transferida, tampouco ser deduzida em outra relação de qualquer natureza. Com a publicação da Lei Distrital nº 6.308/19, entretanto, esse artigo foi alterado, pelo que a multa poderá ser recolhida ao Tesouro do Distrito Federal ou, quando houver previsão contratual, deduzida dos valores devidos à pessoa jurídica.

Importante destacar que a multa não é a única sanção administrativa aplicada no caso do descumprimento da exigência. Isto é, para além da multa, a não implementação do sistema implica inscrição da multa em dívida ativa, justa causa para rescisão contratual, com incidência cumulativa de cláusula penal e impossibilidade de contratação da empresa com o GDF, nos termos do art. 10 da Lei Distrital nº 6.112/2018, que foi alterado de modo a determinar (i) a inscrição em dívida ativa, em nome da pessoa jurídica sancionada; (ii) a sujeição à rescisão unilateral da relação contratual, a critério do órgão ou entidade contratante; e (iii) o impedimento de contratar com a Administração Pública do Distrito Federal, de qualquer esfera de poder, até a efetiva comprovação de implementação do sistema de integridade, sem prejuízo do pagamento da multa aplicada.

Importante frisar que a antiga redação do artigo previa a impossibilidade de contratar pelo período mínimo de dois anos ou até a efetivação da comprovação de implementação e aplicação do sistema de integridade, agora, com a nova redação, ocorre o impedimento até a efetiva comprovação de implementação de sistema de integridade, sem a exigência de um período mínimo.

Além disso, em caso de alteração contratual, transformação, incorporação, fusão ou cisão societária, as multas aplicadas serão atribuídas à sucessora, bem como a responsabilização pelo cumprimento da exigência de implementação de sistema de integridade, conforme determinação no, agora, parágrafo único do artigo em referência (art. 11, parágrafo único).

Além das mudanças até aqui destacadas, a Lei Distrital nº 6.308/19 promoveu a inclusão dos arts. 10-A e 10-B na Lei Distrital nº 6.112/19, que disciplinam o processo administrativo de aplicabilidade das multas. Importante destacar que o GDF adotou importante mudança em sua legislação, sendo o único ente que disciplina na lei que dispõe sobre a obrigatoriedade da adoção de sistemas de integridade um processo administrativo para aplicação das multas.

Assim, o art. 10-A determina que da decisão que aplicar as penalidades disciplinadas caberá pedido de reconsideração no prazo de 15 dias úteis – contados nos termos do parágrafo único da referida norma –, ao órgão que aplicou a penalidade, devendo este se manifestar de forma motivada.

Da negativa do pedido de reconsideração cabe recurso à Câmara Administrativa de Recursos do Distrito Federal, instituída mediante ato do governador do Distrito Federal, com a finalidade de apreciar, em última instância administrativa, os recursos interpostos contra a aplicação das penalidades, nos termos do art. 10-B. Referido recurso deverá ser apresentado no prazo de 30 dias úteis – contados nos termos do parágrafo único da referida norma.

Veja-se que mudanças significativas e positivas foram realizadas no âmbito das consequências em caso de descumprimento da legislação. Importante frisar, nesses termos, que as multas podem chegar até 10% do valor do contrato, o que pode afetar até mesmo a margem de lucro do contrato.

É preciso ficar atento às novas tendências legislativas sobre o tema do *compliance*. Assim, sobre as alterações em relação à fiscalização da implementação de sistemas de integridade nas empresas que se relacionam com o GDF, trataremos na última parte da presente análise.

Não obstante, além das sanções específicas determinadas na lei estadual, assim como no caso das contratações com o estado do Rio de Janeiro, ao descumprimento do contrato se aplicam todas as sanções previstas na Lei Geral de Licitações e Contratos e nos demais diplomas correlatos a licitações e a contratos administrativos.

## 3.2.9 Decreto Distrital nº 40.388/2020

| Redação antiga | Nova redação |
|---|---|
| Sem correspondente. | XX - acrescenta-se o art. 13-A com a seguinte redação: |
| | Art. 13-A. Ato do Poder Executivo disporá, no prazo de 180 dias, sobre: |
| | I - o relatório de perfil da pessoa jurídica e o relatório de conformidade do Programa de Integridade com as práticas, procedimentos e normas estabelecidos, referidos no caput do art. 7º; |
| | II - o procedimento adotado para confirmação do cumprimento dos parâmetros referidos no caput do art. 6º; |
| | III - a redução das formalidades para avaliação das microempresas e empresas de pequeno porte quanto aos parâmetros previstos no art. 6º, §2º; [...]. |

Para além das alterações em relação à fiscalização, importante destacar que a Lei Distrital nº 6.308/19 fixou prazo certo para a elaboração de um regulamento da Lei Distrital nº 6.112/2018, sendo incluído o art. 13-A nesta.

Assim, no prazo de 180 dias a contar da data da publicação da Lei Distrital nº 6.308/19, deveria ser publicado ato do Poder Executivo dispondo sobre (i) o relatório de perfil da pessoa jurídica e o relatório de conformidade do sistema de integridade com práticas, procedimentos e normas estabelecidos, referidos no *caput* do art. 7º; (ii) o procedimento adotado para confirmação do cumprimento dos parâmetros referidos no *caput* do art. 6º; (iii) a redução das formalidades para avaliação das microempresas e empresas de pequeno porte quanto aos parâmetros previstos no art. 6º, §2º; (iv) a implementação e aplicação do sistema de integridade nas pessoas jurídicas cujos contratos e demais instrumentos não estejam enquadrados nas condições estabelecidas no art. 1º, §2º.

Conforme já destacado anteriormente, veja-se que há uma grande preocupação da Lei Distrital nº 6.112/18 para com a garantia da segurança jurídica às empresas privadas, bem como com a efetividade dos sistemas de integridade e, por conseguinte, com o atingimento dos objetivos legais, pelo que a existência de um regulamento certamente auxiliará em ambas as questões.

Dessa forma, no dia 14.1.2020 foi publicado o Decreto Distrital nº 40.388, que dispõe sobre a avaliação dos sistemas de integridade de pessoas jurídicas que celebram contratos, consórcios, convênios, concessões ou parcerias público-privadas com a Administração Pública direta ou indireta do Distrito Federal, segundo exigência do art. 13-A, da Lei Distrital nº 6.112, de 2.2.2018.

Referido artigo atribuiu ao chefe do Poder Executivo a disposição sobre critérios, informações e documentos que seriam exigidos para o adequado preenchimento e apresentação do relatório de perfil da pessoa jurídica e do relatório de conformidade do sistema de integridade com práticas, procedimentos e normas estabelecidos pela empresa, para posterior avaliação pela área responsável do Governo do Distrito Federal.

Referido decreto, entretanto, parece ter inovado a legislação no que diz respeito ao momento da obrigatoriedade da implementação do sistema de integridade e *compliance*, eis que o art. 5º da Lei Distrital nº 6.112/2018 determina que a exigência de implementação de sistemas de integridade ocorrerá somente a partir da celebração do contrato, isto é, como uma obrigação contratual:

> Art. 5º A exigência do Programa de Integridade dá-se a partir da celebração do contrato, consórcio, convênio, concessão ou parceria público-privada de que trata o art. 1º.

A disposição legal da exigência como obrigação contratual, inclusive, é que confere constitucionalidade à exigência, sob pena de restrição da competitividade e violação dos critérios legais de impedimento e habilitação.

O Decreto Distrital nº 40.388/2020, por sua vez, em seu art. 2º, determina que o relatório de perfil e o relatório de conformidade serão exigidos para a celebração do contrato:

> Art. 2º Os órgãos e entidades da administração pública direta e indireta do Distrito Federal que contratarem com pessoas jurídicas, cujos contratos se enquadrem nos parâmetros estabelecidos pelo art. 1º da Lei no 6.112, de 2018, exigirão para celebração do contrato, consórcio, convênio, concessão ou parceria público-privada a apresentação de:
>
> I - Relatório de Perfil, nos termos do Anexo I deste Decreto; e
>
> II - Relatório de Conformidade do Programa, nos termos do Anexo II deste Decreto.

Parágrafo único. Os relatórios recebidos pelo órgão ou entidade contratante deverão ser inseridos em processo SEI-GDF e remetidos à Unidade de Compliance da Controladoria-Geral do Distrito Federal – CGDF no prazo de 10 dias, contados a partir da celebração, prorrogação ou renovação da relação contratual.

Ocorre, da análise das informações requisitadas no relatório de conformidade do sistema de integridade, previsto no Anexo II do decreto em análise, a bem da verdade, que este já considera a existência de um sistema de integridade na empresa que pretende celebrar o contrato, não lhe conferindo qualquer prazo para adequação durante a execução do contrato. Isto é, requer informações sobre a cultura organizacional de integridade da empresa, mediante, por exemplo, demonstrações de que a pessoa jurídica possui órgão(s) colegiado(s) para tratar de temas de ética e integridade, como comitês e conselhos de ética; informações sobre o comprometimento da alta direção, como a adoção de critérios de integridade para escolha dos membros da alta direção e se estes participam das atividades relacionadas ao sistema de integridade; informações sobre a instância interna responsável pelo sistema de integridade, isto é, se a pessoa jurídica possui uma instância interna responsável pelas atividades relacionadas ao sistema; informações sobre os padrões de conduta e ética, apresentando-se documentos da empresa em que estão estabelecidos esses padrões, como um código de ética, por exemplo, bem como se são realizados treinamentos sobre esses documentos a cada 12 meses; informações sobre gestão de riscos e prevenção de ilícitos nas interações com a Administração Pública e terceiros, mediante a apresentação de políticas sobre o tema e procedimentos de *due diligence*.

Como se pode notar, o relatório de conformidade do sistema exige, a bem da verdade, a comprovação da existência de um sistema de integridade e *compliance* já implementado na empresa que pretende ser contratada pelo GDF, eis que tal relatório, com todas as informações preenchidas e documentos anexos, é pressuposto para a celebração do contrato e não da execução deste.

Sendo uma exigência para a celebração do contrato – ainda que não se concorde com ela, diante da sua manifesta inconstitucionalidade e ilegalidade –, vale alertar as empresas que participam de licitações no âmbito do GDF para que se adéquem às novas exigências, sob pena de serem inabilitadas ou excluídas dos processos de licitação ou, ainda, sofrerem as sanções administrativas aplicáveis, especialmente se informações falsas forem inseridas no relatório de conformidade do sistema.

## 3.3 Lei Estadual nº 15.228/2018 – Rio Grande do Sul

Diversamente dos diplomas comentados acima, o estado do Rio Grande do Sul não tratou de instituir uma lei específica em relação à obrigatoriedade de implementação de sistemas de integridade nas empresas que se relacionam com o Poder Público estadual. A Lei nº 15.228/2018, nesses termos, foi publicada com o intento de dispor sobre a aplicação, no âmbito da Administração Pública Estadual, da Lei Federal nº 12.846/2013, que dispõe sobre a responsabilização administrativa e civil de pessoas jurídicas pela prática de atos contra a Administração Pública, nacional ou estrangeira, e dá outras providências.

Assim, o Capítulo VIII do diploma estadual traz a disciplina expressa do sistema de integridade, ficando a cargo do art. 37 estabelecer exigência de implementação do sistema às empresas que celebram contrato, consórcio, convênio, concessão ou parceria público-privada com a Administração Pública Estadual, cujos limites em valor sejam superiores a R$330.000,00 (trezentos e trinta mil reais) para obras e serviços de engenharia, e acima de R$176.000,00 (cento e setenta e seis mil reais) para compras e serviços, mesmo que na forma de pregão eletrônico.

Importante registrar que a lei faz menção expressa à constante atualização desses valores de acordo com o disposto na Lei Geral de Licitações (Lei Federal nº 8.666/1993). Ocorre, considerando que a Nova Lei de Licitações e Contratos (Lei 14.133/2021) não distingue mais as suas modalidades de contratação em razão do valor, mas sim em razão do objeto que se pretende contratar, certamente esse será um ponto que deverá ser revisto neste e em todos os diplomas que fazem remissão à então Norma Geral de Licitações, Lei nº 8.666/93.

### 3.3.1 Parâmetros de alcance da norma

> Art. 37. Fica estabelecida a exigência do Programa de Integridade às empresas que celebrarem contrato, consórcio, convênio, concessão ou parceria público-privada com a Administração Pública Estadual, cujos limites em valor sejam superiores a R$330.000,00 (trezentos e trinta mil reais) para obras e serviços de engenharia, e acima de R$176.000,00

(cento e setenta e seis mil reais) para compras e serviços, mesmo que na forma de pregão eletrônico.

§1º Os valores descritos no "caput" deste artigo serão atualizados de acordo com o disposto no art. 120 da Lei Federal nº 8.666/93.

§2º Aplica-se o disposto no "caput" deste artigo às sociedades empresárias e às sociedades simples, personificadas ou não, independentemente da forma de organização ou modelo societário adotado, bem como, a quaisquer fundações, associações de entidades ou pessoas, ou sociedades estrangeiras, que tenham sede, filial ou representação no território brasileiro, constituídas de fato ou de direito, ainda que temporariamente.

Daquilo que se depreende do art. 37 do diploma em comento, o âmbito de alcance da norma é bastante similar aquele do GDF e do RJ, com a peculiaridade de que os valores dos contratos devem ser superiores aos limites da modalidade convite prevista na Lei Geral de Licitações. Vale destacar que não há previsão no diploma em comento de aspecto objetivo temporal, isto é, não se exige que os contratos tenham duração mínima de 180 dias, como fazem as leis do Distrito Federal e do Rio de Janeiro.

## 3.3.2 O objetivo da exigência normativa

Art. 38. O Programa de Integridade consiste, no âmbito de uma pessoa jurídica, no conjunto de mecanismos e procedimentos internos de integridade, auditoria e incentivo à denúncia de irregularidades e na aplicação efetiva de códigos de ética e de conduta, políticas e diretrizes com o objetivo de detectar e sanar desvios, fraudes, irregularidades e atos ilícitos praticados contra a Administração Pública Estadual.

Como se trata de diploma que pretende regulamentar a Lei Anticorrupção em âmbito estadual, natural que a lei possua objetivos mais amplos. Contudo, não se pode olvidar que a essência dos instrumentos normativos é a mesma: fortalecer mecanismos de combate à corrupção.

Nesse sentido, o art. 38 do diploma em análise disciplina que o objetivo da exigência é detectar e sanar desvios, fraudes, irregularidades e atos ilícitos praticados contra a Administração Pública estadual do Rio Grande do Sul.

### 3.3.3 O sistema de integridade para Lei Estadual nº 15.228/2018 do Rio Grande do Sul

Art. 38. O Programa de Integridade consiste, no âmbito de uma pessoa jurídica, no conjunto de mecanismos e procedimentos internos de integridade, auditoria e incentivo à denúncia de irregularidades e na aplicação efetiva de códigos de ética e de conduta, políticas e diretrizes com o objetivo de detectar e sanar desvios, fraudes, irregularidades e atos ilícitos praticados contra a Administração Pública Estadual.

Mais uma vez, de modo bastante similar aos diplomas do Rio de Janeiro e do Distrito Federal, nos termos do art. 38 da Lei Estadual nº 15.228/2018, o sistema de integridade consiste no conjunto de mecanismos e procedimentos internos de integridade, auditoria e incentivo à denúncia de irregularidades e na aplicação efetiva de códigos de ética e de conduta, políticas e diretrizes com vistas ao combate à corrupção.

### 3.3.4 Prazo para implementação de sistemas de integridade e *compliance* e despesas resultantes da implementação

Art. 39. A implantação do Programa de Integridade, no âmbito da pessoa jurídica, correrá às suas expensas e dar-se-á no prazo de 180 (cento e oitenta) dias corridos, a partir da data de celebração do contrato.

Nos termos do art. 39 do diploma normativo em análise, a implementação do sistema de integridade deverá ocorrer no prazo de 180 (cento e oitenta) dias da celebração do contrato, e, considerando que a obrigatoriedade incidirá apenas para contratos novos, as despesas resultantes da implementação do sistema correrão às expensas da contratada.

A mesma crítica retratada anteriormente, no que diz respeito ao curto prazo estabelecido pela norma à implementação efetiva dos sistemas, aplica-se ao diploma ora em análise.

### 3.3.5 Dos parâmetros de comprovação à efetividade do sistema

> Art. 38. [...].
>
> Parágrafo único. O Programa de Integridade deve ser estruturado, aplicado e atualizado de acordo com as características e riscos atuais das atividades de cada pessoa jurídica, a qual, por sua vez, deve garantir o constante aprimoramento e adaptação do referido programa, visando a garantir a sua efetividade.

Conforme visto da análise dos diplomas do Rio de Janeiro e do Distrito Federal, ambos os diplomas reproduziram as exigências do Decreto nº 8.420/2015, que regulamentou a Lei Anticorrupção, no tocante aos parâmetros de comprovação da efetividade do sistema instaurado.

Daquilo que se depreende da Lei Estadual nº 15.228/2018 do Rio Grande do Sul, o parágrafo único de seu art. 38 determina que o sistema de integridade deve ser estruturado, aplicado e atualizado de acordo com as características e riscos atuais das atividades de cada pessoa jurídica, a qual, por sua vez, deve garantir o constante aprimoramento e adaptação do referido sistema, visando garantir a sua efetividade.

Essa é a única disposição expressa a respeito da estruturação do sistema de integridade na lei estadual, contudo, considerando que o diploma em comento trata-se de lei que dispõe sobre a aplicação, no âmbito da Administração Pública do Estado do Rio Grande do Sul, da Lei Federal nº 12.846/2013 (Lei Anticorrupção), e partindo-se de uma interpretação sistemática, pode-se concluir que os mesmos parâmetros de comprovação considerados nas leis do Rio de Janeiro e do Distrito Federal podem ser perfeitamente aplicáveis à comprovação de efetividade do sistema no Rio Grande do Sul.

Entretanto, e ainda que se possa considerar a aplicação analógica dos parâmetros constantes da Lei Federal nº 12.846/2013 e de seu Decreto Regulamentador nº 8.420/2015, essa omissão legal pode trazer sérios prejuízos à exigência do sistema, tornando-a ineficaz. Isso porque, como não existem parâmetros expressos de avaliação, a autoridade responsável pela fiscalização encontrará dificuldade para atestar se de fato determinado sistema atende ou não ao objetivo legal, sendo que uma avaliação que deve ser tanto mais objetiva, pode restar prejudicada por subjetivismos.

## 3.3.6 Comprovação do sistema e responsabilidade pela inclusão da exigência nos editais e contratos

> Art. 42. Cabe à Administração Pública Estadual fazer constar nos editais licitatórios e instrumentos contratuais a aplicabilidade desta Lei.

Assim como as leis fluminense e distrital, a Lei Estadual nº 15.228/2018 dispõe expressamente em seu art. 42 que caberá à Administração Pública Estadual fazer constar a exigência de implementação de sistemas de integridade nas empresas que pretendam se relacionar com o Poder Público do Rio Grande do Sul nos editais licitatórios e instrumentos contratuais cuja lei é aplicável.

Naquilo que diz respeito à comprovação da efetividade do sistema, a lei gaúcha não faz nenhuma menção expressa, o que denota uma falha por omissão, o que, dentro de um olhar mais apurado, pode trazer prejuízos à efetiva implementação dos sistemas de integridade e *compliance*, notadamente, quanto à sua singularidade a cada uma das contratadas.

## 3.3.7 Dos responsáveis pela fiscalização

A lei estadual em comento não dispõe acerca da responsabilidade pela fiscalização da implementação dos sistemas de integridade nas contratadas, o que se pode considerar uma falha grosseira da Lei nº 15.228/2018 do Rio Grande do Sul, que poderá acarretar verdadeira ineficácia da exigência.

Assim, uma vez que não há previsão legal, é de extrema importância que os editais de licitação e os contratos administrativos especifiquem a autoridade responsável pela avaliação do sistema, como uma das obrigações da contratante, sob pena de o mecanismo perder sua essência de ser, já que aquilo que se exige, mas não se avalia, a bem da verdade, não se exige.

## 3.3.8 O que acontece em caso de não implementação do sistema?

> Art. 40. Pelo descumprimento da exigência prevista no art. 37 desta Lei, a Administração Pública Estadual aplicará à empresa contratada

multa de 0,02% (dois centésimos por cento), por dia, incidente sobre o valor do contrato.

§1º O montante correspondente à soma dos valores básicos das multas moratórias será limitado a 10% (dez por cento) do valor do contrato.

§2º O cumprimento da exigência da implantação fará cessar a aplicação da multa.

§3º O cumprimento da exigência da implantação não implicará ressarcimento das multas aplicadas.

Art. 41. O não cumprimento da exigência prevista no art. 37 desta Lei, durante o período contratual, acarretará a impossibilidade de nova contratação da empresa com o Estado do Rio Grande do Sul até a sua regular situação, bem como a sua inscrição junto ao Cadastro Informativo das pendências perante órgãos e entidades da Administração Pública Estadual – CADIN/RS –, de que trata a Lei nº 10.697, de 12 de janeiro de 1996.

Da mesma forma que a lei do Distrito Federal, a lei gaúcha disciplina em seu art. 40 que, em caso de descumprimento da exigência – implementação de sistema de *compliance* –, aplicar-se-á à contratada multa contratual diária de 0,02% (dois centésimos por cento) sobre o valor do contrato, que será limitada a 10% (dez por cento) do valor do contrato.

Importante registrar que apenas o cumprimento da exigência fará cessar a aplicação da multa, o que não será suficiente, no entanto, a implicar eventual ressarcimento das multas aplicadas, enquanto a exigência ainda não havia sido cumprida.

Além da multa, a contratada também restará impossibilitada de ser contratada novamente pelo estado do Rio Grande do Sul até regularizar sua situação, bem como terá sua inscrição junto ao cadastro informativo das pendências perante órgãos e entidades da Administração Pública estadual – Cadin/RS.

## 3.4 Lei Estadual nº 4.730/2018 – Amazonas

Indo ao encontro dos diplomas até aqui analisados, o estado do Amazonas, em 27.12.2018, também publicou sua norma estadual que "dispõe sobre a instituição do Programa de Integridade nas empresas que contratarem com a Administração Pública do Estado do Amazonas".

Referido diploma adotou a mesma sistemática da Lei Estadual do Rio de Janeiro em relação aos parâmetros a seguir delineados, e conforme se passa a demonstrar.

## 3.4.1 Parâmetros de alcance da norma

Art. 1º Fica estabelecida a exigência do Programa de Integridade às empresas que celebrarem contrato, consórcio, convênio, receberem concessão ou firmarem parceria público privada com a Administração Pública Direta, Indireta e Fundacional do Estado do Amazonas, cujos valores sejam superiores ao limite da modalidade de licitação por concorrência, sendo R$3.300.000,00 (três milhões e trezentos mil reais), para obras e serviços de engenharia, e R$1.430.000,00 (um milhão, quatrocentos e trinta mil reais), para compras e serviços, mesmo que na forma de pregão eletrônico, e o prazo do contrato seja igual ou superior a 180 (cento e oitenta) dias.

§1º Aplica-se o disposto nesta Lei às Sociedades Empresárias e às Sociedades Simples, personificadas ou não, independentemente da forma de organização ou modelo societário adotado, bem como a quaisquer Fundações, Associações de entidades ou pessoas, ou Sociedades Estrangeiras, que tenham sede, filial ou representação no território brasileiro, constituídas de fato ou de direito, ainda que temporariamente.

§2º Os contratos celebrados anteriormente à edição desta Lei, que sofrerem alteração por meio de termo aditivo, termo de apostilamento, prorrogação, renovação contratual, revisão para recomposição de preços ou realinhamento e recuperação, não se limitando a estas, no valor acima de R$3.300.000,00 (três milhões e trezentos mil reais) e prazo superior a 180 (cento e oitenta) dias, ficam submetidos aos termos desta Lei.

§3º Em 1º de janeiro de cada exercício posterior a 2018, os valores estabelecidos no artigo 1º, caput, deste artigo, serão atualizados pela UFIR-AM, Unidade Fiscal de Referência.

Daquilo que se depreende do art. 1º acima colacionado, o âmbito de alcance da norma é bastante similar àquele do Rio de Janeiro, podendo ser dividido em subjetivo e objetivo. Assim, o alcance subjetivo denota que a exigência se aplica para todas as empresas que contratem com a Administração Pública direta, indireta e fundacional do estado do Amazonas. Veja-se que, assim como no caso do Rio de Janeiro, não há diferenciação entre as empresas, aplicando-se a exigência a todas, independentemente de seu porte, o que deve ser reavaliado, sobretudo para garantia da efetividade dos sistemas de integridade implementados e aderência a eles.

Em relação ao alcance objetivo da norma, percebe-se que ela se aplica a todos os ajustes com valor superior ao limite da modalidade concorrência (acima de R$3,3 milhões/acima de R$1,43 milhões)[131] que tenham prazo igual ou superior a 180 dias. Chama-se especial atenção à aplicabilidade da exigência aos contratos que sofram alteração, prorrogação, renovação contratual, revisão para recomposição de preços ou realinhamento e recuperação, desde que com valores superiores a R$3,3 milhões e prazo superior a 180 dias, eis que, assim como abordado anteriormente, o equilíbrio da equação econômico-financeira, quando afetado, deverá ser resguardado.

## 3.4.2 O objetivo da exigência normativa

Art. 2º A exigência da implantação do Programa de Integridade tem por objetivo:

I - proteger a administração pública estadual dos atos lesivos que resultem em prejuízos financeiros causados por irregularidades, desvios de ética e de conduta e fraudes contratuais;

II - garantir a execução dos contratos em conformidade com a lei e regulamentos pertinentes a cada atividade contratada;

III - reduzir os riscos inerentes aos contratos, provendo maior segurança e transparência na sua consecução;

IV - obter melhores desempenhos e garantir a qualidade nas relações contratuais.

Parágrafo único. A exigência de implantação do Programa de Integridade deverá ser informada no edital licitatório, com detalhamento de prazos e penalidades.

Conforme se depreende do art. 2º acima colacionado, mais uma vez pode-se dizer que os objetivos da norma em análise são muito similares aos dos demais diplomas até aqui analisados, isto é, proteção da Administração Pública estadual dos atos lesivos que resultem prejuízos financeiros causados por irregularidades, desvios de ética e de conduta e fraudes contratuais; bem como garantir a execução conforme dos contratos, reduzindo os riscos inerentes a eles, promovendo maior segurança e transparência na sua consecução, para obtenção de melhor desempenho e qualidade nas relações contratuais.

---

[131] Em relação à indicação da modalidade concorrência, mais uma vez se destaca que a NLLC não mais diferencia suas modalidades de licitação de acordo com limite de valor, mas, sim, de acordo com o objeto que se pretende contratar, de modo que este ponto também deverá ser adequado à nova realidade.

### 3.4.3 O sistema de integridade para a Lei Estadual nº 4.730/2018 – Amazonas

Art. 3º O Programa de Integridade consiste, no âmbito de uma pessoa jurídica, ou outra de qualquer natureza que a ela se assemelhe, no conjunto de mecanismos e procedimentos internos de integridade, auditoria e incentivo à denúncia de irregularidades e na aplicação efetiva de códigos de ética e de conduta, políticas e diretrizes, com o objetivo de detectar e sanar desvios, fraudes, irregularidades e atos ilícitos praticados contra a administração pública do Estado do Amazonas.

Parágrafo único. O Programa de Integridade deve ser estruturado, aplicado e atualizado de acordo com as características e riscos atuais das atividades de cada pessoa jurídica, que, por sua vez, deve garantir o constante aprimoramento e adaptação do referido programa, com vistas a garantir a sua efetividade.

Naquilo que diz respeito ao que se entende por sistema de integridade, novamente, de modo bastante similar aos diplomas até aqui analisados, o sistema de integridade para o estado do Amazonas consiste no conjunto de mecanismos e procedimentos internos de integridade, auditoria e incentivo à denúncia de irregularidades e na aplicação efetiva de códigos de ética e de conduta, políticas e diretrizes com vistas ao combate à corrupção.

Neste ponto, veja-se que há, também, a preocupação da implementação individualizada e aderente do sistema de integridade, em contraposição à ideia de *one fits all* acertadamente combatida em prol da efetividade do *compliance* nas contratações públicas.

### 3.4.4 Prazo para implementação de sistemas de integridade e *compliance* e despesas resultantes da implementação

Art. 5º A implantação do Programa de Integridade, no âmbito da pessoa jurídica, dar-se-á no prazo de 180 (cento e oitenta) dias corridos, a partir da data de celebração do contrato.

Parágrafo único. Para efetiva implantação do Programa de Integridade, os custos/despesas resultantes correrão à conta da empresa contratada, não cabendo ao órgão contratante o seu ressarcimento.

Assim como analisado anteriormente, nos termos do art. 5º do diploma normativo em análise, a implementação do sistema de integridade deverá ocorrer no prazo de 180 (cento e oitenta) dias da celebração do contrato, devendo as despesas resultantes da implementação do sistema correr às expensas da contratada.

Conforme crítica realizada nos tópicos anteriores deste capítulo, entende-se que o prazo de 180 dias para implementação efetiva dos sistemas de integridade é muito curto, assim como é inadequado imputar a integralidade do ônus da despesa com a implementação às contratadas, considerando que a norma se aplica às alterações, prorrogações e renovações contratuais, devendo ser garantido o equilíbrio econômico-financeiro da avença quando este for comprovadamente afetado.

## 3.4.5 Dos parâmetros de comprovação à efetividade do sistema

Art. 4º O Programa de Integridade será avaliado, quanto a sua existência e aplicação, de acordo com os seguintes parâmetros:

I - comprometimento da alta direção da pessoa jurídica, incluídos os Conselhos, quando aplicado, evidenciado pelo apoio visível e inequívoco ao Programa;

II - padrões de conduta, código de ética, políticas e procedimentos de integridade, aplicáveis a todos os empregados e administradores, independentemente de cargo ou função exercidos;

III - padrões de conduta, código de ética e políticas de integridade estendidos, quando necessário, a terceiros, tais como, fornecedores, prestadores de serviço, agentes intermediários e associados, quando, em qualquer fase de execução, a prestação tenha o Estado como destinatário;

IV - treinamentos periódicos sobre o Programa de Integridade;

V - análise periódica de riscos para realizar adaptações necessárias ao Programa de Integridade;

VI - registros contábeis que reflitam de forma completa e precisa as transações da pessoa jurídica;

VII - controles internos que assegurem a pronta elaboração e confiabilidade de relatórios e demonstrações financeiras da pessoa jurídica;

VIII - procedimentos específicos para prevenir fraudes e ilícitos no âmbito de processos licitatórios, meios que serão definidos em regulamento, bem como os princípios orientadores na execução de contratos administrativos ou em qualquer interação com o setor público, ainda

CAPÍTULO 3
CRITÉRIOS NORMATIVOS À IMPLEMENTAÇÃO DE SISTEMAS DE *COMPLIANCE* | 149

que intermediada por terceiros, tal como pagamento de tributos, sujeição a fiscalizações, ou obtenção de autorizações, licenças, permissões e certidões;

IX - independência, estrutura e autoridade da instância responsável pela aplicação do Programa de Integridade e fiscalização de seu cumprimento;

X - canais de denúncia de irregularidades, abertos e amplamente divulgados a funcionários e terceiros, e de mecanismos destinados à proteção de denunciantes de boa-fé;

XI - medidas disciplinares em caso de violação do Programa de Integridade;

XII - procedimentos que assegurem a pronta interrupção de irregularidades ou infrações detectadas e a tempestiva remediação dos danos gerados;

XIII - diligências apropriadas para contratação e, conforme o caso, supervisão de terceiros, tais como, fornecedores, prestadores de serviço, agentes intermediários e associados;

XIV - verificação, durante os processos de fusões, aquisições e reestruturações societárias, do cometimento de irregularidades ou ilícitos ou da existência de vulnerabilidades nas pessoas jurídicas envolvidas;

XV - monitoramento contínuo do Programa de Integridade, com vistas ao seu aperfeiçoamento na prevenção, detecção e combate à ocorrência dos atos lesivos previstos no artigo 5º da Lei Federal n. 12.846, de 1º de agosto de 2013;

XVI - ações comprovadas de promoção da cultura ética e de integridade por meio de palestras, seminários, workshops, debates e eventos da mesma natureza.

Parágrafo único. A avaliação do Programa de Integridade será efetuada por comissão formada por 03 (três) membros, com a seguinte formação:

I - 01 (um) membro oriundo da Controladoria-Geral do Estado, que exercerá a função de Presidente da comissão;

II - 01 (um) membro oriundo da Procuradoria-Geral do Estado, que exercerá a função de Vice-Presidente;

III - 01 (um) membro oriundo da Secretaria da Fazenda.

Conforme destacado quando da análise dos diplomas do Rio de Janeiro e do Distrito Federal, em que se identificou que ambos os diplomas reproduziram as exigências do Decreto Federal nº 8.420/2015 em relação aos parâmetros de comprovação da efetividade do sistema instaurado, mesma conduta adotou o estado do Amazonas.

Nesse ponto, entretanto, chama-se a atenção à criação de comissão específica à avaliação dos parâmetros do sistema de integridade, formada por integrantes de órgãos de controle interno estadual. Tal disciplina, por assim dizer, apresenta-se como um avanço, eis que a avaliação da aderência e a efetividade do sistema não mais estarão à cargo do fiscal ou gestor do contrato, tornando a avaliação menos subjetiva, garantindo maior segurança jurídica aos envolvidos, conforme ressaltado quando da análise da Lei Distrital nº 6.118/2018, após as alterações realizadas.

### 3.4.6 Comprovação do sistema e responsabilidade pela inclusão da exigência nos editais e contratos

> Art. 9º A empresa que possuir o Programa de Integridade implantado deverá apresentar, no momento da contratação, declaração informando a sua existência, nos termos do artigo 4º da presente Lei. [...]
>
> Art. 12. Cabe ao Poder Executivo fazer constar nos editais licitatórios e instrumentos contratuais a aplicabilidade desta Lei.

Assim como as leis fluminense e distrital, a Lei Estadual nº 4.730/2018 dispõe expressamente em seu art. 12 que caberá à Administração Pública Estadual fazer constar a exigência de implementação de sistemas de integridade nas empresas que pretendam se relacionar com o Poder Público do Amazonas nos editais licitatórios e instrumentos contratuais cuja lei é aplicável.

Naquilo que diz respeito à comprovação da existência do sistema, a Lei Estadual nº 4.730/2018 a deixa a cargo da contratada, assim como ocorre nas leis do Rio de Janeiro e do Distrito Federal. Contudo, diferente de outros diplomas que definem como a comprovação deverá ser realizada, a lei amazonense é omissa, devendo-se realizar uma interpretação sistemática de todo o ordenamento pátrio, especialmente das leis e instrumentos normativos que versam sobre o tema, sob pena de violação da segurança jurídica.

### 3.4.7 Dos responsáveis pela fiscalização

> Art. 10. Caberá ao Gestor de Contrato, no âmbito da administração pública, sem prejuízo de suas demais atividades ordinárias, as seguintes atribuições:
>
> I - fiscalizar a implantação do Programa de Integridade, garantindo a aplicabilidade da Lei;

II - informar ao Ordenador de Despesas sobre o não cumprimento da exigência, na forma do caput do artigo 5º desta Lei;

III - informar ao Ordenador de Despesas sobre o cumprimento da exigência fora do prazo definido no caput do artigo 5º desta Lei.

§1º Na hipótese de não haver a função do Gestor de Contrato, ao Fiscal de Contrato, sem prejuízo de suas demais atividades ordinárias, serão atribuídas as funções relacionadas neste artigo.

§2º As ações e deliberações do Gestor de Contrato não poderão implicar em interferência na gestão das empresas e nem ingerência de suas competências, devendo ater-se à responsabilidade de aferir o cumprimento do disposto nesta Lei, o que se dará mediante documento emitido pela empresa, comprovando a implantação do Programa de Integridade, na forma do artigo 4º desta Lei.

Art. 11. O Ordenador de Despesas, no âmbito da Administração Pública, ficará responsável pela retenção e ressarcimento dos valores arrecadados, conforme estabelecido no artigo 6º desta Lei, sem prejuízo de suas demais atividades ordinárias. [...]

Art. 13. Fica o Poder Executivo autorizado a contratar com empresas de consultoria especializadas na realização de treinamento com foco na detecção de casos de fraude e corrupção, objetivando a capacitação de servidores do Estado do Amazonas, no que tange aos principais aspectos relacionados à identificação de condutas de fraude e corrupção.

Para além da responsabilidade de avaliação dos parâmetros de existência e aplicabilidade dos sistemas de integridade, a lei estadual em comento disciplina que caberá ao gestor do contrato a fiscalização da *implantação* do sistema de integridade, bem como lhe atribui a função de informar ao ordenador de despesas do contrato sobre o cumprimento ou não da obrigação contratual.

Para melhor compreensão do tema, vale frisar que não se concorda com a atribuição ao gestor ou fiscal do contrato da fiscalização a avaliação quanto à implementação do sistema de integridade. Contudo, vale diferenciar nesse caso as palavras "implementação" e "implantação", muitas vezes dotadas como sinônimos, mas que, considerando uma interpretação sistêmica da norma em comento, merece especial atenção ante a sua diferença.

Assim, *implantar* significa iniciar alguma coisa, enquanto *implementar* significa colocar essa alguma coisa em prática. É dizer, para que um sistema de integridade seja implementado é preciso que, primeiro, ele seja implantado, ou seja, primeiro é iniciado, para na sequência ser executado.

Nesse sentido, conforme analisado no tópico anterior, a avaliação do sistema de integridade ante a sua existência e aplicação ficará a cargo de uma comissão específica, que, pela natureza da origem dos agentes públicos indicados, possui melhor conhecimento em relação aos atributos de *compliance*, eis que é oriunda de órgãos de controle interno. A avaliação quanto à existência e aplicação, portanto, seria a avaliação da implementação, que é distinta, por assim dizer, da avaliação de implantação, que seria apenas em relação ao início da execução.

Assim, considerando o contexto sistêmico da presente norma, andou bem o legislador ao diferenciar a responsabilidade para verificação da implantação (gestor do contrato) e implementação (comissão específica) do sistema de integridade. Da mesma forma, também andou bem o legislador ao disciplinar a possibilidade de contratação de empresas especializadas na realização de treinamento com foco nos principais aspectos relacionados à implementação de sistemas de integridade, especialmente em relação à identificação de condutas de fraude e corrupção, objetivando a capacitação dos servidores do estado do Amazonas, reconhecendo-se, mesmo que indiretamente, que o tema é ainda muito incipiente no âmbito das contratações públicas e que, portanto, deve-se investir em conhecimento continuado.

## 3.4.8 O que acontece em caso de não implementação do sistema?

Art. 6º Pelo descumprimento da exigência prevista nesta Lei, a Administração Pública Direta, Indireta e Fundacional do Estado do Amazonas aplicará à empresa contratada multa de 0,02% (dois centésimos por cento), por dia, incidentes sobre o valor do contrato.

§1º O montante correspondente à soma dos valores básicos das multas moratórias será limitado a 10% (dez por cento) do valor do contrato.

§2º O cumprimento da exigência da implantação fará cessar a aplicação da multa.

§3º O cumprimento da exigência da implantação não implicará ressarcimento das multas aplicadas.

Art. 7º O não cumprimento da exigência durante o período contratual acarretará na impossibilidade da contratação da empresa com o Estado do Amazonas até a regularização da situação.

Art. 8º Subsiste a responsabilidade da pessoa jurídica na hipótese de alteração contratual, transformação, incorporação, fusão ou cisão societária.

§1º A sucessora se responsabilizará pelo cumprimento da exigência, na forma da lei.

§2º As sanções descritas nos artigos 6º e 7º desta Lei serão atribuídas à sucessora.

Da mesma forma que as leis do Distrito Federal e do Rio Grande do Sul, a lei amazonense disciplina em seu art. 6º que, em caso de descumprimento da exigência – implementação de sistema de *compliance* –, aplicar-se-á à contratada multa contratual diária de 0,02% (dois centésimos por cento) sobre o valor do contrato, que será limitada a 10% (dez por cento) do valor do contrato.

Além da multa, a contratada também restará impossibilitada de ser contratada pelo estado do Amazonas até regularizar sua situação.

Importante frisar que ambas as hipóteses de responsabilização (multa e impossibilidade de contratação) permanecem em caso de modificação societária da contratada.

## 3.5 Lei Estadual nº 20.489/2019 – Goiás

Indo ao encontro dos diplomas até aqui analisados, o estado de Goiás, em 11.6.2019, publicou norma estadual que criou o *Programa de Integridade a ser aplicado nas Empresas que contratarem com a Administração Pública do Estado de Goiás*. Referido diploma, assim como a lei do estado do Amazonas, adotou a mesma sistemática da lei estadual do Rio de Janeiro em relação aos parâmetros a seguir delineados, e conforme se passa a demonstrar.

### 3.5.1 Parâmetros de alcance da norma

Art. 1º Determina a exigência do Programa de Integridade às empresas que celebrarem contrato, consórcio, convênio, concessão ou parceria público-privado com a administração pública direta, indireta e fundacional do Estado de Goiás, cujos limites em valor sejam superiores ao da modalidade de licitação por concorrência, sendo R$1.500.000,00 (um milhão e quinhentos mil reais) para obras e serviços de engenharia e R$650.000,00 (seiscentos e cinquenta mil reais) para compras e serviços, mesmo que na forma de pregão eletrônico, e o prazo do contrato seja igual ou superior a 180 (cento e oitenta) dias.

Art. 2º Aplica-se o disposto nesta Lei:

I - às sociedades empresárias e às sociedades simples, personificadas ou não, independentemente da forma de organização ou modelo societário adotado bem como a quaisquer:

a) fundações;

b) associações civis;

c) sociedades estrangeiras, que tenham sede, filial ou representação no território brasileiro, constituídas de fato ou de direito, ainda que temporariamente;

II - os contratos que vencerem sua validade e forem objeto de renovação e/ou termo aditivo se submeterão aos termos da presente legislação;

III - a todos os contratos celebrados com ou sem dispensa de processo licitatório, desde que atendidos os critérios de valor estabelecidos no *caput* do art. 1º.

Parágrafo único. Para as exigências do inciso II, caberá ao poder público no momento das tratativas para renovação e/ou termo aditivo comunicar o contratado dos termos da presente legislação.

Daquilo que se depreende do artigo em comento, o âmbito de alcance da norma pode ser definido, em seu espectro subjetivo, para todas as empresas que contratem com a Administração Pública direta, indireta e fundacional do estado de Goiás; e, em seu espectro objetivo, para os contratos cujos valores sejam superiores ao da modalidade de licitação por concorrência, sendo R$1.500.000,00 para obras e serviços de engenharia e R$650.000,00 para compras e serviços,[132] e cujo prazo seja igual ou superior a 180 dias.

Mais uma vez, chama-se especial atenção à aplicabilidade da exigência aos contratos que sofram alteração por meio de termo aditivo ou sejam renovados, eis que, assim como abordado anteriormente, o equilíbrio da equação econômico-financeira, quando afetado, deverá ser resguardado.

## 3.5.2 O objetivo da exigência normativa

Art. 3º A exigência da implantação do Programa de Integridade tem por objetivo:

---

[132] Mais uma vez se destaca o problema de limitação à modalidade de concorrência, eis que a NLLC não mais adota o critério de valor para diferenciação. E, nesse caso específico, ainda, os valores da modalidade indicada já estão defasados.

I - proteger a administração pública de atos lesivos que resultem prejuízos financeiros causados por irregularidades, desvios de éticas e de conduta e fraudes contratuais;

II - garantir a execução dos contratos em conformidade com a Lei e regularmente pertinentes a cada atividade contratada;

III - reduzir os riscos inerentes aos contratos, provendo maior segurança e transparência em sua consecução;

IV - obter melhores desempenhos e garantir a qualidade nas relações contratuais.

Daquilo que se depreende do art. 3º acima colacionado, mais uma vez pode-se dizer que os objetivos da norma em análise são muito similares aos até aqui analisados, isto é, proteger a Administração Pública estadual dos atos lesivos que resultem prejuízos financeiros causados por irregularidades, desvios de ética e de conduta e fraudes contratuais; e garantir a execução conforme dos contratos, reduzindo os riscos inerentes aos contratos, promovendo maior segurança e transparência na sua consecução, para obtenção de melhor desempenho e qualidade nas relações contratuais.

## 3.5.3 O sistema de integridade para Lei Estadual nº 20.489/2019 – Goiás

Art. 4º O Programa de Integridade consiste, no conjunto de mecanismos e procedimentos internos de integridade, auditoria, controle e incentivo à denúncia de irregularidade e na aplicação efetiva de códigos de ética e de conduta, políticas e diretrizes com o objetivo de detectar e sanar desvios, fraudes, irregularidades e atos ilícitos praticados contra a administração pública do Estado de Goiás.

Parágrafo único. O Programa de Integridade deve ser estruturado, aplicado e atualizado de acordo com as características e riscos atuais das atividades de cada pessoa jurídica, a qual, por sua vez, deve garantir o constante aprimoramento e adaptação do referido programa, visando garantir a sua efetividade.

Como se pode notar, não há nenhuma diferença em termos de conceito em relação à definição do que seria o sistema de integridade quando comparado à lei estadual do Amazonas.

Assim, mais uma vez vale a ressalva ante a preocupação com a implementação (estruturação, aplicação e atualização) individualizada do sistema de integridade, em contraposição à ideia de *one fits all* acertadamente combatida em prol da efetividade do *compliance* nas contratações públicas.

### 3.5.4 Prazo para implementação de sistemas de integridade e *compliance* e despesas resultantes da implementação

Diferentemente dos diplomas analisados até o momento, percebe-se que em ato de absoluta omissão a lei estadual de Goiás não faz menção ao prazo para implementação do sistema de integridade, tampouco a quem se atribui a responsabilidade pelas despesas decorrentes da implementação, de modo que tais informações deverão constar em ato regulamentador da lei, assim como no edital do certame, sob pena de violar princípios comezinhos e balizadores da atuação da Administração Pública, especialmente aqueles previstos no art. 37, *caput* da CRFB/1988, bem como aqueles previstos na LINDB.

De toda sorte, cumpre registrar que, em que pese a norma não faça menção ao prazo para implementação do sistema de integridade, por uma interpretação lógica e sistemática da lei estadual ora em análise, uma vez que ela não se aplica a contratos cujo prazo de duração seja inferior a 180 dias, pode-se concluir que, no mínimo, o prazo para implementação deverá ser de 180 dias.

### 3.5.5 Dos parâmetros de comprovação à efetividade do sistema

Art. 5º O Programa de Integridade será avaliado, quanto a sua existência e aplicação, de acordo com os seguintes parâmetros:

I - padrões de conduta, código de ética, políticas e procedimentos de integridade, aplicáveis a todos os empregados e administradores, independente de cargo ou função exercidos;

II - treinamentos periódicos sobre Programa de Integridade;

III - análise periódica de riscos para realização e adaptações necessárias ao Programa de Integridade;

IV - registros contábeis que reflitam de forma completa e precisa as transações da pessoa jurídica;

V - controles internos que assegurem a pronta elaboração e confiabilidade de relatórios e demonstrações financeiras de pessoa jurídica;

## CAPÍTULO 3
### CRITÉRIOS NORMATIVOS À IMPLEMENTAÇÃO DE SISTEMAS DE *COMPLIANCE*

VI - procedimentos específicos para prevenir fraudes e ilícitos no âmbito de processos licitatórios, na execução de contratos administrativos ou em qualquer interação com o setor público, ainda que intermediada por terceiros, tal como o pagamento de tributos, sujeição a fiscalizações, ou obtenção de autorizações, licenças, permissões e certidões;

VII - independência, estrutura e autoridade da instância responsável pela aplicação do Programa de Integridade e fiscalização de seu cumprimento;

VIII - canais de denúncia de irresponsabilidades, abertos e amplamente divulgados a funcionários e terceiros, e de mecanismos destinados à proteção de denunciantes de boa-fé;

IX - medidas disciplinares em caso de violação do Programa de Integridade;

X - procedimentos que assegurem a pronta interrupção de irregularidade ou infração detectadas e a tempestiva remediação dos danos gerados;

XI - ações comprovadas de promoção da cultura ética e de integridade por meio de palestras, seminários, workshops, debates e eventos da mesma natureza.

Da análise do art. 5º acima colacionado, mais uma vez se percebe que há uma reprodução dos parâmetros previstos no Decreto Federal nº 8.420/2015 no tocante à comprovação da efetividade do sistema implementado.

Chama atenção o fato, no entanto, de não constar como parâmetro a ser avaliado o primeiro pilar de um sistema de integridade, qual seja, o comprometimento da alta administração. Conforme visto anteriormente (item 3.1.5.1), este se trata de um dos pilares mais importantes para garantia da efetividade da estruturação e aplicação do sistema de integridade, de modo que tal omissão merece urgente reparo.

## 3.5.6 Comprovação do sistema e responsabilidade pela inclusão da exigência nos editais e contratos

Art. 6º Para que o Programa de Integridade seja avaliado, a pessoa jurídica deverá apresentar relatório do perfil e relatório de conformidade do Programa ao poder público.

§1º A pessoa jurídica deverá expor suas alegações, devendo zelar pela completude, clareza e organização das informações prestadas.

§2º A comprovação deve abranger documentos oficiais, correios eletrônicos, cartas, declarações, correspondências, memorandos, atas de reunião, relatórios, manuais, imagens capturadas da tela do computador, gravações audiovisuais e sonoras, fotografias, ordem de compra, notas fiscais, registros contábeis ou outros documentos, preferencialmente em meio digital.

§3º A autoridade responsável poderá realizar entrevistas e solicitar novos documentos para fins de avaliação de que trata o *caput* deste artigo.

§4º O Programa de Integridade meramente formal e que se mostre absolutamente ineficaz para mitigar o risco de ocorrência de atos lesivos da Lei nº 12.846, de 1º de agosto de 2013, não será considerado para fim de cumprimento desta Lei. [...]

Art. 10. A empresa que possuir o Programa de Integridade implantado deverá apresentar no momento da contratação declaração informando a sua existência nos termos do art. 5º desta Lei.

Art. 11. Ficará a cargo do Poder Público do Estado de Goiás fazer constar nos editais licitatórios e instrumentos contratuais a aplicabilidade desta Lei.

Assim como na lei distrital, a Lei Estadual nº 20.489/2019 de Goiás exige, para fins de avaliação do sistema de integridade, que a contratada apresente relatório de perfil e de conformidade, a exemplo do que se exige na Portaria CGU nº 909/2015, comprovando-se, mediante documentos claros e idôneos, a implementação do sistema de integridade.

Além disso, dispõe expressamente em seu art. 11 que caberá à Administração Pública Estadual fazer constar a exigência de implementação de sistemas de integridade nos editais licitatórios e instrumentos contratuais cuja lei é aplicável.

## 3.5.7 Dos responsáveis pela fiscalização

Art. 6º Para que o Programa de Integridade seja avaliado, a pessoa jurídica deverá apresentar relatório do perfil e relatório de conformidade do Programa ao poder público. [...]

§3º A autoridade responsável poderá realizar entrevistas e solicitar novos documentos para fins de avaliação de que trata o *caput* deste artigo.

Ao contrário das leis do Rio de Janeiro, Distrito Federal e Amazonas, a lei do estado de Goiás não disciplina quem serão os responsáveis pela fiscalização da implantação ou pela avaliação da efetividade dos sistemas de integridade implementados, apenas informa que haverá uma autoridade responsável.

CAPÍTULO 3
CRITÉRIOS NORMATIVOS À IMPLEMENTAÇÃO DE SISTEMAS DE *COMPLIANCE* | 159

Tal situação denota grave omissão, conforme já destacado quando da análise da lei do Rio Grande do Sul, que deve ser sanada mediante indicação da autoridade responsável por ato do Poder Executivo.

## 3.5.8 O que acontece em caso de não implementação do sistema?

Art. 7º Pelo descumprimento da exigência prevista nesta Lei, a administração pública do Estado de Goiás, em cada esfera do Poder, aplicará à empresa contratada multa de 0,1% (um décimo por cento), por dia, incidente sobre o valor atualizado do contrato.

§1º O montante correspondente à soma dos valores básicos da multa moratória será limitado a 10% (dez por cento) do valor do contrato.

§2º O cumprimento da exigência estabelecida nesta Lei, mediante atestado da autoridade pública da existência e aplicação do Programa de Integridade, fará cessar a aplicação da multa.

§3º O cumprimento extemporâneo da exigência da implantação não implicará indébito da multa aplicada.

§4º A multa definida no *caput* não exclui a incidência e a exigibilidade do cumprimento das obrigações fiscais no âmbito do Estado de Goiás.

Art. 8º O não cumprimento da obrigação implicará a inscrição da multa em dívida ativa da pessoa jurídica sancionadora e justa causa para rescisão contratual, com incidência cumulativa de cláusula penal, e impossibilidade de contratação da empresa com administração pública do Estado de Goiás, de qualquer esfera do Poder, pelo período de 02 (dois) anos ou até efetiva comprovação de implantação e aplicação do Programa de Integridade.

Art. 9º Subsiste a responsabilidade da pessoa jurídica na hipótese de alteração contratual, transformação, incorporação, fusão ou cisão societária.

§1º A sucessora se responsabilizará pelo cumprimento da exigência na forma desta Lei.

§2º As sanções descritas nos artigos 8º e 10 desta Lei serão atribuídas à sucessora.

Como se pode notar, a lei amazonense disciplina em seu art. 7º que, em caso de descumprimento da exigência – implementação de sistema de *compliance* –, aplicar-se-á à contratada multa contratual diária de 0,1% (um décimo por cento) sobre o valor do contrato, que será limitada a 10% (dez por cento) do valor do contrato.

Além da aplicação da multa, a contratada também poderá ter a penalidade pecuniária escrita em dívida ativa em caso de não pagamento, bem como o descumprimento da obrigação será motivo a configurar justa causa para rescisão contratual, com incidência cumulativa de cláusula penal.

Por fim, o não cumprimento da obrigação contratual também poderá implicar impossibilidade de contratação da sancionada com qualquer esfera de poder do estado de Goiás, pelo período de 2 (dois) anos ou até efetiva comprovação de implantação e aplicação do sistema de integridade.

## 3.6 Lei Estadual nº 16.772/2019 – Pernambuco

O estado de Pernambuco, em 9.12.2019, publicou norma estadual que dispôs sobre o "sobre a obrigatoriedade de implantação de Programa de Integridade por pessoas jurídicas de direito privado que contratarem com o Estado de Pernambuco".

Referido diploma possui inúmeras novidades quando comparado aos demais até aqui analisados, especialmente em relação ao alcance da norma, fiscalização e sanção, conforme se passa a demonstrar.

## 3.6.1 Parâmetros de alcance da norma

Art. 1º Esta Lei estabelece normas a serem observadas pela administração pública estadual nas contratações de pessoa jurídica de direito privado que tenham por objeto:

I - a execução de obras ou o fornecimento bens e serviços, inclusive de engenharia;

II - a promoção ou execução de atividades públicas não-exclusivas de Estado, quando desempenhadas por organizações sociais, através de contratos de gestão; e

III - a prestação de serviços públicos, sob o regime de concessão, inclusive parcerias público-privadas. [...]

Art. 3º As pessoas jurídicas de direito privado, inclusive aquelas qualificadas como organizações sociais, que celebrem contratos administrativos ou de gestão com a administração pública estadual devem implementar Programa de Integridade, na forma prevista nesta Lei.

§1º O disposto no *caput* aplica-se, ainda, a aditamentos ou alterações contratuais que resultem no atingimento dos patamares financeiros contidos no art. 6º. [...]

Art. 6º A implementação de Programa de Integridade será exigida das pessoas jurídicas contratadas em razão da celebração, aditamento ou alteração de:

I - contratos de obras, de serviços de engenharia, e de gestão com a administração pública firmados a partir de 1º de janeiro de 2022, desde que possuam o valor global da contratação igual ou superior a R$10.000.000,00 (dez milhões de reais) (Redação alterada pelo art. 1º da Lei nº 17.133, de 18 de dezembro de 2020.)

II - contratos de obras, de serviços de engenharia, e de gestão com a administração pública firmados a partir de 1º de janeiro de 2024, desde que o valor global da contratação seja igual ou superior a R$5.000.000,00 (cinco milhões de reais); e (Redação alterada pelo art. 1º da Lei nº 17.133, de 18 de dezembro de 2020.)

III - contratos administrativos em geral, não previstos nos incisos I e II, firmados a partir de 1º de janeiro de 2025, desde que o valor global da contratação seja igual ou superior a R$10.000.000,00 (dez milhões de reais). (Redação alterada pelo art. 1ª da Lei nº 17.133, de 18 de dezembro de 2020.)

Parágrafo único. Os valores estabelecidos nos incisos I, II e III serão atualizados anualmente, na forma prevista no art. 2º da Lei nº 11.922, de 29 de dezembro de 2000.

Daquilo que se depreende do artigo em comento, não há novidade em relação ao âmbito de alcance subjetivo da norma, isto é, a norma se aplica para todas as organizações privadas que celebrem contratos administrativos, inclusive de concessão e parcerias público-privadas, ou contratos gestão, com a Administração Pública estadual de Pernambuco. Nesse ponto, importante registrar que a lei não faz distinção subjetiva entre as contratadas como, por exemplo, faz a lei do Distrito Federal.

Agora, em relação ao alcance objetivo da norma, em que pese mantenha aplicação aos contratos alterados – o que demanda as mesmas críticas em relação à manutenção do equilíbrio econômico-financeiro da avença – a lei estadual de Pernambuco inova, trazendo parâmetro de alcance objetivo gradual, que varia de acordo com o valor e objeto do contrato. É dizer, quanto maior a complexidade dos contratos, mais próximo o prazo de início da validade da exigência. Da mesma forma, quanto maior o valor dos contratos de obras, de serviços de engenharia e de gestão com a Administração Pública, cuja natureza, por si só, considera-se mais complexa, mais próximo será o prazo de início da validade exigência. Por fim, quanto maior o valor dos contratos em geral, mais próximo será o prazo de início da validade exigência.

Senão, veja-se a seguir resumo explicativo:

a) Contratos de obras, de serviços de engenharia, e de gestão com a Administração Pública com valor ≥ 10 milhões – a partir de 1º.1.2022.
b) Contratos de obras, de serviços de engenharia, e de gestão com a Administração Pública com valor ≥ 5 milhões – a partir de 1º.1.2024.
c) Demais contratos, com objetos não previstos nas hipóteses anteriores, com valor ≥ 10 milhões – a partir de 1º.1.2025.

### 3.6.2 O objetivo da exigência normativa

Art. 4º A obrigatoriedade prevista no *caput* do art. 3º tem por finalidade:
I - prover maior segurança e transparência às contratações públicas;
II - otimizar a qualidade da execução contratual;
III - evitar prejuízos financeiros para a administração pública, decorrentes da prática de irregularidades, desvios de ética, de conduta e de fraudes na celebração e na execução de contratos; e
IV - assegurar que a execução dos contratos se dê em conformidade com as normas legais e regulamentares aplicáveis a cada atividade contratada.

Da mesma forma que os demais diplomas até aqui analisados, o art. 4º da lei pernambucana traz objetivos como promoção de segurança

CAPÍTULO 3
CRITÉRIOS NORMATIVOS À IMPLEMENTAÇÃO DE SISTEMAS DE *COMPLIANCE* | 163

e transparência, otimização da qualidade da execução dos contratos, mitigação de prejuízos financeiros decorrentes de irregularidades, desvios de ética e de conduta e fraudes contratuais e, por fim, garantia da execução conforme dos contratos, para justificar a exigência de implementação de sistemas de integridade no âmbito das contratações públicas abarcadas pela legislação estadual em comento.

### 3.6.3 O sistema de integridade para Lei Estadual nº 16.722/2019 – Pernambuco

> Art. 2º Para os fins desta Lei são considerados: [...]
>
> II - programa de integridade: conjunto de mecanismos e procedimentos internos de integridade, auditoria, controle e incentivo à denúncia de irregularidades e de aplicação de códigos de ética e de conduta, políticas e diretrizes voltadas a detectar e/ou sanar desvios, fraudes, irregularidades e atos ilícitos; [...].

Inovando a sistemática formal adotada pelos demais diplomas até aqui analisados, a lei pernambucana disciplina artigo com definições dos temas e itens tratados no decorrer de toda a norma.

De todo modo, a inovação é apenas formal, já que, conforme se depreende do dispositivo acima colacionado, a definição do que se considera sistema de integridade, determinado em seu art. 2º, inc. II, não se afasta do que os demais diplomas em comento consideram.

### 3.6.4 Prazo para implementação de sistemas de integridade e *compliance* e despesas resultantes da implementação

> Art. 3º [...].
>
> §1º O disposto no *caput* aplica-se, ainda, a aditamentos ou alterações contratuais que resultem no atingimento dos patamares financeiros contidos no art. 6º.
>
> §2º As despesas necessárias à implantação, adequação ou aperfeiçoamento do Programa correrão por conta exclusiva da contratada. [...]
>
> Art. 17. O Programa de Integridade a que se refere esta Lei deverá ser implantado pelas pessoas jurídicas contratadas no prazo de até 180 (cento e oitenta) dias, contados da assinatura do contrato ou do aditamento contratual.

Parágrafo único. O decurso do prazo previsto no *caput* ensejará a instauração de processo administrativo para apuração da infração.

Nos termos do art. 17 do diploma normativo em análise, a implementação do sistema de integridade deverá ocorrer no prazo de até 180 (cento e oitenta) dias da celebração do contrato ou do aditivo contratual, e as despesas resultantes da implementação do sistema correrão às expensas da contratada, nos termos do §2º do art. 3º.

Diferentemente de outras normais regionais, o estado de Pernambuco não disciplina o prazo certo e determinado de 180 dias, mas sim que o prazo será de *até* 180 dias, o que leva a crer que o prazo poderá ser estipulado de forma diversa no edital ou no termo de aditamento contratual, a depender da situação concreta.

Nesse ponto, entretanto, valem as mesmas críticas realizadas anteriormente no que diz respeito ao curto prazo estabelecido pela norma à implementação efetiva dos sistemas.

Da mesma forma, em relação à atribuição do ônus das despesas com a implementação do sistema de integridade à contratada, considerando que a norma também possui alcance normativo objetivo aos contratos alterados, nos termos do §1º, do art. 3º acima colacionado, necessária se faz a atenção aos casos em que ocorrer impacto ao equilíbrio econômico-financeiro do contrato.

## 3.6.5 Dos parâmetros de comprovação à efetividade do sistema

Art. 5º O Programa de Integridade somente será considerado válido quando ensejar o comprometimento da alta administração com a respectiva execução, monitoramento, avaliação e atualização e deverá:

I - prever mecanismos de prevenção, detecção, punição e remediação de fraudes e atos de corrupção; e

II - ser compatível com a natureza, o porte, e a complexidade das atividades desempenhadas pela pessoa jurídica contratada.

Parágrafo único. O Programa que seja meramente formal e que se mostre ineficaz para mitigar o risco de ocorrência de atos lesivos, previstos no art. 5º da Lei Federal nº 12.846, de 1º de agosto de 2013, não será considerado para fins de cumprimento desta Lei. [...]

Art. 8º O Programa de Integridade será analisado pelo órgão avaliador, quanto à sua existência, aplicação e efetividade, de acordo com os seguintes aspectos: (Redação alterada pelo art. 1º da Lei nº 17.133, de 18 de dezembro de 2020.)

I - comprometimento da alta administração;

II - instância responsável pelo Programa de Integridade;

III - análise de perfil e riscos;

IV - estrutura das regras e instrumentos de integridade; e

V - periodicidade de monitoramento.

§1º A atividade de monitoramento e avaliação do Programa de Integridade observará os limites desta Lei e não podem implicar interferência na gestão das pessoas jurídicas contratadas, nem nas competências dos órgãos gestores dos contratos.

Da análise dos arts. 5º e 8º da Lei Estadual nº 16.722/2019, percebe-se que o legislador pernambucano se balizou nas diretrizes para empresas privadas estatuídas nos cinco pilares do *Manual sobre Programa de Integridade* criado pela Controladoria-Geral da União,[133] assim como na Portaria CGU nº 909/2015, que disciplina os critérios de avaliação dos sistemas de integridade mediante preenchimento de relatório de perfil e conformidade, já comentados anteriormente quando da análise da lei do Rio de Janeiro e do Distrito Federal.

Assim, chama-se atenção ao fato de que, em que pese a Lei Estadual nº 16.722/2019 não faça diferenciação em relação à aplicabilidade subjetiva da norma – isto é, aplica-se para todas as empresas contratadas – há preocupação expressa com a aderência dos sistemas de integridade implementados à realidade peculiar de cada contratada, devendo aqueles ser compatíveis com a natureza, o porte e a complexidade das atividades desempenhadas pela pessoa jurídica contratada.

## 3.6.6 Comprovação do sistema e responsabilidade pela inclusão da exigência nos editais e contratos

Art. 8º [...].

§2º Para que o Programa de Integridade seja avaliado, a pessoa jurídica deve apresentar relatório de perfil e relatório de conformidade do Programa, nos moldes regulados por Decreto. [...]

---

[133] BRASIL. Controladoria-Geral da União – CGU. *Programa de integridade:* diretrizes para empresas privadas. Brasília: CGU, set. 2015. p. 6-14. Disponível em: https://www.gov. br/cgu/pt-br/centrais-de-conteudo/publicacoes/integridade/arquivos/programa-de-integridade-diretrizes-para-empresas-privadas.pdf/view. Acesso em: 31 ago. 2021.

Art. 10. A pessoa jurídica que já tenha implementado o Programa de Integridade deve apresentar ao órgão ou entidade contratante, no momento da formalização da relação contratual, declaração de existência do referido Programa nos termos desta Lei, o qual deverá ser encaminhado ao órgão avaliador para análise. (Redação alterada pelo art. 1º da Lei nº 17.133, de 18 de dezembro de 2020) [...]

Art. 18. Os órgãos e entidades da administração pública estadual farão constar nos editais dos certames licitatórios, e nos instrumentos contratuais, bem como dos aditivos aos contratos já em execução, celebrados na vigência desta lei, observando-se o prazo previsto no art. 6º, a obrigatoriedade de observância do disposto na presente Lei. (Redação alterada pelo art. 1º da Lei nº 17.133, de 18 de dezembro de 2020)

Art. 19. As pessoas jurídicas contratadas pela Administração Pública estadual nos termos desta Lei ficam obrigadas a disponibilizar em seu sítio eletrônico na internet o teor do contrato administrativo ou de gestão, o organograma da empresa, contendo o nome completo de toda a diretoria administrativa, financeira e operacional, bem como a composição do seu quadro societário, de forma a dar transparência sobre todos os envolvidos na execução do contrato ou que dele se beneficiem financeiramente com a prestação do serviço ou fornecimento de produto para a administração pública.

Parágrafo único. O organograma de que trata o *caput* deverá indicar com clareza as pessoas responsáveis pela gestão e monitoramento do Programa de Integridade.

Conforme visto anteriormente, o embasamento do diploma em comento na Portaria CGU nº 909/2015 faz com que se exija, para fins de avaliação do sistema de integridade, que a contratada apresente um relatório de perfil e outro de conformidade. Além disso, indo ao encontro da disciplina de outras normas estaduais, determina que a empresa que já possuir sistema de integridade implantado deverá apresentar declaração nesse sentido.

Em relação à responsabilidade de inclusão da exigência nos editais e instrumentos contratuais cuja lei em análise é aplicável, há disciplina expressa no art. 18 de que caberá à Administração Pública Estadual essa atribuição.

A novidade estabelecida pela lei pernambucana diz respeito à exigência de que a contratada, em prol da transparência sobre todos os envolvidos na execução do contrato direta e indiretamente, disponibilize em seu sítio eletrônico o contrato firmado e o organograma da empresa, este que deve indicar de forma clara quem são os responsáveis pela gestão e monitoramento do sistema de integridade.

## 3.6.7 Dos responsáveis pela fiscalização

Art. 7º A fiscalização da pessoa jurídica contratada quanto à implantação do Programa de Integridade e sua respectiva avaliação compete:

I - à Secretaria da Controladoria Geral do Estado – SCGE, no que se refere às contratações previstas nos incisos I e II do art. 6º; e

II - às unidades de controle interno do órgão ou entidade contratante, na hipótese prevista no inciso III do art. 6º.

§1º Para os fins do disposto nos incisos I e II, caberá ao órgão avaliador: (Redação alterada pelo art. 1º da Lei nº 17.133, de 18 de dezembro de 2020.)

I - emitir certificado de regularidade do Programa de Integridade, caso atingida a pontuação mínima estabelecida em regulamento;

II - identificar a necessidade de adequações no Programa de Integridade, hipótese em que a contratada será notificada para promover adequações em até 60 (sessenta) dias; e

III - proferir despacho final, quando verificada a desconformidade do Programa de Integridade.

§2º A aplicação de sanção à pessoa jurídica contratada pela ausência ou implementação parcial ou meramente formal do Programa de Integrida-de caberá à autoridade competente do respectivo órgão ou e responsável pela fiscalização, observado o disposto no *caput*, após a conclusão de processo administrativo especificamente instaurado para tal finalidade.

§3º O órgão avaliador deve oficiar a autoridade máxima do órgão ou da entidade gestora do contrato, quando verificada a presença de indícios da prática de outras infrações contratuais, que não a prevista no §2º. (Re-dação alterada pelo art. 1º da Lei nº 17.133, de 18 de dezembro de 2020.)

Art. 9º O certificado de regularidade do Programa de Integridade terá validade por 2 (dois) anos e é dotado de fé pública, sendo emitido pelo órgão avaliador, observado o disposto nos incisos I e II do art. 7º. (Re-dação alterada pelo art. 1º da Lei nº 17.133, de 18 de dezembro de 2020.)

§1º Os procedimentos para obtenção do certificado e para avaliação do Programa de Integridade serão especificados em regulamento.

§2º Durante o período de validade do certificado, a SCGE, agindo de ofício, ou através de denúncia fundamentada, desde que presente in-dícios de atos de fraude e corrupção, poderá requerer a apresentação dos relatórios de perfil e de conformidade atualizados, com intuito de proceder à reavaliação do Programa de Integridade.

Conforme se depreende dos dispositivos acima colacionados, naquilo que diz respeito à fiscalização da estruturação do sistema de integridade no âmbito das contratações públicas, a lei do estado de Pernambuco inovou em inúmeros sentidos.

Em primeiro lugar, o seu art. 7º diferencia os responsáveis pela fiscalização da implantação em razão do objeto do contrato, e, considerando o disciplinado no art. 6º já analisado, também em razão do valor. Assim, será competente para fiscalização a Secretaria da Controladoria-Geral do Estado – SCGE (i) nos contratos de obras, de serviços de engenharia, e de gestão firmados a partir de 1º.1.2022, desde que possuam o valor global da contratação igual ou superior a R$10.000.000,00; e (ii) nos contratos de obras, de serviços de engenharia, e de gestão com a Administração Pública firmados a partir de 1º.1.2024, desde que o valor global da contratação seja igual ou superior a R$5.000.000,00. Já as unidades de controle interno do órgão ou entidade contratante serão responsáveis pelos contratos administrativos em geral, não abrangidos pelas hipóteses anteriormente destacadas, firmados a partir de 1º.1.2025, desde que o valor global da contratação seja igual ou superior a R$10.000.000,00 (dez milhões de reais).

Veja-se que, diferente de outras normas analisadas nessa obra, a Lei Estadual nº 16.722/2019 retirou a competência de avaliação e fiscalização dos sistemas de integridade do fiscal ou gestor do contrato, atribuindo tal função aos órgãos de controle interno.

Assim, após avaliação dos sistemas de integridade das contratadas, nos termos dos arts. 5º e 8º já analisados, o responsável poderá adotar as seguintes condutas: (i) emitir certificado de regularidade de programa de integridade; (ii) notificar a contratada para promover adequações em até 60 dias; e (iii) proferir despacho final em caso de desconformidade com o programa de integridade. Além disso, também caberá ao responsável pela avaliação e fiscalização do sistema de integridade a aplicação de sanção em caso de descumprimento total ou parcial da obrigação contratual, sendo responsável, ademais, pela informação à autoridade máxima da presença de indícios da prática de outras infrações contratuais.

Como se pode notar, há uma preocupação muito grande com a fiscalização dos sistemas de integridade que serão implementados, especialmente para que não sejam sistemas meramente formais.

Por isso, importante registrar que, de fato, a avaliação de sistemas de integridade é uma atividade complexa, que demanda tempo e envolve diversas áreas do conhecimento, especialmente porque a verificação da adequação daqueles deve se dar de acordo com a realidade de cada pessoa jurídica. Assim, entende-se, que, ainda que tenha andado bem o diploma, tendo estabelecido critérios mais práticos de avaliação, sobretudo porque fundamento no relatório de perfil e relatório de conformidade da Portaria CGU nº 909/2015, é de suma importância que os critérios de avaliação sejam objetivos e garantam segurança jurídica às contratadas.

Assim, um ponto de partida pode ser o estabelecido no *Manual prático de avaliação de programa de integridade em PAR*, do Ministério aa Transparência e Controladoria-Geral da União,[134] de setembro de 2018, que estabelece alguns blocos de avaliação dos sistemas de integridade, sendo eles:

> (i) Cultura Organizacional de Integridade – COI, em que se pretende avaliar se o ambiente organizacional da pessoa jurídica possui condições de fomentar e manter uma cultura de integridade entre os administradores, empregados e terceiros com quem se relaciona, atendendo os parâmetros estabelecidos nos incisos I, II, III, IV e IX do artigo 42 do Decreto n. 8.420/2015;
>
> (ii) Mecanismos, políticas e procedimentos de integridade – MPI, em que se pretende avaliar se a pessoa jurídica possui e aplica em sua rotina instrumentos que possibilitam a prevenção, detecção e remediação de atos lesivos previstos na Lei n. 12.846/2013, levando em consideração, os parâmetros estabelecidos nos incisos V, VI, VII, VIII, X, XI, XIII, XIV e XV pelo artigo 42 do Decreto n. 8.420/2015;
>
> (iii) Atuação da pessoa jurídica em relação ao ato lesivo – APJ, pretendendo-se verificar a qualidade do Programa de Integridade na prevenção, detecção ou remediação do ato lesivo, permitindo avaliar a qualidade, atendendo ao inciso XII do artigo 42 do Decreto n. 8.420/2015.

Sabe-se que a melhor forma de mensurar a qualidade de um sistema de integridade é mediante a comprovação dos indicadores--chave de performance, eis que somente estes podem demonstrar a aderência efetiva do sistema à organização e de todos os interessados, individualizando-se adequadamente a estruturação e implementação periódica do sistema de *compliance*. Entretanto, como a realidade do *compliance* nas contratações públicas ainda é muito incipiente, a adoção de métodos de avaliação já existentes pode auxiliar o processo de aculturamento do país.

---

[134] BRASIL. Ministério da Transparência e Controladoria-Geral da União. *Manual prático de avaliação de programa de integridade em PAR*. Brasília: CGU, set. 2018. Disponível em: https://repositorio.cgu.gov.br/bitstream/1/46645/1/Manual_pratico_integridade_PAR. pdf. Acesso em: 31 ago. 2021.

Conforme visto anteriormente, após a avaliação do sistema de integridade, o responsável pela análise e fiscalização poderá emitir certificado de regularidade do sistema de integridade, que, de acordo com o art. 9º da legislação em comento, terá validade de dois anos, podendo ser reanalisados em menor prazo em caso de indícios de fraude e corrupção, sendo os procedimentos para obtenção do certificado e avaliação especificados em regulamento.

Em relação à certificação de sistemas de integridade, cumpre trazer algumas importantes reflexões, sobretudo para garantia de efetividade e aderência da cultura da integridade no país, especialmente no âmbito das contratações públicas.

Assim, a primeira pergunta que se deve fazer neste tema é: quem deve ser o responsável pela certificação de sistemas de integridade? Essa pergunta é importante justamente para que a certificação não resulte em sistemas de integridade meramente formais ou "para inglês ver", sobretudo em relação a eventual conflito de interesse ou dependência do órgão certificador.

A segunda pergunta que deve ser feita é: quais os critérios adotados para certificação? Tal pergunta se faz necessária eis que a simples certificação não assegura a efetividade de sistemas de integridade, sobretudo quando a avaliação prévia à certificação não é realizada de forma individualizada e tampouco por pessoa qualificada, permitindo a certificação após um simples *check-the-box* de questionários que, em sua maioria, são preenchidos pelas próprias empresas que estão sendo avaliadas e cujas informações são de difícil análise por parte daquele que está avaliando.

Em análise realizada por Jean Pierre Matus Acuña sobre o sistema chileno de certificação de sistemas de integridade, concluiu-se que a certificação possui diferentes resultados a depender do seu papel ante os sistemas de integridade. É dizer, em sistemas em que a adoção de sistemas de integridade serve para prevenção a condutas ilícitas, a certificação poderia desempenhar um papel de acreditação de bom comportamento anterior, uma espécie de "certificação de agir com prudência".[135]

---

[135] Livre tradução de: "Para el caso de un sistema como el norteamericano o el chileno, en la interpretación que aquí se sostiene, el rol que podría llegar a jugar la certificación de la adopción de programas de prevención de delitos sería el de una acreditación de buen comportamiento previo, una especie de 'certificación del actuar prudente'. Por lo tanto, a falta de otras evidencias que contradigan tal comportamiento anterior, servir como prueba de la atenuación prevista en ambas regulaciones" (MATUS ACUÑA, Jean Pierre.

Entende-se que esse, é, justamente, o caso da implementação de sistemas de integridade no âmbito das contratações públicas, considerados os objetivos e finalidades previstos em todas as normas até aqui analisadas como justificativa da exigência. Contudo, não se pode esquecer de que a realidade do *compliance* nas contratações públicas é ainda muito recente e de preocupações como: (i) custo da certificação, para além do investimento com a implementação do sistema de integridade; (ii) impossibilidade de adaptação da avaliação do sistema de acordo com os riscos de cada contratação, já que a certificação é padronizada; e (iii) impossibilidade de verificação do desenvolvimento do sistema de integridade ao longo do tempo, eis que as certificações atestam o estágio do desenvolvimento em determinado momento,[136] que não podem ser deixadas de lado.

Sabe-se, ademais, que as certificações jamais terão valor absoluto, especialmente se consideradas as premissas e balizas de um sistema de integridade, que é periodicamente revisitado considerando comportamentos de indivíduos ante as políticas e procedimentos implementados, além dos riscos identificados. Algo que é constantemente monitorado e revisado, como são os sistemas de integridade, sempre poderá ser modificado, impactando o resultado de certificações. Tal preocupação, inclusive, está presente no §2º do art. 9º em comento, que disciplina que durante o período de validade do certificado a autoridade responsável poderá requerer a apresentação dos relatórios de perfil e de conformidade atualizados, com intuito de proceder à reavaliação do sistema de integridade.

Para além das preocupações até aqui externadas, em se tratando de certificação, de extrema importância que ela seja realizada de forma independente, de modo a garantir a segurança jurídica necessária para quem está sendo certificado, assim como para aquele que confia na certificação que atesta a efetividade do sistema de integridade avaliado. Assim, jamais o certificador deverá ser a mesma pessoa responsável pela implementação do sistema de integridade, isto é, o *compliance officer* da empresa, sob pena de conflito de interesse e prejuízo à independência e

---

La certificación de los programas de cumplimiento. *In*: ARROYO ZAPATERO, Luis; MARTÍN; Adán Nieto (Coord.). *El derecho penal económico en la era compliance*. Valência: Tirant Lo Blanch, 2013. p. 151. Disponível em: https://blog.uclm.es/cienciaspenales/files/2017/06/derecho_compliance-compressed.pdf. Acesso em: 31 ago. 2021).

[136] BRASIL. Secretaria de Transparência e Prevenção da Corrupção; CGU. *Coleção Integridade em contratações públicas*. Brasília: CGU, 2021. v. I. p. 8. Disponível em: https://repositorio.cgu.gov.br/bitstream/1/66646/7/Informativo_Colecao_Integridade_em_Contratacoes_Publicas_2021_V1.pdf. Acesso em: 30 ago. 2021.

à credibilidade da própria certificação, e, da mesma forma, os requisitos e critérios de avaliação devem ser transparentes e objetivos, sob pena de prejuízo à segurança jurídica de todas as partes interessadas.

Em razão disso, dando cumprimento ao §1º do art. 9º da Lei Estadual nº 16.722/2019 de Pernambuco, os procedimentos e a pontuação mínima necessários para a obtenção do certificado de regularidade do programa de integridade foram regulamentados pelo Governo de Pernambuco, mediante o Decreto nº 50.363/2021.

### 3.6.7.1 Decreto Estadual nº 50.365, de 4.3.2021

Considerando a possibilidade de certificação de sistemas de integridade pelas próprias autoridades responsáveis pela avaliação desses no estado de Pernambuco, o Decreto Estadual nº 50.363/2021 dispõe sobre os procedimentos e a pontuação mínima necessária para a obtenção, por pessoas jurídicas, do certificado de regularidade do programa de integridade.

Assim, daquilo que se depreende do art. 2º do referido decreto, para fins da avaliação de que trata o art. 7º da Lei nº 16.722, de 2019, serão observadas as respostas ao relatório de perfil e ao relatório de conformidade do programa, a partir da sua presunção de veracidade e mediante análise dos documentos apresentados, conforme pontuação distribuída da seguinte forma:

> Art. 3º A avaliação máxima quanto à aplicação e efetividade do Programa de Integridade será de até 100 (cem) pontos, distribuídos entre os seguintes aspectos:
>
> I - comprometimento da alta administração: 10 (dez) pontos;
>
> II - instância responsável pelo Programa de Integridade: 10 (dez) pontos;
>
> III - análise de perfil e riscos: 15 (quinze) pontos;
>
> IV - estrutura das regras e instrumentos de integridade: 55 (cinquenta e cinco) pontos, sendo:
>
> a) políticas de Integridade: 10 (dez) pontos; [...]
>
> c) gestão de terceiros: até 5 (cinco) pontos;
>
> d) registros contábeis: até 5 (cinco) pontos;
>
> e) canal de denúncia: 10 (dez) pontos;
>
> f) medidas disciplinares e ações de remediação: 10 (dez) pontos; e
>
> g) transparência: 5 (cinco) pontos;
>
> V - periodicidade de monitoramento: 10 (dez) pontos.

# CAPÍTULO 3
CRITÉRIOS NORMATIVOS À IMPLEMENTAÇÃO DE SISTEMAS DE *COMPLIANCE* | 173

De acordo com o decreto, a certificação será concedida se o programa de integridade obtiver, no mínimo, 40% (quarenta por cento) da pontuação indicada acima, além de uma pontuação global de (i) 70 (setenta) pontos, quando da primeira avaliação; e (ii) 5 (cinco) pontos a mais em relação à pontuação obtida no último certificado, quando da sua renovação, nos termos do art. 4º do referido decreto.

Em relação ao processo de avaliação, o decreto estadual em análise estabelece como atribuições dos órgãos avaliadores as mesmas já descritas no art. 7º da Lei 16.722/2019, facultando-lhes a avaliação conjunta de pessoas jurídicas pertencentes a um mesmo grupo econômico, que possuem um único sistema de integridade. Da mesma forma, disciplina como obrigações das pessoas jurídicas que submetem seus sistemas à avaliação as seguintes: I – prestar previamente os esclarecimentos necessários, bem como quando solicitados pelo órgão avaliador e no prazo determinado; II – observar os prazos estabelecidos e garantir o envio de formulários, informações e quaisquer outros documentos, zelando pela obtenção das respectivas confirmações de recebimento; e III – possibilitar acesso à equipe de avaliação às instalações, aos funcionários e aos documentos referentes às medidas que demonstram o seu comprometimento com a ética e integridade.

Como se pode notar, em que pese o decreto estadual estabeleça de forma mais bem discriminada as atribuições das contratadas que pretendem avaliação de seu sistema de integridade, não apresenta um fluxo de processo efetivo da avaliação, especialmente no tocante ao contraditório e à ampla defesa, em caso de avaliação negativa do sistema de integridade. A única menção a processo administrativo no Decreto Estadual nº 50.363/2021 é em relação ao procedimento administrativo de apuração e aplicação das penalidades previstas no art. 11 da Lei nº 16.722, de 2019, mas, nesse plano, a avaliação já terá ocorrido no sentido de não atendimento do percentual mínimo estabelecido. Ocorre que a própria lei estadual, em seu art. 11, inc. II, faz menção à garantia do contraditório em caso de não atendimento da pontuação mínima.

Dessa forma, para assegurar os direitos e garantias fundamentais, certamente, a Secretaria da Controladoria-Geral do Estado – SCGE deverá editar normas complementares para o fiel cumprimento do decreto, especialmente em relação à orientação quanto a dúvidas relacionadas à execução da Lei nº 16.722/2019.

Importante frisar que o Decreto Estadual nº 50.363/2021 excetua a avaliação do sistema de integridade caso a pessoa jurídica já possua certificação voluntária, por meio da qualificação por meio de avaliação realizada pela Controladoria-Geral da União – CGU, mas, nesses casos, não poderá haver investigações em curso ou decisões, judiciais ou administrativas, envolvendo a pessoa jurídica ou membros da alta direção, relacionadas à prática de atos de corrupção ou de fraudes em licitação e contratos administrativos; e o lapso temporal entre a avaliação anteriormente realizada e a apresentação dos relatórios de perfil e conformidade não poderá ser superior a 2 (dois) anos.

### 3.6.8 O que acontece em caso de não implementação do sistema?

Art. 11. O descumprimento das obrigações e prazos previstos nesta Lei ensejará aplicação de multa sobre o valor global atualizado do contrato, nas seguintes hipóteses:

I - não apresentação do Programa de Integridade, sendo fixada em 0,2% (dois décimos percentuais) por dia de atraso, contado a partir do 1º dia útil após decurso do prazo estabelecido no art. 17 e limitada ao valor máximo de 20% (vinte por cento); e

II - não atingimento da pontuação mínima estabelecida em regulamento, sendo fixada em 0,1% (um décimo percentual) por dia, contado a partir do 1º dia útil após a ciência, pelo representante legal da contratada, da decisão administrativa, garantido o direito à ampla defesa e ao contraditório, que declarar a desconformidade do Programa de Integridade, e limitada ao valor máximo de 10% (dez por cento).

§1º O cômputo da multa será suspenso entre o período da entrega do Programa de Integridade até à sua avaliação, retomando-se a contagem após a ciência da decisão administrativa que declarar a desconformidade do Programa.

§2º O cumprimento extemporâneo da exigência da implantação ou adequação não implica indébito da multa aplicada.

§3º O pagamento da multa deverá ocorrer no prazo de 30 (trinta) dias, contados do trânsito em julgado da decisão administrativa que a fixar e os valores dela decorrentes serão revertidos ao Fundo Estadual Vinculado de Combate à Corrupção - FUNCOR, instituído pela Lei nº 16.309, de 8 de janeiro de 2018.

§4º A autoridade máxima do órgão ou entidade poderá autorizar o parcelamento da multa ou descontar o referido valor da garantia do respectivo contrato administrativo ou de gestão.

§5º Na hipótese da efetivação do desconto previsto no §4º, se a multa for de valor superior ao valor da garantia prestada, o contratado responderá pela diferença mediante a retenção de créditos que possua frente à contratante.

CAPÍTULO 3
CRITÉRIOS NORMATIVOS À IMPLEMENTAÇÃO DE SISTEMAS DE *COMPLIANCE* | 175

Art. 12. O inadimplemento da multa instituída nesta Lei ensejará o encaminhamento do débito para inscrição em dívida ativa, sem prejuízo de cobranças judiciais ou extrajudiciais.

Art. 13. A aplicação de multa nas hipóteses previstas nesta Lei afasta a aplicação, pelos mesmos fatos, da penalidade de multa prevista na Lei Federal nº 8.666, de 21 de junho de 1993, e na Lei Federal nº 10.520, de 17 de julho de 2002.

Art. 14. A não apresentação do Programa de Integridade após o esgotamento do prazo do art. 17 ou a apresentação de Programa cuja pontuação não atinja 50% (cinquenta por cento) da nota mínima prevista em regulamento, respeitado o disposto no art. 7º, §1º, II, são hipóteses de rescisão do contrato administrativo ou de gestão pela autoridade máxima do órgão ou entidade gestora.

§1º A decisão administrativa que determinar a rescisão ou manutenção do contrato deverá considerar, cumulativamente, os seguintes aspectos:

a) impactos econômicos e financeiros decorrentes da rescisão do contrato;

b) riscos sociais, ambientais e à segurança da população local decorrentes da rescisão do contrato

c) custo da deterioração ou da perda das parcelas executadas;

d) despesa necessária à preservação das instalações e dos serviços já executados;

e) despesa inerente à desmobilização e ao posterior retorno às atividades;

f) custo total e estágio de execução física e financeira dos contratos, das obras ou das parcelas envolvidas;

g) empregos diretos e indiretos perdidos em razão da rescisão do contrato; e

h) custo para realização de nova licitação ou celebração de novo contrato.

Art. 15. O não cumprimento da obrigação de implantar o Programa de Integridade, seu cumprimento parcial ou meramente formal poderá implicar, cumulativamente, nos termos da legislação aplicável:

I - impossibilidade de aditamento contratual;

II - rescisão unilateral do contrato por parte da contratante; e

III - impossibilidade de licitar e contratar com a Administração Pública Estadual, até a efetiva comprovação de implementação do Programa de Integridade, sem prejuízo do pagamento da multa aplicada.

§1º A aplicação das respectivas sanções depende de processo administrativo de apuração de responsabilidade pelo descumprimento de cláusula contratual, assegurada a ampla defesa e o contraditório.

§2º Na hipótese de pessoa jurídica celebrar contrato com o Poder Público na pendência de decisão final relativa à sanção de impedimento, responsabilizar-se-á por perdas e danos em favor do Estado, sem prejuízo da rescisão contratual.

Art. 16. A responsabilidade da pessoa jurídica subsistirá mesmo nas hipóteses de alteração contratual, transformação, incorporação, fusão ou cisão societária.

Parágrafo único. A sucessora se responsabilizará pelo cumprimento desta Lei, bem como pelas sanções aplicadas em razão da sua não observância.

Como se pode notar, a lei pernambucana disciplina em seu art. 11 que, em caso de descumprimento da exigência, aplicar-se-á à contratada multa contratual diária. Contudo, inovando o aspecto de aplicação de penalidades, a norma diferencia a inexecução (i) pela não apresentação do programa de integridade, quando será fixada multa diária em 0,2% (dois décimos percentuais), contada a partir do 1º dia útil após decurso do prazo estabelecido no art. 17 e limitada ao valor máximo de 20% (vinte por cento), e (ii) pelo não atendimento da pontuação mínima estabelecida no Decreto Estadual nº 50.365/2021, quando será fixada multa diária em 0,1% (um décimo percentual), contada a partir do 1º dia útil após a ciência, pelo representante legal da contratada, da decisão administrativa, garantido o direito à ampla defesa e ao contraditório, que declarar a desconformidade do sistema de integridade, e limitada ao valor máximo de 10% (dez por cento).

Além da aplicação da multa, que não poderá ser cumulada com outras multas que decorram do mesmo fato, ainda que advindas de legislação específica como a Lei nº 8.666/1993 e Lei nº 10.520/2002, que serão integralmente substituídas pelo novo regime da Lei nº 14.133/2021, a contratada também poderá ter a penalidade pecuniária escrita em dívida ativa, caso não seja quitada, bem como o não cumprimento da obrigação contratual será motivo a configurar impossibilidade de aditamento contratual, rescisão unilateral contratual e impossibilidade de licitar e contratar com a Administração Pública Estadual, até a efetiva comprovação de implementação do sistema de integridade.

Chama-se atenção à preocupação do legislador para análise de impacto econômico, social, ambiental e reputacional quando da prolação da decisão que determinar a rescisão do contrato em razão do não atendimento da obrigação de implementação de sistema de integridade, nos termos do art. 14, §1º:

§1º A decisão administrativa que determinar a rescisão ou manutenção do contrato deverá considerar, cumulativamente, os seguintes aspectos:

CAPÍTULO 3
CRITÉRIOS NORMATIVOS À IMPLEMENTAÇÃO DE SISTEMAS DE *COMPLIANCE* | 177

a) impactos econômicos e financeiros decorrentes da rescisão do contrato;

b) riscos sociais, ambientais e à segurança da população local decorrentes da rescisão do contrato

c) custo da deterioração ou da perda das parcelas executadas;

d) despesa necessária à preservação das instalações e dos serviços já executados;

e) despesa inerente à desmobilização e ao posterior retorno às atividades;

f) custo total e estágio de execução física e financeira dos contratos, das obras ou das parcelas envolvidas;

g) empregos diretos e indiretos perdidos em razão da rescisão do contrato; e

h) custo para realização de nova licitação ou celebração de novo contrato.

Como se pode notar, há um alinhamento da Lei Estadual nº 16.722/2019 com o consequencialismo disciplinado nas normas sobre direito público da Lei de Introdução às Normas de Direito Brasileiro e que, da mesma forma, materializaram-se recentemente na nova norma geral de licitações e contratações públicas, a Lei nº 14.133/2021, em seu art. 147, que disciplina que ao se constatar alguma irregularidade no procedimento licitatório ou na execução contratual, caso não seja possível o saneamento daquela, a decisão pela nulidade do contrato somente será adotada se se revelar medida de interesse público, bem como levar em consideração inúmeros aspectos, como: I – impactos econômicos e financeiros decorrentes do atraso na fruição dos benefícios do objeto do contrato; II – riscos sociais, ambientais e à segurança da população local decorrentes do atraso na fruição dos benefícios do objeto do contrato; III – motivação social e ambiental do contrato; IV – custo da deterioração ou da perda das parcelas executadas; V – despesa necessária à preservação das instalações e dos serviços já executados; VI – despesa inerente à desmobilização e ao posterior retorno às atividades; VII – medidas efetivamente adotadas pelo titular do órgão ou entidade para o saneamento dos indícios de irregularidades apontados; VIII – custo total e estágio de execução física e financeira dos contratos, dos convênios, das obras ou das parcelas envolvidas; IX – fechamento de postos de trabalho diretos e indiretos em razão da paralisação; X – custo para realização de nova licitação ou celebração de novo contrato; XI – custo de oportunidade do capital durante o período de paralisação.

Daquilo que se depreende das inovações trazidas pela Lei Estadual de Pernambuco, portanto, percebe-se que, ainda que mereça alguns reparos, houve bastante evolução se comparada aos demais diplomas até aqui analisados.

## 3.7 Lei Estadual nº 11.123/2020 – Mato Grosso

O estado de Mato Grosso, em continuidade às iniciativas de promoção da cultura da integridade no estado, em 8.5.2020, publicou a Lei Estadual nº 11.1232020, dispondo sobre "a instituição do Programa de Integridade nas empresas que contratarem com a Administração Pública do Estado de Mato Grosso".

Conforme visto anteriormente, o estado de Mato Grosso, desde 2018, já exigia a assinatura de termo anticorrupção das empresas contratadas, de modo que em 2020 consolidou a cultura da integridade nas contratações públicas, conforme será analisado a seguir.

### 3.7.1 Parâmetros de alcance da norma

> Art. 1º Fica estabelecida a exigência do Programa de Integridade às empresas que celebrarem contrato, consórcio, convênio, concessão ou parceria público-privada com a Administração Pública direta, indireta e fundacional do Estado de Mato Grosso, cujos limites em valor sejam iguais ou superiores ao da modalidade de licitação por tomada de preços, estimados entre R$80.000,00 (oitenta mil reais) e R$650.000,00 (seiscentos e cinquenta mil reais) para compras, obras e serviços, mesmo que na forma de pregão eletrônico, e o prazo do contrato seja igual ou superior a 180 (cento e oitenta) dias.
>
> Parágrafo único. Aplica-se o disposto nesta Lei às sociedades empresárias e às sociedades simples, personificadas ou não, independentemente da forma de organização ou modelo societário adotado, bem como a quaisquer fundações, associações civis de entidades ou pessoas, ou sociedades estrangeiras, que tenham sede, filial ou representação no território brasileiro, constituídas de fato ou de direito, ainda que temporariamente. [...]
>
> Art. 14. Esta Lei não se aplica aos contratos vigentes na época da sua publicação que sofrerem alteração por meio de termo aditivo, termo de apostilamento, prorrogação, renovação contratual, revisão para recomposição de preços ou realinhamento e recuperação.

Daquilo que se depreende do art. 1º do diploma em comento, o âmbito de alcance da norma é bastante similar aos demais aqui analisados, com a peculiaridade no alcance objetivo de que os valores dos contratos devem ser iguais ou superiores aos limites da modalidade tomada de preços prevista na Lei Geral de Licitações, n° 8.666/1993, bem como devem ter duração mínima de 180 dias.

Vale memorar que a Nova Lei de Licitações e Contratos, Lei n° 14.133/2021, não mais estabelece as modalidades de licitação de acordo com o valor, bem como que suprimiu as modalidades convite e tomada de preços, de modo que essas questões deverão ser adequadas na lei do estado do Mato Grosso.

Outra peculiaridade prevista na Lei Estadual n° 11.123/2020, também em relação ao seu alcance objetivo, é que ela não se aplica aos contratos vigentes a época da sua publicação, ou que sofrerem alteração por meio de termo aditivo, termo de apostilamento, prorrogação, renovação contratual, revisão para recomposição de preços ou realinhamento e recuperação. Tal consideração é importante, especialmente em privilégio ao equilíbrio econômico-financeiro dos contratos.

## 3.7.2 O objetivo da exigência normativa

Art. 2º A exigência da implantação do Programa de Integridade tem por objetivo:

I - proteger a Administração Pública Estadual dos atos lesivos que resultem em prejuízos financeiros causados por irregularidades, desvios de ética e de conduta e fraudes contratuais;

II - garantir a execução dos contratos em conformidade com a lei e regulamentos pertinentes a cada atividade contratada;

III - reduzir os riscos inerentes aos contratos, provendo maior segurança e transparência na sua consecução;

IV - obter melhores desempenhos e garantir a qualidade nas relações contratuais.

Daquilo que se depreende do artigo acima colacionado, a essência dos instrumentos normativos até aqui analisados em relação aos objetivos da exigência é a mesma: fortalecer mecanismos de combate à corrupção.

Nesse sentido, a lei mato-grossense determina as seguintes finalidades da exigência: (i) proteger a Administração Pública Estadual dos atos lesivos que resultem em prejuízos financeiros causados por irregularidades, desvios de ética e de conduta e fraudes contratuais; e (ii) garantir a execução conforme dos contratos, reduzindo os riscos inerentes a eles, provendo maior segurança e transparência na sua consecução, para obtenção de melhor desempenho e qualidade nas relações contratuais.

### 3.7.3 O sistema de integridade para Lei Estadual nº 11.123/2020 do Mato Grosso

Art. 3º O Programa de Integridade consiste, no âmbito de uma pessoa jurídica, no conjunto de mecanismos e procedimentos internos de integridade, auditoria e incentivo à denúncia de irregularidades e na aplicação efetiva de códigos de ética e de conduta, políticas e diretrizes com o objetivo de detectar e sanar desvios, fraudes, irregularidades e atos ilícitos praticados contra a Administração Pública do Estado de Mato Grosso.

Parágrafo único. O Programa de Integridade deve ser estruturado, aplicado e atualizado de acordo com as características e riscos atuais das atividades de cada pessoa jurídica, a qual, por sua vez, deve garantir o constante aprimoramento e adaptação do referido programa, visando garantir a sua efetividade.

Mais uma vez, de modo bastante similar aos demais diplomas até aqui analisados, o sistema de integridade consiste no conjunto de mecanismos e procedimentos internos de integridade, auditoria e incentivo à denúncia de irregularidades e na aplicação efetiva de códigos de ética e de conduta, políticas e diretrizes com vistas ao combate à corrupção, devendo ser estruturado, aplicado e atualizado de forma individualizada.

### 3.7.4 Prazo para implementação de sistemas de integridade e *compliance* e despesas resultantes da implementação

Art. 5º A implantação do Programa de Integridade no âmbito da pessoa jurídica que não apresentar programa no momento da assinatura do contrato dar-se-á no prazo de 180 (cento e oitenta) dias corridos, a partir da data de celebração do contrato.

Parágrafo único. Para efetiva implantação do Programa de Integridade, os custos/despesas resultantes correrão à conta da empresa contratada, não cabendo ao órgão contratante o seu ressarcimento.

Nos termos do art. 5º do diploma normativo em análise, a implementação do sistema de integridade deverá ocorrer no prazo de 180 (cento e oitenta) dias da celebração do contrato, e, considerando que a obrigatoriedade incidirá apenas em contratos novos, as despesas resultantes da implementação do sistema correrão às expensas da contratada.

A mesma crítica retratada anteriormente, no que diz respeito ao curto prazo estabelecido pela norma à implementação efetiva dos sistemas, aplica-se ao diploma ora em análise.

## 3.7.5 Dos parâmetros de comprovação à efetividade do sistema

Art. 4º O Programa de Integridade será avaliado, quanto a sua existência e aplicação, de acordo com os seguintes parâmetros:

I - comprometimento da alta direção da pessoa jurídica, incluídos os conselhos, quando aplicado, evidenciados pelo apoio visível e inequívoco ao programa;

II - padrões de conduta, código de ética, políticas e procedimentos de integridade, aplicáveis a todos os empregados e administradores, independentemente de cargo ou função exercidos;

III - padrões de conduta, código de ética e políticas de integridade estendidos, quando necessário, a terceiros, tais como, fornecedores, prestadores de serviço, agentes intermediários e associados;

IV - treinamentos periódicos sobre o Programa de Integridade;

V - análise periódica de riscos para realizar adaptações necessárias ao Programa de Integridade;

VI - registros contábeis que reflitam de forma completa e precisa as transações da pessoa jurídica;

VII - controles internos que assegurem a pronta elaboração e confiabilidade de relatórios e demonstrações financeiras da pessoa jurídica;

VIII - procedimentos específicos para prevenir fraudes e ilícitos no âmbito de processos licitatórios, na execução de contratos administrativos ou em qualquer interação com o setor público, ainda que intermediada por terceiros, tal como pagamento de tributos, sujeição a fiscalizações, ou obtenção de autorizações, licenças, permissões e certidões;

IX - independência, estrutura e autoridade da instância responsável pela aplicação do Programa de Integridade e fiscalização de seu cumprimento;

X - canais de denúncia de irregularidades, abertos e amplamente divulgados a funcionários e terceiros, e de mecanismos destinados à proteção de denunciantes de boa-fé;

XI - medidas disciplinares em caso de violação do Programa de Integridade;

XII - procedimentos que assegurem a pronta interrupção de irregularidades ou infrações detectadas e a tempestiva remediação dos danos gerados;

XIII - diligências apropriadas para contratação e, conforme o caso, supervisão de terceiros, tais como, fornecedores, prestadores de serviço, agentes intermediários e associados;

XIV - verificação, durante os processos de fusões, aquisições e reestruturações societárias, do cometimento de irregularidades ou ilícitos ou da existência de vulnerabilidades nas pessoas jurídicas envolvidas;

XV - monitoramento contínuo do Programa de Integridade, visando seu aperfeiçoamento na prevenção, detecção e combate à ocorrência dos atos lesivos previstos no art. 5º da Lei Federal nº 12.846 de 1º de agosto de 2013; e

XVI - ações comprovadas de promoção da cultura ética e de integridade por meio de palestras, seminários, workshops, debates e eventos da mesma natureza.

Mais uma vez se percebe que há uma reprodução dos parâmetros previstos no Decreto nº 8.420/2015 no tocante à comprovação da efetividade do sistema implementado.

## 3.7.6 Comprovação do sistema e responsabilidade pela inclusão da exigência nos editais e contratos

Art. 7º Para que o Programa de Integridade seja avaliado, a pessoa jurídica deve apresentar relatório de perfil e relatório de conformidade do Programa, nos moldes daqueles regulados pela Lei Federal nº 12.846, de 1º de agosto de 2013, pelo Decreto Federal nº 8.420, de 18 de março de 2015, e pelo Decreto nº 522, de 15 de abril de 2016, ou pela legislação correlata superveniente, no que for aplicável.

§1º A pessoa jurídica deve comprovar suas alegações e zelar pela completude, clareza e organização das informações prestadas.

§2º A comprovação pode abranger documentos oficiais, correios eletrônicos, cartas, declarações, correspondências, memorandos, atas de reunião, relatórios, manuais, imagens capturadas da tela de computador, gravações audiovisuais e sonoras, fotografias, ordens de compra, notas fiscais, registros contábeis ou outros documentos, preferencialmente em meio digital. [...]

§4º O Programa de Integridade que seja meramente formal e que se mostre absolutamente ineficaz para mitigar o risco de ocorrência de atos lesivos previstos na Lei Federal nº 12.846, de 1º de agosto de 2013, não é considerado para fins de cumprimento desta Lei. [...]

Art. 12. Cabe ao Poder Executivo fazer constar nos editais licitatórios e instrumentos contratuais a aplicabilidade desta Lei.

Naquilo que diz respeito à comprovação da efetividade do sistema, a Lei Estadual nº 11.123/2020 determina de forma expressa a responsabilidade da contratada na apresentação dos relatórios de perfil e conformidade, a exemplo do que se exige pela Portaria CGU nº 909/2015, bem como apresentação de informações e documentos idôneos a título de comprovação da existência do sistema de integridade, que será avaliado por comissão específica, podendo haver auxílio do gestor ou fiscal do contrato, conforme se verá adiante.

Em relação à atribuição de fazer constar a exigência de implementação de sistemas de integridade nas empresas que pretendam se relacionar com o Poder Público do Mato Grosso nos editais licitatórios e instrumentos contratuais cuja lei é aplicável, determina-se a competência ao Poder Executivo.

## 3.7.7 Dos responsáveis pela fiscalização

Art. 4º [...]

§1º A avaliação do Programa de Integridade será efetuada por comissão formada por 03 (três) membros, com a seguinte formação:

I - 01 (um) membro oriundo da Controladoria-Geral do Estado;

II - 01 (um) membro oriundo da Procuradoria-Geral do Estado;

III - 01 (um) membro oriundo da Secretaria de Estado de Fazenda.

§2º Os membros da Comissão se reunirão e escolherão entre si quem ocupará o cargo de Presidente, Vice-Presidente e Secretário. [...]

Art. 7º [...]

§3º O gestor do contrato ou, na ausência deste, o fiscal do contrato pode realizar entrevistas e solicitar novos documentos para fins da avaliação de que trata o caput.

Após análise da Lei Estadual nº 11.123/2020, em que pese tenha determinado em seu art. 4º que os responsáveis pela avaliação do sistema de integridade seriam os membros de uma comissão específica, com integrantes de órgãos de controle interno, nos mesmos termos do exposto na lei do Amazonas, a lei estadual em comento também disciplinou que o gestor do contrato, ou, na falta deste, o fiscal do contrato, poderia auxiliar na avaliação do sistema de integridade, mediante a realização de entrevistas.

Conforme destacado anteriormente, a atribuição do dever de fiscalização dos sistemas de integridade aos gestores ou fiscais do contrato, em nosso sentir, não parece a decisão mais acertada, conforme argumentos apresentados no item 3.1.7 da presente obra, devendo aquela ser atribuída por autoridades capacitadas e com atribuição específica de controle.

Portanto, merece reparo a lei em análise, especialmente em razão da crítica já externada anteriormente em relação à atribuição da fiscalização e avaliação da estruturação de sistema de integridade por gestor ou fiscal de contrato.

## 3.7.8 O que acontece em caso de não implementação do sistema?

Art. 6º Pelo descumprimento da exigência prevista nesta Lei, a Administração Pública direta, indireta e fundacional do Estado de Mato Grosso aplicará à empresa contratada multa de 0,02% (dois centésimos por cento), por dia, incidente sobre o valor do contrato e a contar do término do prazo de 180 (cento e oitenta) dias previsto no caput do art. 5º desta Lei.

§1º O montante correspondente à soma dos valores básicos das multas moratórias será limitado a 10% (dez por cento) do valor do contrato.

§2º O cumprimento da exigência da implantação fará cessar a aplicação diária da multa, sendo devido o pagamento do percentual até o dia anterior à data do protocolo.

§3º O cumprimento da exigência da implantação não implicará ressarcimento das multas aplicadas.

§4º VETADO

Art. 8º O não cumprimento da exigência durante o período contratual acarretará a impossibilidade de nova contratação da empresa com o Estado de Mato Grosso até que seja regularizada a sua situação.

Parágrafo único. O registro de inaptidão ficará disponível no Portal Transparência do Governo do Estado de Mato Grosso.

Art. 9º Subsiste a responsabilidade da pessoa jurídica na hipótese de alteração contratual, transformação, incorporação, fusão ou cisão societária, e a sucessora ficará responsabilizada pelo cumprimento da exigência na forma desta Lei.

Da mesma forma que outras leis analisadas, a Lei Estadual nº 11.123/2020 disciplina que, em caso de descumprimento da exigência – implementação de sistema de *compliance* no prazo de 180 determinado –, aplicar-se-á à contratada multa contratual diária de 0,02% (dois centésimos por cento) sobre o valor do contrato, que será limitada a 10% (dez por cento) do valor do contrato.

Além da multa, a contratada também restará impossibilitada de ser contratada novamente pelo estado de Mato Grosso, até regularizar sua situação, com a peculiaridade de que o registro de inaptidão ficará disponível no Portal Transparência do Governo do Estado de Mato Grosso.

## 3.8 Lei Estadual nº 11.463/2021 – Maranhão

O estado do Maranhão, indo ao encontro dos diplomas até aqui analisados, em 4.5.2021, publicou a Lei Estadual nº 11.463/2021, dispondo sobre "a obrigatoriedade de programas de integridade nas empresas que contratem com a administração pública do Estado do Maranhão", conforme será analisado a seguir.

### 3.8.1 Parâmetros de alcance da norma

Art. 1º Fica estabelecida a exigência de programa de integridade às empresas que celebrarem contrato, consórcio, convênio, concessão ou parceria público-privada com a Administração Pública Direta, Indireta e Fundacional do Estado do Maranhão, cujos limites anuais em valor sejam superiores ao da modalidade de licitação por concorrência, sendo R$8.000.000,00 (oito milhões de reais) para obras e serviços de engenharia e R$4.000.000,00 (quatro milhões de reais) para compras e serviços, mesmo que na forma de pregão eletrônico.

Parágrafo único. A exigência estabelecida no caput deste artigo não se aplica às microempresas e empresas de pequeno porte, pelas peculiaridades de sua natureza e assim classificadas conforme a Lei Complementar Federal nº 155 de 2016, ou o que venha a lhe substituir.

Art. 2º Aplica-se o disposto nesta Lei às sociedades empresárias e às sociedades simples, personificadas ou não, independentemente da forma de organização ou modelo societário adotado, bem como a quaisquer fundações, associações de entidades ou pessoas, ou sociedades estrangeiras, que tenham sede, filial ou representação no território brasileiro, constituídas de fato ou de direito, ainda que temporariamente.

§1º Aplica-se esta Lei em sua plenitude às pessoas jurídicas que firmem relação contratual com prazo de validade ou de execução igual ou superior a 180 dias.

§2º Na aplicação do disposto nesta Lei às empresas públicas e sociedades de economia mista, deve ser observado o disposto na Lei Federal nº 13.303, de 30 de junho de 2016.

Daquilo que se depreende do art. 1º do diploma em comento, o âmbito de alcance subjetivo da norma é bastante similar aos demais aqui analisados, com a peculiaridade de que a exigência estabelecida não se aplica às microempresas e empresas de pequeno porte, em razão de sua natureza.

Em relação ao alcance objetivo, em que pese a norma faça remissão aos contratos com valores superiores ao da modalidade concorrência, determina de forma expressa que a norma se aplica apenas aos contratos com valores anuais iguais ou superiores a R$8.000.000,00 (oito milhões de reais) para obras e serviços de engenharia e iguais ou superiores a R$4.000.000,00 (quatro milhões de reais) para compras e serviços em geral, que tenham prazo de validade ou execução mínima de 180 dias.

Dessa forma, ainda que subsista o problema em relação à utilização da nomenclatura da modalidade concorrência pautada em critérios de valor, conforme já criticado anteriormente, como a norma estabeleceu valores certos e determinados, são eles que devem prevalecer para verificação de aplicabilidade ou não da norma no caso prático.

Além disso, importante destacar que a lei do estado do Maranhão, ao disciplinar o limite de valor para seu alcance objetivo, tratou de determiná-lo de acordo com o lapso temporal anual e não do seu valor global propriamente dito, como nos demais diplomas. Assim, a um contrato de oito milhões de reais global, com prazo de execução de cinco anos, não se aplicaria a Lei Estadual nº 11.463/2021, eis que, anualmente, o valor do contrato não estaria abarcado pelo alcance objetivo de valor, eis que implicaria gasto de R$1,6 milhão anual.

Não se concorda com tal medida, eis que, indo na contramão do que se pretende com a exigência da implementação de sistemas de integridade no âmbito das contratações públicas, isto é, fomento do combate à corrupção, fraudes e irregularidades, reduz-se o espectro de aplicabilidade da norma, não atingindo todos os contratos que poderia atingir, caso a limitação fosse do valor global, conforme exemplo citado acima.

## 3.8.2 O objetivo da exigência normativa

Art. 3º O Programa de Integridade exigido por essa Lei consiste no conjunto de mecanismos e procedimentos de integridade, controle e auditoria realizado no âmbito das empresas privadas, objetivando genericamente prevenir, detectar e sanar desvios, fraudes, irregularidades e atos ilícitos praticados contra a administração pública do Estado do Maranhão, bem como:

I - proteger a administração pública estadual dos atos lesivos que resultem em prejuízos materiais ou financeiros causados por irregularidades, desvios de ética e de conduta e fraudes contratuais;

II - garantir a execução dos contratos e demais instrumentos em conformidade com a lei e regulamentos pertinentes a cada atividade contratada;

III - reduzir os riscos inerentes aos contratos e demais instrumentos, provendo maior segurança e transparência;

IV - obter melhores desempenhos e garantir a qualidade nas relações contratuais em sua consecução.

Daquilo que se depreende do artigo acima colacionado, mais uma vez se repetem os já reiterados objetivos aptos a justificar a exigência de implementação de sistema de integridade nas contratações públicas: (i) proteger a Administração Pública estadual dos atos lesivos que resultem em prejuízos financeiros causados por irregularidades, desvios de ética e de conduta e fraudes contratuais; (ii) garantir a execução conforme dos contratos, reduzindo os riscos inerentes aos contratos, provendo maior segurança e transparência na sua consecução, para obtenção de melhor desempenho e qualidade nas relações contratuais.

### 3.8.3 O sistema de integridade para Lei Estadual nº 11.463/2021 do Maranhão

> Art. 3º O Programa de Integridade exigido por essa Lei consiste no conjunto de mecanismos e procedimentos de integridade, controle e auditoria realizado no âmbito das empresas privadas, objetivando genericamente prevenir, detectar e sanar desvios, fraudes, irregularidades e atos ilícitos praticados contra a administração pública do Estado do Maranhão, bem como: [...]
>
> §1º Estão incluídos no conjunto de mecanismos e procedimentos de integridade o incentivo à denúncia de irregularidade, a instituição e aplicação do código de ética e de conduta e a aplicação e disseminação das boas práticas corporativas.
>
> §2º O Programa de Integridade deve ser estruturado, aplicado e atualizado de acordo com as características e os riscos atuais das atividades da pessoa jurídica, cabendo a esta garantir o constante aprimoramento e adaptação do Programa visando à garantia da sua efetividade.

Novamente, e sem necessidade de discorrer mais uma vez sobre o tema, de modo bastante similar aos demais diplomas até aqui analisados, o sistema de integridade para o estado do Maranhão consiste no conjunto de mecanismos e procedimentos internos de integridade, auditoria e incentivo à denúncia de irregularidades e na aplicação efetiva de códigos de ética e de conduta, políticas e diretrizes com vistas ao combate à corrupção, devendo ser estruturado, aplicado e atualizado de forma individualizada e aderente à realidade de cada pessoa jurídica contratada.

### 3.8.4 Prazo para implementação de sistemas de integridade e *compliance* e despesas resultantes da implementação

> Art. 4º A exigência do Programa de Integridade dá-se a partir da celebração do contrato, consórcio, convênio, concessão ou parceria público-privada de que trata o art. 1º.
>
> §1º É considerada como nova relação contratual, para fins de aplicação do prazo a que se refere o caput, a prorrogação ou renovação da relação contratual por prazo superior ao previsto no art. 2º, §1º, cujo valor total contratado ultrapasse o limite mínimo estabelecido no referido dispositivo.

CAPÍTULO 3
CRITÉRIOS NORMATIVOS À IMPLEMENTAÇÃO DE SISTEMAS DE *COMPLIANCE* | 189

§2º Os custos e despesas com a implantação e manutenção do Programa de Integridade ficam a cargo da pessoa jurídica contratada, não cabendo ao órgão ou entidade contratante o seu ressarcimento.

§3º A implantação do Programa de Integridade no âmbito da pessoa jurídica dar-se-á no prazo de 120 (cento e vinte) dias corridos, a partir da data de celebração do contrato.

Nos termos do art. 4º do diploma normativo em análise, a exigência de implementação do sistema de integridade se trata de um dever contratual (*caput*), que se inicia mediante nova relação contratual (aqui também compreendidas as hipóteses de prorrogação ou renovação contratual – §1º), que deverá ocorrer no prazo de 120 (cento e vinte) dias da celebração do contrato (§3º), sendo que as despesas resultantes da implementação do sistema correrão às expensas da contratada (§2º).

Conforme se depreende da análise acima, as mesmas críticas retratadas anteriormente no que diz respeito ao prazo estabelecido pela norma à implementação efetiva dos sistemas e às despesas em razão das prorrogações contratuais se aplicam ao diploma ora em análise.

Especialmente, chama-se atenção ao prazo ainda mais exíguo para implementação de sistemas de integridade, isto é, apenas 120 dias – nos demais diplomas era ao menos 180 dias. Já que tal condição se aplica a uma realidade, não para microempresas e empresas de pequeno porte, que foram expressamente excetuadas do alcance subjetivo, mas, sim, de implementação de sistemas de integridade no âmbito de médias e grandes empresas, que, certamente, demandarão mais do que quatro meses para estruturação adequada e efetiva.

Necessária, portanto, a revisão do prazo bastante exíguo estabelecido na lei estadual em comento, sob pena de, na prática, sistemas de integridade meramente formais se tornarem rotina no âmbito das contratações públicas do estado do Maranhão.

## 3.8.5 Dos parâmetros de comprovação à efetividade do sistema

Art. 5º O Programa de Integridade é avaliado, quanto à sua existência, aplicação e efetividade, de acordo com os seguintes parâmetros:

I - comprometimento da alta direção da pessoa jurídica, incluídos os conselhos, quando aplicado, evidenciados pelo apoio visível e inequívoco ao Programa;

II - padrões de conduta, código de ética e políticas e procedimentos de integridade, aplicáveis a todos os empregados, administradores e dirigentes, independentemente do cargo ou função exercida;

III - padrões de conduta, código de ética e políticas de integridade estendidos, quando necessário, a terceiros, tais como fornecedores, prestadores de serviço, agentes intermediários e associados;

IV - treinamentos periódicos sobre o Programa de Integridade;

V - análise periódica de riscos para realizar as adaptações necessárias ao Programa de Integridade;

VI - registros contábeis que reflitam de forma completa e precisa as transações da pessoa jurídica;

VII - controles internos que assegurem a pronta elaboração e a confiabilidade de relatórios e demonstrações financeiras da pessoa jurídica;

VIII - procedimentos específicos para prevenir fraude e ilícito no processo licitatório, na execução de contrato e demais instrumentos ou em qualquer interação com o setor público, ainda que intermediada por terceiros;

IX - estruturação e independência da instância responsável pela aplicação do Programa de Integridade e fiscalização do seu cumprimento;

X - existência de canais de denúncia de irregularidades, acessíveis e amplamente divulgados a empregados, fornecedores e terceiros, e de mecanismos destinados à proteção de denunciantes de boa-fé;

XI - medidas disciplinares em caso de descumprimento do Programa de Integridade;

XII - procedimentos que assegurem a pronta interrupção das irregularidades ou infrações cometidas e a tempestiva remediação dos danos causados;

XIII - mecanismos de prudência apropriados para contratação de terceiros, inclusive fornecedores, prestadores de serviços e afins;

XIV - verificação, durante o processo de aquisição, incorporação, fusão, cisão ou qualquer outra forma de reestruturação societária, do cometimento de irregularidades ou ilícitos, ou da existência de vulnerabilidades nas pessoas jurídicas envolvidas;

XV - monitoramento contínuo do Programa de Integridade visando ao seu aperfeiçoamento na prevenção, detecção e combate dos atos lesivos referidos no art. 5º da Lei federal nº 12.846, de 1º de agosto de 2013, e na legislação correlata;

XVI - ações de promoção da cultura ética e de integridade por meio de eventos, e instrumentos que comprovem a sua realização.

§1º Na avaliação dos parâmetros de que trata este artigo, são considerados o porte e as especificidades da pessoa jurídica, especialmente:

I - a quantidade de empregados, dirigentes e colaboradores;

CAPÍTULO 3
CRITÉRIOS NORMATIVOS À IMPLEMENTAÇÃO DE SISTEMAS DE *COMPLIANCE* | 191

II - a complexidade da hierarquia interna e a quantidade de departamentos, diretorias e setores;

III - a utilização de agentes intermediários como consultores ou representantes comerciais;

IV - o setor do mercado em que atua;

V - as regiões em que atua, direta ou indiretamente;

VI - o grau de interação com o setor público e a importância de autorizações, licenças e permissões governamentais em suas operações;

VII - a quantidade e a localização das pessoas jurídicas que integram o grupo econômico;

§2º O canal de denúncia a que se refere o inciso X do caput pode ser instituído individualmente pela pessoa jurídica ou de forma compartilhada, podendo ser terceirizado ou operacionalizado por entidade de classe à qual esteja associada, responsabilizando-se aquela objetivamente pela sua implementação e efetividade.

Mais uma vez, percebe-se que há reprodução dos parâmetros previstos no Decreto nº 8.420/2015 no tocante à comprovação da efetividade do sistema implementado, com a peculiaridade de que a lei estadual do Maranhão se aproxima bastante da lei do Distrito Federal ao diferenciar as condições de porte e as especificidades da pessoa jurídica quando da avaliação dos parâmetros estabelecidos.

## 3.8.6 Comprovação do sistema e responsabilidade pela inclusão da exigência nos editais e contratos

Art. 6º Para que o Programa de Integridade seja avaliado, a pessoa jurídica deve apresentar relatório de perfil e relatório de conformidade do Programa, observado o disposto nesta Lei e, no que for aplicável, na Lei Federal nº 12.846, de 2013, e legislação correlata.

§1º A pessoa jurídica deve comprovar suas alegações e zelar pela completude, clareza e organização das informações prestadas.

§2º A comprovação pode abranger documentos oficiais, correios eletrônicos, cartas, declarações, correspondências, memorandos, atas de reunião, relatórios, manuais, imagens capturadas da tela de computador, gravações audiovisuais e sonoras, fotografias, ordens de compra, notas fiscais, registros contábeis ou outros documentos, preferencialmente em meio digital, conforme regulamento por Decreto. [...]

§4º O Programa de Integridade que seja meramente formal e que se mostre absolutamente ineficaz para mitigar o risco de ocorrência de atos lesivos previstos na Lei Federal nº 12.846, de 2013, não é considerado para fins de cumprimento desta Lei. [...]

Art. 13. A pessoa jurídica que tenha implementado o Programa de Integridade deve apresentar ao órgão ou entidade contratante, no momento da formalização da relação contratual, declaração de existência do referido Programa nos termos desta Lei. [...]

Art. 16. Cabe ao órgão ou entidade responsável, em cada esfera de poder, fazer constar dos editais de licitação e dos instrumentos contratuais as cláusulas necessárias à aplicabilidade e cumprimento desta Lei.

Assim como em outros diplomas até aqui analisados, naquilo que diz respeito à comprovação da efetividade dos sistemas de integridade, a lei estadual em comento determinou de forma expressa a responsabilidade da contratada na apresentação dos relatórios de perfil e conformidade, à exemplo do que se exige pela Portaria CGU nº 909/2015, bem como apresentação de informações e documentos idôneos a título de comprovação da existência do sistema de integridade.

Em relação à atribuição de fazer constar a exigência de implementação de sistemas de integridade nas empresas que pretendam se relacionar com o Poder Público do Maranhão nos editais licitatórios e instrumentos contratuais cuja lei é aplicável, determina-se a competência ao órgão ou entidade responsável, em cada esfera de poder.

## 3.8.7 Dos responsáveis pela fiscalização

Art. 6º [...]

§3º A autoridade responsável pode realizar entrevistas, que devem ser documentadas, e solicitar novos documentos para fins da avaliação de que trata o caput, em caso de justificada necessidade; [...]

Art. 14. Cabe ao órgão ou entidade fiscalizadora definida em ato do chefe de poder respectivo:

I - fiscalizar o Programa de Integridade quanto à sua implementação tempestiva, efetividade e conformidade legal;

II - registrar e informar à autoridade competente quando da não implementação do Programa de Integridade ou da sua implementação fora do prazo estabelecido;

III - estabelecer novo prazo para cumprimento do referido no inciso II, quando for o caso.

§1º A fiscalização do Programa de Integridade é realizada mediante critério da dupla visita, sendo a primeira voltada prioritariamente

CAPÍTULO 3
CRITÉRIOS NORMATIVOS À IMPLEMENTAÇÃO DE SISTEMAS DE *COMPLIANCE* | 193

para orientação quanto ao saneamento de eventuais desconformidades levantadas.

§2º O disposto no §1º não se aplica às hipóteses de intempestividade na implementação do Programa e de constatação de situações de elevado grau de risco que, a critério do órgão ou entidade fiscalizadora, requeira providências imediatas.

§3º O órgão ou entidade fiscalizadora deve se ater, em relação ao Programa de Integridade, ao cumprimento do disposto nesta Lei, vedada nessa hipótese a interferência direta na gestão e a ingerência nas competências das pessoas jurídicas.

§4º O órgão ou entidade que, ante a documentação apresentada pela pessoa jurídica, não reconheça ou não certifique a implementação do Programa de Integridade deve apresentar as razões pelas quais essa decisão foi adotada.

Art. 15. Poderá, o Poder Executivo, contratar empresas de consultoria especializadas na realização de treinamento com foco na detecção de casos de fraude e corrupção, objetivando a capacitação de servidores do Estado do Maranhão no que tange aos principais aspectos relacionados à identificação de condutas de fraude e corrupção.

Com redação bastante similar à Lei Distrital nº 6.112/2018, será instituído em ato do chefe do Poder Executivo órgão ou entidade responsável para avaliação dos sistemas de integridade instituídos, valendo todas as considerações feitas no item 3.2.7 em relação ao tema, especialmente aos critérios de avaliação de dupla visita e processo de avaliação.

## 3.9.8 O que acontece em caso de não implementação do sistema?

DAS SANÇÕES PELO DESCUMPRIMENTO DA LEI

Art. 7º Pelo descumprimento das exigências referidas nesta Lei, a administração pública do Estado do Maranhão poderá aplicar à pessoa jurídica contratada multa equivalente a 0,08%, por dia, incidente sobre o valor atualizado do contrato.

§1º O montante correspondente à soma dos valores básicos da multa é limitado a 10% do valor atualizado do contrato.

§2º O cumprimento das exigências estabelecidas nesta Lei, mediante atestado do órgão ou entidade pública quanto à existência e aplicação do Programa de Integridade, faz cessar a aplicação da multa.

§3º O cumprimento extemporâneo da exigência da implantação não implica indébito da multa aplicada.

§4º A multa definida no caput não exclui a incidência e a exigibilidade do cumprimento das obrigações fiscais no âmbito do Estado do Maranhão.

§5º O Poder Público poderá, por meio de Decreto, definir outros valores e majorando ou minorando percentuais para as multas eventualmente aplicadas, segundo sua discricionariedade e o melhor atendimento ao interesse público.

Art. 8º A multa referida no art. 7º é recolhida ao tesouro do Estado do Maranhão ou deduzida dos valores devidos à pessoa jurídica quando houver previsão contratual nesse sentido.

Art. 9º O não cumprimento da obrigação de pagamento da multa no prazo estabelecido implica:

I - inscrição em dívida ativa, em nome da pessoa jurídica sancionada;

II - sujeição a rescisão unilateral da relação contratual, a critério do órgão ou entidade contratante;

III - impedimento de contratar com a administração pública do Estado do Maranhão, de qualquer esfera de poder, até a efetiva comprovação de implementação do Programa de Integridade, sem prejuízo do pagamento da multa aplicada.

DOS RECURSOS CABÍVEIS

Art. 10. Da decisão quanto à aplicação das penalidades referidas nos arts. 7º a 9º cabe pedido de reconsideração ao órgão ou entidade fiscalizadora, que deve se manifestar de forma motivada quanto ao pedido, ouvidas as unidades técnicas competentes.

Parágrafo único. O pedido de reconsideração deve ser apresentado no prazo de 15 dias úteis, contado, conforme o caso, da data:

I - do recebimento pela pessoa jurídica da notificação formal do órgão ou entidade;

II - da entrega da notificação, por meio de ferramenta digital que forneça evidência técnica quanto à sua autoria, conteúdo, cronologia de envio, entrega e tomada de conhecimento pelo destinatário;

III - da publicação na imprensa oficial do ato de cientificação da pessoa jurídica.

Art. 11. Da manifestação referida no art. 10, diante da denegação do pleito, cabe recurso à Secretaria de Transparência e Controle do Estado do Maranhão - STC, com a finalidade de apreciar, em última instância administrativa, os recursos interpostos contra a aplicação das penalidades.

Parágrafo único. O recurso deve ser apresentado no prazo de 30 dias úteis, contado, conforme o caso, da data:

I - do recebimento da notificação formal pela pessoa jurídica;

II - da entrega da notificação, por meio de ferramenta digital que forneça evidência técnica quanto à sua autoria, conteúdo, cronologia de envio, entrega e tomada de conhecimento pelo destinatário;

III - da publicação na imprensa oficial da cientificação ao interessado quanto à referida denegação do pedido.

Art. 12. Subsiste a responsabilidade da pessoa jurídica na hipótese de alteração contratual, transformação, incorporação, fusão ou cisão societária.

A Lei Estadual nº 11.463/2021 disciplina que, em caso de descumprimento da exigência – implementação de sistema de *compliance* no prazo de 120 determinado –, aplicar-se-á à contratada multa contratual diária de 0,08% (oito centésimos por cento) sobre o valor do contrato, que será limitada a 10% (dez por cento) do valor do contrato, permitindo que outros valores de multa, majorando-se ou minorando-se percentuais, sejam determinados em decreto regulamentador, segundo a discricionariedade e o melhor atendimento ao interesse público.

Além da multa, caso esta não seja quitada no prazo, a contratada também estará sujeita (i) à inscrição em dívida ativa; (ii) à rescisão unilateral; e (iii) a impedimento de contratar com qualquer esfera de poder da Administração Pública do Estado do Maranhão, até a efetiva comprovação de implementação do sistema de integridade.

Em que pese a existência de alguns pontos de melhoria apontados em relação ao diploma em comento, de modo bastante positivo e em consonância ao disciplinado na Lei Distrital nº 6.118/2018, a Lei Estadual nº 11.463/2021 disciplinou fluxo processual para contraditório e ampla defesa em razão da avaliação do sistema que resultar aplicação de penalidade administrativa, o que pode servir de exemplo para leis futuras editadas sobre o tema.

## 3.9 Lei Estadual nº 8.866/2021 – Sergipe

O estado de Sergipe, indo ao encontro dos diplomas até aqui analisados, em 7.7.2021, publicou a Lei Estadual nº 8.866/2021, dispondo sobre "a obrigatoriedade de instituição de 'Programa de Integridade' nas Empresas que contratem com a Administração Pública do Estado de Sergipe", conforme será analisado a seguir.

## 3.9.1 Parâmetros de alcance da norma

Art. 1º Fica estabelecida a obrigatoriedade de instituição de "Programa de Integridade" às empresas que celebrem contrato, consórcio, convênio, concessão ou parceria público-privada com a Administração Pública Direta e Indireta, assim como com os Poderes Executivo, Legislativo e Judiciário do Estado de Sergipe, além do Ministério Público, Tribunal de Contas e Defensoria Pública Estaduais, com ou sem dispensa de processo licitatório, e com prazo de contrato igual ou superior a 180 (cento e oitenta) dias, cujos limites em valor global sejam iguais ou superiores a:

I - R$1.000.000,00 (um milhão de reais), para obras e serviços de engenharia e de gestão;

II - R$650.000,00 (seiscentos e cinquenta mil reais) para compras e serviços, bem como outros contratos administrativos em geral, não previstos neste artigo.

§1º Aplica-se o disposto nesta Lei às sociedades empresárias e às sociedades simples, personificadas ou não, independente da forma de organização ou modelo societário adotado, bem como a quaisquer fundações, associações civis, ou sociedades estrangeiras, que tenham sede, filial ou representação no território brasileiro, constituídas de fato ou de direito, ainda que temporariamente.

§2º Os contratos celebrados anteriormente à edição desta Lei, que sofrerem alteração por meio de termo aditivo, termo de apostilamento, prorrogação, renovação contratual, revisão para recomposição de preços ou realinhamento e recuperação, não se limitando a estas, cujos limites de valor global se enquadrem no disposto no "caput" deste artigo, ficam submetidos aos termos desta mesma Lei.

Daquilo que se depreende do art. 1º do diploma em comento, o âmbito de alcance subjetivo da norma é bastante similar aos demais aqui analisados, com a peculiaridade de que faz menção expressa à contratação pela Administração Pública direta e indireta, assim como com os poderes Executivo, Legislativo e Judiciário do Estado de Sergipe, além do Ministério Público, Tribunal de Contas e Defensoria Pública estaduais. Tal disciplina se inspira, portanto, na lei do Distrito Federal.

Em relação ao alcance objetivo, determina de forma expressa que a norma se aplica aos contratos com valores iguais ou superiores a R$1.000.000,00 (um milhão de reais) para obras e serviços de engenharia e de gestão e iguais ou superiores R$650.000,00 (seiscentos e cinquenta de reais) para compras e serviços em geral, que tenham prazo de duração mínima de 180 dias, não trazendo, portanto, nenhuma novidade em relação aos demais diplomas comentados.

## 3.9.2 O objetivo da exigência normativa

Art. 4º A exigência da implantação do Programa de Integridade tem por objetivo:

I - proteger a Administração Pública de atos lesivos que resultem prejuízos financeiros causados por irregularidades, desvios de éticas e de conduta e fraudes contratuais;

II - garantir a execução dos contratos em conformidade com a Lei e regularmente pertinentes a cada atividade contratada;

III - reduzir os riscos inerentes aos contratos, provendo maior segurança e transparência em sua consecução;

IV - obter melhores desempenhos e garantir a qualidade nas relações contratuais.

Igualmente às demais normas comentadas, daquilo que se depreende do art. 4º acima colacionado, o estado de Sergipe repete os seguintes objetivos que justificam a exigência de implementação de sistemas de integridade no âmbito de suas contratações públicas: (i) proteger a Administração Pública Estadual dos atos lesivos que resultem em prejuízos financeiros causados por irregularidades, desvios de ética e de conduta e fraudes contratuais; (ii) garantir a execução conforme dos contratos, reduzindo os riscos inerentes aos contratos, provendo maior segurança e transparência na sua consecução, para obtenção de melhor desempenho e qualidade nas relações contratuais.

## 3.9.3 O sistema de integridade para Lei Estadual nº 8.866/2021 de Sergipe

Art. 2º O Programa de Integridade consiste, no âmbito de uma pessoa jurídica, no conjunto de mecanismos e procedimentos internos de integridade, auditoria e incentivo à denúncia de irregularidade e na aplicação efetiva de códigos de ética e de conduta, políticas e diretrizes com o objetivo de detectar e sanar desvios, fraudes, irregularidades e atos ilícitos praticados contra a Administração Pública do Estado de Sergipe.

Parágrafo único. O Programa de Integridade deve ser estruturado, aplicado e atualizado de acordo com as características e riscos atuais das atividades de cada pessoa jurídica, a qual, por sua vez, deve garantir o constante aprimoramento e adaptação do referido programa, visando garantir a sua efetividade.

De modo bastante similar aos demais diplomas até aqui analisados, o estado de Sergipe considera que um sistema de integridade consiste no conjunto de mecanismos e procedimentos internos de integridade, auditoria e incentivo à denúncia de irregularidades e na aplicação efetiva de códigos de ética e de conduta, políticas e diretrizes com vistas ao combate à corrupção, devendo ser estruturado, aplicado e atualizado de forma individualizada às pessoas jurídicas contratadas.

## 3.9.4 Prazo para implementação de sistemas de integridade e *compliance* e despesas resultantes da implementação

> Art. 5º A implantação do Programa de Integridade, no âmbito da pessoa jurídica, deve ocorrer no prazo de 180 (cento e oitenta) dias corridos, a partir da data de celebração do contrato.
>
> Parágrafo único. Para efetiva implantação do Programa de Integridade, os custos/despesas resultantes devem correr à conta da empresa contratada, não cabendo ao órgão contratante o seu ressarcimento.

Daquilo que se depreende do art. 5º acima colacionado, a exigência de implementação do sistema de integridade se trata de um dever contratual, que deverá ser cumprido no prazo de 180 (cento e oitenta) dias da celebração do contrato, sendo que as despesas resultantes da implementação do sistema correrão às expensas da contratada.

Assim, aplicam-se ao diploma ora em análise as mesmas críticas retratadas anteriormente no que diz respeito ao prazo e à responsabilidade pelas despesas à implementação efetiva dos sistemas de integridade, especialmente porque a lei do estado de Sergipe determina seu alcance objetivo às alterações e prorrogações contratuais.

## 3.9.5 Dos parâmetros de comprovação à efetividade do sistema

> Art. 3º O Programa de Integridade pode ser avaliado, quanto à sua existência e aplicação, de acordo com os seguintes parâmetros:
>
> I - comprometimento da alta direção da pessoa jurídica, incluídos os conselhos, evidenciado pelo apoio visível e inequívoco ao programa;

CAPÍTULO 3
CRITÉRIOS NORMATIVOS À IMPLEMENTAÇÃO DE SISTEMAS DE *COMPLIANCE* | 199

II - padrões de conduta, código de ética, políticas e procedimentos de integridade, aplicáveis a todos os empregados e administradores, independentemente de cargo ou função exercidos;

III - padrões de conduta, código de ética e políticas de integridade estendidas, quando necessário, a terceiros, tais como, fornecedores, prestadores de serviço, agentes intermediários e associados;

IV - treinamentos periódicos sobre o programa de integridade;

V - análise periódica de riscos para realizar adaptações necessárias ao programa de integridade;

VI - registros contábeis que reflitam de forma completa e precisa as transações da pessoa jurídica;

VII - controles internos que assegurem a pronta elaboração e confiabilidade de relatórios e demonstrações financeiros da pessoa jurídica;

VIII - procedimentos específicos para prevenir fraudes e ilícitos no âmbito de processos licitatórios, na execução de contratos administrativos ou em qualquer interação com o setor público, ainda que intermediada por terceiros, tal como pagamento de tributos, sujeição a fiscalizações, ou obtenção de autorizações, licenças, permissões e certidões;

IX - independência, estrutura e autoridade da instância interna responsável pela aplicação do programa de integridade e fiscalização de seu cumprimento;

X - canais de denúncia de irregularidades, abertos e amplamente divulgados a funcionários e terceiros, e de mecanismos destinados à proteção de denunciantes de boa-fé;

XI - medidas disciplinares em caso de violação do programa de integridade;

XII - procedimentos que assegurem a pronta interrupção de irregularidades ou infrações detectadas e a tempestiva remediação dos danos gerados;

XIII - diligências apropriadas para contratação e, conforme o caso, supervisão, de terceiros, tais como, fornecedores, prestadores de serviço, agentes intermediários e associados;

XIV - verificação, durante os processos de fusões, aquisições e reestruturações societárias, do cometimento de irregularidades ou ilícitos ou da existência de vulnerabilidades nas pessoas jurídicas envolvidas;

XV - monitoramento contínuo do programa de integridade, visando seu aperfeiçoamento na prevenção, detecção e combate à ocorrência dos atos lesivos previstos no art. 5º da Lei (Federal) nº 12.846, de 1º de agosto de 2013;

XVI - transparência da pessoa jurídica quanto a doações para candidatos e partidos políticos.

À luz da disciplina dos demais diplomas até aqui analisados, mais uma vez se percebe que há uma reprodução dos parâmetros previstos no Decreto Federal nº 8.420/2015 no tocante à comprovação da efetividade do sistema implementado.

Nesse ponto, entretanto, vale chamar atenção ao inc. XVI do art. 3º em comento, eis que, ainda que não se permita mais que pessoas jurídicas realizem doações para candidatos e partidos políticos, para fins de análise de histórico da pessoa jurídica, especialmente para eventuais implicações reputacionais, não há prejuízo na manutenção de tal parâmetro.

## 3.9.6 Comprovação do sistema e responsabilidade pela inclusão da exigência nos editais e contratos

> Art. 6º Para que o Programa de Integridade seja avaliado e certificado, a pessoa jurídica deve apresentar relatório do perfil e relatório de conformidade do Programa a órgão indicado pelo Poder Executivo, além cumprir todas as exigências determinadas em regulamento.
>
> Art. 7º O Programa de Integridade meramente formal e que se mostre absolutamente ineficaz para mitigar o risco de ocorrência de atos lesivos dispostos na Lei (Federal) nº 12.846, de 1º de agosto de 2013, não deve ser considerado para fim de cumprimento desta Lei. [...]
>
> Art. 10. O Poder Público do Estado deve fazer constar nos editais licitatórios e instrumentos contratuais a aplicabilidade desta Lei.
>
> Art. 11. A empresa que possuir o Programa de Integridade implantado deve apresentar, no momento da contratação, declaração informando a sua existência, nos termos desta Lei.

Naquilo que diz respeito à comprovação da efetividade do sistema de integridade, a lei estadual de Sergipe determina de forma expressa em seu art. 6º a responsabilidade da contratada na apresentação dos relatórios de perfil e conformidade, além de cumprir as exigências determinadas em regulamento específico, a ser editado em ato do Poder Executivo.

Em relação à atribuição de fazer constar a exigência de implementação de sistemas de integridade nas empresas que pretendam se relacionar com o Poder Público de Sergipe nos editais licitatórios e instrumentos contratuais cuja lei é aplicável, determina-se a competência ao Poder Público do estado, nos termos de seu art. 10.

Como se pode notar, não há nenhuma novidade em relação a este ponto, se comparado aos demais diplomas normativos até aqui avaliados.

## 3.9.7 Dos responsáveis pela fiscalização

> Art. 6º Para que o Programa de Integridade seja avaliado e certificado, a pessoa jurídica deve apresentar relatório do perfil e relatório de conformidade do Programa a órgão indicado pelo Poder Executivo, além cumprir todas as exigências determinadas em regulamento. [...]
>
> Art. 12. As normas, instruções e/ou orientações regulares que se fizerem necessárias à aplicação, execução e fiscalização desta Lei devem ser expedidas mediante atos do Poder Executivo.

Daquilo que se depreende da análise da Lei Estadual nº 8.866/2021, não há disciplina expressa de quem serão os responsáveis pela avaliação e fiscalização da estruturação dos sistemas de integridade nas contratadas, sendo esta indicação uma atribuição do Poder Executivo, que deverá instituir as normas, instruções e/ou orientações regulares que se fizerem necessárias à aplicação, execução e fiscalização da Lei Estadual nº 8.866/2021.

O que se percebe da lei do estado de Sergipe, portanto, é que importantes pontos sobre a aplicação prática e garantia da efetividade da exigência de implementação de sistemas de integridade no âmbito de suas contratações públicas foram atribuídos ao Poder Executivo regulamentar, de modo que ainda há muitas lacunas a serem preenchidas.

## 3.9.8 O que acontece em caso de não implementação do sistema?

> Art. 8º O descumprimento da exigência prevista nesta Lei pode implicar em sanção de multa de até 10% (dez por cento) do valor atualizado do contrato, além de, sem prejuízo da multa aplicada, impossibilidade de aditamento contratual, rescisão unilateral do contrato e impossibilidade de licitar e contratar com a Administração Pública do Estado, pelo período de 02 (dois) anos ou até efetiva comprovação de implantação e aplicação do Programa de Integridade.
>
> Art. 9º Subsiste a responsabilidade da pessoa jurídica na hipótese de alteração contratual, transformação, incorporação, fusão ou cisão societária.

Parágrafo único. A sucessora se responsabiliza pelo cumprimento desta Lei e por sanções que sejam aplicadas em decorrência de seu descumprimento.

Assim como todas as demais leis até aqui analisadas, a Lei Estadual nº 8.866/2021 também disciplinou a penalidade de multa em caso de descumprimento da exigência – implementação de sistema de *compliance* no prazo de 180 dias determinado pela norma. Contudo, de modo diverso das demais normas, não determinou aplicação de valores percentuais por dia de atraso, dispondo apenas que a multa poderá ser de até 10% (dez por cento) do valor atualizado do contrato.

A ausência de determinação de parâmetros percentuais mínimos ou critérios objetivos, conforme se percebe do art. 8º acima analisado, entretanto, poderá se mostrar no caso concreto *medida excessiva e desproporcional*.

É que, no âmbito do direito administrativo sancionador, em um Estado Democrático de Direito, os princípios da proporcionalidade e da razoabilidade exigem que as competências administrativas *sejam exercidas na exata medida de sua necessidade, de modo que qualquer atuação diferente deve ser de plano rechaçada*. Não sem razão, o princípio da proporcionalidade tem função de "cláusula geral anti-arbítrio".[137]

Do princípio da proporcionalidade decorrem os princípios da adequação, da necessidade e da proporcionalidade em sentido estrito, de modo que a compreensão conjunta desses três encerra qualquer dúvida a respeito da necessidade de os editais e contratos administrativos possuírem cláusulas disciplinando penalidades proporcionais e moderadas. Nesse sentido, Rafael Munhoz de Mello leciona que o *princípio da adequação* implica o dever de os atos estatais serem praticados de forma idônea para que se alcance o resultado pretendido. *O princípio da necessidade*, por sua vez, impõe que os agentes estatais adotem as medidas menos gravosas quando de sua atuação. Já o *princípio da proporcionalidade em sentido estrito*, de suma importância na aplicação de penalidades administrativas, uma vez que as sanções dessa natureza atingem negativamente a esfera do sancionado, implica vedação aos excessos.[138]

---

[137] PONTES, Helenilson Cunha. *O princípio da proporcionalidade e o direito tributário*. São Paulo: Dialética, 2000. p. 57.

[138] MELLO, Rafael Munhoz. *Princípios constitucionais de direito administrativo sancionador*. São Paulo: Malheiros, 2007. p. 171.

Umbilicalmente atrelado ao princípio da proporcionalidade está o princípio da razoabilidade, que exige que o Poder Público mantenha uma coerência lógica com as medidas administrativas aplicáveis. Como se pode notar, a atuação administrativa sancionadora, além de definir a medida adequada e necessária para atingir legitimamente determinado fim, ainda deve ser praticada com coerência lógica e na exata proporção exigida no caso concreto.

Nesse sentido, importante que o competente regulamento estabeleça padrões objetivos para a gradação dos percentuais de multa aplicáveis, sob pena de possíveis arbitrariedades serem consumadas, em prejuízo da proporcionalidade e razoabilidade.

Além da multa, importante frisar que a lei do estado de Sergipe define que a contratada também estará sujeita à (i) impossibilidade de aditamento contratual, (ii) rescisão unilateral do contrato e (ii) impossibilidade de licitar e contratar com a Administração Pública do estado, pelo período de 2 (dois) anos ou até efetiva comprovação de implantação e aplicação do sistema de integridade; destacando-se, por fim, que a responsabilidade em relação à penalidade e à própria exigência subsiste em caso de modificação da estrutura societária da contratada.

## 3.10 Portaria nº 877/2018 – Ministério de Estado da Agricultura, Pecuária e Abastecimento – Mapa

O Ministério da Agricultura, Pecuária e Abastecimento – Mapa, dentro do escopo do sistema de integridade do ministério, aprovado pela Portaria Mapa nº 705/2017, ampliou a exigência de implementação de mecanismos de *compliance* aos seus fornecedores, tornando obrigatório que os editais de licitação e os respectivos contratos, publicados pelas unidades gestoras do ministério, em Brasília-DF ou nos estados, cujo valor estimado seja igual ou superior a R$5.000.000,00 (cinco milhões de reais), a partir de 8.6.2018, contenham cláusula específica que fixe o prazo de 9 (nove) meses, a contar da data da assinatura do contrato, para que as empresas prestadoras de serviço comprovem a implementação efetiva de sistema de integridade.

### 3.10.1 Parâmetros de alcance da norma

Art. 1º Tornar obrigatório que os editais de licitação e os respectivos contratos, publicados pelas Unidades Gestoras do Ministério da

Agricultura, Pecuária e Abastecimento, em Brasília DF ou nos Estados, cujo valor estimado seja igual ou superior a R$5.000.000,00 (cinco milhões de reais), contenham cláusula específica que fixe o prazo de 9 (nove) meses, a contar da data da assinatura do contrato, para que as empresas prestadoras de serviço comprovem a implementação de Programa de Integridade. Parágrafo único. Aplica-se o disposto nesta Portaria somente às contratações a serem iniciadas a partir da data de publicação desta Portaria.

Como se depreende do art. 1º da norma em análise, a exigência se aplica a todas as empresas que prestam serviço ao Mapa (critério de alcance subjetivo), desde que os contratos tenham valor estimado igual ou superior a cinco milhões de reais (critério de alcance objetivo). Essa exigência passou a valer para todas as contratadas que se encaixam nos critérios de alcance acima, desde o dia 8.6.2018, data da publicação da Portaria Mapa nº 877/2018.

## 3.10.2 Objetivos da norma

Art. 2º A exigência da implantação do Programa de Integridade tem por objetivo:

I - alinhar os fornecedores do Ministério da Agricultura, Pecuária e Abastecimento aos esforços de integridade em curso em suas Unidades, em Brasília-DF e nos Estados;

II - mitigar riscos de ocorrência de atos lesivos ao erário, de irregularidades relativas ao desvio de ética e de conduta, bem como de fraudes contratuais;

III - reduzir os riscos inerentes a falhas na execução dos contratos, com foco na máxima conformidade com a lei e os normativos infralegais de cada atividade contratada; e

IV - obter melhores desempenhos e resultados nos serviços disponibilizados pelo MAPA aos cidadãos.

Indo ao encontro do objetivo apresentado pelas leis do Rio de Janeiro e do Distrito Federal, o objetivo da exigência da implementação de sistema de integridade nas empresas que se relacionam com o Mapa, segundo o art. 2º da Portaria nº 877, é alinhar os fornecedores aos esforços de integridade em todas as unidades do Ministério da Agricultura, Pecuária e Abastecimento, mitigar riscos de fraudes, atos lesivos ao erário e desvios de ética e de conduta, reduzir os riscos de falhas na execução contratual e obter melhores índices de desempenhos e resultados nos serviços disponibilizados aos cidadãos.

Mais uma vez se comprova o compromisso da Administração Pública direta do país com o combate à fraude e à corrupção, notadamente, nas relações de contratação pública, campo em que têm sido desvelados grandes casos de corrupção.

## 3.10.3 O sistema de integridade para Portaria Mapa nº 877/2018

> Art. 3º O Programa de Integridade a ser apresentado pelas empresas que formalizarem contrato com Unidades Gestoras do MAPA deverá demonstrar alinhamento às diretrizes da política de integridade desta Pasta, em especial apresentando:
>
> I - mecanismos e procedimentos internos de gestão de riscos;
>
> II - canal de comunicação que incentive à denúncia, proteja o denunciante e viabilize o início de processos de apuração com aplicação de sanções a empregados e dirigentes; e
>
> III - código de ética e de conduta, políticas e diretrizes, com o objetivo de detectar e sanar desvios, fraudes, irregularidades e atos ilícitos praticados.

Da mesma forma que os diplomas normativos analisados anteriormente, o sistema de integridade a ser apresentado pelas empresas que formalizarem contrato com unidades gestoras do Mapa deverá demonstrar alinhamento às diretrizes da política de integridade do Ministério, em especial apresentando, de acordo com seu art. 3º, políticas internas de gestão de riscos, canal de denúncia, Código de Ética e de Conduta, políticas e mecanismos de mitigação e redução de riscos, com o objetivo de detectar e sanar desvios, fraudes, irregularidades e atos ilícitos praticados.

## 3.10.4 Prazo para implementação de sistemas de integridade e *compliance*

> Art. 1º Tornar obrigatório que os editais de licitação e os respectivos contratos, publicados pelas Unidades Gestoras do Ministério da Agricultura, Pecuária e Abastecimento, em Brasília DF ou nos Estados, cujo

valor estimado seja igual ou superior a R$5.000.000,00 (cinco milhões de reais), contenham cláusula específica que fixe o prazo de 9 (nove) meses, a contar da data da assinatura do contrato, para que as empresas prestadoras de serviço comprovem a implementação de Programa de Integridade.

Daquilo que se depreende do art. 1º da Portaria Mapa nº 877/2018, a norma fixa o prazo de 9 (nove) meses, a contar da data da assinatura do contrato, para que as empresas prestadoras de serviço comprovem a implementação efetiva de sistema de integridade.

## 3.10.5 Dos parâmetros de comprovação à efetividade do sistema

Art. 4º Caberá à empresa contratada, respeitado o prazo previsto no caput do art. 1º desta Portaria, encaminhar a documentação relativa à implementação do Programa de Integridade ao Setor de Contratos da Coordenação-Geral de Recursos Logísticos do Departamento de Administração do MAPA, devendo o conjunto de documentos demonstrar sua existência real e efetiva de acordo com os seguintes parâmetros:

I - definição e publicidade dos padrões de conduta ética e políticas de integridade, aplicáveis a todos os empregados e administradores, independentemente de cargo ou função exercidos;

II - demonstração do plano de treinamentos periódicos sobre o Programa de Integridade, para empregados e dirigentes;

III - adoção da prática de gestão de riscos com enfoque em assegurar a confiabilidade de controles internos voltados ao relatórios técnicos e demonstrações financeiras da pessoa jurídica;

IV - procedimentos para dissuasão a práticas de fraudes, subornos e ilícitos no âmbito da empresa, especialmente, no que se refere à participação em processos licitatórios, na execução de contratos administrativos ou em qualquer interação com o setor público;

V - estruturação e independência da instância responsável pela aplicação do Programa de Integridade;

VI - existência de canais de denúncia de irregularidades, abertos e amplamente divulgados a empregados, fornecedores e terceiros em geral; e VII - medidas apuratórias e punitivas para os casos de violação do Programa de Integridade, demonstrando os procedimentos que assegurem a pronta interrupção de irregularidades detectadas, bem como, a notificação da instituição pública ou privada afetada e a remediação dos danos gerados.

Art. 5º Caberá à Coordenação-Geral de Recursos Logísticos do Departamento de Administração (CGRL/DA), em Brasília-DF, e aos respectivos Setores Administrativos nos Estados, acompanhar o cumprimento do prazo para apresentação dos documentos comprobatórios relativos ao Programa de Integridade das empresas contratadas, nos termos do art. 1º desta Portaria, providenciando, quando do seu recebimento, seu imediato encaminhamento à Unidade Responsável pela coordenação da Política de Integridade do MAPA, para análise quanto ao cumprimento formal dos requisitos previstos no artigo 4º desta Portaria.

Parágrafo único. Para avaliação dos parâmetros de que trata este artigo, deverão constar ainda da documentação apresentada pela empresa contratada as seguintes informações:

I - a quantidade de empregados e dirigentes;

II - o organograma interno;

III - a utilização de agentes intermediários como consultores ou representantes comerciais;

IV - as regiões em que atua, direta ou indiretamente;

V - o grau de interação atual com demais entes do setor público federal, estadual e municipal; e

VI - a quantidade e a localização das pessoas jurídicas que integram o grupo econômico.

Art. 6º Nos contratos em que se prevejam sucessivas prorrogações contratuais, quando da avaliação da viabilidade de prorrogação, no que se refere ao requisito de integridade, as empresas contratadas deverão comprovar, além da documentação constante do art. 4º desta Portaria, o que se segue:

I - No caso de instrução com vistas a prorrogação contratual para o período entre o 24º e 36º mês de execução - Adesão ao Pacto pela Integridade do Instituto Ethos;

II - No caso de instrução com vistas a prorrogação contratual para o período entre o 36º e 48º mês de execução - Comprovação de diligências apropriadas para supervisão, de terceiros, tais como: fornecedores, prestadores de serviço, agentes intermediários e associados; e

III - No caso de instrução com vistas a prorrogação contratual para o período superior ao 48º mês de execução - A comprovação da realização de treinamento de empregados e dirigentes nos temas relacionados ao programa de integridade, preferencialmente com instituição externa à empresa contratada, de modo a assegurar a efetiva implementação de mecanismos de prevenção, detecção e combate à ocorrência dos atos lesivos previstos no art. 5º da Lei federal nº 12.846, de 1º de agosto de 2013.

§1º Caberá à empresa contratada zelar pela completude, clareza e organização das informações prestadas.

§2º A documentação comprobatória pode abranger documentos oficiais, correios eletrônicos, cartas, declarações, correspondências, memorandos, atas de reunião, relatórios, manuais, imagens capturadas da tela de computador, gravações audiovisuais e sonoras, fotografias, ordens de compra, notas fiscais, registros contábeis ou outros documentos, devendo ser apresentada em meio digital.

§3º A Unidade Administrativa do MAPA responsável pela avaliação poderá realizar entrevistas e diligências para solicitar novos documentos de que trata o caput.

Art. 7º O Programa de Integridade que seja meramente formal ou não apresentar todos os requisitos solicitados no art. 4º e 6º desta Portaria ou que se mostre absolutamente ineficaz para mitigar o risco de ocorrência dos atos lesivos previstos na Lei nº 12.846, de 2013, poderá ser avaliado como não adequado aos parâmetros mínimos de integridade ora definidos.

§1º Na hipótese de ocorrência da situação prevista no caput, o contratado não tem direito subjetivo à prorrogação contratual.

§2º A documentação comprobatória recebida pelos Setores de Recursos Logísticos do MAPA em atendimento ao previsto no art. 6º deverá ser remetida à Unidade Responsável pela coordenação da Política de Integridade do MAPA, para avaliação.

De modo diverso do contido nos diplomas até aqui avaliados, a Portaria Mapa nº 877/2018 não traz um rol específico de parâmetros de avaliação do sistema, nos moldes do decreto regulamentador da Lei Anticorrupção Empresarial, conforme os arts. 4º e 6º da lei fluminense e da lei distrital, respectivamente.

Nesse sentido, o art. 4º da portaria determina que a empresa contratada dentro do prazo de nove meses estipulado deverá encaminhar a documentação relativa à implementação do Sistema de Integridade ao Setor de Contratos da Coordenação-Geral de Recursos Logísticos do Departamento de Administração do Mapa, sendo que a comprovação efetiva da real existência do sistema será avaliada de acordo com os seguintes parâmetros:

Art. 4º [...].

I - definição e publicidade dos padrões de conduta ética e políticas de integridade, aplicáveis a todos os empregados e administradores, independentemente, de cargo ou função exercidos;

II - demonstração do plano de treinamentos periódicos sobre o Programa de Integridade, para empregados e dirigentes;

CAPÍTULO 3
CRITÉRIOS NORMATIVOS À IMPLEMENTAÇÃO DE SISTEMAS DE *COMPLIANCE* | 209

III - adoção da prática de gestão de riscos com enfoque em assegurar a confiabilidade de controles internos voltados ao relatórios técnicos e demonstrações financeiras da pessoa jurídica;

IV - procedimentos para dissuasão a práticas de fraudes, subornos e ilícitos no âmbito da empresa, especialmente, no que se refere à participação em processos licitatórios, na execução de contratos administrativos ou em qualquer interação com o setor público;

V - estruturação e independência da instância responsável pela aplicação do Programa de Integridade;

VI - existência de canais de denúncia de irregularidades, abertos e amplamente divulgados a empregados, fornecedores e terceiros em geral; e

VII - medidas apuratórias e punitivas para os casos de violação do Programa de Integridade, demonstrando os procedimentos que assegurem a pronta interrupção de irregularidades detectadas, bem como, a notificação da instituição pública ou privada afetada e a remediação dos danos gerados.

Bem se vê que os critérios de avaliação muito se assemelham ao exigido no Decreto Federal nº 8.420/2015, contudo, com algumas omissões, como exemplo, exigência de apoio da alta administração, parâmetro importantíssimo para o constante aprimoramento e eficácia do sistema, conforme comentado no item 3.1.5.1 da presente obra.

A menor densidade dos critérios de avaliação previstos na portaria, portanto, são um ponto negativo do normativo, à luz de uma observação mais pontual, eis que se ampliam as chances de que sistemas de integridade formais – "para inglês ver" – tomem conta das empresas que se relacionam com o Mapa.

Ao contrário da ausência de alguns critérios relevantes de avaliação, disposição que merece especial atenção, e de grande relevância à garantia de sistemas de integridade específicos e efetivos, é a disciplina prevista no parágrafo único, do art. 5º da Portaria nº 877/2018, que, assim como a Lei nº 6.112/2018 do Distrito Federal, determina que para avaliação dos parâmetros deverão ser analisados documentos que atestem a quantidade de empregados e dirigentes, o organograma interno, a utilização de agentes intermediários como consultores ou representantes comerciais, as regiões em que atua, direta ou indiretamente, a empresa, o grau de interação atual com demais entes do setor público federal, estadual e municipal e a quantidade e a localização das pessoas jurídicas que integram o grupo econômico.

Como se vê, esses fatores auxiliam os responsáveis pela avaliação do sistema na verificação das peculiaridades e efetividade dos mecanismos de integridade, prevenção e combate à corrupção implementados em cada organização, reduzindo o risco de que sistemas como os exigidos sejam implementados apenas no papel.

Novidade trazida pela portaria em comento, e que não consta em nenhuma das leis analisadas até aqui, trata-se da importância da avaliação dos sistemas de integridade para prorrogações contratuais. O art. 6º da Portaria nº 877/2018 disciplina expressamente que, quando da avaliação da viabilidade de prorrogação, no que se refere ao requisito de integridade, as empresas contratadas deverão comprovar, além da documentação constante do art. 4º da portaria, adesão ao Pacto pela Integridade do Instituto Ethos, no caso de prorrogação contratual para o período entre o 24º e 36º mês de execução, comprovação de diligências apropriadas para supervisão de fornecedores, prestadores de serviço, agentes intermediários e associados, no caso de prorrogação contratual para o período entre o 36º e 48º mês de execução, a comprovação da realização de treinamento de empregados e dirigentes nos temas relacionados ao sistema de integridade, de modo a assegurar a efetiva implementação de mecanismos de prevenção, detecção e combate à fraude e a práticas ilícitas, no caso de prorrogação contratual para o período superior ao 48º mês de execução.

Além disso, conforme disciplina específica do §3º, do art. 6º, a Unidade Administrativa do Ministério da Agricultura Pecuária e Abastecimento responsável pela avaliação poderá realizar entrevistas e diligências para solicitar outros documentos, cabendo à contratada zelar pela completude, clareza e organização das informações prestadas.

Nesse sentido, importante frisar que, assim como a Lei nº 6.112/2018 do Distrito Federal, o art. 7º da portaria determina de forma expressa que o sistema de integridade que não apresente todos os requisitos exigidos pela norma, isto é, seja considerado meramente formal, sendo absolutamente ineficaz para mitigar o risco de ocorrência dos atos lesivos previstos na Lei nº 12.846, de 2013, não será considerado adequado, pelo que a empresa contratada não terá direito subjetivo à prorrogação contratual.

## 3.10.6 Das despesas resultantes da implementação e responsabilidade da inclusão da exigência

Ao contrário dos demais diplomas analisados até o presente momento, a Portaria Mapa nº 877/2018 não faz menção a quem ficará responsável pelas despesas resultantes da implementação do sistema de integridade exigido, tampouco a responsabilidade da inclusão da exigência nos editais e contratos.

Contudo, a partir de uma análise sistemática da portaria, parece lógico que as despesas de implementação do sistema de integridade devam correr às custas da contratada, eis que a sua exigência passou a valer apenas para novos contratos, após o dia 8.6.2018, data da publicação da Portaria nº 877/2018.

Naquilo que diz respeito à responsabilidade pela inclusão da exigência nos editais de licitação e contratos, entende-se que esse deverá ficar a cargo da unidade responsável pela elaboração de edital e contratações de fornecedores do Ministério da Agricultura, Abastecimento e Pecuária – Mapa.

## 3.10.7 Dos responsáveis pela fiscalização

> Art. 8º Caberá ao(s) fiscal(is) do contrato, sem prejuízo de suas demais atividades ordinárias, as seguintes atribuições:
>
> I - orientados pela Unidade responsável pela coordenação da Política de Integridade do MAPA, fiscalizar a efetividade do Programa de Integridade, conforme documentação apresentada no art. 6º; e
>
> II - solicitar esclarecimentos à Unidade responsável pela coordenação da Política de Integridade do MAPA no caso de constatação de possíveis não-conformidades na verificação dos requisitos constantes dos art. 4º ou 6º desta Portaria.

Conforme destacado, é de suma importância que os sistemas de integridades sejam implementados de acordo com as especificidades de cada empresa que se relaciona com o Ministério da Agricultura, Pecuária e Abastecimento, do contrário, certamente, serão considerados sistemas meramente formais pelo fiscal do contrato, autoridade orientada pela unidade responsável pela coordenação da Política de Integridade do Mapa, nos termos do art. 8º da Portaria Mapa nº 877/2018, responsável por fiscalizar a efetividade do sistema de integridade e solicitar esclarecimentos à unidade responsável no caso de constatação de possíveis não conformidades na verificação dos requisitos de validação exigidos pela portaria.

Para além da atribuição ao fiscal do contrato, o art. 4º da Portaria nº 877 atribui ao Setor de Contratos da Coordenação-Geral de Recursos Logísticos do Departamento de Administração do Mapa a fiscalização da existência real e efetiva dos sistemas de *compliance* (art. 4º). Neste ponto, portanto, há certo avanço por parte do normativo, eis que, ainda que permaneça a previsão de que o fiscal do contrato deverá fiscalizar a efetividade do sistema de integridade, ele será constantemente orientado por setor específico e responsável, o que, certamente, permitirá mais credibilidade à fiscalização.

A realidade constante na portaria ajuda, contudo, não resolve o problema de se deixar a cargo de fiscais do contrato o acompanhamento mais próximo da implementação de sistemas de integridade. Isso porque, conforme já destacado anteriormente, em um cenário prático, sabe-se que os fiscais de contrato, agentes públicos responsáveis por controlar e inspecionar sistematicamente o objeto contratado pela Administração Pública, de modo a certificar que se executou o que se contratou,[139] detêm inúmeras competências técnicas e operacionais. Por natureza, a função precípua do fiscal do contrato é o controle sistemático do objeto, isto é, o fiscal deve, além da forma, avaliar na prática se os indicativos de qualidade do serviço foram atingidos, se os níveis de adequação – previamente estipulados – foram alcançados e, principalmente, se o público usuário está satisfeito com a prestação, pois somente em caso positivo os serviços serão considerados adequados.[140] Assim, conferir mais uma função aos fiscais poderá sobrecarregá-los, de modo que a avaliação e validação dos sistemas de integridade das empresas contratadas não ocorram de modo adequado. Além disso, não se pode olvidar o fato de que deve se ter conhecimento prévio em matéria de integridade e *compliance* para avaliar objetivamente se a contratada atende aos requisitos exigidos nos arts. 4º e 6º da portaria, de modo que esses fiscais deverão ser capacitados previamente para cumular mais esta função.

Do contrário, conforme alertado anteriormente, a ausência de infraestrutura interna à fiscalização dos ajustes celebrados provocará a diminuição de um controle efetivo dos sistemas de integridade, o que se dará "um passo atrás", isto é, com uma fiscalização administrativa muito mais voltada à aplicação de sanções do que voltada ao monitoramento das atividades contratadas.[141]

---

[139] PEREIRA JUNIOR, Jessé Torres; DOTTI, Marinês Restelatto. A responsabilidade dos fiscais da execução do contrato administrativo. *Fórum de Contratação e Gestão Pública – FCGP*, Belo Horizonte, ano 10, n. 120, dez. 2011.

[140] PIRONTI, Rodrigo; ZILIOTTO, Mirela Miró. O controle de qualidade nas contratações públicas: uma análise do instrumento de medição de resultado. *Revista Brasileira de Direito Público – RBDP*, ano 16, n. 60, jan./abr. 2018. p. 202.

[141] LIMBERGER, Têmis; TEIXEIRA, Anderson Vichinkeski; ABREU, Mateus Barbosa Gomes. Contratos administrativos e gestão pública: proposições a partir de estudos de casos

CAPÍTULO 3
CRITÉRIOS NORMATIVOS À IMPLEMENTAÇÃO DE SISTEMAS DE *COMPLIANCE* | 213

Nesse sentido, para que a excelência dos sistemas seja efetivamente alcançada, o controle periódico e sistemático dos sistemas de *compliance* implementados pelas contratadas deverá receber o devido zelo do Mapa e da Administração em geral, seja mediante a capacitação de seus agentes, seja por meio da melhora da estrutura interna de fiscalização e controles internos.

## 3.10.8 O que acontece em caso de não implementação do sistema de integridade?

Art. 8º [...].

Parágrafo único. Caso detectados atos lesivos à Administração Pública ou qualquer tentativa de fraude no processo de demonstração da efetividade do programa de integridade, fica a empresa contratada sujeita às sanções administrativas previstas em contrato e na legislação correlata, bem como, ao processo apuratório de responsabilização e sanções previstos nos arts. 6º a 15 da Lei nº 12.846, de 2013, e no Decreto nº 8.420, de 18 de março de 2015.

Art. 9º Subsiste a responsabilidade da pessoa jurídica contratada, na hipótese de alteração contratual, transformação, incorporação, fusão ou cisão societária, cabendo à sucessora a manutenção do cumprimento das exigências previstas nesta Portaria.

De modo diverso das demais leis comentadas nesta obra, a Portaria nº 877/2018 do Mapa não disciplina expressamente multa monetária diária em caso de descumprimento da exigência – implementação de sistema de integridade – mas tão somente impede a prorrogação do contrato.

No entanto, e inovando no tocante à sanção administrativa, de acordo com o parágrafo único do art. 8º, a portaria determina que detectados atos lesivos à Administração Pública ou qualquer tentativa de fraude no processo de demonstração da efetividade do sistema de integridade, fica a empresa contratada sujeita às sanções administrativas previstas no contrato administrativo e na legislação correlata, isto é, na Lei Geral de Licitações (Lei Federal nº 8.666/1993) e na Nova Lei Geral de Licitações e Contratações (Lei nº 14.133/2021), bem como ao processo

---

na Administração Pública federal indireta. *A&C – Revista de Direito Administrativo & Constitucional*, Belo Horizonte, ano 14, n. 58, p. 155-176, out./dez. 2014. p. 64.

apuratório de responsabilização (PAR) e sanções previstas nos arts. 6º a 15 da Lei Anticorrupção e no seu decreto regulamentador. Ainda que não haja menção expressa à multa diária, cabe destacar que, em caso de descumprimento da exigência, a contratada estará sujeita à multa, no valor de 0,1% (um décimo por cento) a 20% (vinte por cento) do faturamento bruto do último exercício anterior ao da instauração do processo administrativo, excluídos os tributos, a qual nunca será inferior à vantagem auferida, quando for possível sua estimação, ou, não sendo possível a utilização do critério de porcentagem, a multa será de R$6.000,00 (seis mil reais) a R$60.000.000,00 (sessenta milhões de reais), e a publicação extraordinária da decisão condenatória. Ambas as sanções estão previstas expressamente na Lei Anticorrupção.

Ademais, estará sujeita à sanção de advertência, multa contratual, suspensão temporária de participação em licitação e impedimento de contratar com a Administração, por prazo não superior a 2 (dois) anos, e declaração de inidoneidade para licitar ou contratar com a Administração Pública, enquanto perdurarem os motivos determinantes da punição ou até que seja promovida a reabilitação perante a própria autoridade que aplicou a penalidade, que será concedida sempre que o contratado ressarcir a Administração pelos prejuízos resultantes e após decorrido o prazo da sanção aplicada com base no inciso anterior – sanções previstas expressamente nas leis gerais de licitações e contratos.

Importante frisar, assim como na Lei Distrital nº 6.112/2018, a responsabilidade da contratada persiste em caso de alteração contratual, transformação, incorporação, fusão ou cisão societária, cabendo à sucessora a manutenção do cumprimento das exigências previstas na Portaria Mapa nº 877/2018.

## 3.11 Regulamento de Licitações e Contratos da Petrobras – RLCP

O novo Regulamento de Licitações e Contratos da Petrobras – RLCP, buscando ampliar o escopo do Programa Petrobras de Prevenção à Corrupção (PPPC) – programa de integridade corporativo da estatal –, disciplinou em seu art. 4º que as partes interessadas que desejem iniciar ou manter relacionamento com a Petrobras serão submetidas à *due diligence* de integridade – DDI, sendo a existência de sistema de integridade e *compliance* efetivo um dos componentes da avaliação de riscos da empresa. Assim, segundo o §3º do artigo em referência,

CAPÍTULO 3
CRITÉRIOS NORMATIVOS À IMPLEMENTAÇÃO DE SISTEMAS DE *COMPLIANCE* | 215

as empresas que possuírem risco alto atribuído estarão impedidas de participar de procedimentos de contratação, salvo nos casos de: inaplicabilidade de licitação, conforme previsão no art. 28, §3º da Lei nº 13.303/2016; dispensa de licitação, nas hipóteses descritas no art. 29, incs. V, VIII, X, XI, XIII, XV, XVI, XVII e XVIII da Lei nº 13.303/2016; inviabilidade de competição, devidamente demonstrada, nos termos da lei e do regulamento de licitações; e nas licitações para alienação de bens:

> Art. 4º O Programa PETROBRAS de Prevenção à Corrupção (PPPC), programa de integridade corporativa, estabelece mecanismos de prevenção, detecção e correção de atos não condizentes com as condutas estabelecidas e requeridas pela Companhia. As diretrizes do PPPC devem ser conhecidas e pautar a atuação das Partes Interessadas em iniciar e manter relacionamento com a PETROBRAS.
>
> §1º As Partes Interessadas em iniciar ou manter relacionamento com a PETROBRAS nos termos deste Regulamento devem demonstrar conformidade ao Programa PETROBRAS de Prevenção à Corrupção (PPPC), bem como, assumir o compromisso de cumprir as leis anticorrupção e as políticas, procedimentos e regras de integridade aplicáveis, incluindo, sem limitação, o Código de Ética e o Guia de Conduta da PETROBRAS.
>
> §2º As Partes Interessadas em iniciar e manter relacionamento com a PETROBRAS serão submetidas a diligências apropriadas, à luz do PPPC, sendo-lhes atribuído grau de risco de integridade baixo, médio ou alto.
>
> §3º As Partes Interessadas às quais seja atribuído grau de risco de integridade alto não poderão participar de procedimentos de contratação com a PETROBRAS, salvo exceções previstas em normas internas da Companhia.

Como se vê, conforme descrito no art. 4º, §3º do RLCP acima colacionado, as empresas com grau de risco de integridade – GRI alto não poderão sequer participar de procedimentos de contratação, isto é, estarão proibidas de licitar, salvo no caso das seguintes exceções:

- inaplicabilidade de licitação, conforme previsão no art. 28, §3º da Lei nº 13.303/2016;[142]

---

[142] "Art. 28. [...] §3º São as empresas públicas e as sociedades de economia mista dispensadas da observância dos dispositivos deste Capítulo nas seguintes situações: I - comercialização, prestação ou execução, de forma direta, pelas empresas mencionadas no caput, de produtos, serviços ou obras especificamente relacionados com seus respectivos objetos sociais; II - nos casos em que a escolha do parceiro esteja associada a suas características particulares, vinculada a oportunidades de negócio definidas e específicas, justificada a inviabilidade de procedimento competitivo".

- dispensa de licitação, nas hipóteses descritas no art. 29, incs. V, VIII, X, XI, XIII, XV, XVI, XVII e XVIII da Lei nº 13.303/2016;[143]
- inviabilidade de competição, devidamente demonstrada, nos termos da lei e do regulamento de licitações;
- licitações para alienação de bens.

Percebe-se, portanto, que o novo Regulamento de Licitações e Contratações da Petrobras, além de ir ao encontro das diretrizes do Programa Petrobras de Prevenção à Corrupção, também vai ao encontro da própria Lei Federal nº 13.303/2016 – Estatuto Jurídico das Estatais –, que exige que as empresas estatais adotem em seus estatutos regras de governança corporativa e transparência, práticas de gestão de riscos e de controle interno, bem como implementem estruturas e práticas de gestão de riscos e controle interno. Se é aplicável às estatais, por que não aos seus fornecedores? Segundo o *Manual do Programa Petrobras de Prevenção da Corrupção* (PPPC), este é movido por ações contínuas de prevenção, detecção e correção de atos de fraude e de corrupção,

---

[143] "Art. 29. É dispensável a realização de licitação por empresas públicas e sociedades de economia mista: [...] V - para a compra ou locação de imóvel destinado ao atendimento de suas finalidades precípuas, quando as necessidades de instalação e localização condicionarem a escolha do imóvel, desde que o preço seja compatível com o valor de mercado, segundo avaliação prévia; [...] VIII - para a aquisição de componentes ou peças de origem nacional ou estrangeira necessários à manutenção de equipamentos durante o período de garantia técnica, junto ao fornecedor original desses equipamentos, quando tal condição de exclusividade for indispensável para a vigência da garantia; X - na contratação de concessionário, permissionário ou autorizado para fornecimento ou suprimento de energia elétrica ou gás natural e de outras prestadoras de serviço público, segundo as normas da legislação específica, desde que o objeto do contrato tenha pertinência com o serviço público; XI - nas contratações entre empresas públicas ou sociedades de economia mista e suas respectivas subsidiárias, para aquisição ou alienação de bens e prestação ou obtenção de serviços, desde que os preços sejam compatíveis com os praticados no mercado e que o objeto do contrato tenha relação com a atividade da contratada prevista em seu estatuto social; [...] XIII - para o fornecimento de bens e serviços, produzidos ou prestados no País, que envolvam, cumulativamente, alta complexidade tecnológica e defesa nacional, mediante parecer de comissão especialmente designada pelo dirigente máximo da empresa pública ou da sociedade de economia mista; [...] XV - em situações de emergência, quando caracterizada urgência de atendimento de situação que possa ocasionar prejuízo ou comprometer a segurança de pessoas, obras, serviços, equipamentos e outros bens, públicos ou particulares, e somente para os bens necessários ao atendimento da situação emergencial e para as parcelas de obras e serviços que possam ser concluídas no prazo máximo de 180 (cento e oitenta) dias consecutivos e ininterruptos, contado da ocorrência da emergência, vedada a prorrogação dos respectivos contratos, observado o disposto no §2º; XVI - na transferência de bens a órgãos e entidades da administração pública, inclusive, quando efetivada mediante permuta; XVII - na doação de bens móveis para fins e usos de interesse social, após avaliação de sua oportunidade e conveniência socioeconômica relativamente à escolha de outra forma de alienação; XVIII - na compra e venda de ações, de títulos de crédito e de dívida e de bens que produzam ou comercializem".

CAPÍTULO 3
CRITÉRIOS NORMATIVOS À IMPLEMENTAÇÃO DE SISTEMAS DE *COMPLIANCE* | 217

mediante gestão integrada e do aperfeiçoamento de ações e controles da estrutura de governança, sendo a sua gestão realizada pela Auditoria Interna da Petrobras, por meio da Gerência-Geral de Controladoria, em articulação com outras áreas da estrutura de governança da empresa.[144]

Assim, uma das frentes do PPPC é a *due diligence* de integridade – DDI, que corresponde à avaliação do grau de risco de integridade (GRI) ao qual a Petrobras pode estar exposta no relacionamento com terceiros, entre os quais estão seus fornecedores, parceiros operacionais e contrapartes nos processos de aquisição ou desinvestimento,[145] à localização geográfica da empresa e da execução dos negócios, ao histórico reputacional na empresa, à interação da empresa com agentes públicos, à efetividade do sistema de integridade da empresa, à natureza do negócio pretendido, à reputação, à idoneidade e às práticas de combate à corrupção dos terceiros com que pretende se relacionar. Assim, uma vez avaliada a empresa, o resultado da DDI será utilizado para a tomada de decisão sobre o início ou permanência do relacionamento comercial da empresa avaliada com a Petrobras, bem como para a definição do nível de monitoramento dos riscos potenciais de fraude e corrupção identificados. Em relação aos fornecedores, tal avaliação é revisada anualmente, tendo em vista a necessidade de renovação do cadastro destes no sistema da Petrobras.

Avaliada a empresa, o resultado da DDI será utilizado para a tomada de decisão sobre o início ou permanência do relacionamento comercial da empresa avaliada com a Petrobras, bem como para a definição do nível de monitoramento dos riscos potenciais de fraude e corrupção identificados.

Nota-se que a avaliação dos riscos de integridade proposta pela Petrobras afeta a própria participação das empresas nas licitações públicas promovidas pela estatal, isso porque, se o licitante não possuir grau de risco de integridade atribuído, ele deverá, já na fase de habilitação, preencher eletronicamente o questionário de *due diligence* de integridade, o qual deverá ser enviado conjuntamente com a documentação de suporte, no prazo de apresentação da documentação de habilitação, sendo a resposta ao questionário e o envio dos documentos comprobatórios para avaliação condições de habilitação do licitante. Nos casos em

---

[144] PETROBRAS. *Programa Petrobras de Prevenção à Corrupção*. Disponível em: https://canalfornecedor.petrobras.com.br/pt/compliance/compliance/. Acesso em: 10 jan. 2019.

[145] PETROBRAS. *Programa Petrobras de Prevenção à Corrupção*. Disponível em: https://canalfornecedor.petrobras.com.br/pt/compliance/compliance/. Acesso em: 10 jan. 2019.

que o GRI alto for atribuído no curso do processo licitatório, a licitante será desclassificada do certame.

Importante destacar que as DDIs são realizadas continuamente, pelo que, mesmo empresas que já possuem cadastro na Petrobras serão submetidas ao crivo das *due diligences*, de modo que, caso sejam identificados novos fatos ou informações relevantes quanto ao risco de integridade do fornecedor, o GRI poderá ser alterado para um nível mais grave ou mais baixo.

Diferentemente dos outros diplomas que exigem a implementação de sistemas de integridade e *compliance* apenas durante a execução do contrato, a Petrobras realiza exclusão prévia de licitantes em razão única e exclusiva da avaliação de riscos de integridade. A estatal, nesses termos, utiliza o fator risco, que possui apenas alguma orientação de certeza,[146] para inabilitar licitantes, o que viola frontalmente a disciplina do art. 58 da Lei nº 13.303/2016, que disciplina as hipóteses exclusivas de exigências para habilitação,[147] bem como viola o art. 37, inc. XXI da Constituição, que determina que somente poderão ser exigidos documentos referentes à qualificação técnica e econômica que sejam indispensáveis à garantia do cumprimento das obrigações.[148]

Além dos artigos já citados, pode-se dizer que a avaliação de riscos da contratação que finda em exclusão da participação de licitantes também viola o art. 31 da Lei Federal nº 13.303/2016, responsável por disciplinar os princípios gerais da licitação, entre os quais estão o da isonomia, da obtenção de competitividade e do julgamento objetivo. E, para além dos princípios e diretrizes basilares, existem regras expressamente disciplinadas no mesmo diploma que balizam, de forma taxativa, as hipóteses de participação e exclusão de participantes do certame. Assim, apenas nas hipóteses expressamente previstas em lei é que licitantes podem ser impedidos, desclassificados ou inabilitados.

---

[146] Nesse sentido, Celso Lafer destaca que o risco apresenta inúmeras dimensões, que se multiplicam no mundo contemporâneo, sendo que o que lhe caracteriza "é a possibilidade de ser estimado e calculado, com alguma orientação de certeza, por meio das técnicas de previsão, cálculo de probabilidades e algoritmos" (LAFER, Celso. Incerteza jurídica. *O Estado de S. Paulo*, São Paulo, 18 mar. 2018. Disponível em: http://opiniao.estadao.com.br/noticias/geral,incerteza-juridica,70002231774. Acesso em: 2 ago. 2019).

[147] "Art. 58. A habilitação será apreciada exclusivamente a partir dos seguintes parâmetros: [...]" (BRASIL. *Lei Federal nº 13.303, de 30 de junho de 2016*. BRASIL. *Lei Federal nº 13.303, de 30 de junho de 2016*. Disponível em: http://www.planalto.gov.br/ccivil_03/_ato2015-2018/2016/lei/l13303.htm. Acesso em: 2 ago. 2019).

[148] DI PIETRO, Maria Sylvia Zanella. *Direito administrativo*. 30. ed. rev., atual. e ampl. Rio de Janeiro: Forense, 2017. p. 463-464.

CAPÍTULO 3
CRITÉRIOS NORMATIVOS À IMPLEMENTAÇÃO DE SISTEMAS DE *COMPLIANCE* | 219

Nesse sentido, nos termos do art. 38 da Lei Federal nº 13.303/2016, estão impedidos de participar das contratações os licitantes que (i) possuam conflito de interesse com a estatal, nos termos do inc. I do *caput* e dos incs. I e II do parágrafo único; (ii) tenham sido sancionados ou cujos sócios possuam vínculo com empresas sancionadas, nos termos dos incs. II a VIII do *caput*; ou (iii) que tenham relação de parentesco até o terceiro grau civil com dirigentes da estatal, colaboradores da área de licitações e contratos da estatal ou autoridade do ente público a que a estatal esteja vinculada, nos termos do inc. II, do parágrafo único.

Da mesma forma, em que pese possam participar do certame, serão desclassificados os fornecedores cujas propostas apresentadas contenham vícios insanáveis, descumpram as especificações do edital, apresentem preços inexequíveis e se encontrem acima do orçamento estimado pela estatal, nos termos dos incisos do art. 56 da Lei Federal nº 13.303/2016.

Ainda, em caso de não atendimento das exigências habilitatórios do edital, os licitantes poderão ser inabilitados, conforme se depreende dos critérios taxativos previstos no art. 58 da Lei Federal nº 13.303/2016: (i) apresentação de documentos aptos a comprovar a habilitação jurídica e idoneidade fiscal e trabalhista do licitante; (ii) demonstração de qualificação técnica; (iii) demonstração de capacidade econômica e financeira; e (iv) exigência de recolhimento de quantia a título de adiantamento, nos casos de licitações que utilizem a maior oferta de preço como critério de julgamento.

Do que se depreende dos artigos em referência, percebe-se que em nenhum dos casos o fator "risco da contratação" é determinante para impedir, desclassificar ou inabilitar a participação do licitante. Por isso, não aparenta legalidade a extensão dos critérios preestabelecidos em lei em normativos internos das estatais.

Diante do descontentamento de licitantes que passaram a ser impedidos de licitar ou foram excluídos de certames, notadamente de licitações da Petrobras, a discussão em torno da legalidade do impedimento ou exclusão de licitantes em razão do grau de risco atribuído à contratação foi lançada ao Poder Judiciário, bem como ao Tribunal de Contas da União.

O caso-paradigma trata-se da exclusão de um fornecedor de um processo de contratação da Petrobras, em razão, senão, da atribuição de grau de risco alto àquele. Ao se manifestar sobre o caso, o Tribunal Regional Federal da 2ª Região – TRF2 decidiu pela legalidade da exclusão, ao fundamento de que a análise de fatores de risco de integridade coaduna com a adoção de políticas contra a corrupção.[149] Nesse sentido, os membros da 8ª Turma Especializada do Tribunal Regional Federal da 2ª Região assinalaram que, em que pese o art. 38 da Lei Federal nº 13.303/2016 não tenha contemplado como hipótese de impedimento a inexistência de sistema de integridade implementado na empresa licitante ou a existência de investigação criminal dos responsáveis, o art. 32 do mesmo diploma legal elenca as diretrizes a serem observadas nas licitações promovidas por estatais, entre as quais está a "observação da política de integridade nas transações com partes interessadas", nos termos do inc. V. Além disso, decidiram que é permitido às estatais, em seus procedimentos auxiliares às contratações, restringir a participação de fornecedores de acordo com as condições estabelecidas em regulamento, conforme previsão expressa nos arts. 64, §2º (pré-qualificação permanente) e 65, §2º (cadastramento).

Lastreados nos fundamentos acima destacados, portanto, a 8ª Turma Especializada do TRF2 determinou a legalidade da vedação da participação de licitantes aos quais sejam atribuídos grau de risco de integridade alto dos procedimentos de contratação da Petrobras. Em que pese os argumentos aventados pelo Tribunal Regional Federal da 2ª Região, os mencionados artigos da Lei Federal nº 13.303/2016 devem ser apreciados com maior cautela, eis que, em que pese, de fato, a necessária e obrigatória observância da política de integridade das estatais pelos próprios colaboradores das estatais e pelas partes interessadas, notadamente dos mecanismos de gestão de riscos da estatal, não se pode criar hipóteses de exclusão de licitantes, quando a própria lei não as previu. É que tanto o art. 64 quanto o art. 65 do referido diploma disciplinam procedimentos auxiliares para averiguar condições de *habilitação*. Ora, se o art. 58 da Lei Federal nº 13.303/2016 disciplina, justamente, critérios taxativos para análise da habilitação e não disciplina a hipótese de inabilitação de licitantes cujo grau de risco da contratação seja alto, vedado é aos regulamentos de licitações e contratos das estatais ampliar esse rol.

---

[149] BRASIL. Tribunal Regional Federal (2ª Região). *Apelação em Mandado de Segurança nº 0035486-47.2018.4.02.5101*. Relator: Marcelo Pereira da Silva. Julgamento: 15 abr. 2019. Disponibilização: 24 abr. 2019. Disponível em: https://www10.trf2.jus.br/consultas /?movimento=cache&q=cache:QEgI_mTgQXsJ:acordaos.trf2.jus.br/apolo/databucket/id x%3Fprocesso%3D201851010354866%26coddoc%3D2289680%26datapublic%3D2019-04-25%26pagdj%3D385/394+convida+refei%C3%A7%C3%B5es+ltda.&site=v2_jurispruden-cia&client=v2_index&proxystylesheet=v2_index&lr=lang_pt&ie=UTF-8&output=xml_no_dtd&acces-s=p&oe=UTF-8. Acesso em: 6 nov. 2019.

Destaque-se que o que se pretende com a crítica ora formulada não é impedir a adoção de medidas de avaliação de risco. Ao contrário. Essas medidas devem ocorrer e ser sempre aprimoradas, de modo que as contratações públicas sejam mais eficientes e sustentáveis, com uma melhor fiscalização do contrato. O que não se aceita, entretanto, é a restrição da competitividade, mediante critérios que o próprio legislador pátrio deixou de estabelecer, e cuja conduta é rechaçada pela Constituição da República de 1988.

Assim, não se discute que a corrupção deve ser combatida, mas não se pode combatê-la a qualquer custo.[150] As garantias constitucionais devem ser observadas. Mesmo porque, segundo Marçal Justin Filho, "nenhum interesse público autoriza ignorar ou violar direitos fundamentais garantidos constitucionalmente".[151] Esse, senão, é o princípio básico de um Estado Democrático de Direito.[152]

De modo diverso do Tribunal Regional Federal da 2ª Região, ao ser instado a se manifestar sobre o caso, o Plenário do Tribunal de Contas da União adotou posicionamento em prol da Constituição no Acórdão nº 898/2019,[153] asseverando que, em se tratando de habilitação de licitantes, apenas se podem exigir condições que sejam indispensáveis. Da mesma forma, destacou que, como não há transparência em relação à forma como o questionário de integridade será avaliado, tal situação poderá caracterizar critério de julgamento sigiloso em prejuízo ao princípio do julgamento objetivo expressamente previsto no art. 31, da Lei nº 13.303/2016. Outro problema aventado no Acórdão nº 898/2019 foi a eficácia da *due diligence* de integridade, já que as informações prestadas pelos licitantes nos questionários de integridade são autodeclaratórias e, muitas vezes, de difícil averiguação pela estatal.

Entretanto, diante da complexidade do caso, não se decidiu de forma expressa pela legalidade ou não da exigência, deixando-se a

---

[150] SCHRAMM, Fernanda Santos. *Compliance nas contratações públicas*. Belo Horizonte: Fórum, 2019. p. 318-322.

[151] JUSTEN FILHO, Marçal. *Comentários à Lei de Licitações e Contratos Administrativos*. 16. ed. São Paulo: Revista dos Tribunais, 2014. p. 71.

[152] FREITAS, Juarez. *O controle dos atos administrativos e os princípios fundamentais*. 5. ed. rev. e ampl. São Paulo: Malheiros, 2013. p. 60.

[153] BRASIL. Tribunal de Contas da União – TCU. *Acórdão nº 898/2019 – Plenário*. Relator: Benjamin Zymler. Julgamento: 16 abr. 2019. Disponível em: https://pesquisa.apps. tcu.gov.br/#/documento/acordao-completo/*/NUMACORDAO%253A898%25-20ANOACORDAO%253A2019/DTRELEVANCIA%20desc,%20 NUMACORDAOINT%20desc/0/%20?uuid=70347a70-ba9d-11e9-a483-9fb8528dc97d. Acesso em: 06 nov. 2019.

cargo do Processo nº 005.881/2019-6 a sua avaliação definitiva. Referido processo teve sua conclusão no Acórdão Plenário nº 1.845/2019,[154] em que se consignou, novamente, a necessidade de se discutir a questão da avaliação da legitimidade e legalidade da avaliação do grau de risco de integridade – GRI de forma mais aprofundada, bem como a possibilidade de utilização desse parâmetro como critério de habilitação em certames. Assim, para o ministro relator, importante é avaliar se a *due diligence* de integridade é conduzida com objetividade e transparência, bem como se a sua utilização configuraria exigência restritiva e sem previsão legal. Assim, recomendou-se que tal exame seja realizado em processo específico a ser instruído pela Secretaria de Fiscalização de Infraestrutura de Petróleo e Gás Natural (SeinfraPetróleo).

Como se pode notar, em que pese um possível direcionamento da primeira decisão do Tribunal de Contas da União pela inconstitucionalidade e ilegalidade da exclusão de licitantes em razão da avaliação de seu grau de risco, a segunda decisão apenas reforça a dúvida e encaminha o processo para avaliação de área específica, de modo que ainda não há um posicionamento definitivo por parte do TCU sobre o caso.

Entende-se, entretanto, que a melhor saída não é a exclusão do licitante após a avaliação de riscos, mas a adaptação da matriz de riscos contratual, estabelecendo a responsabilidade pela retenção dos riscos averiguados à contratada e à fiscalização para que estes não ocorram à contratante. Assim, o tratamento do risco se resolve na execução do contrato e não no momento da escolha do fornecedor.

Como se pode notar, empresas que se relacionam com a Petrobras devem estar atentas e implementar políticas, mecanismos e instrumentos de prevenção, mitigação e redução de riscos, bem como de integridade e combate à fraude e à corrupção. Por conseguinte, deverão implementar um sistema de integridade efetivo, sendo este um dos pilares de avaliação dos riscos de integridade da empresa.

---

[154] BRASIL. Tribunal de Contas da União – TCU. *Acórdão nº 1845/2019* – Plenário. Relator: Augusto Nardes. Julgamento: 07 ago. 2019. Disponível em: https://pesquisa.apps.tcu.gov.br/#/documento/acordao-completo/risco%2520de%2520integridade/%2520%2520COPIARELATOR%253A%2522AUGUSTO%2520NARDES%2522/DTRELEVANCIA%2520desc%252C%2520NUMACORDAOINT%2520desc/3/%2520?uuid=fcf77f60-0fe4-11ea-bc52-69b41ebac977. Acesso em: 10 out. 2019.

## 3.12 Nova Lei de Licitações e Contratos – Lei nº 14.133/2021

Em abril de 2021, indo ao encontro da valorização do combate à corrupção e acompanhando a tendência legislativa em relação à exigência de implementação de sistema de *compliance* nas empresas que se relacionam com o Poder Público, a Nova Lei de Licitações e Contratações Públicas – Lei nº 14.133/2021 trouxe para o âmbito da norma geral quatro hipóteses de adoção de sistemas de integridade pelas partes que pretendem se relacionar com a Administração Pública, sendo elas: 1) obrigação contratual; 2) critério de desempate; 3) aplicação de sanção; e 4) reabilitação de licitantes ou contratadas. Além disso, trouxe a termos legais a importância da gestão de riscos no âmbito das contratações públicas, em consonância ao que já determinava a Lei nº 13.303/2016 – Estatuto Jurídico das Empresas Estatais.

Assim, desde logo se pode afirmar que tais disciplinas constituem verdadeiro marco ao fomento da integridade e promoção da cultura da transparência no âmbito das contratações públicas, conforme se passará a analisar.

### 3.12.1 Obrigação contratual

Naquilo que diz respeito à exigência de implementação de sistema de integridade como obrigação contratual, a Lei nº 14.133/2021, em seu art. 25, §4º, determina:

> §4º Nas contratações de obras, serviços e fornecimentos de grande vulto, o edital deverá prever a obrigatoriedade de implantação de programa de integridade pelo licitante vencedor, no prazo de 6 (seis) meses, contado da celebração do contrato, conforme regulamento que disporá sobre as medidas a serem adotadas, a forma de comprovação e as penalidades pelo seu descumprimento.

Como se pode notar, no tocante aos critérios de aplicação da referida norma, pode-se destacar que a lei se limitou a determinar os alcances objetivo e subjetivo da norma, bem como o momento e prazo para sua implementação, deixando a cargo de regulamento específico critérios como: (i) objetivo da exigência, (ii) requisitos à constituição e comprovação da existência do programa, (iii) parâmetros de avaliação do programa; (iv) atribuição de responsabilidade à fiscalização da implantação do programa; (v) atribuição de responsabilidade pela avaliação da efetividade do programa, e (vi) aplicação de penalidades em caso de descumprimento da obrigação. De acordo com a Secretaria de Transparência e Prevenção da Corrupção – CGU, no volume I da coleção *Integridade em contratações públicas*,[155] a regulamentação de tais critérios em âmbito federal compete à Controladoria-Geral da União, a fim de unificar o tratamento do tema no território nacional, quando deverão ser abordados

> os parâmetros de um programa de integridade; a metodologia de avaliação da adequação desse programa aos parâmetros legais; a forma de proceder quando se tratar de consórcio de empresas, aditivos contratuais ou subcontratações; e as sanções impostas no caso de inadimplemento da obrigação de implementá-lo.

Da leitura do art. 25, §4º, portanto, em relação ao alcance objetivo da implementação do "programa de integridade", pode-se dizer que a sua estruturação será exigida nos contratos de obras, serviços e fornecimentos de grande vulto, isto é, cujo valor estimado seja superior a R$200.000.000,00 (duzentos milhões de reais), conforme determina o art. 6º, inc. XXII, do mesmo diploma.[156] Veja-se, nesses termos, que o alcance objetivo expresso na norma se limita ao valor do contrato, sem, contudo, delimitar um prazo mínimo de vigência dele, como ocorre em outras normas anteriormente analisadas. Entretanto, considerando-se o prazo de seis meses determinado para a implementação do sistema de integridade, pode-se dizer que a obrigação apenas incidirá nos contratos com vigência superior a esse prazo, de modo que o que se entende é que, implicitamente, há determinação do alcance objetivo da norma em relação à vigência do contrato.

O alcance subjetivo, por sua vez, também não possui delimitação expressa no art. 25, §4º, da Lei nº 14.133/2021, que faz menção apenas ao termo "licitante vencedor". Entretanto, a partir de uma análise sistemática do diploma em comento, notadamente da interpretação conjunta do art. 25, §4º e do art. 6º, especialmente dos incs. VIII e IX deste, que tratam das definições de "contratado" e "licitante", respectivamente,

---

[155] BRASIL. Controladoria-Geral da União – CGU. *Coleção Integridade nas contratações públicas*. Brasília: CGU, 2021. v. I. p. 9. Disponível em: https://repositorio.cgu.gov.br/bitstream/1/66646/5/Informativo_Colecao_Integridade_em_Contratacoes_Publicas_2021_V1.pdf. Acesso em: 30 ago. 2021.

[156] "Art. 6º [...] XXII - obras, serviços e fornecimentos de grande vulto: aqueles cujo valor estimado supera R$200.000.000,00 (duzentos milhões de reais); [...]".

conclui-se que a exigência será obrigatória para "pessoa física ou jurídica, ou consórcio de pessoas jurídicas, que participa ou manifesta a intenção de participar de processo licitatório, sendo-lhe equiparável, o fornecedor ou o prestador de serviço que, em atendimento à solicitação da Administração, oferece proposta" (art. 6º, inc. IX) e, após apresentação da proposta mais vantajosa, "torna-se signatária de contratos com a Administração Pública" (art. 6º, inc. VIII).[157]

Além disso, importante destacar que, em relação ao momento e ao prazo para implementação dos sistemas de integridade, denota-se do art. 25, §4º, que a obrigação se inicia no momento da assinatura do contrato, devendo ser cumprida no prazo de seis meses, conforme destacado anteriormente. Isso quer dizer que a exigência de implementação ocorrerá no momento da execução do contrato, isto é, terceira fase da contratação, não implicando qualquer restrição ao caráter competitivo do certame, conforme já destacado anteriormente.

Dessa forma, entende-se que andou bem a Nova Lei de Licitações e Contratações Públicas ao incluir a exigência como obrigação contratual, eis que a exigência em momento prévio à seleção do fornecedor denotaria flagrante inconstitucionalidade material, por violação ao princípio da competitividade.

Mesma sorte não socorre ao alcance objetivo da norma, notadamente em relação ao seu valor. Isso porque R$200 milhões é um valor de contratação vultoso, como a própria norma determina, o que torna o seu alcance mais restrito e, provavelmente, impossibilitará a mudança de cultura almejada e necessária no cenário das contratações públicas. Além disso, se comparada com a realidade das leis estaduais e distrital até aqui analisadas, percebe-se que existe uma desproporcionalidade exorbitante entre este parâmetro.

De toda forma, ainda que necessários alguns ajustes para verdadeira eficácia do dispositivo em comento, importa frisar que a previsão da exigência de implementação de sistemas de integridade Nova Lei de Licitações e Contratações Públicas, por si só, já demonstra avanço na legislação pátria, o que se espera que se reflita na prática.

---

[157] "Art. 6º [...] VIII - contratado: pessoa física ou jurídica, ou consórcio de pessoas jurídicas, signatária de contrato com a Administração; IX - licitante: pessoa física ou jurídica, ou consórcio de pessoas jurídicas, que participa ou manifesta a intenção de participar de processo licitatório, sendo-lhe equiparável, para os fins desta Lei, o fornecedor ou o prestador de serviço que, em atendimento à solicitação da Administração, oferece proposta; [...]".

Assim, em busca dos próximos passos para o cumprimento dessa exigência na prática, a Secretaria de Transparência e Prevenção da Corrupção – CGU elencou as seguintes diretrizes a serem executadas:

1. A avaliação não deve ter como foco apenas o programa de integridade em si, mas a avaliação de riscos de integridade e como este programa atua para mitigar esses riscos, no âmbito da contratação pública.

2. Do mesmo modo, a exigência do programa de integridade das empresas contratadas não deve ser uma medida isolada, mas dialogar com as demais iniciativas de integridade do respectivo órgão ou entidade pública.

3. Acerca da possibilidade de se utilizar certificações externas como critério para atestar a implementação de programas de integridade pelas empresas contratadas, apesar da suposta redução de custos para a Administração Pública que, em um primeiro momento, essa medida poderia indicar, a exigência exclusiva de certificação traria para as empresas, além do custo de implementação do programa, um custo adicional com a certificação que, ao final, acabaria sendo adicionado ao valor do contrato e transferido para a própria Administração Pública.

4. A certificação externa também impediria que a Administração Pública adaptasse a avaliação do programa de integridade da empresa contratada à realidade de gestão de riscos da contratação. Além disso, a verificação do programa de integridade pode ser uma oportunidade para que a Administração Pública conheça melhor o seu fornecedor, podendo, inclusive, adaptar a sua fiscalização aos riscos detectados.

5. Outro ponto relevante na discussão sobre certificações é que que a nova lei de contratações determina que seja considerada tanto na aplicação de sanções quanto na reabilitação do licitante ou contratado sancionado, a implantação e o "aperfeiçoamento" de programa de integridade. As certificações, por sua vez, permitem verificar o estágio de desenvolvimento de um programa de integridade em um determinado momento, como uma espécie de "retrato" da situação, não permitindo, via de regra, a verificação de seu desenvolvimento ao longo do tempo.

6. Assim, apesar de os diversos tipos de certificação externa poderem contribuir para a avaliação dos programas de integridade das empresas contratadas, entende-se que a sua adoção como critério obrigatório ou exclusivo não seria o melhor caminho a ser trilhado.

7. Por fim, sobre o papel dos órgãos de controle, sabe-se que a avaliação dos programas de integridade das empresas contratadas pode trazer uma carga maior de atribuições aos gestores dos contratos, bem como fazer com que a avaliação desses programas seja realizada por um grande número de servidores, aumentando, assim, o custo da Administração Pública com a necessária preparação dessas pessoas. Por essa razão, é apropriado que a regulamentação do procedimento a ser adotado

preveja a possibilidade de o gestor do contrato contar com o apoio de outra unidade, interna ou externa, para a realização da avaliação do programa de integridade da empresa, o que permitirá uma especialização maior da atividade, com ganho de escala e redução de custos.[158]

Como se pode notar, como a exigência de implementação de sistema de integridade ainda é muito incipiente no âmbito da Norma Geral de Licitações e Contratações Públicas, inúmeras são as condutas e preocupações para que a introdução desse mecanismo de *compliance* não ocorra de modo meramente formal.

Assim, chama-se atenção às seguintes preocupações anteriormente comentadas e reproduzidas pela Controladoria-Geral da União, que merecem um olhar mais acurado de todos os interessados: (i) estruturação individualizada e aderente dos programas de integridade; (ii) certificação, que pode ensejar um custo excessivo para os contratados e impedir a aderência dos programas de integridades aos riscos de cada contratação; (iii) avaliação dos programas de integridade, especialmente no tocante aos responsáveis por ela, considerando impasses como a especialização para execução da atividade e os custos envolvidos.

Como se pode notar, há que se ter muita cautela quando da exigência de implementação de sistemas de integridade nas empresas que se relacionam com o Poder Público, especialmente em se tratando da avaliação dessa implementação, acreditando, contudo, que o passo mais importante já foi dado: introdução da exigência no âmbito da norma geral sobre contratações públicas.

## 3.12.2 Critério de desempate

Além da exigência como obrigação contratual, outra forma de aplicação do *compliance* nas contratações públicas introduzida pela Lei nº 14.1333/2021 foi a sua avaliação como critério de desempate de propostas, conforme previsão no art. 60, inc. IV:

> Art. 60. Em caso de empate entre duas ou mais propostas, serão utilizados os seguintes critérios de desempate, nesta ordem:

---

[158] BRASIL. Controladoria-Geral da União – CGU. *Coleção Integridade nas contratações públicas*. Brasília: CGU, 2021. v. I. p. 8-9. Disponível em: https://repositorio.cgu.gov.br/bitstream/1/66646/5/Informativo_Colecao_Integridade_em_Contratacoes_Publicas_2021_V1.pdf. Acesso em: 30 ago. 2021.

I - disputa final, hipótese em que os licitantes empatados poderão apresentar nova proposta em ato contínuo à classificação;

II - avaliação do desempenho contratual prévio dos licitantes, para a qual deverão preferencialmente ser utilizados registros cadastrais para efeito de atesto de cumprimento de obrigações previstos nesta Lei;

III - desenvolvimento pelo licitante de ações de equidade entre homens e mulheres no ambiente de trabalho, conforme regulamento;

IV - desenvolvimento pelo licitante de programa de integridade, conforme orientações dos órgãos de controle.

Como se pode notar, caso duas ou mais propostas restem empatadas no decorrer do certame, o quarto critério de desempate a ser utilizado é, justamente, a existência de desenvolvimento pelo licitante de sistema de integridade.

Pode-se afirmar que tal disciplina possui intento de influenciar a mudança de cultura da corrupção sistêmica nas contratações públicas mediante o incentivo à implementação de mecanismos de *compliance* nas empresas licitantes. Assim, a partir de incentivos normativos, busca-se o reconhecimento do desenvolvimento dos sistemas de integridade por empresas que participam de certames públicos, garantindo-se benefícios no critério de eventual desempate de propostas.

A Nova Lei de Licitações e Contratações Públicas, nesses termos, adota prática que seria uma espécie de *nudge* ao combate à corrupção nas contratações públicas, isto é, uma "cutucada", um "empurrão", que não impõe uma obrigação legal às licitantes, mas as orienta para o desenvolvimento de sistemas de integridade. A ideia proposta na teoria de *nudge* de Richard Thaler e Cass Sunstein,[159] justamente, sustenta um "empurrão" para influenciar a tomada de decisão em determinado sentido, diante da realização de intervenções que preservem a liberdade de escolha. Isso permite, por exemplo, maior efetividade da disciplina normativa, eis que o atendimento de uma imposição legal não ocorrerá por simples obrigação normativa, mas mediante um cumprimento voluntário do que se propõe com a norma.[160]

---

[159] THALER, Richard H.; SUNSTEIN, Cass R. *Nudge*: o empurrão para a escolha certa. [s.l.]: [s.n.], 2008.

[160] Tradução literal de: "A principal advantage of nudges, as opposed to mandates and bans, is that they avoid coercion. Even so, they should never take the form of manipulation or trickery. The public should be able to review and scrutinize nudges no less than government actions of any other kind" (SUNSTEIN, Cass R. *Nudging*: a very short guide. *J. Consumer Pol'y*, v. 37, 2014. Disponível em: https://ssrn.com/abstract=2499658. Acesso em: 5 fev. 2020).

Conforme visto anteriormente, não é novidade que corrupção "dissemina o descrédito nas instituições públicas e privadas, subverte acordos de lealdade, fragiliza regras de confiança social e vilipendia o mérito",[161] sobretudo em se tratando de contratações públicas. Assim, considerando que o comportamento de licitantes será sempre determinado por valores, princípios, normas de conduta e padrões de comportamento existentes,[162] o incentivo à mudança de determinado padrão de comportamento de uma organização será um importante instrumento de autoconhecimento e aculturamento para uma realidade da integridade, por exemplo. Assim, essa mudança de cultura poderá proporcionar, até mesmo, aumento de confiança nos certames públicos, atraindo empresas qualificadas e idôneas que outrora estavam afastadas desse mercado.

Tal mudança ocorrerá apenas se as licitantes, de fato, aderirem a essa nova cultura proposta, que deverá decorrer, essencialmente, por vontade própria das empresas – ainda que por influência do Estado –, mediante o comprometimento de sua alta administração. Do contrário, será apenas mais um cumprimento forçado de disciplinas legais, que, em que pese no curto prazo sejam efetivas, em longo prazo não mudarão a realidade que se pretende combater: "custo propina" e fraude nas licitações.

Um dos maiores riscos ao atendimento dos *nudges* relacionados à licitação e contratos é, justamente, a falta de um modelo de conduta ética endossado pela alta administração das empresas privadas, aliado a incompatibilidades entre o comportamento e o discurso daqueles que ocupam os cargos da alta administração.[163] Daí, por exemplo, emergiu o problema de grande parte das empresas envolvidas na Operação Lava-Jato, que, em que pese possuíssem sistemas de integridade, não detinham em seus cargos diretores com o comprometimento necessário,[164] conforme narrado anteriormente. A credibilidade da implementação

---

[161] ZENKNER, Marcelo. *Integridade governamental e empresarial*: um espectro da repressão e da prevenção à corrupção no Brasil e em Portugal. Belo Horizonte: Fórum, 2019. p. 27.

[162] ZENKNER, Marcelo. *Integridade governamental e empresarial*: um espectro da repressão e da prevenção à corrupção no Brasil e em Portugal. Belo Horizonte: Fórum, 2019. p. 41.

[163] CLAYTON, Mona. Entendendo os desafios de compliance no Brasil: um olhar estrangeiro sobre a evolução do compliance anticorrupção em um país emergente. *In*: DEBBIO, Alessandra Del; MAEDA, Bruno Carneiro; AYRES, Carlos Henrique (Coord.). *Temas de anticorrupção e compliance*. Rio de Janeiro: Elsevier, 2013. p. 152.

[164] Sobre o tema cf. LEGAL, ETHICS, COMPLIANCE – LEC. *Odebrecht*: estabelecendo um novo padrão. Disponível em: https://lec.com.br/blog/odebrecht-estabelecendo-um-novo-padrao/. Acesso em: 12 dez. 2019.

de uma nova cultura organizacional, dessa forma, está intrinsecamente vinculada ao exemplo prático de seus dirigentes, tendo em vista que de nada vale a demonstração de entusiasmo da alta administração ou a reserva de orçamento para a área de *compliance* quando aquela não demonstra interesse no tema e suas atitudes não coadunam com o conteúdo das normas da sociedade, seus valores e os treinamentos aplicados.[165]

O art. 60, inc. IV, portanto, busca incentivar e influenciar o comportamento ético das licitantes, mediante a implementação de sistemas de integridade efetivos – por vontade própria – o que vai ao encontro dos princípios da legalidade, impessoalidade, moralidade, publicidade e eficiência, todos disciplinados no *caput* do art. 37, da Constituição da República de 1988.

Nesses termos, é importante registrar que o *nudge* aqui apresentado – consideração do desenvolvimento de sistemas de integridade por licitantes como critério de desempate de propostas – não viola o art. 37, inc. XXI da CRFB/1988, já que não se trata de condição de habilitação, isto é, não se trata de uma condição à participação no certame, mas, sim, de um incentivo à preferência em eventual empate de propostas.

É importante deixar claro que o valor apresentado nas propostas das licitantes, a sua capacidade técnica e o atendimento aos demais documentos habilitatórios continuarão sendo os únicos critérios classificatórios e habilitatórios à obtenção da proposta mais vantajosa pela Administração Pública. Assim, apenas em caso de eventual empate de propostas é que serão escolhidas as empresas que estejam buscando adequação à nova realidade do mercado: combate à corrupção mediante instrumentos de prevenção, mitigação e repressão de atos ilícitos e fraude às contratações, como os sistemas de integridade, devendo *nudges* como o ora proposto ser mais bem explorados pela Administração Pública, especialmente no âmbito das licitações e contratos.

### 3.12.3 Aplicação de sanção

Outra implicação do *compliance* nas contratações públicas introduzida pela Nova Lei Geral de Licitações e Contratações Públicas são

---

[165] CARVALHO, Itamar; ALMEIDA, Bruno. Programas de compliance: foco no programa de integridade. *In*: CARVALHO, André Castro; ALVIM, Tiago Cripa; BERTOCELLI, Rodrigo de Pinho; VENTURINI, Otávio (Coord.). *Manual de compliance*. Rio de Janeiro: Forense, 2019. p. 62-63.

os reflexos da existência e estruturação de sistema de integridade no momento da aplicação de sanções em razão de infrações administrativas disciplinadas na Lei nº 14.133/2021, conforme disposto no seu art. 156, §1º, inc. IV:

> Art. 156. Serão aplicadas ao responsável pelas infrações administrativas previstas nesta Lei as seguintes sanções:
>
> I - advertência;
>
> II - multa;
>
> III - impedimento de licitar e contratar;
>
> IV - declaração de inidoneidade para licitar ou contratar.
>
> §1º Na aplicação das sanções serão considerados:
>
> I - a natureza e a gravidade da infração cometida;
>
> II - as peculiaridades do caso concreto;
>
> III - as circunstâncias agravantes ou atenuantes;
>
> IV - os danos que dela provierem para a Administração Pública;
>
> V - a implantação ou o aperfeiçoamento de programa de integridade, conforme normas e orientações dos órgãos de controle.

Como se pode notar, na aplicação das sanções será considerada a implantação ou o aperfeiçoamento de sistema de integridade, demonstrando que a preocupação da Nova Lei Geral de Licitações e Contratações Públicas com a paralisação imediata de irregularidade, bem como prevenção de novos ilícitos, indo ao encontro do que já disciplinava a Lei nº 12.846/2013, popularmente conhecida como Lei Anticorrupção Empresarial, que disciplina a mesma situação nos processos administrativos de responsabilização.

Nesse ponto, importante destacar que, em que pese *implantação* e *implementação* não sejam termos sinônimos, conforme já destacado anteriormente, da análise do artigo em comento, o legislador parece ter adotado os termos como sinônimos, eis que a implantação é apenas o ato inicial de alguma coisa, de modo que os sistemas de integridade precisam ser, além de implantados, implementados. Assim, a interpretação mais acertada desse dispositivo legal é no sentido de que a implementação ou o aperfeiçoamento do sistema de integridade já estruturado serão considerados no momento de aplicação de sanções administrativas.

## 3.12.4 Reabilitação de licitantes ou contratados

Por fim, a Nova Lei Geral de Licitações e Contratações Públicas, em seu art. 163, parágrafo único, introduz na norma geral outro mecanismo de *compliance*, que é exigência de implantação ou aperfeiçoamento de sistema de integridade como condição de reabilitação de licitantes ou contratados, nos casos específicos de apresentação de declaração ou documentação falsa exigida para o certame; de apresentação de declaração falsa durante a licitação ou a execução do contrato; ou de atos lesivos disciplinados no art. 5º da Lei nº 12.846/2013:

> Art. 163. É admitida a reabilitação do licitante ou contratado perante a própria autoridade que aplicou a penalidade, exigidos, cumulativamente:
>
> Parágrafo único. A sanção pelas infrações previstas nos incisos VIII e XII do caput do art. 155 desta Lei exigirá, como condição de reabilitação do licitante ou contratado, a implantação ou aperfeiçoamento de programa de integridade pelo responsável.
>
> Art. 155. O licitante ou o contratado será responsabilizado administrativamente pelas seguintes infrações: [...]
>
> VIII - apresentar declaração ou documentação falsa exigida para o certame ou prestar declaração falsa durante a licitação ou a execução do contrato; [...]
>
> XII - praticar ato lesivo previsto no art. 5º da Lei nº 12.846, de 1º de agosto de 2013.

Mais uma vez se percebe a preocupação do legislador com a adoção dos sistemas de integridade e *compliance* como instrumentos de boas práticas, que, inclusive, permitem a redução das possíveis penalidades aplicadas às empresas investigadas,[166] podendo caracterizar incentivo à mudança de cultura e ao fortalecimento da prevenção de atos de corrupção no âmbito das contratações públicas.

Conforme alertado no item anterior, nesse ponto o legislador também parece ter utilizado as expressões "implantação" e "implementação" como sinônimo. Assim, a interpretação mais acertada é no sentido de que o comando da implementação de sistemas de integridade

---

[166] BRASIL. Controladoria-Geral da União – CGU. *Manual de Responsabilização Administrativa de Pessoas Jurídicas/CGU*. Brasília: CGU, 2018. p. 87. Disponível em: http://www.cgu.gov.br/Publicacoes/responsabilizacao-de-empresas/ManualdeResponsabilizao AdministrativadePessoasJurdicasMaio2018.pdf. Acesso em: 22 jul. 2019.

e *compliance* como condição de reabilitação na nova norma geral de licitações e contratações públicas implica que aqueles sejam utilizados como instrumentos de controle e repressão de possíveis novos atos lesivos ao interesse público por empresas que possuem histórico de desvios de conduta.

Dessa forma, os benefícios proporcionados pela implementação sob essa condição são inúmeros, abarcando resultados positivos tanto às empresas que os implementam quanto à Administração Pública, como exemplo, a redução do custo social da corrupção e dos prejuízos reputacionais decorrentes, o aumento da confiança do mercado e a melhora nas oportunidades negociais.[167] E, no âmbito da execução dos contratos administrativos, ainda mais benefícios podem ser identificados, eis que esses sistemas auxiliam na proteção do Poder Público e das empresas privadas contra a reincidência da prática de atos lesivos que implicam prejuízos financeiros, como desvios de conduta ética e fraudes contratuais. Essa prevenção garantirá, portanto, uma execução contratual conforme e adequada à atividade contratada, reduzindo-se riscos e promovendo maior qualidade à execução, bem como segurança jurídica e transparência para ambas as partes, indo ao encontro dos objetivos analisados em outras normas estaduais que disciplinaram a exigência de implementação de sistema de integridade como critério de obrigação contratual.

Tal disciplina, ademais, vai ao encontro do que disciplina a Portaria CGU nº 1.214/2020, publicada no dia 9.6.2020, e que regulamenta os requisitos e o procedimento de reabilitação de empresas declaradas inidôneas de que trata a Lei Geral de Licitação e Contratos (Lei nº 8.666/1993).[168]

Assim, de acordo com o art. 2º do referido normativo, são requisitos cumulativos para a concessão da reabilitação:

> I - o transcurso do prazo de dois anos sem licitar ou contratar com a Administração Pública a contar da data de publicação do ato que aplicou a sanção de declaração de inidoneidade;

---

[167] NÓBREGA, Marcos; ARAÚJO, Leonardo Barros C. de. Custos do não compliance. *In*: CARVALHO, André Castro; BERTOCCELLI, Rodrigo de Pinho; ALVIM, Tiago Cripa; VENTURINI, Otavio (Coord.). *Manual de compliance*. Rio de Janeiro: Forense, 2019. p. 303-304.

[168] BRASIL. Controladoria-Geral da União – CGU. *Portaria nº 1.214 de 09 de junho de 2020*. Disponível em: https://www.in.gov.br/en/web/dou/-/portaria-n-1.214-de-8-de-junho-de-2020-260787863. Acesso em: 31 ago. 2021.

II - o ressarcimento integral dos prejuízos causados pela pessoa física ou jurídica, quando apontados pela Administração Pública, em decorrência dos atos que justificaram a aplicação da sanção de declaração de inidoneidade; e

III - *a adoção de medidas que demonstrem a superação dos motivos determinantes da punição, o que inclui a implementação e a aplicação de programa de integridade, instituído de acordo com os parâmetros estabelecidos pelo art. 42 do Decreto nº 8.420, de 18 de março de 2015.*

Além disso, para fins do que disciplina o §2º do artigo acima colacionado, para comprovação do sistema de integridade, serão consideradas as definições e a metodologia constantes da Portaria CGU nº 909, de 7.4.2015, qual seja, mediante avaliação dos relatórios de perfil[169] e de conformidade,[170] inúmeras vezes comentada nesta obra.

Como se pode notar, portanto, existe uma preocupação muito grande no país com a adoção de mecanismos de *compliance* no âmbito das contratações públicas, o que, em 2021, refletiu na Nova Lei Geral de Licitações e Contratações – Lei nº 14.133/2021.

---

[169] Relatório de perfil deverá conter (i) a indicação dos setores do mercado em que a empresa atua; (ii) a apresentação da estrutura organizacional da empresa, descrevendo a hierarquia interna, o processo decisório e as principais competências de conselhos, diretorias, departamentos ou setores; (iii) informações com o quantitativo de empregados, funcionários e colaboradores; (iv) registros com especificações e contextos das interações estabelecidas com a Administração Pública nacional ou estrangeira, notadamente em relação às permissões de execução de suas atividades, aos contratos celebrados com o governo nos últimos três anos e à frequência da utilização de agentes intermediários nas interações com o Poder Público; (v) descrição das participações societárias que envolvam a pessoa jurídica na condição de controladora, controlada, coligada ou consorciada; e (vi) informações da qualificação da empresa como microempresa ou empresa de pequeno porte, se for o caso.

[170] No relatório de conformidade, a empresa deverá (i) informar a estrutura do programa de integridade, notadamente em relação a quais dos parâmetros estabelecidos no art. 42 do Decreto nº 8.420/2015 foram implementados, como eles foram implementados, indicando a importância da implementação de cada um deles ante as especificidades da pessoa jurídica, para a mitigação de risco de ocorrência de atos lesivos constantes na Lei Anticorrupção; (ii) demonstrar o funcionamento do programa de integridade na rotina da pessoa jurídica, com histórico de dados, estatísticas e casos concretos; e (iii) demonstrar a atuação do programa de integridade na prevenção, detecção e remediação do ato lesivo objeto da apuração.

# 3.13 Comparativo das leis regionais analisadas

*(continua)*

| | Lei nº 7.753/17 RJ | Lei nº 6.112/18 DF | Lei nº 15.228/18 RS | Lei nº 4.730/18 AM | Lei nº 20.489/19 GO | Lei nº 16.722/19 PE | Lei nº 11.123/20 MT | Lei nº 11.463/21 MA | Lei nº 8.866/21 SE |
|---|---|---|---|---|---|---|---|---|---|
| Alcance | **Subjetivo**<br>Todas as empresas que contratam com o Estado do Rio de Janeiro.<br><br>**Objetivo**<br>Contratos com valor superior ao limite da modalidade concorrência, que tenham prazo igual ou superior a 180 dias. | **Subjetivo**<br>Todas as empresas que contratam com o GDF, em todos os poderes.<br><br>**Objetivo**<br>• Contratos novos, com valor igual ou superior a R$5.000.000,00.<br><br>Prorrogações e reno-vações contratuais. | **Subjetivo**<br>Todas as empresas que contratam com o Rio Grande do Sul.<br><br>**Objetivo**<br>Contratos com valor superior ao limite da modalidade convite. | **Subjetivo**<br>Todas as empresas que contratam com o Estado do Amazonas.<br><br>**Objetivo**<br>Contratos com valor superior ao limite da modalidade concorrência, sendo R$3.300.000,00 para obras e serviços de engenharia, e R$1.430.000,00 para compras e serviços, e que tenham prazo igual ou superior a 180 dias.<br><br>Contratos que sofrerem prorrogação, renovação contratual, revisão para recom-posição de preços ou realinhamento e recuperação, no valor acima de R$ 3.300.000,00 e prazo superior a 180 (cento e oitenta) dias. | **Subjetivo**<br>Todas as empresas que contratam com o Estado de Goiás.<br><br>**Objetivo**<br>Contratos com valor superior ao moda-lidade de licitação por concorrência, sendo R$1.500.000,00 para obras e serviços de engenharia e R$650.000,00 para compras e serviços, e com prazo igual ou superior a 180 dias.<br><br>Contratos que tenham se submetido à renovação e/ou termo aditivo. | **Subjetivo**<br>Todas as empresas que celebrem contra-tos administrativos ou de gestão com a administração pública estadual de Pernambuco.<br><br>**Objetivo**<br>Contratos de obras, de serviços de enge-nharia, e de gestão com a administração pública com valor ≥ 10 milhões – a partir de 1º de janeiro de 2022.<br><br>Contratos de obras, de serviços de enge-nharia, e de gestão com a administração pública com valor ≥ 5 milhões – a partir de 1º de janeiro de 2024.<br><br>Demais contratos, com objeto não pre-vistos nas hipóteses anteriores, com valor ≥ 10 milhões – a partir de 1º de janeiro de 2025. | **Subjetivo**<br>Todas as empresas que contratam com do Estado de Mato Grosso.<br><br>**Objetivo**<br>Contratos com valores iguais ou superiores ao da modalidade de licitação por tomada de preços, estimados entre R$80.000,00 e R$650.000,00 para compras, obras e serviços, e com prazo igual ou superior a 180 dias.<br><br>Não se aplica aos contratos vigentes que sofrerem alte-ração, prorrogação, renovação contratual, revisão para recom-posição de preços ou realinhamento e recuperação quando da publicação da Lei Estadual. | **Subjetivo**<br>Todas as empresas que contratam com o Estado do Maranhão, salvo às microempre-sas e empresas de pequeno porte.<br><br>**Objetivo**<br>Contratos com valores que sejam iguais ou superiores a R$8.000.000,00 para obras e serviços de engenharia e a R$4.000.000,00 para compras e serviços, que tenham prazo de validade ou de execução igual ou superior a 180 dias.<br><br>Prorrogações e reno-vações contratuais, com prazo superior a 180 dias. | **Subjetivo**<br>Todas as empresas que contratam com Administração Pública Direta e Indireta, assim como com os Poderes Executivo, Legislativo e Judiciário do Estado de Sergipe, além do Ministério Público, Tribunal de Contas e Defensoria Pública Estaduais.<br><br>**Objetivo**<br>Contratos com limites em valor global que sejam iguais ou superiores R$1.000.000,00 para obras e serviços de engenharia e de ges-tão; e R$650.000,00 para compras e serviços, bem como outros contratos administrativos em geral, que tenham prazo de duração igual ou superior a 180 dias.<br><br>Contratos vigentes que sofrerem alte-ração, prorrogação, renovação contratual, com valor global su-perior ao estabelecido acima. |

*(continua)*

|  | Lei nº 7.753/17 RJ | Lei nº 6.112/18 DF | Lei nº 15.228/18 RS | Lei nº 4.730/18 AM | Lei nº 20.489/19 GO | Lei nº 16.722/19 PE | Lei nº 11.123/20 MT | Lei nº 11.463/21 MA | Lei nº 8.866/21 SE |
|---|---|---|---|---|---|---|---|---|---|
| **Objetivo** | • Proteger a Administração Pública do Rio de Janeiro de práticas lesivas (irregularidades, desvios de ética e de conduta e fraudes contratuais) que resultem prejuízos financeiros.<br>• Garantir a execução dos contratos em conformidade à lei, reduzir riscos das contratações, promovendo transparência e segurança, e obter melhores desempenhos. | • Prevenir práticas lesivas.<br>• Assegurar adequada execução do contrato.<br>• Reduzir riscos.<br>• Obter melhores desempenhos e resultados. | • Fortalecer mecanismos de combate à corrupção.<br>• Detectar e sanar desvios, fraudes, irregularidades e atos ilícitos praticados contra a Administração Pública Estadual. | I – proteção contra atos irregularidades, desvios de ética e de conduta e fraudes contratuais;<br>II – garantia da execução dos contratos com melhores desempenhos, maior qualidade e em conformidade com a lei e regulamentos pertinentes a cada atividade contratada;<br>III – reduzir de riscos, garantindo maior segurança e transparência. | I – proteção contra atos irregularidades, desvios de ética e de conduta e fraudes contratuais;<br>II – garantia da execução dos contratos com melhores desempenhos, maior qualidade e em conformidade com a lei e regulamentos pertinentes a cada atividade contratada;<br>III – reduzir de riscos, garantindo maior segurança e transparência. | I – prover maior segurança e transparência às contratações públicas;<br>II – otimizar a qualidade da execução contratual, em conformidade às leis e regulamentos;<br>III – evitar prejuízos decorrentes da prática de irregularidades, desvios de ética, de conduta e de fraudes na celebração e na execução de contratos; | I – proteção contra atos irregularidades, desvios de ética e de conduta e fraudes contratuais;<br>II – garantia da execução dos contratos com melhores desempenhos, maior qualidade e em conformidade com a lei e regulamentos pertinentes a cada atividade contratada;<br>III – reduzir de riscos, garantindo maior segurança e transparência. | I – proteção contra atos irregularidades, desvios de ética e de conduta e fraudes contratuais;<br>II – garantia da execução dos contratos com melhores desempenhos, maior qualidade e em conformidade com a lei e regulamentos pertinentes a cada atividade contratada;<br>III – reduzir de riscos, garantindo maior segurança e transparência. | I – proteção contra atos irregularidades, desvios de ética e de conduta e fraudes contratuais;<br>II – garantia da execução dos contratos com melhores desempenhos, maior qualidade e em conformidade com a lei e regulamentos pertinentes a cada atividade contratada;<br>III – reduzir de riscos, garantindo maior segurança e transparência. |
| **O que é?** | O programa de integridade para o Rio de Janeiro consiste no conjunto de mecanismos e procedimentos internos de integridade, auditoria e incentivo à denúncia de irregularidades e na aplicação efetiva de códigos de ética e de conduta, políticas e diretrizes com o objetivo de detectar e sanar desvios, fraudes, irregularidades e atos ilícitos praticados contra a Administração Pública do estado do Rio de Janeiro. | O programa de integridade da pessoa jurídica consiste no conjunto de mecanismos e procedimentos de integridade, controle e auditoria, com o objetivo de prevenir, detectar e sanar desvios, fraudes, irregularidades e atos ilícitos praticados contra a administração pública do Distrito Federal. | O programa de integridade da pessoa jurídica consiste no conjunto de mecanismos e procedimentos internos de integridade, auditoria e incentivo à denúncia e na aplicação efetiva de códigos de ética e de conduta, políticas e diretrizes com vistas ao combate à corrupção. | O programa de integridade consiste, no âmbito de uma pessoa jurídica, ou outra de qualquer natureza que a ela se assemelhe, no conjunto de mecanismos e procedimentos internos de integridade, auditoria e incentivo à denúncia de irregularidades e na aplicação efetiva de códigos de ética e de conduta, políticas e diretrizes, com o objetivo de detectar e sanar desvios, fraudes, irregularidades e atos ilícitos praticados contra a administração pública do Estado do Amazonas. | O programa de integridade consiste, no conjunto de mecanismos e procedimentos internos de integridade, auditoria, controle e incentivo à denúncia de irregularidade e de aplicação de códigos de ética e de conduta, políticas e diretrizes com o objetivo de detectar e sanar desvios, fraudes, irregularidades e atos ilícitos praticados contra a administração pública do Estado de Goiás. | O programa de integridade é o conjunto de mecanismos e procedimentos internos de integridade, auditoria, controle e incentivo à denúncia de irregularidades e de aplicação de códigos de ética e de conduta, políticas e diretrizes voltadas a detectar e/ou sanar desvios, fraudes, irregularidades e atos ilícitos. | O programa de integridade consiste, no âmbito de uma pessoa jurídica, no conjunto de mecanismos e procedimentos internos de integridade, auditoria e incentivo à denúncia de irregularidades e na aplicação efetiva de códigos de ética e de conduta, políticas e diretrizes com o objetivo de detectar e sanar desvios, fraudes, irregularidades e atos ilícitos praticados contra a Administração Pública do Estado de Mato Grosso. | O programa de integridade exigido por essa Lei consiste no conjunto de mecanismos e procedimentos de integridade, auditoria e auditoria realizado no âmbito das empresas privadas, objetivando genericamente prevenir, detectar e sanar desvios, fraudes, irregularidades e atos ilícitos praticados contra a administração pública do Estado do Maranhão. | O programa de integridade consiste, no âmbito de uma pessoa jurídica, no conjunto de mecanismos e procedimentos internos de integridade, auditoria e incentivo à denúncia de irregularidades e na aplicação efetiva de códigos de ética e de conduta, políticas e diretrizes com o objetivo de detectar e sanar desvios, fraudes, irregularidades e atos ilícitos praticados contra a Administração Pública do Estado de Sergipe. |

*(continua)*

| Parâmetros | Lei nº 7.753/17 RJ | Lei nº 6.112/18 DF | Lei nº 15.228/18 RS | Lei nº 4.730/18 AM | Lei nº 20.489/19 GO | Lei nº 16.722/19 PE | Lei nº 11.123/20 MT | Lei nº 11.463/21 MA | Lei nº 8.866/21 SE |
|---|---|---|---|---|---|---|---|---|---|
| | • Comprometimento da alta administração.<br>• Políticas de ética e integridade.<br>• Treinamentos.<br>• Análise de riscos.<br>• Registros contábeis efetivos.<br>• Controles internos confiáveis.<br>• Prevenção de fraudes e ilícitos.<br>• Estrutura de *compliance* independente.<br>• Canais de denúncia efetivos.<br>• Medidas disciplinares corretivas e de interrupção de ilegalidades.<br>• *Due diligence.*<br>• Monitoramento periódico.<br>• Promoção da cultura de integridade. | • Comprometimento da alta administração.<br>• Políticas de ética e integridade.<br>• Capacitações periódicas.<br>• Análise de riscos.<br>• Registros contábeis efetivos.<br>• Controles internos confiáveis.<br>• Prevenção de fraudes e ilícitos.<br>• Estrutura de *compliance* independente.<br>• Canais de denúncia efetivos.<br>• Medidas disciplinares corretivas e de interrupção de ilegalidades.<br>• *Due diligence.*<br>• Monitoramento periódico.<br>• Promoção da cultura da ética e da integridade. | •Características e riscos atuais das atividades de cada pessoa jurídica.<br>• Constante aprimoramento e adaptação do programa. | - comprometimento da alta direção da pessoa jurídica,<br>- padrões de conduta, código de ética, políticas e procedimentos de integridade, aplicáveis a todos os empregados e administradores, e estendidos, quando necessário, a terceiros.<br>- treinamentos periódicos sobre o programa de integridade;<br>- análise periódica de riscos<br>- registros contábeis e controles internos efetivos e confiáveis.<br>- procedimentos específicos para prevenir fraudes e ilícitos no âmbito de processos licitatórios e aplicar as medidas disciplinares cabíveis;<br>- independência, estrutura e autoridade da área de integridade;<br>- canais de denúncia de irregularidades, abertos e amplamente divulgados | - padrões de conduta, código de ética, políticas e procedimentos de integridade, aplicáveis a todos os empregados e administradores, e estendidos, quando necessário, a terceiros.<br>- treinamentos periódicos sobre o programa de integridade;<br>- análise periódica de riscos<br>- registros contábeis e controles internos efetivos e confiáveis.<br>- procedimentos específicos para prevenir fraudes e ilícitos no âmbito de processos licitatórios e aplicar as medidas disciplinares cabíveis;<br>- independência, estrutura e autoridade da área de integridade;<br>- canais de denúncia de irregularidades, abertos e amplamente divulgados<br>- procedimentos aptos a interromper as irregularidades e remediar os danos gerados; | - comprometimento da alta administração;<br>- instância responsável pelo programa de integridade;<br>- análise de perfil e riscos;<br>- estrutura das regras e instrumentos de integridade; e<br>- periodicidade de monitoramento. | - comprometimento da alta direção da pessoa jurídica,<br>- padrões de conduta, código de ética, políticas e procedimentos de integridade, aplicáveis a todos os empregados e administradores, e estendidos, quando necessário, a terceiros.<br>- treinamentos periódicos sobre o programa de integridade;<br>- análise periódica de riscos<br>- registros contábeis e controles internos efetivos e confiáveis.<br>- procedimentos específicos para prevenir fraudes e ilícitos no âmbito de processos licitatórios e aplicar as medidas disciplinares cabíveis;<br>- independência, estrutura e autoridade da área de integridade;<br>- canais de denúncia de irregularidades, abertos e amplamente divulgados | - comprometimento da alta direção da pessoa jurídica,<br>- padrões de conduta, código de ética, políticas e procedimentos de integridade, aplicáveis a todos os empregados e administradores, e estendidos, quando necessário, a terceiros.<br>- treinamentos periódicos sobre o programa de integridade;<br>- análise periódica de riscos<br>- registros contábeis e controles internos efetivos e confiáveis.<br>- procedimentos específicos para prevenir fraudes e ilícitos no âmbito de processos licitatórios e aplicar as medidas disciplinares cabíveis;<br>- independência, estrutura e autoridade da área de integridade;<br>- canais de denúncia de irregularidades, abertos e amplamente divulgados | - comprometimento da alta direção da pessoa jurídica,<br>- padrões de conduta, código de ética, políticas e procedimentos de integridade, aplicáveis a todos os empregados e administradores, e estendidos, quando necessário, a terceiros.<br>- treinamentos periódicos sobre o programa de integridade;<br>- análise periódica de riscos<br>- registros contábeis e controles internos efetivos e confiáveis.<br>- procedimentos específicos para prevenir fraudes e ilícitos no âmbito de processos licitatórios e aplicar as medidas disciplinares cabíveis;<br>- independência, estrutura e autoridade da área de integridade;<br>- canais de denúncia de irregularidades, abertos e amplamente divulgados |

*(continua)*

| | Lei nº 7.753/17 RJ | Lei nº 6.112/18 DF | Lei nº 15.228/18 RS | Lei nº 4.730/18 AM | Lei nº 20.489/19 GO | Lei nº 16.722/19 PE | Lei nº 11.123/20 MT | Lei nº 11.463/21 MA | Lei nº 8.866/21 SE |
|---|---|---|---|---|---|---|---|---|---|
| | | | | - procedimentos aptos a interromper as irregularidades e remediar os danos gerados;<br>- diligências apropriadas para relacionamentos com partes interessadas;<br>- monitoramento contínuo do programa de integridade;<br>- ações comprovadas de promoção da cultura ética e de integridade; | - diligências apropriadas para relacionamentos com partes interessadas;<br>- monitoramento contínuo do programa de integridade;<br>- ações comprovadas de promoção da cultura ética e de integridade; | | - procedimentos aptos a interromper as irregularidades e remediar os danos gerados;<br>- diligências apropriadas para relacionamentos com partes interessadas;<br>- monitoramento contínuo do programa de integridade;<br>- ações comprovadas de promoção da cultura ética e de integridade; | - procedimentos aptos a interromper as irregularidades e remediar os danos gerados;<br>- diligências apropriadas para relacionamentos com partes interessadas;<br>- monitoramento contínuo do programa de integridade;<br>- ações comprovadas de promoção da cultura ética e de integridade; | - procedimentos aptos a interromper as irregularidades e remediar os danos gerados;<br>- diligências apropriadas para relacionamentos com partes interessadas;<br>- monitoramento contínuo do programa de integridade;<br>- ações comprovadas de promoção da cultura ética e de integridade;<br>- transparência da pessoa jurídica quanto a doações para candidatos e partidos políticos. |
| **Prazo** | 180 dias, a contar da data de assinatura do contrato. | 1º.1.2020. | Prazo de 180 (cento e oitenta) dias da celebração do contrato. | Prazo de 180 (cento e oitenta) dias corridos, a partir da data de celebração do contrato. | Não há previsão. | Prazo de até 180 (cento e oitenta) dias, contados da assinatura do contrato ou do aditamento contratual. | Prazo de 180 (cento e oitenta) dias corridos, a partir da data de celebração do contrato. | Prazo de 120 (cento e vinte) dias corridos, a partir da data de celebração do contrato. | Prazo de 180 (cento e oitenta) dias corridos, a partir da data de celebração do contrato. |

*(continua)*

| | Lei nº 7.753/17 RJ | Lei nº 6.112/18 DF | Lei nº 15.228/18 RS | Lei nº 4.730/18 AM | Lei nº 20.489/19 GO | Lei nº 16.722/19 PE | Lei nº 11.123/20 MT | Lei nº 11.463/21 MA | Lei nº 8.866/21 SE |
|---|---|---|---|---|---|---|---|---|---|
| **Avaliação** | Empresa contratada deve comprovar a implementação efetiva, de acordo com os critérios estabelecidos, e arcar com os custos dela inerentes. | Empresa contratada deve comprovar a implementação efetiva e arcar com os custos dela inerentes. | Empresa contratada deve comprovar a implementação efetiva e arcar com os custos dela inerentes. | A avaliação do programa de integridade será efetuada por 03 (três) membros, sendo 1 membro oriundo da Controladoria-Geral do Estado (presidente); 1 membro oriundo da Procuradoria-Geral do Estado (vice-presidente); 1 membro oriundo da Secretaria da Fazenda. Norma não faz menção como deve ocorrer a comprovação dos parâmetros para avaliação. Os custos/despesas resultantes correrão à conta da empresa contratada. | Empresa contratada deverá apresentar relatório do perfil e relatório de conformidade do Programa ao poder público para sua avaliação. | Empresa contratada deverá apresentar relatório do perfil e relatório de conformidade do Programa ao poder público para avaliação do mesmo e arcará com os custos de estruturação. | A avaliação do programa de integridade será efetuada por 03 (três) membros, sendo 1 membro oriundo da Controladoria-Geral do Estado; 1 membro oriundo da Procuradoria-Geral do Estado; 1 membro oriundo da Secretaria da Fazenda. A pessoa jurídica deve apresentar relatório de perfil e relatório de conformidade do Programa para sua avaliação. Os custos/despesas resultantes correrão à conta da empresa contratada. | Empresa contratada deverá apresentar relatório do perfil e relatório de conformidade do Programa ao poder público para avaliação do mesmo e arcará com os custos de estruturação. | Empresa contratada deverá apresentar relatório do perfil e relatório de conformidade do Programa ao poder público para avaliação do mesmo e arcará com os custos de estruturação. |
| **Fiscalização** | Gestor ou fiscal do contrato. | Órgão ou entidade responsável. | Sem previsão. | Caberá ao Gestor de Contrato e, na sua ausência, ao fiscal do contrato, a fiscalização da implantação do programa de integridade, garantindo a aplicabilidade da Lei. A avaliação da implementação ficará a cargo de comissão especializada. | Lei omissa à fiscalização, apenas afirmando que ficará a cargo da autoridade responsável. | Secretaria da Controladoria Geral do Estado – SCGE e unidades de controle interno do órgão ou entidade contratante. | Comissão especializada, gestor e fiscal. | Órgão ou entidade fiscalizadora determinada por ato do Poder Executivo | Órgão indicado pelo Poder Executivo. |

| | Lei nº 7.753/17 RJ | Lei nº 6.112/18 DF | Lei nº 15.228/18 RS | Lei nº 4.730/18 AM | Lei nº 20.489/19 GO | Lei nº 16.722/19 PE | Lei nº 11.123/20 MT | Lei nº 11.463/21 MA | Lei nº 8.866/21 SE |
|---|---|---|---|---|---|---|---|---|---|
| Sanção | • Multa de 0,02% (dois centésimos por cento), por dia, incidente sobre o valor do contrato, o qual deverá ser limitado a 10% (dez por cento) do valor do contrato.<br>• Impossibilidade de contratação da empresa com o estado do Rio de Janeiro até regularização da situação.<br>• Demais sanções previstas em normas gerais de licitação e contratos. | • Multa de 0,08% (oito centésimos por cento), por dia, incidente sobre o valor do contrato, o qual deverá ser limitado a 10% (dez por cento) do valor do contrato.<br>• Inscrição da multa em dívida ativa, em nome da pessoa jurídica sancionada, sujeição à rescisão unilateral contratual e impedimento de contratar com a Administração Pública do Distrito Federal, de qualquer esfera de poder, até a efetiva comprovação de implantação e aplicação do programa de integridade.<br>• Demais sanções previstas em normas gerais de licitação e contratos. | • Multa contratual diária de 0,02% (dois centésimos por cento) sobre o valor do contrato, que será limitada a 10% (dez por cento) do valor do contrato.<br>• Impossibilidade de contratar novamente com o estado do Rio Grande do Sul até regularizar sua situação.<br>• Inscrição junto ao cadastro informativo das pendências perante órgãos e entidades da Administração Pública Estadual – Cadin/RS. | Multa e impossibilidade de contratar pelo estado do Amazonas até regularizar sua situação | Multa, justa causa para rescisão contratual e impossibilidade de contratação da sancionada com qualquer esfera de poder do Estado de Goiás, pelo período de 02 (dois) anos ou até efetiva comprovação de implantação e aplicação do programa de integridade. | Multa, impossibilidade de aditamento contratual, rescisão unilateral contratual e impossibilidade de licitar e contratar com a Administração Pública Estadual, até a efetiva comprovação de implementação do programa de integridade. | Multa e impossibilidade de contratar novamente pelo estado de Mato Grosso, até regularizar sua situação, ficando o registro de inaptidão disponível no Portal Transparência do Governo do Estado de Mato Grosso. | Multa, rescisão unilateral e impedimento de contratar com qualquer esfera de poder da administração pública do Estado do Maranhão, até a efetiva comprovação de implementação do programa de integridade. | Multa, impossibilidade de aditamento contratual, rescisão unilateral do contrato e impossibilidade de licitar e contratar com a Administração Pública do Estado, pelo período de 02 (dois) anos ou até efetiva comprovação de implantação e aplicação do programa de integridade |

CAPÍTULO 3
CRITÉRIOS NORMATIVOS À IMPLEMENTAÇÃO DE SISTEMAS DE *COMPLIANCE* | 241

## 3.14 Comparativo dos atos normativos analisados

*(continua)*

| | Portaria nº 877/2018 – Mapa | RLCP – 2018 Petrobras |
|---|---|---|
| **Alcance** | *Subjetivo* Todas as empresas que contratam com o Ministério da Agricultura, Pecuária e Abastecimento. *Objetivo* Contratos com valor estimado igual ou superior a cinco milhões. | *Subjetivo* Todas as empresas que pretendam iniciar ou manter relacionamento com a Petrobras serão avaliadas e terão atribuídas a si um grau de risco de integridade. *Objetivo* Todos os contratos, salvo nos casos de inaplicabilidade de licitação, conforme previsão no art. 28, §3º da Lei nº 13.303/2016; dispensa de licitação, nas hipóteses descritas no art. 29, incs. V, VIII, X, XI, XIII, XV, XVI, XVII e XVIII da Lei nº 13.303/2016; inviabilidade de competição, devidamente demonstrada, nos termos da Lei e do Regulamento de Licitações; e licitações para alienação de bens. |
| **Objetivo** | • Alinhar os fornecedores aos esforços de integridade em todas as unidades do Ministério da Agricultura, Pecuária e Abastecimento. • Mitigar riscos de fraudes, atos lesivos ao erário e desvios de ética e de conduta. • Reduzir os riscos de falhas na execução contratual. • Obter melhores índices de desempenhos e resultados nos serviços disponibilizados aos cidadãos. | • Realizar ações contínuas de prevenção, detecção e correção de atos de fraude e de corrupção, mediante gestão integrada e do aperfeiçoamento de ações e controles da nossa estrutura de governança. |

*(continua)*

| | Portaria nº 877/2018 – Mapa | RLCP – 2018 Petrobras |
|---|---|---|
| **O que é?** | O programa de integridade para o Mapa é um conjunto de políticas internas de gestão de riscos, canal de denúncia, código de ética e de conduta, políticas e mecanismos de mitigação e redução de riscos, com o objetivo de detectar e sanar desvios, fraudes, irregularidades e atos ilícitos praticados. | Sem previsão |
| **Parâmetros** | • Definição e publicidade dos padrões de conduta ética e políticas de integridade.<br>• Demonstração do plano de treinamentos periódicos.<br>• Adoção da prática de gestão de riscos.<br>• Procedimentos para dissuasão a práticas de fraudes, subornos e ilícitos no âmbito da empresa.<br>• Estruturação e independência da área de *compliance*.<br>• Canais de denúncia.<br>• Medidas apuratórias e punitivas para os casos de violação do programa de integridade. | Sem previsão |
| **Prazo** | 9 (nove) meses, a contar da assinatura do contrato | Sem prazo |
| **Avaliação** | Para avaliação dos parâmetros deverão ser analisados documentos que atestem a quantidade de empregados e dirigentes, o organograma interno, a utilização de agentes intermediários como consultores ou representantes comerciais, as regiões em que atua, direta ou indiretamente, a empresa, o grau de interação atual com demais entes do setor público federal, estadual e municipal e a quantidade e a localização das pessoas jurídicas que integram o grupo econômico. | *Due diligence* de integridade – DDI, que corresponde à avaliação do grau de risco de integridade (GRI) ao qual a Petrobras pode estar exposta no relacionamento com terceiros, entre os quais estão seus fornecedores, parceiros operacionais e em contrapartes nos processos de aquisição ou desinvestimento. |

CAPÍTULO 3
CRITÉRIOS NORMATIVOS À IMPLEMENTAÇÃO DE SISTEMAS DE *COMPLIANCE* | 243

*(conclusão)*

|  | **Portaria nº 877/2018 – Mapa** | **RLCP – 2018 Petrobras** |
|---|---|---|
| **Fiscalização** | Fiscal do contrato e Setor de Contratos da Coordenação-Geral de Recursos Logísticos do Departamento de Administração do Mapa. | Gestão realizada pela Auditoria Interna da Petrobras, por meio da Gerência Geral de Controladoria, em articulação com outras áreas da estrutura de governança. |
| **Sanção** | Sanções previstas na Lei Anticorrupção Empresarial e nos diplomas correlatos, bem como previstas em normas gerais de licitações e contratos. | Impedimento de participar de contratações no âmbito da Petrobras, em caso de atribuição de GRI alto. |

## 3.15 Comparativo de leis distritais

*(continua)*

| Redação antiga | Nova redação |
|---|---|
| *Dispõe sobre a obrigatoriedade da implantação do Programa de Integridade nas empresas que contratarem com a Administração Pública do Distrito Federal, em todas esferas de Poder, e dá outras providências.* | I - a ementa passa a vigorar com a seguinte redação:<br><br>Dispõe sobre a implementação de Programa de Integridade em pessoas jurídicas que firmem relação contratual de qualquer natureza com a administração pública do Distrito Federal em todas as esferas de poder e dá outras providências. |
| Art. 1º Fica estabelecida a obrigatoriedade de implementação do Programa de Integridade em todas as empresas que celebrem contrato, consórcio, convênio, concessão ou parceria público-privada com a Administração Pública do Distrito Federal, em todas as esferas de Poder, cujos limites de valor sejam iguais ou superiores aos da licitação na modalidade tomada de preço, estimados entre R$80.000,00 e R$650.000,00, ainda que na forma de pregão eletrônico, e o prazo do contrato seja igual ou superior a 180 dias.<br><br>Parágrafo único. Os valores estabelecidos no caput são atualizados em conformidade com os parâmetros fixados na Lei federal nº 8.666, de 21 de junho de 1993, ou na legislação superveniente. | II - Art. 1º passa a vigorar com a seguinte redação:<br><br>Art. 1º Fica estabelecida a obrigatoriedade de implementação do Programa de Integridade em todas as pessoas jurídicas que celebrem contrato, consórcio, convênio, concessão, parceria público-privada e qualquer outro instrumento ou forma de avença similar, inclusive decorrente de contratação direta ou emergencial, pregão eletrônico e dispensa ou inexigibilidade de licitação, com a administração pública direta ou indireta do Distrito Federal em todas as esferas de poder, com valor global igual ou superior a R$5.000.000,00.<br><br>§1º O valor previsto neste artigo é atualizado anualmente pelo mesmo índice que atualiza os valores expressos em moeda corrente na legislação do Distrito Federal.<br><br>§2º Aplica-se esta Lei em sua plenitude às pessoas jurídicas que firmem relação contratual com prazo de validade ou de execução igual ou superior a 180 dias.<br><br>§3º (VETADO).<br><br>§4º As cooperativas que contratem com a administração pública do Distrito Federal devem observar o disposto no art. 107 da Lei federal nº 5.764, de 16 de dezembro de 1971, independentemente dos valores previstos no caput. |

CAPÍTULO 3
CRITÉRIOS NORMATIVOS À IMPLEMENTAÇÃO DE SISTEMAS DE *COMPLIANCE* | 245

*(continua)*

| Redação antiga | Nova redação |
|---|---|
| Art. 2º Aplica-se o disposto nesta Lei:<br><br>I - às sociedades empresárias e às sociedades simples, personificadas ou não, independentemente da forma de organização ou modelo societário adotado, bem como a quaisquer:<br><br>a) fundações;<br><br>b) associações civis;<br><br>c) sociedades estrangeiras que tenham sede, filial ou representação no território brasileiro, constituídas de fato ou direito, ainda que temporariamente;<br><br>II - aos contratos em vigor com prazo de duração superior a 12 meses;<br><br>III - a todos os contratos celebrados com ou sem dispensa de processo licitatório, desde que atendidos os critérios de valor estabelecidos no caput do art. 1º. | III - o art. 2º, I a III, passa a vigorar com a seguinte redação:<br><br>I - às sociedades empresárias e sociedades simples, personificadas ou não, independentemente da forma de organização ou modelo societário adotado;<br><br>II - às fundações e associações civis;<br><br>III - às sociedades estrangeiras que tenham sede, filial ou representação no território brasileiro, constituídas de fato ou direito, ainda que temporariamente. |
| | IV - o art. 2º é acrescido dos seguintes §§1º e 2º:<br><br>§1º Tratamento diferenciado e favorecido é dispensado às microempresas e empresas de pequeno porte, nos termos da Lei Complementar federal nº 123, de 14 de dezembro de 2006, observado o disposto nesta Lei.<br><br>§2º Na aplicação do disposto nesta Lei às empresas públicas e sociedades de economia mista, deve ser observado o disposto na Lei federal nº 13.303, de 30 de junho de 2016. |

*(continua)*

| Redação antiga | Nova redação |
|---|---|
| Art. 3º A exigência da implantação do Programa de Integridade tem por objetivo: | V - o art. 3º, caput e incisos I, II e III, passa a vigorar com a seguinte redação: |
| I - proteger a Administração Pública distrital dos atos lesivos que resultem em prejuízos financeiros causados por irregularidades, desvios de ética e de conduta e fraudes contratuais; | Art. 3º O Programa de Integridade tem por objetivos: |
| | I - proteger a administração pública distrital dos atos lesivos que resultem em prejuízos materiais ou financeiros causados por irregularidades, desvios de ética e de conduta e fraudes contratuais; |
| II - garantir a execução dos contratos em conformidade com a lei e com os regulamentos pertinentes a cada atividade contratada; | II - garantir a execução dos contratos e demais instrumentos em conformidade com a lei e regulamentos pertinentes a cada atividade contratada; |
| III - reduzir os riscos inerentes aos contratos, provendo maior segurança e transparência em sua consecução; | III - reduzir os riscos inerentes aos contratos e demais instrumentos, provendo maior segurança e transparência em sua consecução. |
| Art. 4º O Programa de Integridade consiste, no âmbito de uma pessoa jurídica, no conjunto de mecanismos e procedimentos internos de integridade, auditoria, controle e incentivo à denúncia de irregularidades e na aplicação efetiva de códigos de ética e de conduta, políticas e diretrizes com o objetivo de detectar e sanar desvios, fraudes, irregularidades e atos ilícitos praticados contra a Administração Pública do Distrito Federal. | VI - o art. 4º passa a vigorar com a seguinte redação: |
| | Art. 4º O Programa de Integridade da pessoa jurídica consiste no conjunto de mecanismos e procedimentos de integridade, controle e auditoria, com o objetivo de prevenir, detectar e sanar desvios, fraudes, irregularidades e atos ilícitos praticados contra a administração pública do Distrito Federal. |
| Parágrafo único. O Programa de Integridade deve ser estruturado, aplicado e atualizado de acordo com as características e os riscos atuais das atividades de cada pessoa jurídica, a qual, por sua vez, deve garantir o constante aprimoramento e adaptação do referido Programa, visando a garantir a sua efetividade. | §1º Estão incluídos no conjunto de mecanismos e procedimentos de integridade o incentivo à denúncia de irregularidade, a instituição e aplicação do código de ética e de conduta e a aplicação e disseminação das boas práticas corporativas. |
| | §2º O Programa de Integridade deve ser estruturado, aplicado e atualizado de acordo com as características e os riscos atuais das atividades da pessoa jurídica, cabendo a esta garantir o constante aprimoramento e adaptação do Programa visando à garantia da sua efetividade. |

CAPÍTULO 3
CRITÉRIOS NORMATIVOS À IMPLEMENTAÇÃO DE SISTEMAS DE *COMPLIANCE* | 247

*(continua)*

| Redação antiga | Nova redação |
|---|---|
| Art. 5º A implantação do Programa de Integridade no âmbito da pessoa jurídica se dá a partir de 1º de junho de 2019. (Redação do caput dada pela Lei Nº 6176 DE 16/07/2018). Parágrafo único. Para efetiva implantação do Programa de Integridade, os custos ou despesas resultantes correm à conta da empresa contratada, não cabendo ao órgão contratante o seu ressarcimento. | VII - o art. 5º passa a vigorar com a seguinte redação: Art. 5º A exigência do Programa de Integridade dá-se a partir da celebração do contrato, consórcio, convênio, concessão ou parceria público-privada de que trata o art. 1º. §1º É considerada como nova relação contratual, para fins de aplicação do prazo a que se refere o caput, a prorrogação ou renovação da relação contratual por prazo superior ao previsto no art. 1º, §2º, cujo valor total contratado ultrapasse o limite mínimo estabelecido no referido dispositivo. §2º Os custos e despesas com a implantação e manutenção do Programa de Integridade ficam a cargo da pessoa jurídica contratada, não cabendo ao órgão ou entidade contratante o seu ressarcimento. |
| Art. 6º O Programa de Integridade é avaliado, quanto a sua existência e aplicação, de acordo com os seguintes parâmetros: II - padrões de conduta, código de ética, políticas e procedimentos de integridade, aplicáveis a todos os empregados e administradores, independentemente de cargo ou função exercidos; IV - treinamentos periódicos sobre o Programa de Integridade; V - análise periódica de riscos para realizar adaptações necessárias ao Programa de Integridade; VIII - procedimentos específicos para prevenir fraudes e ilícitos no âmbito de processos licitatórios, na execução de contratos administrativos ou em qualquer interação com o setor público, ainda que intermediada por terceiros, tais como pagamento de tributos, sujeição a fiscalizações, ou obtenção de autorizações, licenças, permissões e certidões; | VIII - o art. 6º passa a vigorar com as seguintes alterações: a) o caput passa a vigorar com a seguinte redação: Art. 6º O Programa de Integridade é avaliado, quanto à sua existência, aplicação e efetividade, de acordo com os seguintes parâmetros: b) os incisos II, IV, V e VIII a XVI passam a vigorar com a seguinte redação: II - padrões de conduta, código de ética e políticas e procedimentos de integridade, aplicáveis a todos os empregados, administradores e dirigentes, independentemente do cargo ou função exercida; [...] IV - capacitação periódica sobre os temas relacionados com o Programa de Integridade; V - análise periódica de riscos para realizar as adaptações necessárias ao Programa de Integridade; [...] |

*(continua)*

| Redação antiga | Nova redação |
|---|---|
| IX - independência, estrutura e autoridade da instância responsável pela aplicação do Programa de Integridade e fiscalização de seu cumprimento;<br><br>X - existência de canais de denúncia de irregularidades, abertos e amplamente divulgados a funcionários e terceiros, e de mecanismos destinados à proteção de denunciantes de boa-fé;<br><br>XI - medidas disciplinares em caso de violação do Programa de Integridade;<br><br>XII - procedimentos que assegurem a pronta interrupção de irregularidades ou infrações detectadas e a tempestiva remediação dos danos gerados;<br><br>XIII - diligências apropriadas para contratação e, conforme o caso, supervisão, de terceiros, tais como fornecedores, prestadores de serviço, agentes intermediários e associados;<br><br>XIV - verificação, durante os processos de fusões, aquisições e reestruturações societárias, do cometimento de irregularidades ou ilícitos ou da existência de vulnerabilidades nas pessoas jurídicas envolvidas;<br><br>XV - monitoramento contínuo do Programa de Integridade, visando a seu aperfeiçoamento na prevenção, na detecção e no combate à ocorrência dos atos lesivos previstos no art. 5º da Lei federal nº 12.846, de 1º de agosto de 2013;<br><br>XVI - ações comprovadas de promoção da cultura ética e de integridade por meio de palestras, seminários, workshops, debates e eventos da mesma natureza.<br><br>§1º Na avaliação dos parâmetros de que trata este artigo, são considerados o porte e as especificidades da pessoa jurídica, tais como:<br><br>I - a quantidade de funcionários, empregados e colaboradores; | VIII - procedimentos específicos para prevenir fraude e ilícito no processo licitatório, na execução de contrato e demais instrumentos ou em qualquer interação com o setor público, ainda que intermediada por terceiros;<br><br>IX - estruturação e independência da instância responsável pela aplicação do Programa de Integridade e fiscalização do seu cumprimento;<br><br>X - existência de canais de denúncia de irregularidades, acessíveis e amplamente divulgados a empregados, fornecedores e terceiros, e de mecanismos destinados à proteção de denunciantes de boa fé;<br><br>XI - medidas disciplinares em caso de descumprimento do Programa de Integridade;<br><br>XII - procedimentos que assegurem a pronta interrupção das irregularidades ou infrações cometidas e a tempestiva remediação dos danos causados;<br><br>XIII - mecanismos de prudência apropriados para contratação de terceiros, inclusive fornecedores, prestadores de serviços e afins;<br><br>XIV - verificação, durante o processo de aquisição, incorporação, fusão, cisão ou qualquer outra forma de reestruturação societária, do cometimento de irregularidades ou ilícitos, ou da existência de vulnerabilidades nas pessoas jurídicas envolvidas;<br><br>XV - monitoramento contínuo do Programa de Integridade visando ao seu aperfeiçoamento na prevenção, detecção e combate dos atos lesivos referidos no art. 5º da Lei federal nº 12.846, de 1º de agosto de 2013, e na legislação correlata;<br><br>XVI - ações de promoção da cultura ética e de integridade por meio de eventos, e instrumentos que comprovem a sua realização.<br><br>c) o §1º, caput e incisos I, III e VII, e o §2º passam a vigorar com a seguinte redação: |

CAPÍTULO 3
CRITÉRIOS NORMATIVOS À IMPLEMENTAÇÃO DE SISTEMAS DE *COMPLIANCE* | 249

*(continua)*

| Redação antiga | Nova redação |
|---|---|
| III - a utilização de agentes intermediários como consultores ou representantes comerciais;<br><br>IV - o setor do mercado em que atua;<br><br>§2º Na avaliação de microempresas e empresas de pequeno porte, são reduzidas as formalidades dos parâmetros previstos neste artigo, não se exigindo especificamente os incisos III, IX, XIII e XIV do caput. | §1º Na avaliação dos parâmetros de que trata este artigo, são considerados o porte e as especificidades da pessoa jurídica,<br><br>I - a quantidade de empregados, dirigentes e colaboradores; [...]<br><br>III - a utilização de agentes intermediários como consultores ou representantes comerciais; [...]<br><br>VII - a quantidade e a localização das pessoas jurídicas que integram o grupo econômico; [...]<br><br>§2º Na avaliação de microempresas e empresas de pequeno porte, são reduzidas as formalidades dos parâmetros previstos neste artigo, na forma do regulamento, não se exigindo especificamente o cumprimento do disposto nos incisos III, IX, XIII e XIV do caput.<br><br>d) é-lhe acrescido o seguinte §3º:<br><br>§3º O canal de denúncia a que se refere o inciso X do caput pode ser instituído individualmente pela pessoa jurídica ou de forma compartilhada, podendo ser terceirizado ou operacionalizado por entidade de classe à qual esteja associada, responsabilizando-se aquela objetivamente pela sua implementação e efetividade. |
| Art. 7º Para que o Programa de Integridade seja avaliado, a pessoa jurídica deve apresentar relatório de perfil e relatório de conformidade do Programa, nos moldes daqueles regulados pela Lei federal nº 12.846, de 2013, pelo Decreto federal nº 8.420, de 18 de março de 2015, e pelo Decreto nº 37.296 , de 29 de abril de 2016, ou pela legislação correlata superveniente, no que for aplicável. | IX - o art. 7º, caput e §§2º e 3º, passa a vigorar com a seguinte redação:<br><br>Art. 7º Para que o Programa de Integridade seja avaliado, a pessoa jurídica deve apresentar relatório de perfil e relatório de conformidade do Programa, observado o disposto nesta Lei e, no que for aplicável, na Lei federal nº 12.846, de 2013, e legislação correlata. [...] |

*(continua)*

| Redação antiga | Nova redação |
|---|---|
| §2º A comprovação pode abranger documentos oficiais, correios eletrônicos, cartas, declarações, correspondências, memorandos, atas de reunião, relatórios, manuais, imagens capturadas da tela de computador, gravações audiovisuais e sonoras, fotografias, ordens de compra, notas fiscais, registros contábeis ou outros documentos, preferencialmente em meio digital. | §2º A comprovação pode abranger documentos oficiais, correios eletrônicos, cartas, declarações, correspondências, memorandos, atas de reunião, relatórios, manuais, imagens capturadas da tela de computador, gravações audiovisuais e sonoras, fotografias, ordens de compra, notas fiscais, registros contábeis ou outros documentos, preferencialmente em meio digital, conforme regulamento por decreto. |
| §3º A autoridade responsável pode realizar entrevistas e solicitar novos documentos para fins da avaliação de que trata o caput. | §3º A autoridade responsável pode realizar entrevistas, que devem ser documentadas, e solicitar novos documentos para fins da avaliação de que trata o caput, em caso de justificada necessidade. |
| §4º O Programa de Integridade que seja meramente formal e que se mostre absolutamente ineficaz para mitigar o risco de ocorrência de atos lesivos previstos na Lei federal nº 12.846, de 2013, não é considerado para fins de cumprimento desta Lei. | §4º O Programa de Integridade que seja meramente formal e que se mostre absolutamente ineficaz para mitigar o risco de ocorrência de atos lesivos previstos na Lei federal nº 12.846, de 2013, não é considerado para fins de cumprimento desta Lei. |
| Art. 8º Pelo descumprimento da exigência prevista nesta Lei, a Administração Pública do Distrito Federal, em cada esfera de Poder, aplica à empresa contratada multa de 0,1%, por dia, incidente sobre o valor atualizado do contrato.<br><br>§1º O montante correspondente à soma dos valores básicos da multa moratória é limitado a 10% do valor do contrato.<br><br>§2º O cumprimento da exigência estabelecida nesta Lei, mediante atestado da autoridade pública da existência e aplicação do Programa de Integridade, faz cessar a aplicação da multa. | X - o art. 8º, caput e §§1º e 2º, passa a vigorar com a seguinte redação:<br><br>Art. 8º Pelo descumprimento das exigências referidas nesta Lei, a administração pública do Distrito Federal, em cada esfera de poder, aplica à pessoa jurídica contratada multa equivalente a 0,08%, por dia, incidente sobre o valor atualizado do contrato.<br><br>§1º O montante correspondente à soma dos valores básicos da multa é limitado a 10% do valor atualizado do contrato.<br><br>§2º O cumprimento das exigências estabelecidas nesta Lei, mediante atestado do órgão ou entidade pública quanto à existência e aplicação do Programa de Integridade, faz cessar a aplicação da multa. |

CAPÍTULO 3
CRITÉRIOS NORMATIVOS À IMPLEMENTAÇÃO DE SISTEMAS DE *COMPLIANCE* | 251

*(continua)*

| Redação antiga | Nova redação |
|---|---|
| Art. 9º Fica determinado que a multa definida no art. 8º está vinculada ao contrato, não podendo ter sua obrigação transferida, tampouco seu valor deduzido em outra relação de qualquer natureza. | XI - o art. 9º passa a vigorar com a seguinte redação: Art. 9º A multa referida no art. 8º é recolhida ao tesouro do Distrito Federal ou deduzida dos valores devidos à pessoa jurídica quando há previsão contratual nesse sentido. |
| Art. 10. O não cumprimento da obrigação implica inscrição da multa em dívida ativa da pessoa jurídica sancionadora e justa causa para rescisão contratual, com incidência cumulativa de cláusula penal e impossibilidade de contratação da empresa com a Administração Pública do Distrito Federal, de qualquer esfera de Poder, pelo período de 2 anos ou até a efetiva comprovação de implantação e aplicação do Programa de Integridade. | XII - o art. 10 passa a vigorar com a seguinte redação: Art. 10. O não cumprimento da obrigação de pagamento da multa no prazo estabelecido implica: I - inscrição em dívida ativa, em nome da pessoa jurídica sancionada; II - sujeição a rescisão unilateral da relação contratual, a critério do órgão ou entidade contratante; III - impedimento de contratar com a administração pública do Distrito Federal, de qualquer esfera de poder, até a efetiva comprovação de implementação do Programa de Integridade, sem prejuízo do pagamento da multa aplicada. |
| Art. 11. Subsiste a responsabilidade da pessoa jurídica na hipótese de alteração contratual, transformação, incorporação, fusão ou cisão societária. §2º As sanções descritas nos arts. 8º e 10 desta Lei são atribuídas à sucessora. | XIII - revoga-se o art. 11, §2º; |
| Art. 11. Subsiste a responsabilidade da pessoa jurídica na hipótese de alteração contratual, transformação, incorporação, fusão ou cisão societária. §1º A sucessora se responsabiliza pelo cumprimento da exigência na forma desta Lei. | XIV - o art. 11, §1º, é renumerado para parágrafo único e passa a vigorar com a seguinte redação: Parágrafo único. São atribuídas à sucessora a responsabilidade pelo cumprimento das exigências previstas nesta Lei e as sanções referidas nos seus arts. 8º e 10. |

*(continua)*

| Redação antiga | Nova redação |
|---|---|
| Art. 12. A empresa que possua o Programa de Integridade implantado deve apresentar, no momento da contratação, declaração informando a sua existência nos termos do art. 7º desta Lei. | XV - o art. 12 passa a vigorar com a seguinte redação:<br><br>Art. 12. A pessoa jurídica que tenha implementado o Programa de Integridade deve apresentar ao órgão ou entidade contratante, no momento da formalização da relação contratual, declaração de existência do referido Programa nos termos desta Lei. |
| Art. 13. Cabe ao gestor de contrato, no âmbito da Administração Pública de cada esfera de Poder, sem prejuízo de suas demais atividades ordinárias, as seguintes atribuições:<br><br>I - fiscalizar a implantação do Programa de Integridade, garantindo a aplicabilidade da lei;<br><br>II - informar ao ordenador de despesas sobre o não cumprimento da exigência na forma do art. 5º desta Lei;<br><br>III - informar ao ordenador de despesas sobre o cumprimento da exigência fora do prazo definido no art. 5º desta Lei.<br><br>§1º Na hipótese de não haver a função do gestor de contrato, ao fiscal de contrato, sem prejuízo de suas demais atividades ordinárias, são atribuídas as funções relacionadas neste artigo.<br><br>§2º As ações e as deliberações do gestor de contrato não podem implicar interferência na gestão das empresas nem ingerência nas suas competências e devem ater-se à responsabilidade de aferir o cumprimento do disposto nesta Lei, o que se dá mediante prova documental emitida pela empresa, comprovando a implantação do Programa de Integridade na forma do art. 7º. | XVI - o art. 13 passa a vigorar com a seguinte redação:<br><br>Art. 13. Cabe ao órgão ou entidade fiscalizadora definida em ato do chefe de poder respectivo:<br><br>I - fiscalizar o Programa de Integridade quanto à sua implementação tempestiva, efetividade e conformidade legal;<br><br>II - registrar e informar à autoridade competente quando da não implementação do Programa de Integridade ou da sua implementação fora do prazo estabelecido;<br><br>III - estabelecer novo prazo para cumprimento do referido no inciso II, quando for o caso.<br><br>§1º A fiscalização do Programa de Integridade é realizada mediante critério da dupla visita, sendo a primeira voltada prioritariamente para orientação quanto ao saneamento de eventuais desconformidades levantadas.<br><br>§2º O disposto no §1º não se aplica às hipóteses de intempestividade na implementação do Programa e de constatação de situações de elevado grau de risco que, a critério do órgão ou entidade fiscalizadora, requeira providências imediatas.<br><br>§3º O órgão ou entidade fiscalizadora deve se ater, em relação ao Programa de Integridade, ao cumprimento do disposto nesta Lei, vedada nessa hipótese a interferência direta na gestão e a ingerência nas competências das pessoas jurídicas. |

CAPÍTULO 3
CRITÉRIOS NORMATIVOS À IMPLEMENTAÇÃO DE SISTEMAS DE *COMPLIANCE* | 253

*(continua)*

| Redação antiga | Nova redação |
|---|---|
| | §4º O órgão ou entidade que, ante a documentação apresentada pela pessoa jurídica, não reconheça ou não certifique a implementação do Programa de Integridade deve apresentar as razões pelas quais essa decisão foi adotada. |
| Art. 15. Cabe a cada esfera de Poder do Distrito Federal fazer constar nos editais licitatórios e nos instrumentos contratuais a aplicabilidade desta Lei. | XVII - o art. 15 passa a vigorar com a seguinte redação: Art. 15. Cabe ao órgão ou entidade responsável, em cada esfera de poder, fazer constar dos editais de licitação e dos instrumentos contratuais as cláusulas necessárias à aplicabilidade e cumprimento desta Lei. |
| | XVIII - acrescenta-se o art. 10-A com a seguinte redação: Art. 10-A. Da decisão quanto à aplicação das penalidades referidas nos arts. 8º a 10 cabe pedido de reconsideração ao órgão ou entidade fiscalizadora, que deve se manifestar de forma motivada quanto ao pedido, ouvidas as unidades técnicas competentes. Parágrafo único. O pedido de reconsideração deve ser apresentado no prazo de 15 dias úteis, contado, conforme o caso, da data: I - do recebimento pela pessoa jurídica da notificação formal do órgão ou entidade; II - da entrega da notificação, por meio de ferramenta digital que forneça evidência técnica quanto à sua autoria, conteúdo, cronologia de envio, entrega e tomada de conhecimento pelo destinatário; III - da publicação na imprensa oficial do ato de cientificação da pessoa jurídica. |

*(continua)*

| Redação antiga | Nova redação |
|---|---|
| | XIX - acrescenta-se o art. 10-B com a seguinte redação: |
| | Art. 10-B. Da manifestação referida no art. 10-A, diante da denegação do pleito, cabe recurso à Câmara Administrativa de Recursos do Distrito Federal, instituída mediante ato do Governador do Distrito Federal, com a finalidade de apreciar, em última instância administrativa, os recursos interpostos contra a aplicação das penalidades. |
| | Parágrafo único. O recurso deve ser apresentado no prazo de 30 dias úteis, contado, conforme o caso, da data: |
| | I - do recebimento da notificação formal pela pessoa jurídica; |
| | II - da entrega da notificação, por meio de ferramenta digital que forneça evidência técnica quanto à sua autoria, conteúdo, cronologia de envio, entrega e tomada de conhecimento pelo destinatário; |
| | III - da publicação na imprensa oficial da cientificação ao interessado quanto à referida denegação do pedido. |
| | XX - acrescenta-se o art. 13-A com a seguinte redação: |
| | Art. 13-A. Ato do Poder Executivo disporá, no prazo de 180 dias, sobre: |
| | I - o relatório de perfil da pessoa jurídica e o relatório de conformidade do Programa de Integridade com as práticas, procedimentos e normas estabelecidos, referidos no caput do art. 7º; |
| | II - o procedimento adotado para confirmação do cumprimento dos parâmetros referidos no caput do art. 6º; |
| | III - a redução das formalidades para avaliação das microempresas e empresas de pequeno porte quanto aos parâmetros previstos no art. 6º, §2º; |

*(conclusão)*

| Redação antiga | Nova redação |
|---|---|
| | IV - a implementação e aplicação do Programa de Integridade nas pessoas jurídicas cujos contratos e demais instrumentos não estejam enquadrados nas condições estabelecidas no art. 1º, §2º. |
| | Art. 2º O Programa de Integridade previsto na Lei nº 6.112, de 2018, se dá a partir de 1º de janeiro de 2020 e aplica-se exclusivamente aos contratos, consórcios, convênios, concessões ou parcerias público-privadas celebrados após essa data. |

## 3.16 Conclusão

Diante de todas as considerações aqui externadas, e para fins de mitigar riscos de imposição de sanções administrativas às empresas que se relacionam com os entes e entidades cujos diplomas normativos foram analisados, importante ressaltar que todas as empresas, mesmo aquelas que já possuem sistemas de integridade e *compliance* estruturados, devem implementar ou reavaliar seus mecanismos e, por conseguinte, atualizá-los, considerando os novos ditames legais vigentes.

CAPÍTULO 4

# O QUE É UM PROGRAMA DE *COMPLIANCE* E COMO SE ADEQUAR ÀS NOVAS EXIGÊNCIAS

Tem-se assistido – diariamente no cenário jurídico e noticiário nacional – a infindáveis publicações sobre escândalos de corrupção, delações premiadas e acordos de leniência, condenações e prisões de gestores públicos e executivos de grandes entidades e corporações, principalmente, após a deflagração da Operação Lava-Jato e os mais de 30 desdobramentos que a sucederam.

A terceira Lei de Newton, para qual toda ação corresponde a uma reação, ilustra o que vem ocorrendo na gestão pública brasileira nos últimos anos. Reações desconexas para mazelas crônicas do Estado se somam a tentativas reiteradas de burlar o Estado de Direito por meio de justificativas "sempre" fáticas, que produzem um emaranhado de desvios éticos que aniquilam direitos fundamentais. É a face mais cruel do patrimonialismo, que prioriza "os amigos do rei" aos que mais necessitam.

Há claramente – na prática – uma forte tendência patrimonialista, potencializada pelo estamento burocrático do Estado brasileiro que, ao invés de legitimar a ação estatal pela ética e pelo procedimento, converte sua atuação em condutas personificadas e ineficientes.

Em meu sentir, o modelo de gestão atual é esquizofrênico e, para ele, a solução não pode ser paliativa, explico. Vivemos em um modelo atrelado a práticas patrimonialistas, com uma atuação voltada a interesses pessoais, sob um estamento burocrático falido e com "novas" orientações gerenciais que aprofundam as desigualdades em nome do "bem comum".

E é aqui, com maior ênfase, que o *compliance* se torna fundamental às mudanças e a uma ratificação do conceito de perpetuidade da integridade como norte racional de qualquer governo, para consolidação de uma cultura ética afastada do "jeitinho brasileiro" de governar.

Para que isso aconteça, o programa de integridade público não pode ser amesquinhado, diminuído, resumido pela ideia de conformidade (isso é o básico em um país de normas positivadas como o nosso); para frear a esquizofrenia estatal é preciso ir além, traçar uma metodologia séria e objetiva de mapeamento e coleta de dados, análise de maturidade da gestão, gerenciamento de riscos, políticas e procedimentos aderentes à realidade da instituição, independência dos canais de ouvidoria, treinamentos contínuos de todos os envolvidos e, principalmente, a efetivação do *tone from the top* (expressão em inglês que traduz a noção de que o exemplo vem de cima).

Diante de todo esse contexto, há, ainda, instituições públicas e privadas que não adotam práticas de *compliance* em suas atividades ou que, ainda que possuam um código de conduta e políticas de integridade, não contam com quaisquer processos, áreas ou comitês sobre o tema e que acreditam que a simples formalização de documentos é suficiente para a redução de eventuais sanções previstas na Lei Anticorrupção.

A Lei nº 12.846/13 (Lei Anticorrupção Brasileira) reforça a importância do tema e estabelece a relevância de regras de governança corporativa e práticas de *compliance* nas atividades de empresas, que refletirão não apenas em seus processos internos, mas, também, em suas contratações e relacionamento com o público externo (fornecedores, terceiros, agentes públicos etc.).

Importante ressaltar que, mesmo antes da vigência da Lei Anticorrupção, já era possível identificar estruturas embrionárias de gestão de riscos e *compliance* nas empresas, principalmente, nas sociedades que possuíam ações negociadas em bolsas de valores nacionais e estrangeiras, uma vez que o mercado financeiro é bem regulado nacionalmente pela Comissão de Valores Mobiliários e internacionalmente por leis como a *Foreign Corrupt Practices* – FCPA (lei americana) e a *UK Bribery Act* (lei do Reino Unido), por exemplo.

Nessa linha de tratamento, a estruturação de um novo modelo de gestão e de governança corporativa deve estar pautado muito fortemente no conceito das "três linhas", cujo conteúdo será abordado adiante de maneira aprofundada e prática.

Em relação à implantação de programas de integridade, a Lei Anticorrupção não realiza nenhuma diferenciação das empresas a ela submetidas, é dizer, todas estariam sujeitas a processos de responsabilização objetiva pela prática de atos contra a Administração Pública, em razão da ineficiência ou inexistência (quando disso decorrer uma ilegalidade) de programas de integridade em razão da Lei Federal nº 12.846/2013.

O art. 41 do decreto federal regulamentador da Lei Anticorrupção (nº 8.420/2015) definiu da seguinte forma o que é um programa de integridade:

> Art. 41. Para fins do disposto neste Decreto, programa de integridade consiste, no âmbito de uma pessoa jurídica, no conjunto de mecanismos e procedimentos internos de integridade, auditoria e incentivo à denúncia de irregularidades e na aplicação efetiva de códigos de ética e de conduta, políticas e diretrizes com objetivo de detectar e sanar desvios, fraudes, irregularidades e atos ilícitos praticados contra a administração pública, nacional ou estrangeira.

A nova ISO 37.301/21, ao tratar do sistema de *compliance*, evidencia:

> Um sistema de gestão de *compliance* eficaz em toda a organização permite que uma organização demonstre seu comprometimento em cumprir leis pertinentes, requisitos regulamentares, códigos setoriais da indústria e normas organizacionais, assim como normas de boa governança, melhores práticas geralmente aceitas, ética e expectativas da comunidade.[171]

Tendo em vista que uma empresa pode praticar atos contraentes com entidades da Administração Pública, seja ela direta ou indireta, constitui boa prática a implantação de programas de integridade que contenham, dentro das condições de cada empresa, práticas de *compliance* efetivas.

Entre as práticas de governança indicadas, destaca-se a criação de instâncias internas para atualização e aplicação do código de conduta e integridade, canal de denúncias que possibilite o recebimento de denúncias internas e externas e mecanismos de proteção à retaliação do denunciante, treinamentos periódicos sobre o código de conduta a seus empregados, políticas de gestão de riscos, análise de pré-qualificação de fornecedores com a exigência de consulta ao Cadastro Nacional de

---

[171] ASSOCIAÇÃO BRASILEIRA DE NORMAS TÉCNICAS. *ISO 37.301:21*: Sistemas de gestão de compliance: Diretrizes. Rio de Janeiro: NBR, 2021.

Empresas Inidôneas e matriz de riscos nos contratos celebrados pela sociedade.

Nessa nova sistemática, a política de integridade não deve ser estruturada de forma aleatória pela empresa, ao contrário, deve ser pensada de forma racional e eficiente, de acordo com a maior ou menor capacidade organizacional da sociedade empresarial.

É em razão disso que esta obra pretende, de forma objetiva, apresentar as melhores práticas na implantação e manutenção de programas de integridade no âmbito das empresas, considerando as peculiaridades e legislação a que estas empresas estão sujeitas.

Não cabe às empresas a cômoda posição de nada fazer, sequer de buscar modelos já aplicados como instrumentos de aplicação e retórica, pois a cultura empresarial e a organização dos negócios atuais, bem como as exigências dos órgãos de controle, obrigam a agir, a criar parâmetros e mecanismos específicos. É preciso, portanto, decidir e direcionar suas ações ao caminho da integridade e da ética nas relações travadas internamente e com terceiros.

## 4.1   O que é *compliance?*

Muitos são os que atualmente falam sobre *compliance*, mas talvez poucos sejam os que conseguem tratar deste relevante tema longe do senso comum. Sem dúvida tratar dos seus aspectos históricos e de seus princípios, da noção envolvida pelo verbo em inglês *to comply*, da necessidade de apoio da alta administração, entre outros, é fundamental, mas precisamos ir além, para não permitir que o tema seja mais um, entre tantos outros, a cair no chamado "conhecimento vulgar".

Precisamos fugir da retórica e da discussão acalorada sobre rótulos e diferenças conceituais, como exemplo: a distinção entre *compliance* e integridade, entre *compliance* e conformidade, entre outras. Tais discussões diminuem o tema, o amesquinham e, o pior, o aproximam do tratamento no senso comum, o que descredencia a sua relevância organizacional.

Aqui uma primeira grande questão: tais programas não se resumem ao estabelecimento e à publicação de códigos de ética ou de conduta ou, ainda, a produtos de prateleira e soluções caseiras como *softwares* ou sistemas de gestão de informação para integridade que não guardam a mínima relação com a atividade desenvolvida pela empresa. Receitas genéricas não combinam com *compliance*.

A instituição despreocupada (e muitas vezes despreparada) destes mecanismos tem conduzido o nosso país a alguns reflexos opostos do que seria o escopo principal desses programas, como exemplo:

a) a previsão de códigos de ética e de conduta sem a mínima preocupação de efetividade ou redigidos de forma genérica está a promover uma "flexibilização" negativa de sua interpretação, que, ao final, conduz à sua completa ineficácia, com previsões "para inglês ver"; ou, ainda,

b) a não contemplação de questões relacionais importantes, a depender da atividade da empresa, como é o caso de empresas que tendem a consorciar-se para participação em processos competitivos, em que uma concepção genérica destes instrumentos pode conduzir ao que se denomina "guerra de códigos de ética", levando a empresa a uma discussão ou embate relacional que pode prejudicar sua própria atividade-fim e impedir seu lucro ou seu objetivo, não por violação à integridade, mas por uma má concepção do programa de integridade.

O *compliance*, como estrutura inerente à segunda linha, preocupada com a realização ética e íntegra dos negócios da empresa, não pode (nem deve), em razão de uma má concepção de sua estruturação ou de procedimentos e documentos gerenciais produzidos sem a devida preocupação técnica, ser responsável pela não realização dos objetivos finalísticos nem pela frustração da atividade principal da organização. Ele é meio a justificar o fim e não um fim em si mesmo.

Um programa de integridade deve contemplar uma análise de maturidade efetiva e específica, com questões que traduzam aspectos reais e relacionais daquela empresa, não apenas com um completo apoio da alta administração (*tone at the top*), mas principalmente com uma gestão integrada e envolvimento de todos aqueles que se submeterão à política de integridade implementada.

A análise de riscos e sua política de gerenciamento também deve ser pensada em níveis mais profundos, não basta saber relacionar critérios de probabilidade e impacto e lançá-los no diagrama de cálculo para formação de uma matriz, isso é senso comum, é preciso direcionar os eventos de riscos e trabalhar com a análise de impacto e probabilidade, já estabelecendo possíveis controles preventivos e de contingência capazes de tratar tais riscos, entender a lógica de causa, evento e consequência e, principalmente, quais setores da organização realizarão cada uma das atividades envolvidas nesta fase (identificação, avaliação, priorização, gestão, tratamento e controle), entre outras tantas questões específicas.

O canal de denúncias também deve merecer preocupação mais atenta, não se trata apenas da abertura a denúncias, mas efetiva gestão estratégica da informação e instrumento de planejamento organizacional, que deve ser estruturado de modo a permitir segurança ao denunciante e ao denunciado e capacidade de gerenciamento das denúncias pela empresa, integradas diretamente com as políticas de integridade criadas, entre elas, a de consequências.

Tudo isso envolvido por um plano de capacitação e treinamento efetivo, que permita aprofundamento nas políticas criadas e reposta integral e acessível de todas as dúvidas existentes pelos destinatários do programa de *compliance*.

Neste sentido, a ISO 37.301/21[172] propõe os seguintes elementos de um sistema de *compliance*:

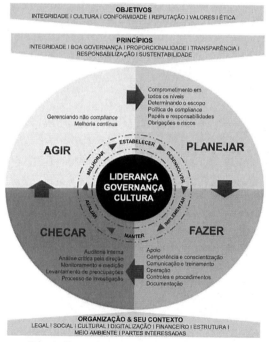

Figura 1 – Elementos de um sistema de gestão de *compliance*

---

[172] ASSOCIAÇÃO BRASILEIRA DE NORMAS TÉCNICAS. *ISO 37.301:21*: Sistemas de gestão de compliance: Diretrizes. Rio de Janeiro: NBR, 2021.

Enfim, o relevantíssimo tema do *compliance*, que hoje faz parte não apenas da agenda nacional, mas que configura uma pauta de condutas éticas globais, deve ser afastado do senso comum em nosso país e se aproximar de um complexo de atividades voltadas a um fim específico: a integridade e a ética.

## 4.2 Reequilíbrio econômico-financeiro dos contratos e os programas de *compliance*

Após estar superada a discussão sobre a constitucionalidade da exigência de implementação de programas de *compliance* nas relações contratuais com a Administração Pública, é importante enfrentar a questão de que os instrumentos normativos que veiculam tais exigências possuem alguns dispositivos que merecem reparo, justamente para afastar uma possível quebra do equilíbrio econômico-financeiro do contrato ou ainda uma violação do princípio da vinculação ao instrumento convocatório e da previsibilidade, o que poderia afetar a manutenção das condições iniciais dos contratos.

Exemplo disso é a Lei do Distrito Federal (Lei nº 6.112/2018), no §2º de seu art. 5º, quando determina que "Os custos e despesas com a implantação e manutenção do Programa de Integridade ficam a cargo da pessoa jurídica contratada, não cabendo ao órgão ou entidade contratante o seu ressarcimento".

Em um primeiro momento, esse dispositivo, quando analisado em sua singularidade, não implicaria nenhum óbice. O problema surge, no entanto, quando a exigência da implementação dos programas serve, também, aos contratos já vigentes. Nesse caso, em homenagem ao equilíbrio econômico-financeiro, à vinculação ao instrumento convocatório e à previsibilidade das condições iniciais da avença, os custos pela implementação dos programas de integridade jamais poderiam ser suportados pela contratada.

Importante relembrar, nesse contexto, que qualquer modificação não prevista nas etapas iniciais da disputa e que afete o equilíbrio econômico-financeiro do contrato (teoria da imprevisão) deve ser devidamente recomposta. Isso é o que convencionalmente se chama de intangibilidade da equação econômico-financeira travada entre a Administração Pública e a contratada.

É que tal intangibilidade garante a equidade nas relações estabelecidas entre o particular e a Administração e permite a manutenção dos encargos assumidos entre contratante e contratada, conduzindo, por decorrência lógica, a manutenção da relação econômica inicialmente prevista e vinculativa entre as partes.

Assim, uma vez alterada alguma condição contratual que onere o contrato, por exigência da Administração, concomitantemente devem ser alteradas as cláusulas que impliquem o pagamento (recomposição) da contratada, uma vez que o equilíbrio inicial do contrato não pode ser afetado, em razão de um mínimo de previsibilidade e segurança jurídica.

Em outras palavras, não se pode surpreender a empresa contratada com exigências não previstas no decorrer do processo de contratação, alterando-se unilateralmente as condições contratuais, ainda mais quando a alteração impactar diretamente na estrutura da própria contratada. Evidente que, nesses casos, não poderia a Administração impor tamanho ônus à contratada, sem reconhecer que este deverá por ela mesmo ser "ressarcido".

Neste cenário, a imposição dos custos e despesas às contratadas sem obrigatoriedade de recomposição do equilíbrio econômico-financeiro à Administração, nos casos em que o contrato já se encontra vigente e sua celebração foi anterior à publicação das leis que instituíram a nova exigência, precisa ser repensada, ajustada e sua exigibilidade suspensa, para que não haja prejuízo econômico caracterizador de desequilíbrio contratual na obrigatoriedade da implantação do *compliance* nestas empresas.

Defendemos, como já demonstrado, a constitucionalidade da exigência e a obrigatoriedade de *compliance* nas empresas que contratam com o Poder Público, mas uma metodologia de integridade que preconiza, em sua concepção, ser norteadora da ética relacional e da segurança jurídica entre as partes não pode permitir prejuízos e desequilíbrios contratuais para sua concretização.

## 4.3 Instrumentos e comportamentos necessários ao *compliance*

### 4.3.1 Comprometimento da alta administração (*tone at the top*)

O primeiro passo para a eficiência de um programa de integridade é o comprometimento da alta administração desde a sua implantação até sua manutenção e monitoramento contínuo. O conceito de *tone at the top*[173] deve ser explícito e visível para todos que se relacionam com a empresa.

O programa de integridade consiste, resumidamente, no desenvolvimento e criação de políticas, processos, procedimentos e treinamentos que direcionem a forma de agir dos gestores, colaboradores e partes interessadas (fornecedores, terceirizados, parceiros de negócios, entre outros) quando se relacionarem com a empresa ou falarem em nome desta.

As capacitações e treinamentos têm o intuito de promover o comportamento ético e apresentar as políticas internas, os canais de comunicação entre a empresa e seu público, bem como incentivar a prática de denúncias de desvios de conduta.

Entretanto, a credibilidade do programa de integridade está intrinsecamente vinculada ao exemplo prático de seus gestores, tendo em vista que de nada valem a capacitação e o treinamento quando a alta administração não demonstra interesse no tema e suas atitudes não se coadunam com o conteúdo das normas da sociedade, seus valores e os treinamentos aplicados.

Segundo a norma ISO 37.301/21:[174]

> Incorporar o *compliance* no comportamento das pessoas que trabalham para uma organização depende acima de tudo da liderança em todos os níveis e dos valores claros de uma organização, assim como do reconhecimento e implementação de medidas para promover o comportamento de *compliance*. Se este não for o caso em todos os níveis de uma organização, há um risco de não *compliance*.

E, de acordo com a DSC 10.000/15,[175] "a cultura do *Compliance* deve permear a organização através do exemplo de seus dirigentes e atingir todos os níveis hierárquicos por meio de atitude a ações da chefia".

---

[173] "The Company will ensure that its management provides strong, explicit, and visible support and commitment to its corporate police against violations of the anti-corruption laws and its compliance code". Tradução livre: "A Empresa garantirá que a Alta Administração ofereça suporte e comprometimento fortes, explícitos e visíveis à sua polícia corporativa contra violações das leis anticorrupção e seu código de conformidade" (FOX, Thomas. *Lessons learned on compliance and ethics*. Washington: Ethics 360 Media, 2012).

[174] ASSOCIAÇÃO BRASILEIRA DE NORMAS TÉCNICAS. *ISSO 37.301:21*: Sistemas de gestão de compliance: Diretrizes. Rio de Janeiro: NBR, 2021.

[175] GIOVANINI, Wagner. *DSC 10.000*. Porto Alegre: Ebanc, 2015. p. 4.

Para que um programa de integridade possua engajamento, e consequentemente sucesso em suas atividades, faz-se necessário que os gestores da organização reflitam exemplos de conduta ética em sua atuação profissional, de acordo com os valores da empresa e com as normas que a permeiam.

De acordo com a ISO 37301/21:

> Órgão Diretivo e a Alta Direção devem demonstrar liderança e comprometimento em relação ao sistema de gestão de *compliance* para:
>
> – assegurar que a política de *compliance* e os objetivos de *compliance* estão estabelecidos e são compatíveis com a direção estratégica da organização;
>
> – assegurar a integração dos requisitos do sistema de gestão de *compliance*, dentro dos processos de negócio da organização;
>
> – assegurar que os recursos necessários para o sistema de gestão de *compliance* estão disponíveis;
>
> – comunicar a importância de um sistema de gestão de *compliance* eficaz e da conformidade com
>
> os requisitos do sistema de gestão de *compliance;*
>
> – assegurar que o sistema de gestão de *compliance* alcance os seus resultados pretendidos;
>
> – apoiar e orientar as pessoas para contribuírem com a eficácia do sistema de gestão de *compliance;*
>
> – promover a melhoria contínua;
>
> – apoiar outros papéis pertinentes para demonstrar sua liderança, e como se aplica às suas áreas de responsabilidades.[176]

Neste sentido, veja-se o posicionamento do Tribunal de Contas da União em seu *Referencial básico de governança corporativa*:

> A IFAC (2013) orienta que um dos princípios da boa governança consiste no comprometimento da alta administração com valores éticos, com integridade e com observância e cumprimento da lei. Portanto, é papel dos dirigentes exercer a liderança na promoção de valores éticos e de altos padrões de comportamento (OCDE, 2004).[177]

---

[176] ASSOCIAÇÃO BRASILEIRA DE NORMAS TÉCNICAS. *ISO 37.301:21*: Sistemas de gestão de compliance: Diretrizes. Rio de Janeiro: NBR, 2021.

[177] TRIBUNAL DE CONTAS DA UNIÃO. *Referencial básico de governança*: aplicável a órgãos e entidades da Administração Pública. Brasília: TCU, 2014. Disponível em: https://portal. tcu.gov.br/biblioteca-digital/referencial-basico-de-gestao-de-riscos.htm.

O decreto regulamentador da Lei Anticorrupção[178] determina ainda que, para fins de reduções às sanções previstas na Lei Anticorrupção, será considerado um dos critérios de avaliação de existência e aplicabilidade do programa de integridade o "comprometimento da alta direção da pessoa jurídica, incluídos os conselhos, evidenciado pelo apoio visível e inequívoco ao programa".

Portanto, os discursos, pronunciamentos da alta administração e os comunicados institucionais devem demonstrar a relevância do programa de integridade e a importância que a sociedade confere ao comportamento íntegro e ético em suas relações.

Além disso, o *site* da empresa deve apresentar o programa de integridade, suas diretrizes, o código de conduta e integridade e como eles se refletem ao público interno e externo que se relaciona, ou deseja se relacionar, com a sociedade.

Diante disso, importante que quaisquer alterações – no plano estratégico da empresa ou reorganização de sua direção – não prejudiquem o programa de integridade, sob pena de que todo o trabalho de aculturamento e credibilidade do programa seja perdido.

Tendo em vista a possibilidade de alteração do corpo diretivo das empresas, salutar que o "patrocínio" ao *compliance* da alta administração seja formalizado nos documentos institucionais da sociedade, preferencialmente, naqueles que necessitem de quórum para aprovação e alteração.

Dessa forma, as atividades de *compliance* serão realizadas com mais segurança, uma vez que os documentos constitutivos, planos estratégicos e orçamentários e regulamento interno das empresas viabilizarão os procedimentos do programa de integridade e, portanto, eventuais alterações em sua estrutura diretiva não justificarão mudanças drásticas no programa implantado.

É indicado que os dispositivos normativos da empresa, de acordo com suas respectivas competências, entre outros, contemplem:

1. importância, atividades e objetivos do programa de integridade;

---

[178] "Art. 42. Para fins do disposto no §4º do art. 5º, o programa de integridade será avaliado, quanto a sua existência e aplicação, de acordo com os seguintes parâmetros: I - comprometimento da alta direção da pessoa jurídica, incluídos os conselhos, evidenciado pelo apoio visível e inequívoco ao programa" (BRASIL. *Decreto nº 8.420, de 18 de março de 2015*. Decreto regulamentador da Lei nº 12.846, de 1º de agosto de 2013. Brasília, 18 mar. 2015. Disponível em: http://www.planalto.gov.br/ccivil_03/_ato2015-2018/2015/decreto/D8420. htm. Acesso em: 31 mar. 2018).

2. atribuições, deveres e obrigações do conselho de administração e diretorias para viabilizar o bom andamento do programa de integridade;
3. criação de comitês de gestão de riscos, *compliance* e auditoria;
4. práticas de gestão de riscos e *compliance* da sociedade;
5. definição e independência da área de *compliance*;
6. previsão de orçamento específico e recursos para área de *compliance*;
7. disposições sobre a manutenção e fiscalização do programa de integridade, bem como sua melhoria contínua;
8. interações entre as três linhas;[179]
9. disposições acerca de procedimentos disciplinares e seus responsáveis.

Assim, dispositivos normativos que versem sobre o programa de integridade e sua estrutura são importantes, não somente para difundir o posicionamento da alta administração em relação ao programa de integridade, mas, também, para sedimentar as demais políticas e procedimentos de *compliance* que devem ser instituídos no âmbito das empresas.

Dessa forma, a expressão *tone at the top*, que significa o engajamento da alta administração da organização, ganha contornos ainda mais relevantes na estruturação de um programa efetivo de *compliance*, pois, para além de conformar o necessário exemplo dos mais altos níveis de hierarquia, também, tem o condão de perenizar a cultura de *compliance* na empresa, conduzindo suas atividades a uma normalidade ética e relacional.

## 4.3.2    Estruturação e atribuições da área de *compliance*

### 4.3.2.1  Alocação no organograma da empresa

No capítulo anterior, tratou-se sobre o apoio da alta administração refletido nas normativas da empresa, abordou-se, como sugestão, a inclusão de dispositivos normativos que versem sobre a estruturação e definição da área responsável pela implantação e manutenção do

---

[179] INSTITUTO DOS AUDITORES INTERNOS DO BRASIL. *Modelo das três linhas do IIA 2020*: uma atualização das três linhas de defesa. São Paulo: IIA, 2021. Disponível em: https://iiabrasil.org.br/korbilload/upl/editorHTML/uploadDireto/20200758glob-th-editorHTML-00000013-20082020141130.pdf. Acesso em: 6 set. 2021.

programa de integridade, bem como a independência desta área no âmbito da sociedade.

O novo modelo de governança corporativa sugerido, como visto, é pautado no desenvolvimento de programas de integridade e na independência de áreas voltadas à análise de riscos, à fiscalização, ao controle e à auditoria. Para tanto, é importante conhecer o conceito das "três linhas".

O modelo de governança pautado nas "três linhas" foi desenvolvido pelo Institute of Internal Auditors (IIA), uma entidade sem fins lucrativos, reconhecida nacional e internacionalmente, que consiste – basicamente – na segregação de funções específicas de gerenciamento de riscos e controles internos de diferentes agentes da sociedade, levando em consideração as atividades e o papel que exercem, permitindo, de forma eficiente e não conflitual, a delegação de responsabilidades dentro da organização.

Veja na figura a representação gráfica do modelo:[180]

---

[180] INSTITUTO DOS AUDITORES INTERNOS DO BRASIL. *Modelo das três linhas do IIA 2020*: uma atualização das três linhas de defesa. São Paulo: IIA, 2021. Disponível em: https://iiabrasil.org.br/korbilload/upl/editorHTML/uploadDireto/20200758glob-th-editorHTML-00000013-20082020141130.pdf. Acesso em: 6 set. 2021.

A primeira linha deve ser composta pelos agentes operacionais, ou seja, agentes que estão à frente de diretorias, superintendências e departamentos que executam atividades relacionadas, direta ou indiretamente, à atividade-fim da sociedade.

Dessa forma, a primeira linha realiza a aplicação prática e operacional das políticas e procedimentos internos criados pelo programa de integridade, bem como as demais normas internas que visam ao gerenciamento de riscos.

Uma vez que as áreas que compõem a primeira linha estão intrinsecamente vinculadas à atividade-fim da empresa, os grandes negócios e contratações são firmados por esta linha, portanto, estas – como regra – irão dispor do maior volume de recursos da empresa, sejam eles financeiros, tecnológicos ou humanos, o que a torna mais sujeita a riscos de corrupção e fraude, portanto, as áreas pertencentes à primeira linha são consideradas, como regra, donas dos riscos da entidade.

A partir dessa ideia, foi criada a segunda linha, composta por departamentos mais afastados da atividade-fim, que apoiam o desenvolvimento e o monitoramento dos controles aplicados pelas áreas pertencentes à primeira linha.

A segunda linha realiza atividades de supervisão dos riscos, apoiando o monitoramento dos controles aplicados pelas áreas pertencentes à primeira linha. Atividades como controles internos, gestão de riscos e *compliance* são típicas de áreas pertencentes à segunda linha.

Essa linha, portanto, tem como propósito o apoio do desenvolvimento de mecanismos e controles para que os riscos inerentes às empresas sejam mitigados e, dessa forma, permitam o crescimento sólido, íntegro e sustentável da sociedade.

Importante ressaltar que a segunda linha, também, deve analisar os riscos de *compliance* e controles internos aos quais a alta administração da empresa está sujeita, devendo qualquer irregularidade identificada ser reportada ao seu conselho de administração.

Considerando as tarefas sob responsabilidade dessa linha, é possível concluir que esta é a mais indicada a apoiar a alta administração na implantação do programa de integridade, que consiste, resumidamente, no desenvolvimento e criação de políticas, processos, procedimentos e treinamentos que direcionem o comportamento esperado dos gestores, colaboradores e partes interessadas (fornecedores, terceirizados, parceiros de negócios entre outros) quando estiverem representando ou se relacionando com a empresa.

Diante da incumbência das áreas pertencentes à segunda linha, em fiscalizar e inspecionar as demais, é indispensável à imparcialidade e lisura no exercício de suas atribuições que essas áreas possuam independência funcional, ou seja, que seu reporte seja realizado diretamente à alta administração, tendo em vista que seria incompatível e incoerente uma área dirigida à fiscalização estar sujeita à ingerência da área fiscalizada.

As atividades necessárias à implantação do programa de integridade são normalmente relacionadas à área de *compliance*, responsável por elaborar normativos internos, treinamentos e capacitações que reflitam as necessidades da empresa na adequação às leis e normas às quais está sujeita, bem como ao planejamento estratégico empresarial.

Veja o que a Controladoria-Geral da União (CGU) apresenta sobre a subordinação da área de *compliance*:

> Boas práticas [...]
>
> II - Assegurar sua independência (referindo-se à área de *Compliance*) para tomar decisões e implementar as ações requeridas, reportando, sempre que possível, diretamente ao mais alto nível hierárquico da organização; [...].[181]

A independência funcional das áreas pertencentes à segunda linha não diz respeito somente ao reporte, mas, também, à disponibilização e liberação de acessos a sistemas e documentos internos da sociedade, para averiguações de desvios de conduta, fraudes e corrupção, bem como para atividades relacionadas ao monitoramento contínuo do programa de integridade.

É justamente neste sentido que a ISO 37301/21[182] orienta, quando expressamente manifesta:

> Órgão Diretivo e a Alta Direção devem assegurar que os seguintes princípios estejam implementados:
>
> – acesso direto da função de *compliance* ao Órgão Diretivo;
>
> – independência da função de *compliance;*
>
> – autoridade e competência apropriada da função de *compliance*; [...].

---

[181] CONTROLADORIA-GERAL DA UNIÃO. *Guia de implantação de programa de integridade nas empresas estatais*: orientações para a gestão da integridade nas empresas estatais federais. Brasília: CGU, 2015. p. 25. Disponível em: http://www.cgu.gov.br/Publicacoes/etica-e-integridade/arquivos/guia_estatais_final.pdf. Acesso em: 31 mar. 2018.

[182] ASSOCIAÇÃO BRASILEIRA DE NORMAS TÉCNICAS. *ISO 37.301:21*: Sistemas de gestão de compliance: Diretrizes. Rio de Janeiro: NBR, 2021.

Em relação à vinculação da área de *compliance* ao mais alto nível hierárquico da organização, observa-se, constantemente, que o conselho de administração ou a presidência das empresas nem sempre possui agenda e a disponibilidade necessária para a tratativa das demandas de *compliance*. Nesse sentido, uma boa opção é o desenvolvimento de comitê específico, vinculado ao conselho de administração, responsável por receber, de forma consolidada, os reportes e demandas da área de *compliance*, realizando, inclusive, as recomendações necessárias ao conselho de administração que possui competência exclusiva para deliberação.

O Instituto Brasileiro de Governança Corporativa apresenta o fundamento dos comitês nas organizações:

> Comitês são órgãos, estatutários ou não, de assessoramento ao conselho de administração. Sua existência não implica a delegação das responsabilidades que competem ao conselho de administração como um todo. Os comitês não têm poder de deliberação e suas recomendações não vinculam as deliberações do conselho de administração.
>
> Comitês específicos podem exercer diversas atividades de competência do conselho que demandam um tempo nem sempre disponível nas reuniões desse órgão social. Os Comitês estudam os assuntos de sua competência e preparam propostas para o conselho.[183]

Como exemplos de competência do comitê de governança, riscos e controles, podem-se citar: (i) recomendações de atualização ou criação de novas políticas e procedimentos; (ii) recomendações de novos riscos a serem inseridos na matriz de riscos; (iii) recomendações acerca do apetite de risco da entidade; (iv) recomendações acerca de aprimoramento do programa de integridade e controles internos; entre outras.

Os comitês estão relacionados, entre as instâncias específicas que realizam a função de gerenciamento de riscos e conformidade, à segunda linha, de acordo com o IIA,[184] exercendo funções típicas de conformidade/*compliance*:

---

[183] INSTITUTO BRASILEIRO DE GOVERNANÇA CORPORATIVA. *Código das melhores práticas de governança corporativa*. São Paulo: IBGC, 2015. p. 57. Disponível em: http://www.ibgc.org.br/userfiles/2014/files/codigoMP_5edicao_web.pdf. Acesso em: 31 mar. 2018.

[184] INSTITUTO DOS AUDITORES INTERNOS DO BRASIL. *Modelo das três linhas do IIA 2020*: uma atualização das três linhas de defesa. São Paulo: IIA, 2021. Disponível em: https://iiabrasil.org.br/korbilload/upl/editorHTML/uploadDireto/20200758glob-th-editorHTML-00000013-20082020141130.pdf. Acesso em: 6 set. 2021.

Os papéis de segunda linha podem se concentrar em objetivos específicos do gerenciamento de riscos, como: conformidade com leis, regulamentos e comportamento ético aceitável; controle interno; segurança da informação e tecnologia; sustentabilidade; e avaliação da qualidade. Como alternativa, os papéis de segunda linha podem abranger uma responsabilidade mais ampla pelo gerenciamento de riscos, como o gerenciamento de riscos corporativos (*enterprise risk management* – ERM).[185]

Além do comitê de governança, riscos e controles, a criação de comitê de ética, também, constitui boa prática. Os comitês de ética, também, vinculados diretamente à alta administração, têm a atribuição de discutir e realizar recomendações sobre questões internas relacionadas a desvios de conduta, fraude e corrupção.

Porém, nos casos em que em razão do custo ou da estrutura das empresas não seja viável a alocação de área responsável pela integridade empresarial, é crucial que o profissional de *compliance* realize atividades que atinjam todas as pessoas vinculadas à sociedade, como exemplo: comunicação interna; capacitação e treinamento sobre o programa de integridade; criação de conteúdo de comunicação para publicação aos *stakeholders*[186] no *site* da empresa, em consonância com a linguagem utilizada pela sociedade e suas atividades; agendamento de visitas às unidades, com o intuito de entender como os procedimentos de *compliance* estão sendo realizados, quais as falhas e as necessidades de adaptação do programa de integridade, entre outros.

De acordo com o modelo das "três linhas", no que diz respeito à terceira linha, esta seria composta pela auditoria interna, área interna e independente responsável por promover avaliações sobre a eficácia da governança, do gerenciamento de riscos e dos controles internos.

A auditoria interna, portanto, analisa utilização, integridade e confiabilidade dos sistemas de controle estabelecidos, para assegurar a efetiva observância das políticas, metas, planos, procedimentos, leis, normas e regulamentos da empresa.

---

[185] INSTITUTO DOS AUDITORES INTERNOS DO BRASIL. *Modelo das três linhas do IIA 2020*: uma atualização das três linhas de defesa. São Paulo: IIA, 2021. Disponível em: https://iiabrasil.org.br/korbilload/upl/editorHTML/uploadDireto/20200758glob-th-editorHTML-00000013-20082020141130.pdf. Acesso em: 6 set. 2021.

[186] A tradução literal do termo *stakeholders* é *partes interessadas*. Esta palavra é comumente utilizada para designar as pessoas (físicas ou jurídicas) que possuem interesse em se relacionar com a empresa por meio de relações comerciais, relações de trabalho, entre outras.

Quanto ao papel da terceira linha, dispõe o IIA:

> A auditoria interna presta avaliação e assessoria independentes e objetivas sobre a adequação e eficácia da governança e do gerenciamento de riscos. Isso é feito através da aplicação competente de processos sistemáticos e disciplinados, expertise e conhecimentos. Ela reporta suas descobertas à gestão e ao órgão de governança para promover e facilitar a melhoria contínua.[187]

Não sem outro motivo, a ISO 37.301/21 dispõe:

> A organização deve planejar, estabelecer, implementar e manter um programa de auditoria, incluindo a frequência, métodos, responsabilidades, requisitos de planejamento e relatórios.
>
> Ao estabelecer o programa de auditoria interna, a organização deve considerar a importância dos processos pertinentes e os resultados de auditoria anteriores.
>
> A organização deve:
>
> a) definir os objetivos da auditoria, os critérios e o escopo para cada auditoria;
>
> b) selecionar auditores e conduzir as auditorias para assegurar objetividade e imparcialidade do processo de auditoria;
>
> c) assegurar que os resultados das auditorias sejam reportados aos gestores pertinentes e à direção.[188]

Dessa forma, em decorrência da natureza de suas atividades, a terceira linha, também, necessita de independência funcional como requisito indispensável para o exercício imparcial das suas atividades.

O reporte das atividades de auditoria interna deve, também, ser prestado à alta administração e ao conselho de administração, seja ele diretamente ou por meio de comitê de auditoria.

Em que pese as melhores práticas de governança corporativa elencadas pela Lei Anticorrupção e pelos vários manuais de boas práticas publicados por órgãos de controle ou entidades promotoras de integridade, percebe-se que atualmente a maioria das empresas

---

[187] INSTITUTO DOS AUDITORES INTERNOS DO BRASIL. *Modelo das três linhas do IIA 2020*: uma atualização das três linhas de defesa. São Paulo: IIA, 2021. Disponível em: https://iiabrasil.org.br/korbilload/upl/editorHTML/uploadDireto/20200758glob-th-editorHTML-00000013-20082020141130.pdf. Acesso em: 6 set. 2021.

[188] ASSOCIAÇÃO BRASILEIRA DE NORMAS TÉCNICAS. *ISO 37.301:21*: Sistemas de gestão de compliance: Diretrizes. Rio de Janeiro: NBR, 2021.

brasileiras, principalmente as de pequeno e médio porte, apresentam dificuldades na estruturação de uma área específica de *compliance*. Com isso, muitas empresas acabam por delegar funções de *compliance* a outras áreas. Neste caso, contudo, o ideal é que as funções delegadas sejam direcionadas a outras áreas da empresa pertencentes à mesma linha, isto é, à segunda linha.

Além de pertencer à mesma linha, as atribuições das áreas que assumirão as atividades de *compliance* deverão ter atividades convergentes em suas atribuições, ou seja, a área designada à implementação e manutenção do programa de integridade, quando da impossibilidade de criação de área específica, com a premissa de busca da integridade nas relações institucionais, segurança jurídica e identificação de falhas e eventuais fraudes e corrupção.

As áreas mais adequadas nestes casos são: controles internos, gestão de riscos ou sustentabilidade e segurança empresarial, entre outras que realizem atividades próprias da segunda linha e possuam independência estrutural. Também, é possível se delegar essa atribuição à área jurídica, porém, nestes casos, há que se fazer uma precisa análise sobre possíveis conflitos de interesse ou atividade.

Importante lembrar que, mesmo que a instância executiva da área de *compliance* seja vinculada a outra área da empresa, é primordial que esta possua independência e reporte direto à alta administração, ainda que intermediado por comitês.

O decreto federal regulamentador da Lei Anticorrupção[189] prevê que, quando da avaliação de existência e aplicabilidade do programa de integridade, para fins de redução de sanções previstas na Lei Anticorrupção, serão analisadas "independência, estrutura e autoridade da instância interna responsável pela aplicação do programa de integridade e fiscalização de seu cumprimento".

A independência da área de *compliance* está vinculada não somente ao reporte de suas atividades, mas, também, à segregação de acessos aos sistemas e documentos da empresa, ou seja, a área deve ter acesso ilimitado ao ERPs[190] da empresa, aos sistemas internos específicos das demais áreas e aos documentos físicos da sociedade, por exemplo.

---

[189] Art. 42, IX (BRASIL. *Decreto nº 8.420, de 18 de março de 2015*. Decreto regulamentador da Lei nº 12.846, de 1º de agosto de 2013. Brasília, 18 mar. 2015. Disponível em: http://www.planal to.gov.br/ccivil_03/_ato2015-2018/2015/decreto/D8420.htm. Acesso em: 31 mar. 2018).

[190] ERP é a sigla para *enterprise resource planning* ou *sistema integrado de gestão empresarial*. O ERP é um *software* utilizado pelas empresas para a informatização e automatização de processos das mais diversas áreas como vendas, finanças, contabilidade, compras, recursos humanos, entre outras.

A liberação de acessos é de extrema importância para as eventuais averiguações internas de desvios de conduta, fraudes e corrupção, bem como para a realização de monitoramento contínuo das atividades da empresa no cumprimento dos requisitos de *compliance*, nos procedimentos internos e rotinas administrativas.

Tendo em vista a sensibilidade dos temas tratados pela área de *compliance*, a necessidade de solicitação de acesso aos sistemas e aos documentos às demais áreas da empresa poderia gerar curiosidade e suspeita e, ocasionalmente, a quebra no sigilo das apurações, da identidade das respectivas pessoas envolvidas em investigações e relatos de denúncia ou, ainda, a manipulação dos dados requeridos, uma vez que a pessoa solicitada a apresentar os dados poderia alterar informações com o intuito de proteger a si ou a colegas de trabalho, por exemplo. Por isso, tão fundamental o acesso amplo e irrestrito a documentos e sistemas.

## 4.3.2.2 Atribuições da área de *compliance*

A área de *compliance* possui, como uma de suas atribuições principais, o apoio à organização na identificação periódica de procedimentos e políticas que necessitem de criação ou adequação em decorrência de alterações ou determinações legais, de normas internas da organização ou até mesmo para a gestão de riscos da empresa, principalmente, os relacionados à fraude e à corrupção.

Entre os normativos da empresa sob responsabilidade de atualização e criação da área de *compliance*, cumpre destacar o código de conduta e integridade, que será abordado mais detidamente adiante. Por ora, importante saber que o código de conduta e integridade é, resumidamente, normativo norteador e basilar de todas as outras políticas. É nele que a empresa irá veicular os princípios éticos e morais da organização, bem como o comportamento esperado de seus colaboradores, terceiros e parceiros de negócio.

Entre as políticas trabalhadas, direta ou indiretamente, no código estão:

- política de partes relacionadas;
- política de *due diligence* de fornecedores e terceiros;
- política de relacionamento com agentes públicos;
- política de segregação de funções sensíveis;
- política de recepção e tratamento de denúncias;
- política de brindes, doações e patrocínios;

- política de viagens e reembolso de despesas;
- política de gestão de riscos;
- política de consequências;
- entre outras políticas necessárias para instrumentalizar o programa de integridade.

O programa de integridade é composto também pelo aculturamento da sociedade sobre a importância da integridade, apresentando as normas de conduta da empresa, os procedimentos que instrumentalizam essas normas, os canais de comunicação e denúncias disponibilizados pela organização e como ocorre seu funcionamento.

A capacitação e o treinamento sobre o programa de integridade de colaboradores, terceiros e demais partes interessadas também integram as atribuições da área de compliance.

Veja o que a ISO 37.301/21 traz sobre o tema:

> A função de *compliance* deve ser responsável pela operação do sistema de gestão de *compliance*, incluindo o seguinte:
>
> – facilitar a identificação das obrigações de *compliance*;
>
> – documentar a avaliação dos riscos de *compliance* (ver 4.6);
>
> – alinhar o sistema de gestão de *compliance* com os objetivos de *compliance*;
>
> – monitorar e medir o desempenho do *compliance*;
>
> – analisar e avaliar o desempenho do sistema de gestão de *compliance* para identificar quais são as necessidades de ação corretiva;
>
> – estabelecer um sistema de documentação e reporte de *compliance*;
>
> – assegurar que o sistema de gestão de *compliance* é analisado criticamente a intervalos planejados
>
> – estabelecer um sistema para levantamento de preocupações e assegurando que as questões sejam endereçadas.[191]

Após a criação/atualização do código de conduta, das demais políticas correlatas, de canais de comunicação e denúncia e da realização da capacitação e treinamento dos colaboradores, haverá ainda a necessidade de acompanhamento prático da implantação dos referidos normativos pelas áreas da empresa.

Dessa forma, faz parte da atividade da área de *compliance* o acompanhamento das novas atividades implementadas nos processos

---

[191] ASSOCIAÇÃO BRASILEIRA DE NORMAS TÉCNICAS. *ISO 37.301:21*: Sistemas de gestão de compliance: Diretrizes. Rio de Janeiro: NBR, 2021.

da organização, bem como o fornecimento de suporte e orientações sobre o tema.

Diante de todo o conhecimento e cultura de *compliance* disseminados na empresa, os canais de comunicação serão, certamente, utilizados com mais frequência pelos colaboradores, terceiros e demais pessoas interessadas, o que, consequentemente, aumentará significativamente o número de relatos e denúncias provenientes destes canais.

A área de *compliance*, em conjunto com a ouvidoria, deve ser encarregada ainda da apuração de denúncias, principalmente, dos casos que tratam de indícios de não conformidades e desvios de conduta, incluindo os que eventualmente envolvam os colaboradores e membros da alta administração da organização.

Tendo em vista essa atribuição, a ouvidoria e canais de denúncia, bem como suas respectivas atividades, são comumente outorgados à área de *compliance*, sendo o ouvidor parte integrante dessa estrutura.

Após o trabalho inicial de introdução ao programa de integridade e *compliance*, faz-se necessário o constante monitoramento e melhoria contínua das normas e procedimentos implementados, tendo em vista a característica de perenidade do programa.

Assim, para avaliar e monitorar o programa de integridade, é necessária a criação de indicadores de desempenho como ferramenta para mensurar a aderência das práticas de *compliance* pelas áreas da empresa em suas respectivas rotinas de trabalho.

O desenvolvimento de indicadores de desempenho que permitam uma avaliação objetiva da maturidade do programa de integridade à alta administração, também, é uma atribuição essencial da área de *compliance*, visto que os resultados dos indicadores servirão de parâmetro para o planejamento de novas atividades que visem à evolução e ao fomento dessa área.

Os indicadores de desempenho de *compliance*, somados aos reportes recebidos das demais áreas da empresa, são ferramentas valiosas de monitoramento contínuo do programa de integridade que viabilizam uma visão holística da empresa e de suas demandas. O desenvolvimento de bons indicadores possibilita, por exemplo, a identificação de quais normas internas devem ser remodeladas e revisadas, sanando eventuais ambiguidades e obscuridades, quais os maiores riscos e processos vulneráveis da organização e quais as novas legislações e normas regulatórias às quais a organização está sujeita e que ensejarão a criação ou adequação de novos procedimentos de *compliance*.

A criação de indicadores viabiliza, também, a melhor interação entre as três linhas, uma vez que eles trazem, de forma estruturada, os processos internos mais vulneráveis e que necessitam de maior atenção dos gestores das áreas e de auditorias internas e externas mais frequentes, por exemplo.

Ademais, existem, também, outras atividades de monitoramento contínuo que podem ser incluídas como atribuição e rotina da área de *compliance*, como a realização de pesquisas internas de aderência ao programa de integridade; a aplicação periódica de treinamentos com a realização de testes a fim de identificar os temas de maior ou menor conhecimento dentro da organização; a classificação dos temas dos relatos provenientes dos canais de comunicação e denúncia com o intuito de detectar quais são os assuntos mais recorrentes e que necessitam de tratamento mais aprofundado, entre outras.

Diante da necessidade de melhoria contínua, atribui-se à área de *compliance* também a realização de *benchmarking* com outras empresas de temas relacionados à ética, à integridade e a *compliance*.

A prática de *benchmarking* é instrumento valioso de conhecimento que consiste na troca de informações de práticas empresariais com outras organizações, previamente alinhadas com a gestão, com o intuito de transportar novas ideias e melhores práticas de mercado que se adequem à realidade da empresa.

### 4.3.2.3 A escolha do profissional de *compliance* (*compliance officer*)

Conforme se percebe, durante o tratamento das atribuições do setor de *compliance*, os profissionais desta área percorrerão as diversas estruturas internas da empresa e, eventualmente, irão se deparar com múltiplas informações da organização, incluindo questões de cunho ético e confidencial.

Desse modo, a impessoalidade e a confidencialidade do profissional de *compliance* são imprescindíveis para sua eficiência. O termo mais usual para determinar o profissional responsável por esta área é *compliance officer*.

Neste sentido, ao alocar a responsabilidades pelo sistema de gestão de *compliance*, a ISO 37.301/21, sinaliza que é conveniente

que seja considerada a possibilidade de assegurar que a função de *compliance* demonstre:

- integridade e comprometimento com o *compliance*;
- comunicação eficaz e habilidades para influenciar;
- uma capacidade e posição para comandar a aceitação de conselhos e orientações;
- competência pertinente no projeto, na implementação e na manutenção do sistema de gestão do *compliance*;
- assertividade, conhecimento do negócio e experiência para testar e desafiar;
- uma estratégia, e uma abordagem proativa para o *compliance*;
- tempo suficiente disponível para cumprir as necessidades da função.

Portanto, as pessoas que vierem a ocupar as funções de *compliance* devem exercê-la de forma exclusiva dentro da organização. E, quando da total impossibilidade devido ao escasso quadro de pessoal, o acúmulo de funções deve ser realizado por profissional que – preferencialmente – também pertença à segunda linha.

Assim como há incompatibilidade em alocar a área de *compliance* em diretorias que não possuam atividade convergente com os objetivos dessa área, também, há incompatibilidade em alocar profissionais de diretorias pertencentes a outras linhas para o exercício, acumulado, das funções de *compliance*.

No livro *Compliance e gestão de riscos nas empresas estatais*,[192] criou-se exemplo hipotético de situação que demonstra a incompatibilidade do exercício de função de *compliance* com as funções das demais áreas da empresa não pertencentes à segunda linha. Veja-se:

> Imaginemos que um profissional da área técnica da empresa foi escolhido para assumir, além de suas funções normais, a função de *compliance*. Durante o exercício de suas atribuições, esse profissional recebe informações de que há suspeitas de que determinado fornecedor teria fraudado licitação para contratação de prestação de serviços de um grande projeto dentro da empresa, sendo esse fornecedor o vencedor do processo licitatório. Ocorre que esse projeto, objeto do contrato, é extremamente importante para área técnica da qual ele também participa, sendo a sua conclusão determinante para o crescimento de sua carreira dentro da empresa e para seu bônus de final de ano. Somado a este fato, o profissional foi informado, ainda, que um colega de trabalho

---

[192] CASTRO, Rodrigo Pironti Aguirre de; GONÇALVES, Francine Silva Pacheco. *Compliance e gestão de riscos nas empresas estatais*. Belo Horizonte: Fórum, 2018.

da área técnica, com o qual teve oportunidade de trabalhar por longos anos, estaria envolvido na referida contratação e na fraude ao processo licitatório.

O *compliance officer*, nesse caso, encontrar-se-ia em uma situação de conflito de interesses: de um lado sua carreira, bônus de final de ano e o vínculo de amizade *versus* o dever de realizar procedimento interno investigatório e conduzir imparcialmente os fatos e documentos sobre o caso.

Nessa situação, o profissional poderia fazer "vistas grossas" durante sindicância investigativa, concluindo pela inexistência de elementos suficientes para providências internas, colocando em risco a empresa e sujeitando todos os envolvidos às sanções previstas na Lei Anticorrupção e na legislação penal.

No exemplo apresentado, porém, ainda que o profissional estivesse exercendo somente a função de *compliance*, ainda haveria conflito, devido ao seu histórico de atuação dentro da entidade, uma vez que possuía recente relacionamento pessoal com os envolvidos na suspeita de corrupção e fraude.

A escolha do perfil pessoal do *compliance officer* não é tarefa fácil, tendo em vista que as atividades relacionadas ao tema são multidisciplinares e dinâmicas. Engana-se quem acredita que o único profissional que pode atuar na área de *compliance* seja o profissional do direito. De fato, o conhecimento jurídico é um grande facilitador para a interpretação de leis e normas às quais a empresa está sujeita, colaborando com o desenvolvimento de normas e políticas internas. Contudo, ainda que haja facilidade na elaboração de normas internas e na interpretação de leis e outros regulamentos, o profissional de *compliance*, também, precisa entender a cadeia de negócios da empresa, qual a linguagem mais adequada para ser utilizada nas normas veiculadas e que viabilizem a compreensão do público interno e externo, entre outras competências. Como se não bastasse, tal profissional precisa ser pessoa dinâmica, que possua facilidade em se comunicar com diversas áreas, de diferentes níveis hierárquicos. Precisa, ainda, entender quais são as áreas mais vulneráveis da entidade, que necessitam de acompanhamento mais próximo e que demandam treinamentos específicos mais recorrentes, por exemplo.

Além do *compliance officer* ter as características acima mencionadas, outro ponto extremamente relevante e crucial para a credibilidade do programa de integridade é a reputação do profissional.

Ser exemplo de comportamento ético, possuir um histórico profissional e uma ficha funcional impecáveis, não estar respondendo ou ter sido condenado em processos disciplinares, em ações de improbidade administrativa ou de ilícitos penais, por exemplo, são critérios que ensejam confiança ao *compliance officer* e, consequentemente, conduzem ao sucesso o próprio programa de integridade.

A ISO 37.301/21, ao analisar o tema, considera conveniente que:

> a função de *compliance* tenha autoridade, *status* e independência. Autoridade significa que a função de *compliance* é atribuída de grande poder pelo Órgão Diretivo e pela Alta Direção. *Status* significa que outras pessoas estão na posição de ouvir e respeitar a sua opinião. Independência significa que a função de *compliance* não está, na medida do possível, envolvida pessoalmente nas atividades que estão expostas a riscos de *compliance*.
>
> Convém que a função de *compliance* esteja livre de conflitos de interesses para cumprir integralmente o seu papel.[193]

Diante da recorrente dificuldade na escolha de pessoas com todas as características profissionais e pessoais acima relacionadas, ou ainda por não possuir quadro de pessoas suficiente para criar uma equipe multidisciplinar, habitualmente, as empresas optam pela contratação de prestadores de serviços especializados em *compliance*, para o exercício de uma ou mais atividades necessárias ao programa de integridade.

A contratação de consultorias técnicas especializadas é uma boa opção para essas empresas, pois nem sempre o profissional de *compliance* possui conhecimento suficiente para determinada atividade, como exemplo: a habilidade didática para ministrar um treinamento, ou ainda, para fornecer um parecer imparcial, independente e técnico sobre determinados temas e investigações internas, ou, para além disso, capacidade e sistemas específicos para realizar a *due diligence* de fornecedores ou parceiros de negócio.

Por questões de independência, e até para a segurança jurídica dos gestores e *compliance officer*, a contratação de consultoria técnica especializada é ideal para fornecimento de pareceres externos sobre quais seriam as melhores práticas de *compliance* para apoiar a tomada de decisões em questões sensíveis enfrentadas pelas empresas.

---

[193] ASSOCIAÇÃO BRASILEIRA DE NORMAS TÉCNICAS. *ISO 37.301:21*: Sistemas de gestão de compliance: Diretrizes. Rio de Janeiro: NBR, 2021.

Importante ressaltar que a contratação de consultoria técnica especializada não exime a responsabilidade dos gestores pelas decisões tomadas pela empresa, responsabilidade esta que é objetiva (independente de dolo ou culpa) de acordo com a Lei Anticorrupção.

### 4.3.2.4 Instrumentos necessários para a atuação do profissional de *compliance*

Existem algumas providências necessárias para que seja garantida a atuação do profissional de *compliance* de forma estável e sustentável dentro das empresas, sendo uma delas o possível estabelecimento de mandato para o exercício das funções.

O mandato é instrumento importante por três principais motivos: o exercício livre e independente da função de *compliance*, o aproveitamento adequado da função e a proteção à não retaliação ao profissional. Explica-se.

Primeiramente, o mandato é importante para que haja liberdade do profissional no exercício de suas atividades, sem a destituição arbitrária e imotivada da função, bem como quaisquer outras retaliações em decorrência das providências tomadas no exercício de suas funções.

O estabelecimento de mandato para exercício das funções de *compliance* oferece segurança ao profissional que irá exercê-las, uma vez que este poderá ser demitido da função antes do prazo previsto somente mediante decisão motivada em processo, garantindo a ampla defesa e contraditório do profissional.

Salutar ainda que o mandato do profissional de *compliance* não acompanhe exatamente o mandato dos membros nomeados do conselho de administração e da diretoria executiva, ou seja, o mandato do profissional de *compliance* deve acompanhar duas ou mais gestões da empresa, demonstrando a imparcialidade da alta administração na escolha do profissional.

O período do mandato deve permitir que o profissional de *compliance* consiga acompanhar o ciclo da empresa, seu plano estratégico, consequentemente, as necessidades de integridade da organização.

Entre os instrumentos necessários para a atuação do profissional de *compliance*, é imprescindível a formalização de acordo de confidencialidade específico firmado entre o *compliance officer* e a empresa, que trate de informações confidenciais e específicas, como exemplo, os segredos de indústria com os quais o profissional vier a ter contato em decorrência de sua atividade, as informações decorrentes de apurações internas de desvios de conduta e as deliberações do comitê de ética e conselho de administração.

CAPÍTULO 5

# ANÁLISE DE RISCOS

A Lei Anticorrupção, apesar de trazer inúmeros aspectos motivadores na estruturação de programas de integridade, também, conduziu a grandes dificuldades na operacionalização de seus conceitos.

O tema da gestão de riscos, talvez, represente uma dessas dificuldades. Em razão disso, buscar-se-á esclarecer alguns pontos, que podem ser traduzidos por questionamentos frequentes em relação ao tema. A saber:

a) Qual a diferença entre a política de gestão de riscos e a previsão de cláusula contratual de matriz de riscos?

b) Quais áreas devem ser envolvidas na política de gerenciamento de riscos da empresa?

Esses e alguns outros aspectos da gestão de riscos serão tratados neste capítulo.

## 5.1  Análise de risco: uma introdução necessária

Gerenciar riscos é a capacidade de uma organização de gerenciar "incertezas",[194] seja ela positiva (ganho) ou negativa (perda). Daí, a lógica de que uma gestão de riscos efetiva é aquela que consegue antecipar o maior número de eventos incertos, no sentido de estabelecer

---

[194] O termo *risco* é proveniente da palavra *risicu* ou *riscu*, em latim, que significa ousar (*to dare*, em inglês). Costuma-se entender "risco" como possibilidade de "algo não dar certo", mas seu conceito atual envolve a quantificação e qualificação da incerteza, tanto no que diz respeito às "perdas" como aos "ganhos", com relação ao rumo dos acontecimentos planejados, seja por indivíduos, seja por organizações (INSTITUTO BRASILEIRO DE GOVERNANÇA CORPORATIVA. *Guia de orientação para gerenciamento de riscos corporativos*. São Paulo: IBGC, 2007. p. 11).

uma dinâmica, após identificado, para sua priorização, tratamento e controle. Em resumo, falar de gestão de riscos é entender como identificar o risco, priorizar e tratar os eventos encontrados.

Assim, quanto maior for a capacidade da sociedade de identificar as incertezas de seu negócio, melhor será sua gestão de riscos.

Os programas de integridade não possuem um formato específico ou geral para a gestão de riscos, é dizer, não há um modelo padrão e genérico de gestão de riscos, pois esta fase do programa de integridade não decorre de análise ontológica, mas, sim, epistêmica, uma vez que depende da experiência, circunstância e análise subjetiva dos indivíduos que participam deste processo e suas percepções pessoais e circunstanciais.

Neste sentido, a ISO 37301/21 orienta:

A organização deve identificar, analisar e avaliar seus riscos de *compliance* baseado em um processo de avaliação de riscos de *compliance*.

A organização deve identificar os riscos de *compliance* relacionando as suas obrigações de *compliance* com as suas atividades, produtos, serviços e aspectos pertinentes das suas operações.

A organização deve avaliar os riscos de *compliance* relacionados aos processos terceirizados e de terceira parte.

Os riscos de *compliance* devem ser avaliados periodicamente e sempre que ocorrerem mudanças materiais nas circunstâncias ou no contexto da organização.

A organização deve reter informação documentada sobre o processo de avaliação dos riscos de *compliance* e sobre as ações para abordar seus riscos de *compliance*.[195]

Veja a abordagem da Controladoria-Geral da União sobre o assunto:

Os riscos de ocorrência de fraude e corrupção são diferentes para cada entidade, pois são peculiares a seu modelo de negócio, setor de atividade explorada, práticas internas, localização geográfica, quantidade de empregados, dentre outras características específicas da empresa.[196]

---

[195] ASSOCIAÇÃO BRASILEIRA DE NORMAS TÉCNICAS. *ISO 37.301:21*: Sistemas de gestão de compliance: Diretrizes. Rio de Janeiro: NBR, 2021.

[196] CONTROLADORIA-GERAL DA UNIÃO. *Guia de implantação de programa de integridade nas empresas estatais*: orientações para a gestão da integridade nas empresas estatais federais. Brasília: CGU, 2015. p. 26. Disponível em: http://www.cgu.gov.br/Publicacoes/etica-e-integridade/arquivos/guia_estatais_final.pdf. Acesso em: 31 mar. 2018.

Empresas que atuam no mesmo ramo de atividade, portanto, podem identificar riscos diferentes.

No livro *Compliance e gestão de riscos nas empresas estatais*,[197] nota-se a análise de uma empresa de saneamento e esgoto, a saber:

> Um analista de risco pode considerar risco o fato de seus consumidores lançarem resíduos sólidos no esgoto, tendo em vista que esta empresa não possui tecnologia para seu tratamento. Ao passo que, em uma empresa de saneamento e esgoto localizada em um país com tecnologia mais desenvolvida,[198] o mesmo fato pode ser considerado pelo analista de risco uma oportunidade, uma vez que em países de primeiro mundo os resíduos sólidos lançados no sistema de esgoto são tratados e, inclusive, transformados em energia.[199] Ainda, no caso de empresas de ramos de atividade diferentes, para um analista de riscos de uma empresa de entregas e transporte, como os Correios, por exemplo, o fato de existir previsão de longos períodos de chuva pode ser considerado um risco que inviabiliza ou atrasa entregas, ao passo que para uma empresa de saneamento pode ser considerado uma oportunidade de acúmulo de água nos reservatórios.

Veja, portanto, que a análise de riscos é etapa essencial à implementação do programa de integridade, uma vez que nesta fase *players* e colaboradores da empresa, de áreas diversas, com conhecimentos, percepções e opiniões diferentes, serão ouvidos e irão colaborar com informações que servirão de base para identificação das necessidades de *compliance* da empresa.

Algumas outras características relevantes que devem ser analisadas nesta etapa são: porte da empresa, localização geográfica de sua matriz, filiais e subsidiárias, quantidade de colaboradores, terceiros, principais fornecedores, principais mercados em que atuam, entre outras características peculiares à entidade.

A implantação e manutenção de programas de integridade efetivos dependem do alinhamento deste programa aos riscos da organização e seu plano estratégico.

---

[197] CASTRO, Rodrigo Pironti Aguirre de; GONÇALVES, Francine Silva Pacheco. *Compliance e gestão de riscos nas empresas estatais*. Belo Horizonte: Fórum, 2018.

[198] TURIONI, Felipe. Energia a partir do lixo eleva potencial elétrico, mas não descarta hidrelétricas. *G1*, 7 set. 2014. Disponível em: http://g1.globo.com/sp/ribeirao-preto-franca/noticia/2014/09/energia-partir-do-lixo-eleva-potencial-eletrico-mas-nao-descarta-hidreleticas.html.

[199] COMO alguns países tratam seus resíduos. *Em Discussão – Senado Federal*, n. 22, set. 2014. Disponível em: https://www12.senado.leg.br/emdiscussao/edicoes/residuos-solidos/mundo-rumo-a-4-bilhoes-de-toneladas-por-ano/como-alguns-paises-tratam-seus-residuos.

A importância da análise de riscos sob o viés do plano estratégico decorre do fato de que são considerados riscos todos os eventos incertos que possam influenciar, de forma positiva ou negativa, o atingimento de objetivos e metas, estes previstos normalmente nos planos estratégicos das empresas.

A análise de riscos para implantação do programa de integridade consiste na identificação de quais relações e processos internos são mais suscetíveis a eventos de riscos que, caso se concretizem, podem impactar significativamente no cumprimento das metas da organização.

Entre os possíveis impactos, pode-se verificar a existência de danos de natureza financeira, de imagem, operacional, regulatória, ambiental, entre outros.

O programa de integridade, diante dos riscos mapeados, tem por objetivo criar mecanismos internos que ofereçam respostas aos riscos de *compliance*, ou seja, àqueles que versem sobre desvios de conduta, violações das diretrizes fundamentais da empresa, normas internas, descumprimento de leis e regulamentos.

Os planos de ação em relação aos riscos da empresa devem ser conduzidos de acordo com a análise, a avaliação e a resposta dada a eles.

Uma vez definidos os riscos aos quais a empresa está sujeita, importante que estes sejam revistos e monitorados periodicamente, uma vez que as sociedades são instituições orgânicas e que sofrem mudanças a todo momento, sejam elas externas, devido a alterações na economia, no cenário político, jurídico ou social em que a empresa está inserida, sejam elas internas, devido a decisões estratégicas, como: realização de investimentos, oportunidades de negócio, abertura de capital, entre outros.

## 5.1.1 Metodologia de gerenciamento de riscos na ISO 31000/18

A norma ISO 31000/18 fornece princípios e diretrizes genéricas para a gestão de riscos e pode ser utilizada por qualquer empresa, associação, grupo ou indivíduo. Portanto, não é específica de um ou outro setor.

Embora forneça diretrizes genéricas, ela não pretende promover a uniformidade da gestão de riscos entre organizações. A concepção e a implementação de planos e estruturas para gestão de riscos precisarão levar em consideração as necessidades variadas de uma organização específica, seus objetivos, contexto, estrutura, operações, processos, funções, projetos, produtos, serviços ou ativos e práticas específicas empregadas.

As disposições da ISO podem ser aplicadas a uma ampla gama de atividades, incluindo estratégias, decisões, operações, processos, funções, projetos, produtos, serviços e ativos. Portanto, pode ser aplicada a qualquer tipo de risco, independentemente de sua natureza, quer tenha consequências positivas ou negativas.

Essa norma recomenda que as organizações desenvolvam, implementem e melhorem continuamente sua estrutura destinada a integrar o processo de gerenciamento de riscos, para que seja possível uma governança efetiva, alinhando estratégia, políticas, valores e cultura em toda a organização.

Quando implementada, a gestão dos riscos possibilita, por exemplo: aumentar a probabilidade de atingir os objetivos; encorajar uma gestão proativa; atentar para a necessidade de identificar e tratar os riscos através de toda a organização; melhorar a identificação de oportunidades e ameaças; atender às normas internacionais e requisitos legais e regulatórios pertinentes; melhorar o reporte das informações financeiras; melhorar a governança; melhorar a confiança das partes interessadas; estabelecer uma base confiável para a tomada de decisão e o planejamento; melhorar os controles; alocar e utilizar eficazmente os recursos para o tratamento de riscos; melhorar a eficácia e a eficiência operacional; melhorar o desempenho em saúde e segurança, bem como a proteção do meio ambiente; melhorar a prevenção de perdas e a gestão de incidentes; minimizar perdas; melhorar a aprendizagem organizacional e aumentar a resiliência da organização.[200]

A norma estabelece um número de princípios que precisam ser atendidos para tornar a gestão de riscos eficaz de uma maneira sistemática, transparente e confiável, dentro de qualquer escopo e contexto. São estes princípios:[201]

> a) *A gestão de riscos cria e protege valor*, pois ela contribui para a realização demonstrável dos objetivos e para a melhoria do desempenho da atividade gerenciada;

---

[200] ASSOCIAÇÃO BRASILEIRA DE NORMAS TÉCNICAS. *NBR ISO 31000*. Gestão de riscos – Princípios e diretrizes. Rio de Janeiro: NBR, 2018.

[201] ASSOCIAÇÃO BRASILEIRA DE NORMAS TÉCNICAS. *NBR ISO 31000*. Gestão de riscos – Princípios e diretrizes. Rio de Janeiro: NBR, 2018.

b) *A gestão de riscos é parte integrante de todos os processos organizacionais*, e não uma atividade autônoma apartada das principais atividades e processos da administração, devendo integrar todos os processos – desde o planejamento até a gestão de projetos;

c) *A gestão de riscos é parte da tomada de decisões*, deve orientar os tomadores de decisões a fazer escolhas conscientes, priorizar ações e distinguir entre formas alternativas de ação;

d) *A gestão de riscos aborda explicitamente a incerteza*, uma vez que a gestão de riscos envolve a postura da organização diante das incertezas;

e) *A gestão de riscos é sistemática, estruturada e oportuna*, pois são esses atributos que contribui para a eficiência e para os resultados consistentes, comparáveis e confiáveis;

f) *A gestão de riscos baseia-se nas melhores informações disponíveis*, pois as entradas para o processo de gerenciar riscos são baseadas em fontes de informação, sendo conveniente que os tomadores de decisão se informem e levem em consideração quaisquer limitações dos dados ou modelagem utilizados;

g) *A gestão de riscos é feita sob medida*, e deve estar alinhada com o contexto interno e externo da organização e com o perfil do risco;

h) *A gestão de riscos considera fatores humanos e culturais;*

i) *A gestão de riscos é transparente e inclusiva*, uma vez que para que a gestão de riscos permaneça pertinente e atualizada, deve ser possibilitado o envolvimento apropriado e oportuno de partes interessadas e, em particular, dos tomadores de decisão em todos os níveis da organização;

j) *A gestão de riscos é dinâmica, iterativa e capaz de reagir a mudanças*, pois na medida em que acontecem eventos externos e internos, novos riscos surgem, alguns se modificam e outros desaparecem;

k) *A gestão de riscos facilita a melhoria contínua da organização*, uma vez que o desenvolvimento e implementação de estratégias para melhorar a gestão de riscos devem ser feitos juntamente com todos os demais aspectos da organização.

O conceito de estrutura da gestão de riscos trazido pela ISO 31000/18 é o "conjunto de componentes que fornecem os fundamentos e os arranjos organizacionais para a concepção, implementação, monitoramento, análise crítica e melhoria contínua da gestão de riscos através de toda a organização"; ou seja, o sucesso da gestão de riscos irá depender da eficácia da estrutura de gestão implementada, pois é esta mesma estrutura que (i) auxilia a gerenciar riscos eficazmente através da aplicação do processo de gestão de riscos em diferentes níveis e dentro de contextos específicos da organização, e (ii) assegura que a informação sobre riscos proveniente desse processo seja adequadamente reportada e utilizada como base para a tomada de decisões e a responsabilização em todos os níveis organizacionais aplicáveis.[202]

Para conceber uma estrutura de gestão de riscos, é imprescindível: (i) entendimento da organização e seu contexto; (ii) estabelecimento da política de gestão de riscos; (iii) responsabilização; (iv) integração nos processos organizacionais; (v) recursos; (vi) estabelecimento de mecanismos de comunicação e reporte internos; (vii) estabelecimento de mecanismos de comunicação e reporte externos.

Já o *entendimento da organização e seu contexto* consiste na avaliação dos contextos externos e internos da organização, uma vez que estes podem influenciar significativamente a concepção da estrutura.

O *estabelecimento da política de gestão de riscos* consiste na elaboração de uma política de gestão de riscos que estabeleça claramente os objetivos e o comprometimento da organização em relação à gestão de riscos e aborde, por exemplo: a justificativa da organização para gerenciar riscos; as ligações entre os objetivos e políticas da organização com a política de gestão de riscos; as responsabilidades para gerenciar riscos; a forma com que são tratados conflitos de interesses; o comprometimento de tornar disponíveis os recursos necessários para auxiliar os responsáveis pelo gerenciamento dos riscos; a forma com que o desempenho da gestão de riscos será medido e reportado; o comprometimento de analisar criticamente e melhorar periodicamente a política e a estrutura da gestão de riscos em resposta a um evento ou mudança nas circunstâncias.

A *responsabilização* consiste na previsão de que haja responsabilização, autoridade e competência apropriadas para gerenciar riscos, incluindo implementar e manter o processo de gestão de riscos, assegurar a suficiência, a eficácia e a eficiência de quaisquer controles. Isso pode ocorrer mediante: a identificação dos proprietários dos riscos que têm a responsabilidade e a autoridade para gerenciá-los; identificação dos responsáveis pelo desenvolvimento, implementação e manutenção da estrutura para gerenciar riscos; identificação de outras responsabilidades das pessoas, em todos os níveis da organização no processo de gestão de riscos; estabelecimento de medição de desempenho e processos de reporte internos ou externos e relação com os devidos escalões; e assegurar níveis apropriados de reconhecimento.

---

[202] ASSOCIAÇÃO BRASILEIRA DE NORMAS TÉCNICAS. *NBR ISO 31000*. Gestão de riscos – Princípios e diretrizes. Rio de Janeiro: NBR, 2018.

A *integração nos processos organizacionais* impõe que o processo de gestão de riscos se torne parte integrante e não que esteja separado dos demais processos organizacionais. Os principais processos aos quais a gestão de riscos deve se integrar são: desenvolvimento de políticas; análise crítica no planejamento estratégico e de negócios e nos processos de gestão de mudanças.

Quanto aos *recursos*, é orientado pela ISO que a organização aloque recursos apropriados para a gestão de riscos, como: pessoas, habilidades, experiências e competências; recursos necessários para cada etapa do processo de gestão de riscos; processos, métodos e ferramentas da organização para serem utilizados para gerenciar riscos; processos e procedimentos documentados; sistemas de gestão da informação e do conhecimento; e programas de treinamento.

Por fim, com o objetivo de assegurar que a gestão de riscos seja eficaz e contínua a apoiar o desempenho organizacional, é relevante que a organização realize o *monitoramento e análise crítica da estrutura*, e, com base nos resultados obtidos, garanta a melhoria contínua da estrutura.

## 5.2 *Risk assessment* e a matriz de riscos como instrumento de gestão

### 5.2.1 Política de gerenciamento de riscos

De início, importante esclarecer que o Decreto nº 8.420/15[203] prevê expressamente um processo de gestão de riscos estruturado (política de gestão de riscos) e não apenas a necessidade do estabelecimento de uma matriz de riscos. Essa afirmação é fundamental para que, desde já, possa-se fixar a abrangência temática de *risk assessment*,[204] uma vez que no novo contexto de governança corporativa não se admitirá que a gestão institucional esteja desconectada da análise de riscos, ao contrário, dela deverá se servir para a tomada de decisões.

Gerir riscos pressupõe uma análise decisória, capaz de determinar, dentro de cada entidade, quais serão os riscos assumidos e quais

---

[203] "Art. 42. Para fins do disposto no §4º do art. 5º, o programa de integridade será avaliado, quanto a sua existência e aplicação, de acordo com os seguintes parâmetros: [...] V - análise periódica de riscos para realizar adaptações necessárias ao programa de integridade; [...]".

[204] Processo de avaliação de riscos (*risk assessment*): processo global de identificação de riscos, análise de riscos e avaliação de riscos (O PROCESSO de avaliação de riscos (risk assessment). *Norma Internacional ISO 31000*, 20 jul. 2009. Disponível em: http://www.iso31000qsp.org/2009/07/processo-de-avaliacao-de-riscos-risk.html. Acesso em: 20 ago. 2018).

não serão suportados pela empresa. É, justamente, em razão disso que o tema ganha especial relevância na organização.

A gestão de riscos tem como ponto focal a redução da assimetria de informação em processos e atividades da empresa. É dizer, reduzir as incertezas que possam estar relacionadas aos fatos objeto de preocupação da empresa; assim, como visto, quanto maior for a capacidade de gerenciar as incertezas, menor será a assimetria de informação e os conflitos de interesse existentes nos processos e melhor será o gerenciamento dos riscos da instituição.

A determinação do *risk assessment* das empresas passa não apenas pelo estabelecimento de análise de riscos operacionais, mas, para além disso, pela concepção de uma metodologia estruturada e que por meio de área específica realize a avaliação de riscos de *compliance* relativos aos riscos financeiros, contábeis, bem como possíveis fraudes existentes, entre outros.

É necessário transformar o processo de gerenciamento de riscos em uma cultura organizacional, já que constitui nítido instrumento de governança e gestão corporativa.

## 5.2.2 Gestão de riscos como política corporativa

A expressão *enterprise risk management* – ERM, cuja tradução livre é gestão de riscos corporativos, significa capacidades e práticas integradas com a definição de estratégias e performance da empresa, das quais a organização depende e nas quais se apoia para gerenciar riscos na criação, preservação e percepção de valores. Uma organização que entende que sua missão e visão podem definir estratégias que produzirão o perfil de risco desejado, portanto, a ERM evita que sejam definidas estratégias desalinhadas em relação à missão e visão da organização.

A gestão de riscos corporativos não irá criar a estratégia da entidade, mas irá informar à organização quais os riscos aos quais ela está exposta, adotando determinada estratégia, e quais são as estratégias alternativas que estejam de acordo com sua missão e visão.

A primeira etapa, antes mesmo de se cogitar as causas ou efeitos de um evento de risco, é identificar o evento, portanto, determinar a incerteza objeto de seu processo de gerenciamento.

Nesse sentido, o *Referencial básico de governança* do TCU revela:

A identificação de riscos é o processo de busca, reconhecimento e descrição dos riscos, tendo por base o contexto estabelecido e apoiando-se na comunicação e consulta com as partes interessadas internas e externas (ABNT, 2009). O objetivo é produzir uma lista abrangente de riscos, incluindo fontes e eventos de risco que possam ter algum impacto na consecução dos objetivos identificados na etapa de estabelecimento do contexto.

Em muitos casos, a identificação de riscos em múltiplos níveis é útil e eficiente. Em etapa inicial ou preliminar, pode-se adotar uma abordagem de identificação de riscos *top-down*, que vai do geral para o específico. Primeiro, identificam-se riscos em um nível geral ou superior como ponto de partida para se estabelecer prioridades para; em segundo momento, identificarem-se e analisarem-se riscos em nível específico e/ou mais detalhado. Pode-se, por exemplo, primeiramente, identificar riscos aos objetivos estratégicos e, posteriormente, riscos que afetam processos prioritários.[205]

Para identificação e descrição dos riscos, é determinante se estabelecer uma sintaxe do risco, pois com ela evitam-se que sejam confundidos eventos de risco com suas causas e consequências.[206]

Como uma forma de contribuir para o cotejo dos eventos de risco e identificação das incertezas, o responsável pelo levantamento dos riscos (primeira linha) poderá se utilizar de algumas questões que o auxiliem a determinar o que é ou não risco, registrando aquilo que se aproxime do conceito de incerteza buscado. Nesse sentido, Franklin Brasil[207] traz o seguinte questionário:

1. O que pode dar errado?
2. Como e onde podemos falhar?
3. Onde somos vulneráveis?
4. Quais ativos devemos proteger?
5. Como podemos ser roubados ou furtados?
6. Como sabemos se nossos objetivos foram (ou não) alcançados?
7. Onde gastamos mais dinheiro?
8. Quais atividades são mais complexas?

---

[205] TRIBUNAL DE CONTAS DA UNIÃO. *Referencial básico de governança*: aplicável a órgãos e entidades da Administração Pública. Brasília: TCU, 2014. Disponível em: https://portal. tcu.gov.br/biblioteca-digital/referencial-basico-de-gestao-de-riscos.htm.

[206] Neste sentido veja-se: CASTRO, Rodrigo Pironti Aguirre de; GONÇALVES, Francine Silva Pacheco. *Compliance e gestão de riscos nas empresas estatais*. Belo Horizonte: Fórum, 2018.

[207] BRASIL, Franklin; SOUZA, Kleberson. *Como gerenciar riscos na Administração Pública*: estudo prático em licitações. Curitiba: Negócios Públicos do Brasil, 2017.

9. Quais são nossas maiores exposições aos riscos legais?
10. Quais decisões requerem mais análise?

Através da resposta desses questionamentos, é possível separar potenciais riscos de atividades ou ações alheias ao risco e, a partir disso, estabelecer suas causas e consequências.

As causas, que podem ser mais de uma para um mesmo evento de risco, deverão ser verificadas pela conjugação de dois critérios, quais sejam: fonte + vulnerabilidade. Todas as causas de risco seguirão a mesma lógica, ou seja, na fusão destes dois critérios determina-se a causa do risco.

As consequências de um evento também serão determinadas após sua identificação e também podem ser verificadas em maior número que o próprio evento. São elas que influenciarão diretamente a análise de impacto descrito na matriz, uma vez que a gravidade dos efeitos do risco é que determina a análise sobre seu nível de impacto.

É fundamental estabelecer critérios e ferramentas para a apreensão de informações que possibilitem a identificação de riscos. Entre as ferramentas mais utilizadas estão: *brainstorming*, técnica do grupo nominal, listas de verificação de riscos, entre outras. Com a análise das ferramentas disponíveis, cada empresa deve determinar quais são as mais adequadas à sua realidade. Após a utilização das ferramentas e a identificação dos riscos, estes devem ser descritos em um documento denominado registro ou mapa de risco, que apoiará a avaliação e classificação dos riscos.[208]

Para avaliação dos riscos, é necessário que a entidade defina suas escalas de impacto e probabilidade, que determinarão, em alguma medida e ao final, a análise sobre o seu apetite de risco.[209] A escala de impacto e probabilidade pode ser objetiva-quantitativa ou subjetiva-qualitativa.

Assim, a avaliação do risco pode utilizar como parâmetro para definição da escala objetiva-quantitativa uma porcentagem de perda/risco do faturamento bruto, receita líquida, EBITDA (*earnings before interest, taxes, depreciation and amortization*), entre outras referências contábeis.

Pode-se exemplificar a utilização da seguinte escala com a tabela a seguir.

---

[208] Para modelo *vide* CASTRO, Rodrigo Pironti Aguirre de; GONÇALVES, Francine Silva Pacheco. *Compliance e gestão de riscos nas empresas estatais*. Belo Horizonte: Fórum, 2018.

[209] MIRANDA, Rodrigo F. A. *Implementando a gestão de riscos no setor público*. Belo Horizonte: Fórum, 2017.

Tabela 1 – Modelo de métrica de impacto – Análise quantitativa

| Escalas de impacto – Análise quantitativa | |
|---|---|
| Nível de impacto | Impacto financeiro |
| Muito alto (5 pontos) | De 10% a 20% da receita operacional bruta |
| Alto (4 pontos) | De 5% a 9% da receita operacional bruta |
| Médio (3 pontos) | De 2% a 4% da receita operacional bruta |
| Baixo (2 pontos) | De 0,5% a 1% da receita operacional bruta |
| Muito baixo (1 ponto) | Abaixo de 0,5% da receita operacional bruta |

Após a definição da escala objetiva-quantitativa, também, é necessária a criação de escala subjetiva-qualitativa. Tendo em vista que nem todos os riscos podem ser mensurados financeiramente, como exemplo, o risco de imagem, é necessário que se desenvolva uma escala, de acordo com o apetite de risco da entidade, que norteie quais são os impactos dos eventos desta natureza, que causam danos de difícil mensuração financeira, mas que também prejudicam a organização no alcance de seus objetivos.

A seguir é apresentado exemplo de escala subjetiva-qualitativa.

Tabela 2 – Modelo de métrica de impacto – Análise qualitativa

| Escalas de impacto – Análise qualitativa | |
|---|---|
| Nível de impacto | Impacto subjetivo |
| Muito alto (5 pontos) | Eventos imensuráveis financeiramente que causem danos muito complexos na operação, ou de muito elevado custo e, ainda assim, de difícil reparação, ou com repercussão negativa muito alta na mídia nacional e internacional e perante órgãos reguladores, ou com risco de pagamento de valores muito altos de condenação (multas e reparações de danos). |
| Alto (4 pontos) | Eventos imensuráveis financeiramente que causem danos complexos na operação, ou de elevado custo de reparação, ou com repercussão negativa alta na mídia nacional e perante órgãos reguladores, com risco de altos valores de condenação (multas e reparações de danos). |
| Médio (3 pontos) | Eventos imensuráveis financeiramente que causem danos na operação de reparação moderada, ou custos moderados de reparação, ou com repercussão negativa na mídia regional (estados e municípios) e perante órgãos reguladores, com risco de valores de condenação moderados (multas e reparações de danos). |
| Baixo (2 pontos) | Eventos imensuráveis financeiramente que causem danos na operação de muito fácil reparação, ou com custos baixos de reparação, ou com repercussão negativa que não ultrapassam os limites da empresa e órgãos reguladores, com risco de valores de condenação baixos (multas e reparações de danos). |
| Muito baixo (1 ponto) | Eventos imensuráveis financeiramente que causem danos na operação de muito fácil reparação, ou com custos muito baixos de reparação, ou com repercussão negativa que não ultrapassam os limites de determinadas áreas da empresa, com risco de valores de condenação muito baixos (multas e reparações de danos). |

Além das escalas de impacto, para a classificação dos riscos, também, é necessária a definição de escala de probabilidade, ou seja, em qual frequência aquele evento incerto, caso ocorra, está dentro, ou não, do apetite de risco da entidade.

A seguir é apresentado exemplo de escala de probabilidade.

Tabela 3 – Modelo de métrica de probabilidade

| Escalas de probabilidade | |
| --- | --- |
| Nível de probabilidade | Probabilidade |
| Muito alto (5 pontos) | Acima 90% |
| Alto (4 pontos) | De 50,1% a 90% |
| Médio (3 pontos) | De 30,1% a 50% |
| Baixo (2 pontos) | De 5,1% a 30% |
| Muito baixo (1 ponto) | Até 5% |

A partir da definição das escalas de impacto e probabilidade, é possível a avaliação dos riscos da entidade, organizando-os e priorizando-os em uma matriz de riscos.

### 5.2.3 Risk assessment institucional: matriz de integridade

No que diz respeito aos riscos de integridade, estes estão vinculados a eventos incertos cujas consequências e impactos possíveis ferem princípios, normas internas da entidade e legislações relacionadas à corrupção, à fraude e à integridade, em especial as relacionadas à Lei Anticorrupção brasileira e normas internacionais (FCPA, *UK Bribery Act*, entre outras).

Após a realização da identificação dos riscos, é necessário consolidá-los e avaliar a priorização para o seu tratamento.

Essa consolidação deverá ser realizada por profissional da área de gestão de riscos e permitirá a elaboração de matriz de riscos, em que todos os eventos de riscos, suas causas e consequências possíveis são registrados, e é realizada a análise de impacto *versus* probabilidade em uma matriz, sugerida nesta obra como uma matriz do tipo 5 x 5 (5 níveis de impacto e 5 de probabilidade), conforme ilustrado a seguir.

Figura 4 – Modelo de mapa de riscos

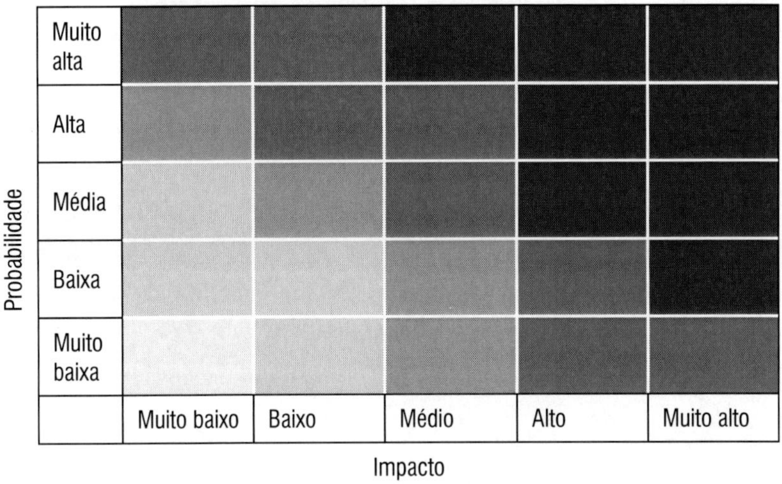

| Probabilidade | | | | | | |
|---|---|---|---|---|---|---|
| | Muito alta | | | | | |
| | Alta | | | | | |
| | Média | | | | | |
| | Baixa | | | | | |
| | Muito baixa | | | | | |
| | | Muito baixo | Baixo | Médio | Alto | Muito alto |

Impacto

Nesta primeira matriz, devem ser inseridos os riscos inerentes, sem a identificação e avaliação de efetividade dos controles que visam mitigá-los, para que se apresente à alta administração os riscos aos quais a entidade está sujeita nos casos em que não haja nenhum controle interno, ou ainda, caso todos os existentes falhem, a qual risco a entidade está sujeita.

A avaliação dos riscos também deve ser documentada de forma que apresente todos os dados da fase de identificação, papéis de trabalho, áreas e pessoas responsáveis, bem como todas as informações contidas no registro de risco.

Após o preenchimento da identificação do risco, será feita a análise de probabilidade e impacto, conforme escalas predefinidas no chamado diagrama de cálculo de risco.

Figura 5 – Diagrama de cálculo de risco

| | PROBABILIDADE | | | | |
|---|---|---|---|---|---|
| | 1 MUITO BAIXA | 2 BAIXA | 3 MÉDIA | 4 ALTA | 5 MUITO ALTA |
| **5** MUITO ALTO | 5 | 10 | 15 | 20 | 25 |
| **4** ALTO | 4 | 8 | 12 | 16 | 20 |
| **3** MÉDIO | 3 | 6 | 9 | 12 | 15 |
| **2** BAIXO | 2 | 4 | 6 | 8 | 10 |
| **1** MUITO BAIXO | 1 | 2 | 3 | 4 | 5 |

(Eixo vertical: IMPACTO)

■ EXTREMO   ■ ALTO   ■ MÉDIO   ■ BAIXO

Imagine-se que da análise realizada, conforme as escalas de probabilidade e impacto, o risco apresentado possui probabilidade "baixa", mas com impacto "alto", restando o risco inerente como alto. Dessa forma, o risco avaliado está enquadrado no mapa de risco, conforme apresentado a seguir.

Figura 6 – Modelo de mapa de risco com a inclusão de risco inerente

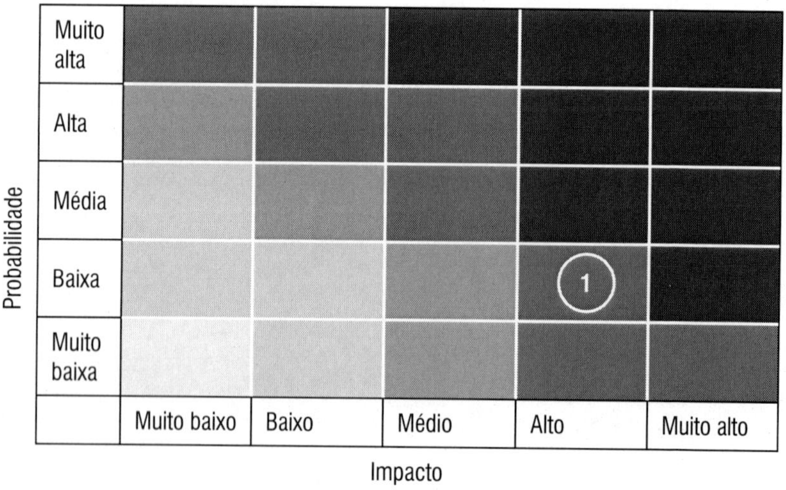

| Probabilidade | Muito baixo | Baixo | Médio | Alto | Muito alto |
|---|---|---|---|---|---|
| Muito alta | | | | | |
| Alta | | | | | |
| Média | | | | | |
| Baixa | | | | ① | |
| Muito baixa | | | | | |

Impacto

Reitera-se a importância de que todos os riscos apresentados no mapa de riscos apresentem seu respectivo registro de riscos, em que constarão (i) responsáveis; (ii) autoridades/aprovadores; (iii) informados e (iv) consultados (já determinantes de uma matriz Raci[210] de responsabilidade) no processo em que o risco está inserido. Essa análise de quem são os participantes do processo é de extrema relevância, já que as posteriores responsabilizações/penalidades por não cumprimento de medidas mitigatórias dos riscos e/ou descumprimento de políticas internas serão realizadas de maneira assertiva e não afetarão agentes não envolvidos no processo.

Feita a avaliação do risco, deverá ser realizada sugestão de respostas ao risco conforme sua classificação.

As respostas aos riscos são compostas por quatro conclusões: evitar, aceitar, transferir ou mitigar. O risco é evitado, ou prevenido, quando o impacto dele é tão representativo à organização que se faz necessária a eliminação de sua causa-raiz de modo que sua probabilidade chegue a quase zero.

Dessa forma, verifica-se a necessidade de criação de normas internas mais rígidas, controles internos robustos e eficazes que devem ser revisitados periodicamente e auditados com maior frequência.

Um exemplo de risco alto que pode ser evitado pelas organizações é o risco de descumprimento de termos de acordo de leniência celebrados pela empresa.

O descumprimento do acordo pode gerar diversas consequências previstas na Lei Anticorrupção, como: "a pessoa jurídica ficará impedida de celebrar novo acordo pelo prazo de 3 (três) anos contados do conhecimento pela administração pública do referido descumprimento";[211] a inscrição da pessoa jurídica no Cadastro Nacional de Empresas Punidas – CNEP; aplicação do valor integral da multa encontrado antes

---

[210] A matriz de responsabilidade é uma ferramenta comumente utilizada na gestão de projetos que apoia, na definição de responsabilidades dos integrantes do projeto, suas entregas e respectivas responsabilidades e entregas.

[211] "Art. 16. A autoridade máxima de cada órgão ou entidade pública poderá celebrar acordo de leniência com as pessoas jurídicas responsáveis pela prática dos atos previstos nesta Lei que colaborem efetivamente com as investigações e o processo administrativo, sendo que dessa colaboração resulte: [...] §8º Em caso de descumprimento do acordo de leniência, a pessoa jurídica ficará impedida de celebrar novo acordo pelo prazo de 3 (três) anos contados do conhecimento pela administração pública do referido descumprimento" (BRASIL. *Lei nº 12.846, de 1º de agosto de 2013*. Lei Anticorrupção Brasileira. Brasília, 1º ago. 2013. Disponível em: http://www.planalto.gov.br/ccivil_03/_ato2011-2014/2013/lei/l12846. htm. Acesso em: 31 mar. 2018).

da redução";[212] a perda de todos os outros benefícios pactuados; entre outros.[213] Além das consequências legais existentes, há outros riscos vinculados à imagem institucional que podem influenciar a escolha da empresa em evitar o risco, como exemplo, a desvalorização de ações, cotações de seguros e taxas bancárias mais altas, desvantagens em processos de concorrência e redução de consumo dos produtos da empresa devido à exposição midiática negativa.

O risco é aceito quando o impacto e a probabilidade do risco (nível de risco) estão dentro dos limites de apetite de risco da organização, em que há a possibilidade de criação de planos de ação para que estes sejam dirimidos, ou, ainda, quando sua interferência é tão baixa em uma análise prejudicial da organização que, diante da escassez de tempo e recursos (pessoais e materiais), não há razão para o estabelecimento de planos de tratamento específicos daquele evento de risco identificado.

Os riscos transferidos são aqueles em que a responsabilidade pelo seu gerenciamento são conferidos à outra parte da relação ou a terceiro, ou seja, não há a criação de plano de ação que diminua ou elimine a probabilidade da ocorrência dos seus impactos, mas, sim, sua transferência.

A transferência de riscos normalmente se dá através da contratação de seguros e garantias ou com a elaboração de matriz de riscos como cláusula contratual que delimita e compartilha a responsabilidade das partes nas relações contratuais em eventos posteriores à assinatura do contrato.

Por fim, os riscos mitigados são aqueles em que são tomadas providências para a diminuição da probabilidade de ocorrência dos seus impactos. Diferente do risco a ser evitado, a mitigação visa à

---

[212] "Art. 23. Com a assinatura do acordo de leniência, a multa aplicável será reduzida conforme a fração nele pactuada, observado o limite previsto no §2º do art. 16 da Lei no 12.846, de 2013. [...] §2º No caso de a autoridade signatária declarar o descumprimento do acordo de leniência por falta imputável à pessoa jurídica colaboradora, o valor integral encontrado antes da redução de que trata o caput será cobrado na forma da Seção IV, descontando-se as frações da multa eventualmente já pagas" (BRASIL. *Decreto nº 8.420, de 18 de março de 2015*. Decreto regulamentador da Lei nº 12.846, de 1º de agosto de 2013. Brasília, 18 mar. 2015. Disponível em: http://www.planalto.gov.br/ccivil_03/_ato2015-2018/2015/decreto/D8420.htm. Acesso em: 31 mar. 2018).

[213] "Art. 37. O acordo de leniência conterá, entre outras disposições, cláusulas que versem sobre: [...] II - a perda dos benefícios pactuados, em caso de descumprimento do acordo; [...]" (BRASIL. *Decreto nº 8.420, de 18 de março de 2015*. Decreto regulamentador da Lei nº 12.846, de 1º de agosto de 2013. Brasília, 18 mar. 2015. Disponível em: http://www.planalto.gov.br/ccivil_03/_ato2015-2018/2015/decreto/D8420.htm. Acesso em: 31 mar. 2018).

diminuição da probabilidade em nível aceitável ao apetite de risco da empresa, enquanto, aquele visa à eliminação da causa-raiz.

Como exemplo, pode-se citar a criação de políticas e procedimentos referentes ao recebimento de brindes e hospitalidades, estabelecendo limites para que essa prática não caracterize recebimento de suborno ou propina pelo funcionário da empresa. Nessa política, normalmente, é estipulado o valor máximo permitido para o recebimento de cortesias de fornecedores e em que circunstâncias elas podem, ou não, ser recebidas, bem como procedimento interno para os casos em que os funcionários as tenham recebido em quantidade que ultrapasse o máximo permitido pela organização.

Após a classificação dos riscos, é necessária a criação de planos de ação com as áreas e pessoas responsáveis pelo risco.

Esses planos de ação consistem no monitoramento e implementação de práticas que visem evitar, mitigar ou transferir os riscos das áreas "donas do risco", normalmente, compostas pela primeira linha.

Nos planos de ação, deverão ser apresentados os riscos, o que será feito e quais controles serão implementados para mitigá-los, quando será o início da implementação e até que data ela estará funcionando nas rotinas da área, quem será o gestor responsável e qual o *status* do plano de ação, todos com base em uma matriz Raci (responsável, autoridade/aprovador, consultado e informado). Importante, ainda, que a área de controles internos apoie as áreas da primeira linha no desenvolvimento dos planos de ação, sugerindo controles internos que mitiguem os riscos apresentados.

Após a construção da matriz de riscos e mapa de riscos inerentes, a área de controles internos deverá receber o reporte da área de gestão de riscos, realizar o mapeamento de controles, cabendo à auditoria interna testar a eficácia dos controles implementados junto às áreas.

Assim, a área de controles internos deverá apoiar o desenvolvimento dos planos de ação para mitigação dos riscos. E, com base no mapa de riscos inerentes, desenvolver seu plano anual de trabalho de maneira a priorizar a análise da aderência e efetividade dos controles internos da entidade que apresentam maior criticidade do risco envolvido.

A identificação e testes de controle deverão utilizar como base a mesma lógica utilizada pela área de gestão de riscos para identificação e avaliação dos riscos. No processo de identificação dos controles, deverão ser analisados objetivos dos controles, sua descrição, suas características, tipo, natureza, frequência, força e, por fim, seu teste prático de efetividade.

Importante ressaltar que, para o mesmo risco, pode haver diversos controles, contudo, a avaliação de força e efetividade deve ser realizada de maneira a avaliar todos eles em conjunto, no sentido de que, se um dos controles falhar, a entidade já estaria vulnerável ao risco novamente.

As análises das características dos controles estão intrinsecamente relacionadas à atividade da empresa e da área da primeira linha que executa estes controles. Dessa forma, existem controles que têm o intuito de aprovar determinadas operações, segregar funções e alçadas, restringir acessos, entre outros.

Identificados e testados os controles internos, é possível a criação de matriz de riscos residuais. A matriz de riscos residuais visa analisar em qual nível de risco a entidade se encontra após a execução dos planos de ação e avaliação dos controles internos.

Dessa forma, se o(s) controle(s) forem inefetivos, o risco inerente se mantém igual ao risco residual; se o(s) controle(s) forem efetivos, o risco inerente deve ser redimensionado, conforme a força (eficácia) dos controles identificados, ou seja, para um risco classificado como "muito alto" e que possua respectivos controles internos que são robustos, que são difíceis de serem fraudados e que são realizados com maior frequência, este deverá ser redimensionado para um risco residual considerado alto ou médio, conforme apetite de risco da entidade.

Importante ressaltar que a lógica do cálculo do risco residual deve acompanhar o perfil e objetivos da organização.

Existem gestores e companhias que preferem manter o risco residual classificado como "alto" para os casos em que os riscos inerentes são classificados como "muito altos", ainda que dotados de controles robustos e efetivos, com o objetivo de mantê-los sempre no monitoramento da área de controles internos e auditoria, por exemplo. Ao passo que uma empresa menos conservadora poderia, neste caso, considerar o risco residual moderado.

Dessa forma, é importante que a parametrização das análises seja realizada de acordo com o perfil da entidade. Após analisados os riscos residuais, é interessante construir uma matriz de riscos com essas informações, apresentando à alta administração a mitigação dos riscos da entidade promovida por controles internos efetivos e robustos.

Figura 7 – Modelo de mapa de risco com a inclusão de risco residual

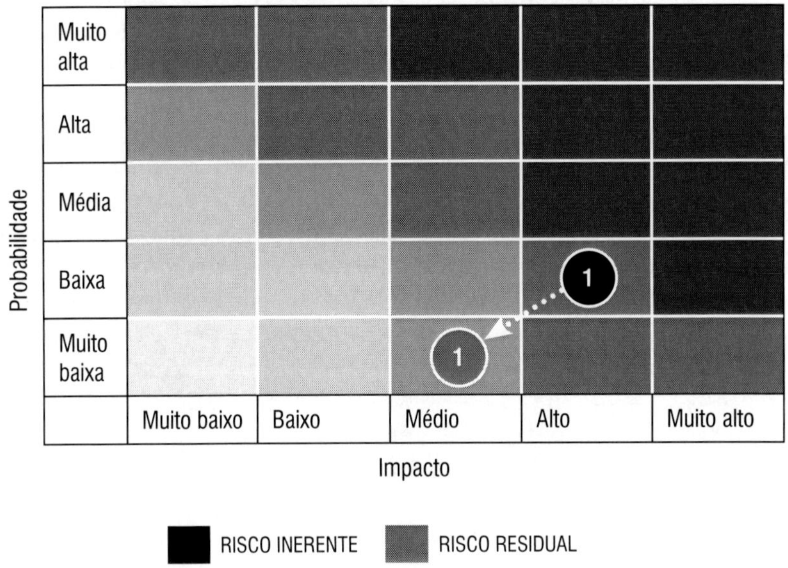

| Probabilidade | | Muito baixo | Baixo | Médio | Alto | Muito alto |
|---|---|---|---|---|---|---|
| | Muito alta | | | | | |
| | Alta | | | | | |
| | Média | | | | | |
| | Baixa | | | | 1 | |
| | Muito baixa | | | 1 | | |

Impacto

■ RISCO INERENTE  ▦ RISCO RESIDUAL

Apresentação sugerida demonstra o caminho do risco e a importância da análise de gestão de riscos, controles internos e *compliance* na entidade.

## 5.3 Estruturas internas voltadas à gestão de riscos

Como já analisado, a gestão de riscos e os controles internos são ferramentas de prevenção e mitigação de riscos. Entre os riscos vivenciados pelas organizações, pode-se exemplificar o risco à corrupção, à integridade e à conformidade. Estes riscos são amplamente analisados e discutidos durante as atividades do programa de integridade, tendo em vista que suas consequências podem provocar danos à imagem institucional, danos financeiros, processos administrativos e judiciais, entre outros.

De acordo com o IIA, as três linhas consistem na segregação de funções específicas de gerenciamento de riscos e controles internos de diferentes agentes da entidade.

A segunda linha realiza a supervisão dos riscos, portanto, são áreas que executam o monitoramento dos riscos encontrados pelas áreas vinculadas à primeira linha.

Importante reforçar que diante da incumbência das áreas pertencentes à segunda linha em fiscalizar e inspecionar as demais, é indispensável à imparcialidade e à lisura no exercício de suas atribuições que essas áreas possuam independência funcional (mandato) e que seu reporte seja realizado diretamente à alta administração.

Dessa forma, com base nas melhores práticas de estrutura de governança sugerida pelo IIA, um modelo de estrutura organizacional que atenda à integração entre as três linhas indicadas, deve considerar que a fase de identificação dos riscos seja determinada pela primeira, pois é este setor que pode – com qualidade e técnica suficiente – determinar se aquele objeto de análise pode ser traduzido em risco ou não. A fase de avaliação e priorização dos riscos deve – segundo um olhar mais atento – estar vinculada a um comitê de gestão de riscos, cuja participação terá representantes da alta administração, da primeira e da segunda linhas e será dado assento, portanto, aos órgãos da primeira linha responsáveis pela determinação e identificação daquele evento, aos representantes da alta administração (assessores, diretores e/ou presidente), os quais terão condições de definir o nível de risco e compatibilizá-lo com o apetite da entidade, bem como, também, terão assento no comitê, na condição de membros consultivos, os responsáveis pela área de controles internos e riscos e a área jurídica. Essa estruturação permite uma maior dialogicidade sobre o risco e sobre sua avaliação, conduzindo a um processo de gestão de riscos mais sólido.

Haverá casos, porém, como visto, que a empresa, em razão de sua estrutura organizacional interna, não terá condições de nomear um comitê específico para a avaliação e priorização dos riscos, situação em que, excepcionalmente, admitir-se-á que essa avaliação seja realizada diretamente pela alta administração.

Por fim, o tratamento e gerenciamento do risco estará atrelado à segunda linha, área de *compliance*, controles internos e gestão de riscos, que deverá não só estabelecer a metodologia de tratamento adequada, mas, também, um plano anual de gestão dos riscos encontrados que pode sofrer revisão, inclusive, em menores períodos – trimestral ou semestralmente – permitindo a reavaliação dos riscos, após a incidência dos controles preventivos ou de contingência realizados.

## 5.4 *Compliance* e o grau de risco de integridade (GRI) nas licitações e contratações públicas: uma análise sobre a legalidade da exigência

Uma das grandes pautas no cenário da gestão de riscos e do *compliance* é a discussão sobre o GRI (grau de risco de integridade), que, em síntese permite o afastamento de potenciais interessados em participar dos processos de licitação em razão de seu alto grau de risco de integridade.

Para que não se diga que possuem os autores opinião verticalmente contrária à avaliação de potenciais futuros contratados realizada com base no grau de risco de integridade e de que o GRI não é um importante e eficaz instrumento de combate à corrupção, importante evidenciar desde já: *trata-se de um instrumento muito importante para que as contratações públicas no país sejam pautadas pela* ética *e pela moralidade, portanto, não há qualquer contrariedade* à *exigência*, contudo, tal exigência nunca poderia ser utilizada para fins de exclusão do processo competitivo (porque isto é evidentemente inconstitucional), mas apenas para fins de reforço às garantias e exigências contratuais. Caso contrário, esta importante ferramenta terá sua inconstitucionalidade questionada e seguramente reconhecida pelo Poder Judiciário, quando for manejada tese concreta neste sentido.[214] Explico.

Nesse sentido, compartilhamos alguns aspectos que devem ser observados neste tema, e os fazemos por meio de questões objetivas:

**a) É possível solicitar o preenchimento, por potenciais licitantes ou contratados, de questionário de *due diligence* de integridade (informações relacionadas a perfil da pessoa jurídica, gestão da entidade, relacionamento com agentes públicos, histórico de litígios, programa de integridade e relacionamento com terceiros)?**

É perfeitamente possível. Essa exigência não conflita com os princípios gerais das licitações públicas previstos no art. 37, inc. XXI, da Constituição Federal de 1988, tampouco com as normas gerais disciplinadas na Lei nº 14.133/2021 e na Lei nº 13.303/2016, ao contrário, busca exaltar os princípios constitucionais da legalidade e da moralidade, de

---

[214] As demandas até então relacionadas ao tema se limitaram a questionar a noção de GRI sob o prisma do combate à corrupção (e isso em nossa ótica não se discute, pois, como já versamos, é um instrumento importante e eficaz), mas nunca sob o prisma de sua evidente inconstitucionalidade material, como exemplo, que passa ao largo da discussão feita neste artigo.

modo a conjugar esforços para concretização da integridade contratual, mitigação e redução dos riscos e obtenção de melhores resultados.

A *due diligence*, como conceito, é um processo que visa buscar informações sobre determinadas empresas e pessoas com as quais a Administração tem a intenção de se relacionar. Esses processos podem ser realizados em diversas situações, como a contratação de fornecedores, prestadores de serviços, terceiros, patrocinados, consorciados e empregados (*background check*), entre outras situações.

Durante esse processo, analisam-se informações fornecidas pela pessoa física ou jurídica interessada, bem como informações coletadas por meio de bases de dados específicas para cada diligência.

Essas informações – no caso dos contratos administrativos, por exemplo – são estruturadas de forma que apoiem determinadas decisões e os controles relativos à contratação pretendida.

Portanto, esse questionário tem como principal objetivo permitir que a Administração conheça efetivamente seu contratado e suas práticas de mercado, principalmente aquelas vinculadas a condutas éticas em sua atuação comercial ou, ainda, outras que possam prejudicar o relacionamento das partes durante o período de vigência contratual.

O questionário deve ter como premissa a avaliação de risco de integridade, podendo, por exemplo, utilizar-se de parâmetros de avaliação e localização geográfica da empresa e da execução de seus negócios, de seu histórico reputacional e relacional, de sua interação com agentes públicos, bem como da efetividade de seu eventual programa de integridade, entre outros.

b) **Em que momento do procedimento é possível exigir esse preenchimento? Pode-se exigi-lo como condição para integrar o cadastro de fornecedores, como condição de habilitação ou como condição de contratação?**

Aqui, existem dois cenários distintos: (a) o primeiro refere-se ao momento em que é possível exigir o questionário; (b) o segundo refere-se ao momento em que essa exigência pode se tornar executável do ponto de vista de exclusão do licitante/interessado no processo competitivo.

Com relação à exigência do questionário, a resposta não demanda maiores problemas, por um simples fator: é possível exigir o preenchimento do documento em quaisquer das fases do procedimento – quando do cadastro de fornecedores; como declaração constante dos documentos que compõem a habilitação da empresa; ou, ainda, no momento da convocação para a assinatura do contrato. Exigir o preenchimento, portanto, é mera formalização da vontade administrativa em conhecer seu futuro contratado, sem que, com isso, decorra ônus algum aos licitantes ou aos interessados.

Agora, bastante distinta é a pergunta relacionada ao momento em que é possível exigir, para fins de exclusão da participação do licitante/interessado, pois, daqui, derivam aspectos constitucionais e legais relevantes.

Vejamos:

**b.1) A questão das inconstitucionalidades formal e material da exigência do GRI**

Aqueles que defendem a inconstitucionalidade formal aventam que a exigência dos questionários de integridade nas licitações, independentemente da fase, estaria violando a competência privativa da União para dispor sobre normas gerais de licitações e contratos, disciplinada no art. 22, inc. XXVII, da Constituição Federal de 1988. Isto é, as inovações normativas criariam uma condição especial mais restritiva, que somente poderia ser veiculada por meio de norma geral, ou seja, de novo diploma normativo de caráter geral que previsse, especificamente, esse critério como condição limitadora do relacionamento entre as partes.

Neste ponto, a exigência de questionários de integridade nas relações com a Administração Pública (direta ou indireta) não imputa nenhuma inconstitucionalidade formal, já que, ao contrário dos que entendem que não haveria fundamento de validade da referida exigência em norma de caráter geral, a requisição de "indicadores de integridade" vai exatamente ao encontro (corrobora) das diretrizes básicas da Lei Geral de Licitações (Lei nº 14.133/21) e da Lei das Estatais (Lei nº 13.303/2016), que, como normas gerais aplicáveis respectivamente à Administração direta e indireta, deixam evidente seu apego e sua aderência aos princípios da moralidade e da probidade administrativa, conferindo, portanto, caráter constitucional à exigência.

Em suma, sob o aspecto formal, não há inconstitucionalidade alguma, pois as leis gerais que regem as contratações pretendidas ratificam os princípios da legalidade, da moralidade e da probidade administrativa, que balizam a referida exigência. É que, se a requisição está em estrita concordância às diretrizes da norma geral, ainda que esta não tenha disciplinado de modo expresso determinada obrigação – o que sequer é de sua natureza, já que as normas gerais disciplinam balizas, que serão mais bem delineadas pela legislação específica sobre o tema –, não há de se falar em inconstitucionalidade.

A questão polêmica sobre a inconstitucionalidade da exigência decorre da análise de seu *fundamento material de constitucionalidade diante da exigência de questionários de integridade como condição nos processos de contratação pública.*

E, neste tema, parece-me evidente que, ao tratar-se da inconstitucionalidade material, haveria restrição à competitividade do certame pela violação direta do art. 37, inc. XXI, da Constituição Federal, que assegura a igualdade de concorrência entre todos os participantes. É aqui que a questão ganha relevância, ou seja, na análise das fases em que a exigência é executada (ou executável).

Obviamente que, para fins de participação na licitação – quando a exigência é solicitada como condição excludente de participação no processo competitivo –, há direta e evidente violação do caráter material previsto na Constituição. Não se pode permitir, por lei ou ato normativo posterior, de caráter não geral, a previsão de condições restritivas de competição. Isso viola a própria lógica do processo concorrencial e de obtenção da proposta mais vantajosa para a Administração. Portanto, *não se pode, por um indicador de risco da futura contratação, impedir que um licitante/interessado participe livremente do processo competitivo, sob pena de inconstitucionalidade material da exigência.*

E que não se diga que o art. 32 da Lei das Estatais (Lei nº 13.303/16) autoriza interpretação contrária ao texto constitucional, pois, ao mencionar que "nas licitações e contratos de que trata esta Lei" será observada a "política de integridade nas transações com partes interessadas", a referida lei nunca esteve a autorizar: a) o estabelecimento de caráter restritivo que derroga a previsão constitucional de não restrição de competitividade; e b) que a política de integridade como ato normativo seja utilizada como veículo de impedimento do direito de contratar pelo particular, com caráter sancionador, sem o devido processo legal (ampla defesa) e contrário à regra expressa do art. 37, XXI da CF.

Referida inconstitucionalidade, em minha análise, ganha contornos mais evidentes com a objetivação de alguns conceitos, que ainda não foram colocados à análise do Poder Judiciário e reforçam a inconstitucionalidade da medida para fins de exclusão do processo. Sob essa perspectiva é importante a análise: (a) Qual o conceito de risco?; (b) Os critérios da *due diligence* (DDI e GRI) são pautados pela Administração ou por critérios aferíveis em um contexto dialógico (de participação com o particular)?; (c) Os critérios da *due diligence* (DDI e GRI) são fixados previamente e abertos ao contraditório em sua formação, ou exigidos do particular e, eventualmente, conferido contraditório posterior?

Essas são questões fundamentais à confirmação da inconstitucionalidade da exigência para fins de exclusão de participação do certame competitivo. Vejamos objetivamente:

*a)* O conceito de risco "envolve a quantificação e qualificação *da incerteza*, tanto no que diz respeito às 'perdas' como aos 'ganhos', com relação ao rumo dos acontecimentos planejados, seja por indivíduos, seja por organizações".[215] O próprio Tribunal de Contas da União define risco como a *"possibilidade* de ocorrência de um evento que afete adversamente a realização de objetivos"[216] e ratifica tal conceito quando assevera que os riscos são "o *efeito da incerteza* sobre objetivos estabelecidos. É a *possibilidade* de ocorrência de eventos que afetem a realização ou alcance dos objetivos, combinada com o impacto dessa ocorrência sobre os resultados pretendidos".[217] Não há dúvida, portanto, que, ao balizar a exigência em indicadores de risco às contratações públicas, os questionários de integridade não podem ser utilizados como excludentes de participação do processo competitivo. Ora, seria não apenas ilegal, mas também ilógico pautar a exclusão de um pretenso licitante, que pode, inclusive, determinar a proposta mais vantajosa à Administração, *por critérios futuros e incertos*, que não são passíveis de materialização naquele contrato. É impedir a reabilitação da empresa, condicioná-la a uma penalização vinculada à lógica de "verdade sabida" e com caráter atemporal. É dizer, a condição excludente não se sustenta pela natureza jurídica da própria exigência, pautada em uma incerteza que, não necessariamente, será materializada naquela contratação. Ora, se não há sobre estas empresas a penalidade administrativa de suspensão do direito de contratar, não pode a Administração inovar uma condição de participação no certame que, para

---

[215] INSTITUTO BRASILEIRO DE GOVERNANÇA CORPORATIVA. *Guia de orientação para gerenciamento de riscos corporativos*. São Paulo: IBGC, 2007. p. 11. Grifos nossos.

[216] TCU – TRIBUNAL DE CONTAS DA UNIÃO. *Gestão de riscos*: avaliação da maturidade. Brasília: SEGECEX, ADEGECEX, SEMEC, 2018. Grifos nossos.

[217] TCU – TRIBUNAL DE CONTAS DA UNIÃO. *Referencial básico de gestão de riscos*. Brasília: SEGECEX, ADEGECEX, SEMEC, 2018. Grifos nossos.

além de inconstitucional, se converte em sanção, aplicada sem o devido processo legal e não prevista na norma.

b) A segunda questão proposta consolida, ainda mais fortemente, a impossibilidade dessa exigência como excludente de participação no processo competitivo. Ora, *se a incerteza por si só já impediria a exclusão*, o que dizer, então, dos critérios para definição de *due diligence* para possível materialização da incerteza? Veja que a definição de "apetite de risco" traz a noção de "quantidade de risco em nível amplo que uma organização está disposta a aceitar na busca de seus objetivos",[218] ou seja, o critério para definir o apetite de risco é discricionário e pode variar de uma organização para outra. É dizer, compelir o particular (licitante/interessado), como condição de participação nos processos competitivos da Administração, a estar aderente ao apetite discricionário de todos os entes/entidades em que tenha interesse em se apresentar como concorrente é algo que, além de não parecer razoável, traria inúmeras distorções à isonomia. Exemplifico: imaginemos que, em uma estatal, um dos critérios para aferição do nível de integridade seja a existência de "política de consequência ao código de conduta" e, em outra, isso não integre o questionário de integridade como condição de aferição do nível de risco e da aderência empresarial. Nesses casos, vislumbra-se claramente que as exigências seriam tão díspares e inerentes ao apetite de risco de cada uma das estatais que, sob o aspecto de competição isonômica, ficaria quase impossível a um particular estar plenamente aderente a todas as exigências estipuladas nos diversos "apetites de riscos" das estatais nas quais participa de processos competitivos, e essa quebra de isonomia concorrencial é outro fator determinante para a ilegalidade da exigência para fins de exclusão do processo concorrencial.

c) Por fim, como os critérios da exigência são definidos com base no apetite de risco da Administração, sequer é dado ao particular a possibilidade de participar da formação da "vontade estatal" em excluí-lo do processo concorrencial, pois os critérios de *due diligence* não são passíveis de impugnação por sua própria natureza jurídica. É dizer, além de todos os

---

[218] TCU – TRIBUNAL DE CONTAS DA UNIÃO. *Referencial básico de gestão de riscos*. Brasília: SEGECEX, ADEGECEX, SEMEC, 2018.

aspectos que justificam a análise de inconstitucionalidade da exigência, ainda este último complementa a assertiva, pois justifica condição restritiva e excludente de participação, sem que os critérios que fundamentam tal exclusão sejam passíveis de insurgência pelo particular. Mesmo que fosse dada, portanto, possibilidade de impugnação ou de recurso posterior à exclusão, isso poderia conferir um simulacro de legalidade, que, após já definida a exclusão por critérios de não atenção a requisitos discricionários de risco, submeteria o particular a um *double-check* de conformidade, sem a mínima chance de revisitação dos fatos que ensejaram sua classificação, que sob o aspecto reputacional – inclusive – lhe agrega um "carimbo" negativo, que sequer as eventuais sanções em processos anteriores lhe outorgaram.

Em uma leitura apressada deste texto, pode-se imaginar que a opinião aqui externada seria de que a exigência é – em todos os casos – inconstitucional. Ora, isso não corresponde à realidade. Fica claro, de tudo o que foi aqui exposto, que a exigência de questionários de integridade (ou de programas de integridade) *como condição de participação no processo competitivo é inconstitucional*, porém, não há nada de inconstitucional nessa mesma exigência para fins de contratação, é dizer, quando já houve a seleção da proposta mais vantajosa adjudicada a um dos licitantes do processo. Aqui, o preenchimento de questionários de integridade é exigido como *obrigação contratual*, e não como condição de habilitação ou participação. Em outras palavras, não se trata de uma condição à participação no certame, mas de uma obrigação que deverá ser concretizada após a assinatura do contrato. Assim, qualquer empresa poderá participar da licitação, e os critérios de risco avaliados no preenchimento do documento servirão para reforço de gestão contratual ou, ainda, como exigências de algumas condições mitigadoras do risco avaliado, a exemplo da obrigatoriedade de implementação de programa de *compliance*, do reforço aos controles internos ou de outras atividades de submissão a maior rigor na fiscalização contratual.

Dessa forma, é possível concluir que a exigência do preenchimento de questionários de integridade e a avaliação de grau de risco de integridade é possível, porém não pode restringir a possibilidade de participação dessas empresas no processo competitivo (licitação) em razão do grau de risco aferido pela análise do questionário aplicado pela Administração. Em contrapartida, é plenamente possível – não havendo inconstitucionalidade formal ou material – que tal exigência figure como condição de contratação, após a seleção da proposta mais vantajosa e no ato de assinatura do contrato, pelo estabelecimento de exigências posteriores e com prazo ao particular, a exemplo do estabelecimento de um programa de integridade com requisitos objetivos em um prazo para implementação, como disciplinado recentemente na Nova Lei de Licitações (Lei nº 14.133/21).

O combate à corrupção é fundamental e o grau de risco de integridade, um importante instrumento para sua efetivação, contudo, sem os devidos cuidados, o remédio – hoje visto como heroico – pode, em um futuro próximo, ser prejudicial ao próprio interesse que hoje o legitima.

CAPÍTULO 6

# CÓDIGO DE CONDUTA E INTEGRIDADE E POLÍTICAS INTERNAS

O código de conduta e integridade é documento institucional, fundamentado na missão, visão, valores e cultura da empresa, que visa comunicar, disciplinar e orientar o comportamento do público interno e externo, com aquele esperado pela organização.

O código de conduta e integridade deverá abordar os princípios basilares da organização, que guiam todas as demais políticas empresariais, especialmente, as relacionadas à integridade e à conformidade.

Com frequência, identificam-se códigos que não são adequados à realidade das empresas, que não tratam sobre aspectos intrínsecos à organização, seus riscos, o público que se relaciona e que não utiliza a linguagem praticada no meio em que são elaborados.

A criação do que chamamos de "códigos de gaveta", na obra *Compliance e gestão de riscos nas empresas estatais*,[219] que são trazidos à tona apenas quando da defesa em ações anticorrupção, não cumpre o requisito da efetividade do programa de integridade exigido pela Lei Anticorrupção, consequentemente, não servirá como atenuante às sanções previstas na lei.

A Lei Anticorrupção,[220] em seu art. 7º, inc. VIII, disciplina que será levada em consideração na aplicação de suas sanções (como critério

---

[219] CASTRO, Rodrigo Pironti Aguirre de; GONÇALVES, Francine Silva Pacheco. *Compliance e gestão de riscos nas empresas estatais*. Belo Horizonte: Fórum, 2018.

[220] "Art. 7º Serão levados em consideração na aplicação das sanções: [...] VIII - a existência de mecanismos e procedimentos internos de integridade, auditoria e incentivo à denúncia de irregularidades e a aplicação efetiva de códigos de ética e de conduta no âmbito da pessoa jurídica; [...]" (BRASIL. *Lei nº 12.846, de 1º de agosto de 2013*. Lei Anticorrupção Brasileira. Brasília, 1º ago. 2013. Disponível em: http://www.planalto.gov.br/ccivil_03/_ato2011-2014/2013/lei/l12846.htm. Acesso em: 31 mar. 2018).

atenuante das penalidades) a "aplicação efetiva de códigos de ética e de conduta no âmbito da pessoa jurídica", e o decreto federal regulamentador da lei, nº 8.420/2015,[221] dispõe em seu art. 41, parágrafo único:

> Art. 41. Para fins do disposto neste Decreto, programa de integridade consiste, no âmbito de uma pessoa jurídica, no conjunto de mecanismos e procedimentos internos de integridade, auditoria e incentivo à denúncia de irregularidades e na aplicação efetiva de códigos de ética e de conduta, políticas e diretrizes com objetivo de detectar e sanar desvios, fraudes, irregularidades e atos ilícitos praticados contra a administração pública, nacional ou estrangeira. Parágrafo Único. O programa de integridade deve ser estruturado, aplicado e atualizado de acordo com as características e riscos atuais das atividades de cada pessoa jurídica, a qual por sua vez deve garantir o constante aprimoramento e adaptação do referido programa, visando garantir sua efetividade.

Um código de conduta e integridade de qualidade leva em consideração o mapa de relacionamento da organização e dispõe sobre qual o comportamento esperado de seus colaboradores, terceiros, parceiros de negócio, entre outros.

As empresas devem analisar, quando do desenvolvimento do código de conduta e integridade, a existência de normas sobre o regime disciplinar a que seus colaboradores estão sujeitos.

Não obstante a necessidade de abranger assuntos específicos decorrentes da atividade econômica da empresa e da complexidade de suas relações, existem temas que, de acordo com as boas práticas de *compliance*,[222] bem como por exigência legal, devem ser tratados em código de conduta e políticas internas específicas, sendo eles:

(i) missão, visão e valores da empresa;

(ii) mensagem da presidência;

---

[221] BRASIL. *Decreto nº 8.420, de 18 de março de 2015*. Decreto regulamentador da Lei nº 12.846, de 1º de agosto de 2013. Brasília, 18 mar. 2015. Disponível em: http://www.planalto.gov.br/ccivil_03/_ato2015-2018/2015/decreto/D8420.htm. Acesso em: 31 mar. 2018.

[222] "O código de conduta deve citar explicitamente o compromisso da organização em: a) atender integralmente às legislações e/ou regulamentos aplicáveis; b) combater a corrupção, cartel, fraudes, lavagem de dinheiro, ilicitudes em licitações e processos concorrenciais e qualquer outro ato contra a Administração Pública, seja por parte de seus empregados, seja por terceiros agindo em seu nome; c)proibir a retaliação de qualquer natureza; d)evitar conflitos de interesse; e) evitar pagamentos de facilitação; f) assegurar confidencialidade no tratamento de casos e outras questões sensíveis de *Compliance*; g) incentivar as pessoas a denunciarem atos ou atitudes contrárias ao código de conduta da organização" (GIOVANINI, Wagner. *DSC 10.000*. Porto Alegre: Ebanc, 2015. p. 4).

CAPÍTULO 6
CÓDIGO DE CONDUTA E INTEGRIDADE E POLÍTICAS INTERNAS | 317

(iii) área responsável pela manutenção do programa de integridade;

(iv) condutas vedadas no âmbito da organização;

(v) padrões de conduta nos relacionamentos interpessoais (assédio moral e sexual);

(vi) padrões de conduta nos relacionamentos com o público externo (fornecedores, terceiros, parceiros de negócio etc.);

(vii) padrões de conduta nos relacionamentos com agentes públicos;

(viii) conflitos de interesse;[223]

(ix) nepotismo;[224]

(x) brindes, hospitalidades, doações e patrocínios;

(xi) uso de meios digitais e tecnológicos e segurança da informação;

(xii) registros e controles contábeis;

(xiii) combate à corrupção, à lavagem de dinheiro e a crimes concorrenciais;

(xiv) indicação dos canais de comunicação e denúncia confidenciais da organização, incentivando denúncias de desvios de conduta e proibição à retaliação do denunciante de boa-fé;

(xv) treinamentos periódicos, no mínimo anuais, sobre código de conduta e integridade, a empregados e administradores, e sobre a política de gestão de riscos, a administradores;

(xvi) norma de consequência/sancionatória.

Diante desse contexto, o código de conduta e integridade deve ser categórico quanto ao comportamento esperado dos agentes internos

---

[223] "Art. 2º Submetem-se ao regime desta Lei os ocupantes dos seguintes cargos e empregos: [...] III - de presidente, vice-presidente e diretor, ou equivalentes, de autarquias, fundações públicas, empresas públicas ou sociedades de economia mista. [...] Art. 3º Para os fins desta Lei, considera-se: I - conflito de interesses: a situação gerada pelo confronto entre interesses públicos e privados, que possa comprometer o interesse coletivo ou influenciar, de maneira imprópria, o desempenho da função pública; e II - informação privilegiada: a que diz respeito a assuntos sigilosos ou aquela relevante ao processo de decisão no âmbito do Poder Executivo federal que tenha repercussão econômica ou financeira e que não seja de amplo conhecimento público" (BRASIL. *Lei nº 12.813, de 16 de maio de 2013.* Lei de Conflito de Interesses: Poder Executivo Federal. Brasília, 16 maio 2013. Disponível em: http://www.planalto.gov.br/ccivil_03/_ato2011-2014/2013/lei/l12813.htm. Acesso em: 31 mar. 2018).

[224] "Art. 1º A vedação do nepotismo no âmbito dos órgãos e entidades da administração pública federal direta e indireta observará o disposto neste Decreto" (BRASIL. *Decreto nº 7.203, de 4 de junho de 2010.* Dispõe sobre a vedação do nepotismo no âmbito da Administração Pública Federal. Brasília, 4 jun. 2010. Disponível em: http://www.planalto. gov.br/ccivil_03/_ato2007-2010/2010/decreto/d7203.htm. Acesso em: 31 mar. 2018).

nas relações com os agentes externos, bem como com particulares, remetendo, inclusive, a políticas internas específicas que disciplinem as formalidades de *compliance* exigidas nestes casos.

Contudo, o código de conduta e integridade, por vezes, não consegue tratar com o devido detalhamento todos os aspectos que são necessários para orientar seu público, fazendo-se necessário o desenvolvimento de políticas internas específicas que estabeleçam procedimentos para cada situação.

De acordo com a ISO 37301/21, é necessário a política interna de *compliance*:

– estar alinhada com os valores, os objetivos e a estratégia da organização;

– requerer o *compliance* com as obrigações de *compliance* da organização;

– apoiar os princípios de governança de *compliance* de acordo com 5.1.3;

– fazer referência e descrever a função de *compliance*;

– definir as consequências de estar em não *compliance* com os procedimentos, processos, políticas e obrigações de *compliance* da organização;

– encorajar o levantamento de preocupações e proibir quaisquer formas de retaliação;

– estar escrita em uma linguagem clara de modo que todo o pessoal possa entender facilmente os propósitos e princípios;

– ser adequadamente implementada e aplicada;

– estar disponível como informação documentada;

– ser comunicada dentro da organização;

– estar disponível para as partes interessadas, conforme apropriado.[225]

A necessidade de elaboração de políticas internas deve ser avaliada conforme o porte da sociedade, a quantidade e complexidade das transações e relacionamentos que possui, se possui submissão à legislação internacional, entre outros aspectos que devem ser avaliados na etapa de análise de riscos.

Isso posto, as políticas internas específicas devem ser criadas conforme a necessidade e relevância do tema à empresa e possuem a finalidade de prevenir, detectar e remediar não conformidades.

Tendo em vista a importância do código de conduta e integridade, é indispensável a sua ampla divulgação ao público interno e

---

[225] ASSOCIAÇÃO BRASILEIRA DE NORMAS TÉCNICAS. *ISO 37.301:21*: Sistemas de gestão de compliance: Diretrizes. Rio de Janeiro: NBR, 2021.

externo de forma virtual, através do *site* e intranet da empresa, e de maneira física aos funcionários, fornecedores e terceiros, bem como a disponibilização de exemplares do código em todos os departamentos da organização.

No que diz respeito à entrega pessoal do código de conduta e integridade, oportuno que a área de recursos humanos, suprimentos ou até mesmo a área de *compliance*, ao realizar a entrega do documento aos *stakeholders*, faça-o por meio físico ou virtual, ou seja, o recebimento deve ser realizado mediante assinatura de termo de declaração de ciência e protocolo de recebimento, a fim de que estes não justifiquem não conformidades devido a desconhecimento da norma ou ainda de seu conteúdo.

As declarações de ciência devem ser renovadas e, ainda que não haja alterações nas disposições do código de conduta e integridade, fazem parte do monitoramento contínuo do programa de integridade e do processo de aculturamento e reiteração da cultura ética da entidade.

Em relação aos fornecedores e terceiros, há empresas que desenvolvem ainda códigos de conduta e integridade específicos, tratando somente sobre temas relacionados aos padrões de conduta esperados nestas relações e procedimentos internos como o de contratações, adiantamentos, reembolso de despesas, entre outros.

O decreto federal regulamentador da Lei Anticorrupção, em seu art. 42º, III, incluiu como requisito de avaliação de programas de integridade a disposição de padrões de conduta estabelecidos pela empresa estendidos a terceiros:

> Art. 42. Para fins do disposto no §4º do art. 5º, o programa de integridade será avaliado, quanto a sua existência e aplicação, de acordo com os seguintes parâmetros: [...]
>
> III - padrões de conduta, código de ética e políticas de integridade estendidas, quando necessário, a terceiros, tais como, fornecedores, prestadores de serviço, agentes intermediários e associados; [...].

Nesse aspecto, também, é recomendada a criação de cláusulas contratuais de confidencialidade e anticorrupção a fim de assegurar o cumprimento das normas internas da entidade e da Lei Anticorrupção, estipulando, inclusive, sanções contratuais nos casos de descumprimento.

CAPÍTULO 7

# CANAL DE COMUNICAÇÃO E DENÚNCIAS

Os canais de comunicação e denúncia são instrumentos que apoiam o desenvolvimento dos programas de integridade e possibilitam a detecção e remediação de irregularidades que ocorrem dentro da organização, através de relatos realizados pelos colaboradores e *stakeholders*.

Esses canais permitem que quaisquer pessoas que interajam, direta ou indiretamente, com a empresa, manifestem elogios, sugestões, críticas e relatem suspeitas de irregularidades e desvios de conduta.

Os canais de comunicação são comumente denominados de ouvidorias, tendo em vista que não possuem a função de receber tão somente denúncias, mas, também, sugestões, elogios e críticas. Essas manifestações são também fontes proveitosas de informações que permitem o recebimento de *feedbacks* sobre o desempenho do programa de integridade e demais atividades da organização.

Contudo, para que esses canais de comunicação sejam ativos e eficientes, um dos requisitos essenciais é a confidencialidade, com o sigilo do conteúdo relatado e a proteção da identidade do denunciante, permitindo a realização de denúncias anônimas.

É o que preconiza a ISO 37.301/21, quando manifesta expressamente que "Mesmo quando não requerido pela regulamentação local, convém que as organizações considerem desenvolver um mecanismo de denúncia para permitir o anonimato ou a confidencialidade, pelo qual o pessoal da organização e agentes possam reportar ou procurar orientação de não *compliance*, sem medo de retaliação.[226]

---

[226] ASSOCIAÇÃO BRASILEIRA DE NORMAS TÉCNICAS. *ISO 37.301:21*: Sistemas de gestão de compliance: Diretrizes. Rio de Janeiro: NBR, 2021.

A proteção e a vedação de retaliação aos denunciantes são informações que devem constar do código de conduta e integridade, das políticas internas que tratem sobre o tema e do conteúdo dos treinamentos e capacitações ministrados. A Lei de Acesso à Informação (Lei nº 12.527 de 18.11.2011), em seu art. 31, prevê a proteção das informações do denunciante de boa-fé e só permite a disponibilização de seu conteúdo em casos de extrema necessidade. Veja os termos do art. 31 da Lei de Acesso a Informações na íntegra, visto a relevância deste tema ao presente capítulo:[227]

Art. 31. O tratamento das informações pessoais deve ser feito de forma transparente e com respeito à intimidade, à vida privada, à honra e à imagem das pessoas, bem como, às liberdades e garantias individuais.

§1º As informações pessoais, a que se refere este artigo, relativas à intimidade, à vida privada, à honra e à imagem:

I - terão seu acesso restrito, independentemente de classificação de sigilo e pelo prazo máximo de 100 (cem) anos a contar da sua data de produção, a agentes públicos legalmente autorizados e à pessoa a que elas se referirem; e

II - poderão ter autorizada sua divulgação ou acesso por terceiros diante de previsão legal ou consentimento expresso da pessoa a que elas se referirem.

§2º Aquele que obtiver acesso às informações de que trata este artigo será responsabilizado por seu uso indevido.

§3º O consentimento referido no inciso II do §1º não será exigido quando as informações forem necessárias:

I - à prevenção e diagnóstico médico, quando a pessoa estiver física ou legalmente incapaz, e para utilização única e exclusivamente para o tratamento médico;

II - à realização de estatísticas e pesquisas científicas de evidente interesse público ou geral, previstos em lei, sendo *vedada a identificação da pessoa* a que as informações se referirem; III - ao cumprimento de ordem judicial;

IV - à defesa de direitos humanos; ou

V - à proteção do interesse público e geral preponderante.

§4º A restrição de acesso à informação relativa à vida privada, à honra e à imagem de pessoa não poderá ser invocada com o intuito de prejudicar processo de apuração de irregularidades em que o titular das

---

[227] BRASIL. *Lei nº 12.527, de 18 de novembro de 2011*. Brasília, 18 nov. 2011. Disponível em: http://www.planalto.gov.br/ccivil_03/_ato2011-2014/2011/lei/l12527.htm. Acesso em: 31 mar. 2018.

informações estiver envolvido, bem como, em ações voltadas para a recuperação de fatos históricos de maior relevância.

§5º Regulamento disporá sobre os procedimentos para tratamento de informação pessoal. (Grifos nossos)

Importante ressaltar que os assuntos abordados, no âmbito da ouvidoria, assim como a identidade do denunciante, ainda que este tenha se identificado, devem ser tratados de forma confidencial, a fim de manter a fidedignidade do canal de comunicação.

Veja as disposições acerca do tema pela Convenção das Nações Unidas contra a Corrupção – promulgada pelo Decreto nº 5.687, de 31.1.2006:

> Art. 13. 2. Cada Estado-Parte adotará medidas apropriadas para garantir que o público tenha conhecimento dos órgãos pertinentes de luta contra a corrupção mencionados na presente Convenção e facilitará o acesso a tais órgãos, quando proceder, para a denúncia, inclusive anônima, de quaisquer incidentes que possam ser considerados constitutivos de um delito qualificado de acordo com a presente Convenção.

O recebimento de manifestações deve ser disponibilizado de diferentes formas, seja por telefone, formulários *on-line* e/ou em papel e em diversas línguas (se necessário).

A disponibilidade do canal de denúncias deve ser integral, 24 horas por dia, 7 dias por semana, para que o relatante se sinta à vontade em formalizar sua manifestação fora do horário comercial e ausente do ambiente da empresa.

Tendo em vista que algumas pessoas não têm acesso à internet e a computadores é necessário apresentar a este público condições de prover relatos, uma vez que o canal de comunicação deve atender à necessidade do máximo número de pessoas que se relacionam com a empresa.

Além de oferecer diferentes possibilidades para o relatante, importante, também, que se disponibilize número de protocolo de acompanhamento. Dessa forma, a confiabilidade ao canal de denúncias aumenta, ao passo que o relatante tem conhecimento das providências que estão sendo tomadas por parte da empresa.

Existem, no mercado, diversas empresas e escritórios especializados na gestão de canais de comunicação e ouvidoria, que prestam serviços técnicos para o recebimento e tratamento dessas informações. A escolha de terceirização dessa atividade é uma boa opção para as sociedades que apresentam dificuldades na promoção do seu canal de denúncias ao público interno e externo.

O canal de denúncias, quando tratado internamente, tem as informações registradas no servidor da empresa e, por vezes, denota a impressão de que o conteúdo dos relatos e a identidade dos denunciantes podem ser manipulados por agentes internos.

As empresas especializadas trabalham em conjunto com o ouvidor da entidade, realizando a triagem dos relatos, a análise preliminar dos fatos narrados na manifestação e sua categorização de acordo com sua complexidade e assuntos tratados, entre outras atividades.

A implantação de canal de denúncias independente é indispensável à eficiência do programa de integridade, tendo em vista que, por mais assertiva que seja a comunicação e treinamentos aos colaboradores, terceiros, fornecedores e parceiros de negócio, nenhuma organização está livre de sofrer algum tipo de violação.

O canal de denúncias provoca uma mudança cultural na entidade, em que todas as pessoas estão sujeitas a ser denunciadas em casos de não conformidade.

Para os casos e assuntos mais graves, faz-se necessária a abertura de procedimento investigativo interno, no qual serão coletados dados e documentos da organização e dados públicos disponíveis a fim de avaliar a verossimilhança da denúncia.

A análise preliminar dos fatos narrados não deve possuir caráter punitivo e os elementos identificados devem ser apresentados aos órgãos apuratórios, geralmente, representados pelo comitê de ética, presidência e/ou ao conselho de administração das empresas e estes deliberarão sobre a abertura de procedimento investigativo.

Um processo bem definido de acompanhamento do andamento da manifestação, com prazos para resposta ao denunciante e com proteção ao denunciante de boa-fé, é ferramenta que permite o desenvolvimento de um canal de comunicação sustentável, dinâmico, diligente e eficiente.[228]

---

[228] Sobre o tema *vide* CASTRO, Rodrigo Pironti Aguirre de; GONÇALVES, Francine Silva Pacheco. *Compliance e gestão de riscos nas empresas estatais.* Belo Horizonte: Fórum, 2018.

CAPÍTULO 8

# PLANO DE COMUNICAÇÃO, CAPACITAÇÃO E TREINAMENTO

A última etapa de implantação do programa de integridade consiste na comunicação ao público interno e externo da entidade das novas políticas, processos e procedimentos estabelecidos.

Inserir um novo racional não constitui tarefa fácil, uma vez que muitas pessoas, ao verificarem que os novos processos estabelecidos afetarão sua rotina de trabalho, consequentemente, sua zona de conforto, tendem a dificultar a implantação efetiva do programa.

Dessa forma, a comunicação sobre o programa de integridade deve ser planejada para que a abordagem realizada seja compreensível ao público-alvo, não intimide os colaboradores e passe a mensagem necessária.

Mensagens institucionais, *e-mails* corporativos da alta administração, enviados para todos os colaboradores, *templates* na tela dos computadores tratando sobre a importância do programa de integridade e divulgando o canal de denúncias e inclusão de temas relacionados ao programa em campanhas internas são algumas das ferramentas que disseminam e promovem a conduta ética nas empresas.

A comunicação realizada deve guiar seu público na localização dos documentos referentes ao programa de integridade, como o código de conduta e integridade e suas políticas relacionadas.

Além da elaboração de conteúdo de comunicação aplicável a todos da empresa, capacitação e treinamentos são imprescindíveis, tendo em vista que os colaboradores deverão aplicar na prática, em seus processos de trabalho, as novas orientações.

À vista disso, os temas e conteúdo dos treinamentos devem ser direcionados às competências e às atividades de trabalho exercidas pelo público-alvo.

A área de compras, por exemplo, deve ter seu treinamento reforçado ao redor de temas, como: padrões de conduta nos relacionamentos com o público externo (fornecedores, terceiros, parceiros de negócio etc.), conflitos de interesse e brindes e hospitalidades; enquanto o treinamento da área de recursos humanos deve acentuar temas como: nepotismo, despesas de viagem e reembolso de despesas, assédio moral e sexual, entre outros.

Em relação ao direcionamento do conteúdo dos treinamentos, importante que estes sejam planejados, considerando os maiores riscos identificados pela empresa durante a análise de riscos. Os colaboradores de diretorias e áreas que estão mais sujeitas e expostas aos riscos identificados devem dispor de treinamentos com o maior número de horas, com maior frequência e ter prioridade nos treinamentos presenciais. Veja as disposições da ISO 37.301/21, acerca do tema:

> Um treinamento adequadamente projetado e executado pode prover uma maneira eficaz para o pessoal comunicar riscos de *compliance* previamente não identificados.
>
> Convém que a educação e o treinamento sejam:
>
> – quando apropriados, com base em uma avaliação de lacunas de conhecimento e competência dos funcionários;
>
> – suficientemente flexíveis para responder a uma série de técnicas para acomodar as diferentes necessidades das organizações e do pessoal;
>
> – projetados, desenvolvidos e disponibilizados por pessoal qualificado e experiente;
>
> – disponibilizados no idioma local, quando aplicável;
>
> – avaliados e estimados quanto a sua eficácia, em bases regulares.[229]

O decreto federal regulamentador da Lei Anticorrupção apresentou como um dos critérios de avaliação de efetividade do programa de integridade para reduções de sanções a realização de treinamentos periódicos:

> Art. 42. Para fins do disposto no §4º do art. 5º, o programa de integridade será avaliado, quanto a sua existência e aplicação, de acordo com os seguintes parâmetros: [...]
>
> IV - treinamentos periódicos sobre o programa de integridade; [...].

---

[229] ASSOCIAÇÃO BRASILEIRA DE NORMAS TÉCNICAS. *ISO 37.301:21*: Sistemas de gestão de compliance: Diretrizes. Rio de Janeiro: NBR, 2021.

Assim, faz-se necessária a criação de um calendário de treinamentos para que se cumpram os requisitos legais exigidos à consideração da efetividade do programa de integridade.

A Controladoria-Geral da União evidenciou –[230] de forma pertinente – a importância do convencimento sobre a relevância do programa de integridade às pessoas que exercem cargo de média direção/gerência, como superintendentes, gerentes e coordenadores:

> BOAS PRÁTICAS [...]
>
> V - Convencer a média direção da entidade da importância das medidas de integridade e de que sua implementação é uma prioridade para a empresa, criando mecanismos para encorajar e reforçar esse comprometimento em todos os níveis; [...].

Tal importância se dá pelo fato de que a maioria dos colaboradores, em especial os pertencentes ao quadro de colaboradores de empresa de grande porte, não possuem acesso direto à alta administração e, portanto, percebe-se que os conceitos de "o exemplo vem de cima" ou *tone at the top* se distanciam da realidade vivenciada diariamente pelo empregado.

O convencimento da média gerência impulsiona sobremaneira a efetividade do programa de integridade, pois a percepção sobre o tema se aproxima dos gestores imediatos e dos colaboradores, portanto, estas são refletidas nas avaliações de desempenho que estes gestores realizam de seus gerenciados.

Uma forma de conquistar o convencimento da média gerência e demais colaboradores é relacionar a remuneração variada (bonificações, participações em lucros e resultados) e avaliações de desempenho à conclusão dos treinamentos sobre o programa de integridade e suas respectivas notas nos testes aplicados.

Oportuno que todos os treinamentos sejam dotados de testes que visem quantificar o aproveitamento dos participantes para a criação de indicador de desempenho de evolução do programa de integridade, bem como para os fins acima expostos (equacionar a remuneração variada e avaliar a aderência e o desempenho dos colaboradores ao programa).

---

[230] CONTROLADORIA-GERAL DA UNIÃO. *Guia de implantação de programa de integridade nas empresas estatais*: orientações para a gestão da integridade nas empresas estatais federais. Brasília: CGU, 2015. p. 20. Disponível em: http://www.cgu.gov.br/Publicacoes/etica-e-integridade/arquivos/guia_estatais_final.pdf. Acesso em: 31 mar. 2018.

Importante ressaltar que quaisquer mudanças na remuneração dos colaboradores devem, necessariamente, respeitar os direitos trabalhistas e o princípio da legalidade.

Pelo exposto, tendo em vista a relevância dos treinamentos para a efetividade do programa de integridade, imprescindível que todos eles sejam documentados por meio de fotos e/ou vídeos, que possuam lista de presença dos participantes e testes aplicados ao final. Todas as documentações comprobatórias oriundas destas etapas devem ser devidamente guardadas nos arquivos da empresa de forma física e magnética.

As empresas, normalmente, apresentam dificuldades em adequar a agenda dos colaboradores e administradores aos treinamentos periódicos do programa de integridade, em encontrar espaço para todos os participantes e em angariar orçamento para os custos envolvidos em todo esse processo. Nesse sentido, uma solução pode ser a utilização de treinamentos *on-line*, que podem ser feitos a qualquer momento pelo colaborador, com a realização de prova para certificação do cumprimento do programa ao final da capacitação.

CAPÍTULO 9

# MONITORAMENTO E APRIMORAMENTO CONTÍNUO DO PROGRAMA DE INTEGRIDADE E *COMPLIANCE*

As empresas, diariamente, estão sujeitas a alterações em sua forma de gestão, decorrentes de mudanças no cenário econômico, social e judicial, ou, ainda, por força de lei.

Alterações legislativas como a reforma trabalhista e previdenciária, por exemplo, provocam a necessidade de readequação dos processos das empresas ao novo modelo e parâmetros estabelecidos por estas leis. Desse modo, os programas de integridade também não podem ser engessados e devem ser aprimorados e readequados às novas necessidades de *compliance* da empresa, portanto, também carecem de monitoramento contínuo.

As mudanças de cenários podem alterar os riscos da empresa, ou sua priorização, e, por isso, tornar obsoletas as políticas e procedimentos instituídos pelo programa de integridade.

O decreto federal regulamentador da Lei Anticorrupção[231] previu como critérios de efetividade do programa de integridade o aprimoramento e o monitoramento contínuo, para o benefício de redução de sanções e, inclusive, para celebração de acordos de leniência, conforme disposto a seguir:

---

[231] BRASIL. *Decreto nº 8.420, de 18 de março de 2015*. Decreto regulamentador da Lei nº 12.846, de 1º de agosto de 2013. Brasília, 18 mar. 2015. Disponível em: http://www.planalto.gov.br/ccivil_03/_ato2015-2018/2015/decreto/D8420.htm. Acesso em: 31 mar. 2018.

Art. 37. O acordo de leniência conterá, entre outras disposições, cláusulas que versem sobre: [...]

IV - a adoção, aplicação ou aperfeiçoamento de programa de integridade, conforme os parâmetros estabelecidos no Capítulo IV. [...]

Art. 42. Para fins do disposto no §4º do art. 5º, o programa de integridade será avaliado, quanto a sua existência e aplicação, de acordo com os seguintes parâmetros: [...]

XV - monitoramento contínuo do programa de integridade visando a seu aperfeiçoamento na prevenção, detecção e combate à ocorrência dos atos lesivos previstos no art. 5º da Lei nº 12.846, de 2013; [...].

Nesse contexto, a pergunta normalmente levantada é: "Como demonstrar o monitoramento contínuo do programa de integridade?".

Para isso, são indicadas 4 fontes que apoiam as empresas no monitoramento contínuo do programa de integridade, consequentemente, na sua demonstração:

(i) interação entre as três linhas;

(ii) processos de *due diligence*;

(iii) processos de remediação; e

(iv) desenvolvimento de indicadores de desempenho.

(i) A interação entre as três linhas consiste na organização de grupos de trabalho e/ou comitês, fixos ou periódicos, compostos por representantes das três linhas para debater as questões relacionadas ao programa de integridade.

Como já versado, foi apresentada a importância da instituição do comitê de governança, riscos e controles, que podem, funcionalmente, ser responsáveis por viabilizar as interações entre as três linhas.

A primeira linha normalmente irá trazer dificuldades, críticas, dúvidas dos colaboradores envolvidos nos processos estabelecidos pelo programa de integridade e novas legislações a que estão sujeitas e que necessitam de adequação às normativas internas.

Já a segunda linha apresentará as sugestões de melhoria, ineficiências e inadequações identificadas nas avaliações da primeira linha, com o intuito de dar suporte às áreas que estão com dificuldades ou, ainda, àquelas que insistem em não ajustar seus processos, não cumprindo os planos de ação do programa de integridade estabelecidos.

A terceira linha apresentará os *gaps* e pontos de auditoria levantados às áreas da primeira e segunda linhas, bem como a eficácia dos controles estabelecidos pelo programa de integridade.

O objetivo destes grupos de trabalho é apresentar à alta administração os três pontos de vistas, atualizando os novos riscos aos quais a empresa está sujeita, propondo as atualizações necessárias ao programa de integridade e recomendando as deliberações necessárias.

Desse modo, importante que estes grupos de trabalho e comitês sejam compostos por profissionais experientes, que apresentem uma visão global da empresa e que as reuniões realizadas sejam sempre documentadas através de ata, com a assinatura de todos os participantes.

(ii) A *due diligence* é um processo que visa buscar informações sobre determinadas empresas e pessoas com as quais a empresa tem a intenção de se relacionar. Estes processos podem ser realizados em diversas situações, como: contratação de fornecedores, prestadores de serviços, terceiros, patrocinados, consorciados e empregados; negociação para aquisição e fusão com outras empresas e contratação de agentes intermediários (despachantes, por exemplo).

Durante este processo, são analisadas informações fornecidas pela pessoa jurídica ou física interessada e informações coletadas por meio de bases de dados específicas para cada diligência. Estas informações são estruturadas de forma que apoiem os gestores na tomada de decisão acerca da contratação pretendida e na gestão dos contratos oriundos destas relações.

A *due diligence* pode verificar aspectos financeiros, como: a saúde financeira da empresa e aspectos reputacionais, como a verificação de mídias negativas e processos ajuizados em face da organização analisada e seus gestores.

Com relação a aspectos financeiros, é possível analisar as demonstrações financeiras da empresa e a regularidade fiscal, trabalhista e previdenciária, por exemplo. Já na análise de aspectos reputacionais, podem-se verificar a inclusão da empresa, empresas do mesmo grupo econômico e seus sócios em lista de sanções nacionais e internacionais e listas de inidoneidade, o impedimento de contratar com a Administração Pública, mídias negativas, entre outras análises.

O decreto federal regulamentador da Lei Anticorrupção brasileira previu como critério de aferição da efetividade do programa de integridade a realização de processos de *due diligence*:

Art. 42. Para fins do disposto no §4º do art. 5º, o programa de integridade será avaliado, quanto a sua existência e aplicação, de acordo com os seguintes parâmetros: [...]

XIII - diligências apropriadas para contratação e, conforme o caso, supervisão, de terceiros, tais como, fornecedores, prestadores de serviço, agentes intermediários e associados;

XIV - verificação, durante os processos de fusões, aquisições e reestruturações societárias, do cometimento de irregularidades ou ilícitos ou da existência de vulnerabilidades nas pessoas jurídicas envolvidas [...].

A análise das informações decorrentes do processo de *due diligence* deve ser estruturada de forma que apresente os riscos envolvidos na relação jurídica pretendida e, dessa forma, apoie os gestores na tomada de decisão acerca da contratação e na eventual gestão dos contratos celebrados.

Assim, a *due diligence* pode ser um valioso instrumento de segurança na atuação da empresa e na comprovação de eventuais irregularidades de seus concorrentes.

Ademais, é inviável economicamente para muitas empresas a realização de *due diligence*, completa e complexa, de todas as empresas e pessoas com as quais se relaciona. Portanto, importante que seja formalizada uma política de *due diligence*, alinhada aos riscos da organização que defina critérios objetivos mínimos para selecionar quais serão os casos em que se fará *due diligence* e quais serão as informações analisadas.

Pode-se citar como exemplo de critério de seleção para a realização de *due diligence* a definição de que, por meio de política, o fornecedor ou prestador de serviços deve necessariamente passar pelo processo de *due diligence*. Nesses casos, a *due diligence*, além de ser uma ferramenta de gestão contratual, também, apoiará o desenvolvimento da matriz de riscos, incluindo as responsabilidades dos eventos de risco que estão relacionados a pontos de atenção levantados na *due diligence*.

(iii) O estabelecimento de políticas e processos bem definidos, com controles eficazes e a estruturação de uma área dedicada às atividades de *compliance*, infelizmente, não são as únicas providências necessárias à efetividade do programa de integridade.

Mesmo após a criação de todos estes mecanismos, as empresas ainda estão sujeitas a não conformidades e desvios de conduta de seus empregados e parceiros de negócio. Dessa forma, as empresas necessitam desenvolver mecanismos que visem à remediação de não conformidades e desvios de conduta, através da estruturação de processos sancionatórios, sendo estes, também, considerados parte do monitoramento contínuo do programa de integridade.

O decreto federal regulamentador da Lei Anticorrupção previu como critério de aferição da efetividade do programa de integridade a realização de processos sancionatórios:

Art. 42. Para fins do disposto no §4º do art. 5º, o programa de integridade será avaliado, quanto a sua existência e aplicação, de acordo com os seguintes parâmetros: [...]

XI - medidas disciplinares em caso de violação do programa de integridade; [...].

Os processos sancionatórios devem ser pensados de modo que prevejam a forma de processamento e tipo de sanções aplicáveis aos colaboradores, os fornecedores, terceiros, prestadores de serviços, entre outros.

Importante que essas normas e regulamentos estabeleçam quem são as pessoas ou comitês internos responsáveis por essas atividades, quais serão os ritos procedimentais, em que momento o empregado será intimado a apresentar sua defesa e produzir provas, quais são as modalidades de sanções aplicáveis e em quais circunstâncias cada uma delas deve ser aplicada.

Isso posto, verifica-se que as normas internas que irão sistematizar estes procedimentos devem contemplar em seus dispositivos, ou em documento próprio, uma política de consequências aplicável a todos os colaboradores da empresa, sem distinções de função, cargo ou tipo de contrato, bem como a todos os fornecedores, terceiros e parceiros de negócio.

Dessa forma, os documentos que norteiam e conduzem a sociedade a um processo de remediação, além de trazer efetividade ao programa de integridade, oferecem maior segurança jurídica e transparência a todos os envolvidos, sejam eles gestores, acusados ou responsáveis pela abertura e processamento dos processos disciplinares e de responsabilização.

(iv) O desenvolvimento dos indicadores de desempenho, por sua vez, tem a função de apresentar de forma objetiva e mensurável uma visão completa sobre a evolução do programa de integridade, ou seja, quais pontos necessitam de melhoria ou aprofundamento e, principalmente, aferição de sua efetividade.

Veja as disposições da ISO 37.301/21 acerca de indicadores de desempenho:

A organização deve estabelecer, implementar, avaliar e manter processos para buscar e receber retroalimentação sobre o seu desempenho do *compliance* de várias fontes. A informação deve ser analisada e avaliada criticamente para identificar as causas-raiz do não *compliance*, assegurar que ações apropriadas sejam tomadas, e refletir esta informação na avaliação periódica dos riscos.[232]

Os dados que compõem estes indicadores podem ser extraídos de diversas fontes, como: canal de denúncias, sistemas de atendimento a clientes (SAC), relatórios e notificações de órgãos reguladores e auditoria interna, número de demandas e assuntos mais tratados pelo jurídico contencioso da empresa, recomendações do comitê de gerenciamento de riscos e comitê de ética, quantidade de administradores e colaboradores treinados, relatórios da área de *compliance* e controles internos, entre outros.

Esses indicadores podem ser desenvolvidos na forma de KPI – *key performance indicator*, em português denominado indicador-chave de desempenho, que apresenta dados de produtividade, qualidade, capacidade e aspectos estratégicos para avaliação do programa de integridade.[233]

Importante que os KPIs apresentem não apenas dados numéricos, mas, também, as metas do programa de integridade, bem como quais delas foram realizadas ou descumpridas, conforme exemplo a seguir.

Os KPIs possibilitam e promovem:

1. a criação de um plano de trabalho de *compliance*, controles internos e auditoria mais adequado, adiantando e priorizando a análise em determinadas áreas e processos da empresa mais vulneráveis aos riscos e que possuam indicadores negativos;
2. a criação de agenda de treinamentos com conteúdo mais adequado e direcionado às maiores necessidades de *compliance* da empresa e de suas áreas de negócio;
3. a avaliação direcionada e mais criteriosa da efetividade dos controles internos, a identificação e a readequação de controles que se tornaram obsoletos;
4. o acompanhamento contínuo das métricas e metas estabelecidas pelo programa de integridade;
5. a cobrança assertiva dos gestores que estão descumprindo as metas estabelecidas para o programa de integridade;

---

[232] ASSOCIAÇÃO BRASILEIRA DE NORMAS TÉCNICAS. *ISO 37.301:21*: Sistemas de gestão de compliance: Diretrizes. Rio de Janeiro: NBR, 2021.

[233] Para modelos práticos de KPIs, ver CASTRO, Rodrigo Pironti Aguirre de; GONÇALVES, Francine Silva Pacheco. *Compliance e gestão de riscos nas empresas estatais*. Belo Horizonte: Fórum, 2018.

6. a previsão orçamentária mais assertiva e fundamentada para investimentos que visam à criação de planos de ação para mitigação de riscos, entre outros benefícios.

Contudo, o que os indicadores chave de performance têm de mais relevante é a capacidade de demonstrar à auditoria interna, aos órgãos de controle e auditorias externas a efetividade do programa implantado, com quantificação objetiva de seu desempenho e adequação de sua metodologia à empresa.

## 9.1 Indicadores-chave de crise (KCIs – *key crisis indicators*) em *compliance*

O recorte que trazemos neste tema busca quebrar alguns paradigmas dos indicadores de desempenho em gestão de riscos de *compliance*, entre eles, o de que o plano de continuidade do negócio, em se tratando de gestão de crises, deve ser estabelecido sobre os níveis de risco mais extremos (após a devida priorização) e permitir que os riscos do negócio, em especial, os seus impactos, norteiem o plano de continuidade do negócio da organização.

Há tempos entendemos que é necessário o estabelecimento mínimo de dois pilares sobre as ações de *compliance*: uma *gestão de riscos* congruente e sólida a parametrizar as várias incertezas do negócio e, não menos importante, uma medição objetiva da atuação do *compliance*, com a criação de *indicadores-chave de performance* (KPIs) que permitam, tanto sob o aspecto quantitativo, quanto qualitativo, a determinação e a comprovação da efetividade do programa de integridade.

Esses dois parâmetros, sem dúvida, devem estar presentes em todo e qualquer programa de *compliance* que se pretenda, minimamente, adequado. Contudo, alguns *gaps* de análise eram – até o advento dos KCIs – inobservados pelas áreas de *compliance*, o que gerava um grande número de conflitos, como exemplo, explicar o motivo de não se ter estabelecido um plano de continuidade do negócio em um evento de risco com baixa probabilidade de ocorrência e de impacto muito alto.

Ora, a resposta parece óbvia: não há plano de continuidade do negócio nestes casos, pois os níveis de risco para a hipótese anterior determinam uma classificação em baixo nível, ou seja, no âmbito da matriz de risco e de sua priorização estes riscos apenas seriam "atacados" ou analisados e programados, quando dos controles exercidos sobre níveis mais baixos de risco; controles esses que, obviamente, não correspondem à imediata e constante análise sobre os riscos extremos. É comum que o plano de continuidade do negócio (PCN) seja estabelecido sobre os níveis de riscos mais altos e não sobre os mais baixos.

Aqui é que está o *gap* de *compliance* na gestão de crises corporativas: alguns dos maiores riscos de uma empresa não estão nos níveis extremos de priorização, ao contrário, estão em uma escala mediana ou baixa após a análise no diagrama de cálculo de risco.

Para que se veja o tema de maneira mais clara, tentaremos esclarecer a teoria de maneira didática e visual.

O Brasil é, naturalmente, o país do risco. E, em consequência, o país onde potencialmente há uma grande probabilidade de graves crises. O risco é – como sabemos – um evento futuro vinculado a uma incerteza. Em linhas gerais, tratar de gestão de risco é tratar do gerenciamento das incertezas do negócio. Quanto melhor for a minha capacidade de gestão das incertezas, menos exposto ao risco meu negócio estará.

Isso é muito bem representado no "problema da agência", que é um dos maiores vetores das relações público-privadas e também entre privados em nosso país, pois a assimetria de informação, gerada pela ausência de gestão dos riscos corporativos nos negócios travados entre as partes, como regra, conduz ao conflito de interesses; conflitos esses que desencadeiam longas discussões judiciais ou embates arbitrais, cuja solução nem sempre agrada a ambas as partes.

É neste ponto que se justifica um programa de integridade com gestão de riscos efetiva, pois reduzir a assimetria de informação do negócio estruturado entre as partes é o primeiro passo para o sucesso da relação empresarial.

Parece simples, porém, uma boa gestão de risco deve, além de permitir uma preparação – e até mesmo uma maior previsibilidade – para os vários eventos futuros e incertos que possam advir das inúmeras categorias de incertezas mapeadas, permitir o estabelecimento de um plano de continuidade do negócio efetivo, quando um desses eventos desencadear uma crise. E é aqui que têm fundamento os denominados KCIs.

Ora, todos reconhecemos que o gerenciamento de risco possui, em sua primeira etapa, a necessidade de identificação clara e objetiva dos eventos, sob pena de se realizar uma estrutura para o gerenciamento de risco fundada em falsas incertezas ou situações concretas que não representam realidade vinculada ao risco.

É em razão disso que, nesta fase, o registro do risco (também chamado de mapa de risco) é fundamental para o perfeito enquadramento das situações que serão enfrentadas como incertezas capazes de potencializar o risco do negócio.

Um bom registro de risco deve possuir no mínimo os seguintes critérios:

a) *evento*: que representa a incerteza imaginada e que, caso concretizada, poderá impactar negativamente o negócio;

b) *causa*: que é decorrência lógica do próprio evento de risco, ou seja, um evento de risco possuirá obrigatoriamente uma ou mais causas;

c) *consequência*: que determina quais os vários resultados que da concretização do evento podem advir;

d) sobre esses núcleos anteriores (causa e consequência), serão objetivadas as *ações ou controles preventivos* (sobre as causas) e *de contingência* (sobre as consequências);

e) note-se, ainda, que, para a avaliação da probabilidade e do impacto a ser lançado no registro de risco, tomar-se-á, como base para *mensuração da probabilidade do evento, a causa* e, para a *mensuração do impacto da possível materialização da incerteza, a consequência*. Com isso, teremos bem definido o registro do risco, sem olvidar, obviamente, que outros critérios poderiam ser agregados, como exemplo, responsáveis, categorias de riscos entre outros.

Note-se que os critérios de registro apontados anteriormente e o respectivo plano de continuidade do negócio estariam vinculados ao nível de impacto e não à aferição da probabilidade, ou seja, não estariam vinculados aos parâmetros de priorização da matriz, mas, sim, aos níveis de impacto apontados nos eventos registrados.

Com isso, alguns níveis com impacto alto e muito alto, após serem priorizados na matriz, ocupam posição de níveis de risco altos e médios, ou seja, se, no apetite de risco da empresa, os níveis de análise do plano de continuidade do negócio sobre uma possível crise estivessem vinculados aos níveis de risco considerados extremos, por exemplo, deixaríamos de considerar para fins de planejamento os impactos altos e muito altos com níveis de riscos, o que, obviamente, colocaria o negócio da companhia em risco e sem previsibilidade mínima para uma eventual crise.

Veja que existem níveis extremos cuja probabilidade é muito alta, mas o impacto é médio; sobre esses, o PCN não se faz relevante, não ao menos em uma análise de priorização diante de possível escassez de recursos e tempo nas empresas.

É neste sentido que afirmamos que o estabelecimento do plano de continuidade do negócio para a análise de ativação de crise deve ser determinado pelo impacto causado no negócio e não necessariamente por sua probabilidade. Com base nisso, portanto, devem ser estabelecidos os KCIs (indicadores-chave de crise).

CAPÍTULO 10

# CONSIDERAÇÕES FINAIS

Diante dos mecanismos, instrumentos legislativos e panoramas abordados nesta obra, pode-se concluir que a adequação do público e do privado sobre os valores da ética e da integridade é compromisso que permanecerá na pauta e agenda do país, principalmente com as recentes exigências das leis nºs 13.303/16 e 14.133/21 e, ainda, com as crescentes exigências estaduais e municipais sobre o tema. Assim, empresas privadas que desejem permanecer contratando com a Administração Pública deverão se adequar às novas exigências.

Exigências essas, que, como se percebe, não padecem de vícios de constitucionalidade, uma vez que foram editadas de acordo com os parâmetros disciplinados em normas gerais, notadamente, a Lei Geral de Licitações e Contratos e o Estatuto Jurídico das Estatais, pelo que não há que se falar em inconstitucionalidade formal. Ademais, considerando que a exigência de implementação de programas de integridade é uma obrigação contratual, e não um requisito de habilitação, também, inexistente inconstitucionalidade material por afronta ao art. 37, inc. XXI, da Constituição da República de 1988.

Entretanto, e apesar de considerar constitucionais os instrumentos normativos analisados no decorrer dessa obra, sabe-se que essas inovações, que são legítimas e necessárias, merecem reparos, especialmente, para garantir a intangibilidade da equação econômico-financeira dos contratos administrativos vigentes, em que a exigência da implementação de programas de integridade nas relações contratuais com a Administração Pública já é realidade.

Além disso, não se ouvida o fato de que os prazos estipulados e as autoridades responsáveis pela fiscalização dos programas não são os mais adequados, eis que a implementação de programas de integridade é processo complexo, que demanda tempo, dinheiro e recursos humanos especializados. Da mesma forma, os gestores e fiscais do contrato, pelo alto número de competências que já exercem, talvez, não consigam realizar uma efetiva avaliação dos programas implementados, já que desprovidos de expertise suficiente. Diante disso, é de suma importância que esses agentes sejam, primeiramente, capacitados a exercer tal função, mas também, não deixem de ser orientados, auxiliados e amparados pela estrutura de *compliance*, para que possam exercer com efeito a fiscalização.

A necessidade de reparos e adequações, dentro de uma análise singela, contudo, não é suficiente a desprestigiar o reconhecimento pelo grande avanço dessas inovações, que ampliaram o espectro de mecanismos e instrumentos voltados ao combate à fraude e à corrupção.

Considerando que os programas de integridade trazem inúmeros benefícios às organizações, é relevante que sua implementação seja realizada de forma responsável e seguindo rigorosas metodologias internacionais, com revisão e monitoramento contínuos, permitindo que estas empresas se consolidem no mercado como companhias preocupadas com ética e integridade. Assim, exigi-los como condição nas relações contratuais com o Poder Público é uma oportunidade de garantir maior qualidade e eficiência às contratações administrativas.

# REFERÊNCIAS

AKERLOF, George A. The market for "lemons": quality uncertainty and the market mechanism. *The Quarterly Journal of Economics*, v. 84, n. 3, ago. 1970.

ANDRADE, Renata Fonseca. Compliance no relacionamento com o governo. *In*: NOHARA, Irene Patrícia; PEREIRA, Fábio Bastos (Coord.). *Governança, compliance e cidadania*. 2. ed. rev., atual. e ampl. São Paulo: Thomson Reuters Brasil, 2019.

ASSOCIAÇÃO BRASILEIRA DE NORMAS TÉCNICAS. *ISO 19.600*: Sistemas de gestão de compliance: Diretrizes. Rio de Janeiro: NBR, 2014.

ASSOCIAÇÃO BRASILEIRA DE NORMAS TÉCNICAS. *ISO 37.301:21*: Sistemas de gestão de compliance: Diretrizes. Rio de Janeiro: NBR, 2021.

ASSOCIAÇÃO BRASILEIRA DE NORMAS TÉCNICAS. *NBR ISO 31000*. Gestão de riscos – Princípios e diretrizes. Rio de Janeiro: NBR, 2018.

ATALIBA, Geraldo. Regime constitucional e leis nacionais e federais. *In*: CLÉVE, Clèmerson Merlin; BARROSO, Luís Roberto (Org.). *Doutrinas essenciais do direito constitucional*. São Paulo: Saraiva, 2011. v. III.

BANDEIRA DE MELLO, Celso Antônio. *Curso de direito administrativo*. 31. ed. rev. e atual. São Paulo: Malheiros, 2014.

BARRETT, Richard. *Building a values-driven organization*: a whole system approach to cultural transformation. Oxford: Elsevier, 2006. Disponível em: http://shora.tabriz.ir/Uploads/83/cms/user/File/657/E_Book/Economics/Building%20a%20Values-Driven.pdf. Acesso em: 12 dez. 2019.

BARROSO, Luís Roberto. *Curso de direito constitucional contemporâneo*: os conceitos fundamentais e a construção do novo modelo. 2. ed. São Paulo: Saraiva, 2010.

BERTOCCELLI, Rodrigo de Pinho. Compliance. *In*: CARVALHO, André Castro; ALVIM, Tiago Cripa; BERTOCELLI, Rodrigo de Pinho; VENTURINI, Otávio. *Manual de compliance*. Rio de Janeiro: Forense, 2019.

BRASIL, Franklin; SOUZA, Kleberson. *Como gerenciar riscos na Administração Pública*: estudo prático em licitações. Curitiba: Negócios Públicos do Brasil, 2017.

BRASIL. *Constituição da República Federativa do Brasil, de 05 outubro de 1988*. Brasília: Senado Federal, 1988. Disponível em: http://www.planalto.gov.br/ccivil_03/constituicao/constituicaocompilado.htm. Acesso em: 29 jun. 2018.

BRASIL. Controladoria-Geral da União – CGU. *Coleção Integridade nas contratações públicas*. Brasília: CGU, 2021. v. I. Disponível em: https://repositorio.cgu.gov.br/bitstream/1/66646/5/Informativo_Colecao_Integridade_em_Contratacoes_Publicas_2021_V1.pdf. Acesso em: 30 ago. 2021.

BRASIL. Controladoria-Geral da União – CGU. *Manual de Responsabilização Administrativa de Pessoas Jurídicas/CGU*. Brasília: CGU, 2018. Disponível em: http://www.cgu.gov.br/Publicacoes/responsabilizacao-de-empresas/ManualdeResponsa bilizaoAdministrativadePessoasJurdicasMaio2018.pdf. Acesso em: 22 jul. 2019.

BRASIL. Controladoria-Geral da União – CGU. *Manual prático de avaliação de programa de integridade em PAR*. Brasília: CGU, 2018. Disponível em: http://www.cgu.gov.br/ Publicacoes/etica-e-integridade/arquivos/manual-pratico-integridade-par.pdf. Acesso em: 20 dez. 2018.

BRASIL. Controladoria-Geral da União – CGU. *Portaria nº 1.214 de 09 de junho de 2020*. Disponível em: https://www.in.gov.br/en/web/dou/-/portaria-n-1.214-de-8-de-junho-de-2020-260787863. Acesso em: 31 ago. 2021.

BRASIL. Controladoria-Geral da União – CGU. *Programa de integridade:* diretrizes para empresas privadas. Brasília: CGU, set. 2015. p. 6-14. Disponível em: https://www.gov. br/cgu/pt-br/centrais-de-conteudo/publicacoes/integridade/arquivos/programa-de-integridade-diretrizes-para-empresas-privadas.pdf/view. Acesso em: 31 ago. 2021.

BRASIL. *Decreto nº 7.203, de 4 de junho de 2010*. Dispõe sobre a vedação do nepotismo no âmbito da Administração Pública Federal. Brasília, 4 jun. 2010. Disponível em: http://www.planalto.gov.br/ccivil_03/_ato2007-2010/2010/decreto/d7203.htm. Acesso em: 31 mar. 2018.

BRASIL. *Decreto nº 8.420, de 18 de março de 2015*. Decreto regulamentador da Lei nº 12.846, de 1º de agosto de 2013. Brasília, 18 mar. 2015. Disponível em: http://www.planalto.gov. br/ccivil_03/_ato2015-2018/2015/decreto/D8420.htm. Acesso em: 31 mar. 2018.

BRASIL. *Lei Federal nº 13.303, de 30 de junho de 2016*. Disponível em: http://www.planalto. gov.br/ccivil_03/_ato2015-2018/2016/lei/l13303.htm. Acesso em: 2 ago. 2019.

BRASIL. *Lei nº 12.527, de 18 de novembro de 2011*. Brasília, 18 nov. 2011. Disponível em: http://www.planalto.gov.br/ccivil_03/_ato2011-2014/2011/lei/l12527.htm. Acesso em: 31 mar. 2018.

BRASIL. *Lei nº 12.813, de 16 de maio de 2013*. Lei de Conflito de Interesses: Poder Executivo Federal. Brasília, 16 maio 2013. Disponível em: http://www.planalto.gov.br/ccivil_03/_ ato2011-2014/2013/lei/l12813.htm. Acesso em: 31 mar. 2018.

BRASIL. *Lei nº 12.846, de 1º de agosto de 2013*. Lei Anticorrupção Brasileira. Brasília, 1º ago. 2013. Disponível em: http://www.planalto.gov.br/ccivil_03/_ato2011-2014/2013/ lei/l12846.htm. Acesso em: 31 mar. 2018

BRASIL. Ministério da Agricultura, Pecuária e Abastecimento – Mapa. *Portaria nº 877, de 6 jun. 2018*. Disponível em: http://www.agricultura.gov.br/noticias/mapa-exige-que-prestadores-de-servicos-instituam-programas-de-integridade/Portarian877MAPA201 8ProgramadeIntegridadedoMA-PAaprovadopelaPortariaMAPANo705de07042017jun. pdf. Acesso em: 29 jun. 2018.

BRASIL. *Norma Geral de Licitações e Contratações*. Lei nº 14.133 de 1º de abril de 2021. Disponível em: http://www.planalto.gov.br/ccivil_03/_ato2019-2022/2021/lei/L14133. htm. Acesso em: 31 ago. 2021.

BRASIL. Secretaria de Transparência e Prevenção da Corrupção; CGU. *Coleção Integridade em contratações públicas*. Brasília: CGU, 2021. v. I. Disponível em: https://repositorio. cgu.gov.br/bitstream/1/66646/7/Informativo_Colecao_Integridade_em_Contratacoes_ Publicas_2021_V1.pdf. Acesso em: 30 ago. 2021.

BRASIL. Tribunal de Contas da União – TCU. *Acórdão nº 1845/2019* – Plenário. Relator: Augusto Nardes. Julgamento: 07 ago. 2019. Disponível em: https://pesquisa.apps.tcu. gov.br/#/documento/acordao-completo/risco%2520de%2520integridade/%2520%2520 COPIARELATOR%253A%2522AUGUSTO%2520NARDES%2522/DTRELEVANCIA%25 20desc%252C%2520NUMACORDAOINT%2520desc/3/%2520?uuid=fcf77f60-0fe4-11ea-bc52-69b41ebac977. Acesso em: 10 out. 2019.

BRASIL. Tribunal de Contas da União – TCU. *Acórdão nº 898/2019* – Plenário. Relator: Benjamin Zymler. Julgamento: 16 abr. 2019. Disponível em: https://pesquisa.apps. tcu.gov.br/#/documento/acordao-completo/*/NUMACORDAO%253A898%25-20ANOACORDAO%253A2019/DTRELEVANCIA%20desc,%20NUMACORDAOINT%20 desc/0/%20?uuid=70347a70-ba9d-11e9-a483-9fb8528dc97d. Acesso em: 06 nov. 2019.

BRASIL. Tribunal de Contas da União – TCU. *Referencial básico de governança*: aplicável a órgãos e entidades da Administração Pública. Brasília: TCU, 2014. Disponível em: https://portal.tcu.gov.br/biblioteca-digital/referencial-basico-de-gestao-de-riscos.htm.

BRASIL. Tribunal Regional Federal (2ª Região). *Apelação em Mandado de Segurança nº 0035486-47.2018.4.02.5101*. Relator: Marcelo Pereira da Silva. Julgamento: 15 abr. 2019. Disponibilização: 24 abr. 2019. Disponível em: https://www10.trf2.jus.br/consultas/?m ovimento=cache&q=cache:QEgI_mTgQXsJ:acordaos.trf2.jus.br/apolo/databucket/idx% 3Fprocesso%3D201851010354866%26coddoc%3D2289680%26datapublic%3D2019-04-25%26pagdj%3D385/394+convida+refei%C3%A7%C3%B5es+ltda.&site=v2_jurispruden-cia&client=v2_index&proxystylesheet=v2_index&lr=lang_pt&ie=UTF-8&output=xml_ no_dtd&acces-s=p&oe=UTF-8. Acesso em: 6 nov. 2019.

CANDELORO, Ana Paula P.; RIZZO, Maria Balbina Martins de; PINHO, Vinícius. *Compliance 360º*: riscos, estratégias, conflitos e vaidades no mundo corporativo. São Paulo: Trevisan, 2012.

CANETTI, Rafaela; MENDONÇA, José. Corrupção para além da punição: aportes da economia comportamental. *Revista de Direito Econômico e Socioambiental*, Curitiba, v. 10, n. 1, p. 104-125, jan./abr. 2019. DOI: 10.7213/rev.dir.econ.soc.v10i1.19003.

CARRAZA, Roque Antônio. *Curso de direito constitucional tributário*. 20. ed. rev., ampl. e atual. São Paulo: Malheiros, 2004.

CARVALHO, Itamar; ALMEIDA, Bruno. Programas de compliance: foco no programa de integridade. *In*: CARVALHO, André Castro; ALVIM, Tiago Cripa; BERTOCELLI, Rodrigo de Pinho; VENTURINI, Otávio (Coord.). *Manual de compliance*. Rio de Janeiro: Forense, 2019.

CASCAVEL (Município). *Lei Municipal nº 7.184 de 17 de dezembro de 2020*. Disponível em: https://leismunicipais.com.br/a2/pr/c/cascavel/lei-ordinaria/2020/719/7184/lei-ordinaria-n-7184-2020-dispoe-sobre-a-instituicao-do-programa-de-integridade-nas-empresas-que-contratarem-com-a-administracao-publica-do-municipio-de-cascavel-e-da-outras-providencias. Acesso em: 20 dez. 2020.

CASTRO, Rodrigo Pironti Aguirre de; GONÇALVES, Francine Silva Pacheco. *Compliance e gestão de riscos nas empresas estatais*. Belo Horizonte: Fórum, 2018.

CASTRO, Rodrigo Pironti Aguirre de; ZILIOTTO, Mirela Miró. Compliance e a lógica do controle interno prevista no artigo 70 da Constituição da República de 1988: trinta anos de atualidade. *In*: DI PIETRO, Maria Sylvia Zanella; MOTTA, Fabrício (Coord.). *O direito administrativo nos 30 anos da Constituição*. Belo Horizonte: Fórum, 2018.

CAVALHEIRO, Jader Branco; FLORES, Paulo Cesar. *A organização do sistema de controle interno municipal*. 4. ed. rev. e ampl. Porto Alegre: CRCRS, 2007. Disponível em: http://www.crcrs.org.br/arquivos/livros/livro_cont_int_mun.PDF. Acesso em: 20 nov. 2018.

CLAYTON, Mona. Entendendo os desafios de compliance no Brasil: um olhar estrangeiro sobre a evolução do compliance anticorrupção em um país emergente. *In*: DEBBIO, Alessandra Del; MAEDA, Bruno Carneiro; AYRES, Carlos Henrique (Coord.). *Temas de anticorrupção e compliance*. Rio de Janeiro: Elsevier, 2013.

COIMBRA, Marcelo de Aguiar; BINDER, Vanessa Alessi Manzi (Org.). *Manual de compliance*: preservando a boa governança e a integridade das organizações. São Paulo: Atlas, 2010.

COMO alguns países tratam seus resíduos. *Em Discussão – Senado Federal*, n. 22, set. 2014. Disponível em: https://www12.senado.leg.br/emdiscussao/edicoes/residuos-solidos/mundo-rumo-a-4-bilhoes-de-toneladas-por-ano/como-alguns-paises-tratam-seus-residuos.

CONTROLADORIA-GERAL DA UNIÃO. *Guia de implantação de programa de integridade nas empresas estatais*: orientações para a gestão da integridade nas empresas estatais federais. Brasília: CGU, 2015. Disponível em: http://www.cgu.gov.br/Publicacoes/etica-e-integridade/arquivos/guia_estatais_final.pdf. Acesso em: 31 mar. 2018.

COWART, Tammy; SCHULZKE, Kurt; JACKSON, Sherry. Carrots and sticks of whistleblowing: what classification trees say about false claims act lawsuits. *Accounting, Finance & Business Law Faculty Publications and Presentations*, Paper 6, 2019. Disponível em: http://hdl.handle.net/10950/1869. Acesso em: 2 jun. 2020.

CRUZ, Flávio da; GLOCK, José Osvaldo. *Controle interno nos municípios*: orientação para implantação e relacionamento com o Tribunal de Contas. São Paulo: Atlas, 2003.

CUNHA, Daniele Estivalete; MOURA, Gilnei Luiz de; RIZZETTI, Daniele Medianeira; TEIXEIRA, Emidio Gressler. A influência dos valores organizacionais no comportamento estratégico: um estudo das empresas do setor hoteleiro da região turística das Hortênsias/RS. *Espacios*, v. 37, n. 28, 2016. Disponível em: https://www.revistaespacios.com/a16v37n28/16372819.html. Acesso em: 12 dez. 2020.

DI PIETRO, Maria Sylvia Zanella. *Direito administrativo*. 30. ed. rev., atual. e ampl. Rio de Janeiro: Forense, 2017.

DISTRITO FEDERAL. *Lei Distrital nº 6.112, de 2 fev. 2018*. Disponível em: https://www.legisweb.com.br/legislacao/?id=356400. Acesso em: 29 jun. 2018.

DISTRITO FEDERAL. *Lei Distrital nº 6.308/2019 que alterou a Lei Distrital nº6.112/2018*. Disponível em: http://legislacao.cl.df.gov.br/Legislacao/consultaTextoLeiParaNormaJuridicaNJUR524981!buscarTextoLeiParaNormaJuridicaNJUR.action. Acesso em: 17 jun. 2019.

ESPÍRITO SANTO (Estado). *Lei Estadual nº 10.793, de 22 de dezembro de 2017*. Disponível em: https://secont.es.gov.br/Media/secont/Legisla%C3%A7%C3%B5es/Lei%2010.793%20de%2021%20de%20dezembro%20de%202017.pdf. Acesso em: 29 de jun. 2018.

ESTRATÉGIA NACIONAL DE COMBATE À CORRUPÇÃO E À LAVAGEM DE DINHEIRO (ENCCLA). *Integridade nas compras públicas*. 2019. Disponível em: http://enccla.camara.leg.br/acoes/arquivos/resultados-enccla-2019/cartilhaintegridadecompraspublicas/view. Acesso em: 2 jun. 2020.

REFERÊNCIAS | 345

FAORO, Raymundo. *Os donos do poder*. Rio de Janeiro: Globo, 1987.

FORIGO, Camila Rodrigues. *A figura do compliance officer no direito brasileiro*: funções e responsabilização penal. Rio de Janeiro: Multifoco, 2017.

FORTINI, Cristiana; MOTTA, Fabrício. Corrupção nas licitações e contratações públicas: sinais de alerta segundo a Transparência Internacional. *A&C – Revista de Direito Administrativo & Constitucional*, Belo Horizonte, ano 16, n. 64, p. 93-113, abr./jun. 2016.

FOX, Thomas. *Lessons learned on compliance and ethics*. Washington: Ethics 360 Media, 2012.

FREITAS, Juarez. *O controle dos atos administrativos e os princípios fundamentais*. 5. ed. rev. e ampl. São Paulo: Malheiros, 2013.

FREITAS, Juarez. *Sustentabilidade*: direito ao futuro. Belo Horizonte: Fórum, 2012.

FRISCHTAK, Cláudio; MOURÃO, João. *O estoque de capital de infraestrutura no Brasil*: uma abordagem setorial. *Desafios da Nação*, 22 ago. 2017. Disponível em: https://epge.fgv.br/conferencias/modernizacao-da-infraestrutura-brasileira-2017/files/estoque-de-capital-setorial-em-infra-brasil-22-08-2017.pdf. Acesso em: 2 jun. 2021.

GIOVANINI, Wagner. *DSC 10.000*. Porto Alegre: Ebanc, 2015.

GLOCK, José Osvaldo. *Sistema de controle interno na Administração Pública*. 2. ed. rev. e atual. Curitiba: Juruá, 2015.

GUIMARÃES, Fernando Vernalha. A recomposição da equação econômico-financeira do contrato administrativo em face do incremento dos encargos salariais. *Revista Eletrônica de Direito Administrativo Econômico (REDAE)*, Salvador, n. 21, fev./abr. 2010. Disponível em: http://www.direitodoestado.com/revista/REDAE-21-FEVEREIRO-2010-FERNANDO-VERNALHA-GUIMARAES.pdf. Acesso em: 15 jan. 2019.

GUIMARÃES, Fernando Vernalha. *Alteração unilateral do contrato administrativo*. São Paulo: Malheiros, 2003.

GUIMARÃES, Fernando Vernalha; REQUI, Érica Miranda dos Santos. Exigência de programa de integridade nas licitações. *In*: PAULA, Marco Aurélio Borges de; CASTRO, Rodrigo Pironti Aguirre de (Org.). *Compliance, gestão de riscos e combate à corrupção*. Belo Horizonte: Fórum, 2018.

HARARI, Yuval Noah. *Na batalha contra o coronavírus, faltam líderes à humanidade*. Tradução de Odorico Leal. São Paulo: Companhia das Letras, 2020.

INSTITUTO BRASILEIRO DE GOVERNANÇA CORPORATIVA. *Código das melhores práticas de governança corporativa*. São Paulo: IBGC, 2015. Disponível em: http://www.ibgc.org.br/userfiles/2014/files/codigoMP_5edicao_web.pdf. Acesso em: 31 mar. 2018.

INSTITUTO BRASILEIRO DE GOVERNANÇA CORPORATIVA. *Guia de orientação para gerenciamento de riscos corporativos*. São Paulo: IBGC, 2007.

INSTITUTO DOS AUDITORES INTERNOS DO BRASIL. *Declaração de posicionamento do IIA*: as três linhas de defesa no gerenciamento eficaz de riscos e controles. São Paulo: IIA, 2013. Disponível em: http://www.iiabrasil.org.br/new/2013/downs/As_tres_linhas_de_defesa_Declaracao_de_Posicionamento2_opt.pdf. Acesso em: 31 mar. 2018.

INSTITUTO DOS AUDITORES INTERNOS DO BRASIL. *Modelo das três linhas do IIA 2020*: uma atualização das três linhas de defesa. São Paulo: IIA, 2021. Disponível em: https://iiabrasil.org.br/korbilload/upl/editorHTML/uploadDireto/20200758glob-th-editorHTML-00000013-20082020141130.pdf. Acesso em: 6 set. 2021.

INTERNATIONAL ORGANIZATION OF SUPREME AUDIT INSTITUTIONS – INTOSAI. Normas de auditoria. *Revista Tribunal de Contas da União*, Brasília, v. 22, 1991.

JOINVILLE (Município). *Lei Municipal nº 8.772 de 05 de dezembro de 2019*. Disponível em: https://leismunicipais.com.br/a2/sc/j/joinville/lei-ordinaria/2019/878/8772/lei-ordinaria-n-8772-2019-dispoe-sobre-a-instituicao-do-programa-de-integridade-nas-pessoas-juridicas-que-contratarem-com-a-administracao-publica-municipal?q=8772. Acesso em: 20 dez. 2020.

JUSTEN FILHO, Marçal. A "Nova" Lei Anticorrupção Brasileira (Lei Federal 12.846/2013). *Informativo Justen, Pereira, Oliveira e Talamini*, Curitiba, n. 82, dez. 2013. Disponível em: http://www.justen.com.br/informativo. Acesso em: 10 dez. 2018.

JUSTEN FILHO, Marçal. *Comentários à Lei de Licitações e Contratos Administrativos*. 11. ed. São Paulo: Dialética, 2005.

JUSTEN FILHO, Marçal. *Comentários à Lei de Licitações e Contratos Administrativos*. 16. ed. São Paulo: Revista dos Tribunais, 2014.

JUSTEN FILHO, Marçal. *Curso de direito administrativo*. 11. ed. rev., atual. e ampl. São Paulo: Revista dos Tribunais, 2015.

LAFER, Celso. Incerteza jurídica. *O Estado de S. Paulo*, São Paulo, 18 mar. 2018. Disponível em: http://opiniao.estadao.com.br/noticias/geral,incerteza-juridica,70002231774. Acesso em: 18 mar. 2018.

LEAL, Rogério Gesta. Os descaminhos da corrupção e seus impactos sociais e institucionais: causas, consequências e tratamentos. *Interesse Público – IP*, Belo Horizonte, ano 14, n. 74, jul./ago. 2012. Disponível em: http://www.bidforum.com.br/bid/PDI0006.aspx?pdiCntd=81184. Acesso em: 20 jul. 2021.

LEGAL, ETHICS, COMPLIANCE – LEC. *Odebrecht*: estabelecendo um novo padrão. Disponível em: https://lec.com.br/blog/odebrecht-estabelecendo-um-novo-padrao/. Acesso em: 12 dez. 2019.

LIMBERGER, Têmis; TEIXEIRA, Anderson Vichinkeski; ABREU, Mateus Barbosa Gomes. Contratos administrativos e gestão pública: proposições a partir de estudos de casos na Administração Pública federal indireta. *A&C – Revista de Direito Administrativo & Constitucional*, Belo Horizonte, ano 14, n. 58, p. 155-176, out./dez. 2014.

MAEDA, Bruno Carneiro. Programas de compliance anticorrupção: importância e elementos essenciais. *In*: DEBBIO, Alessandra Del; MAEDA, Bruno Carneiro; AYRES, Carlos Henrique (Coord.). *Temas de anticorrupção e compliance*. Rio de Janeiro: Elsevier, 2013.

MARRARA, Thiago. Acordos de leniência no processo administrativo brasileiro: modalidades, regime jurídico e problemas emergentes. *Revista de Direito Administrativo*, v. 2, n. 2, p. 509-527, 2015.

MARTIN, Nilton Cano; SANTOS, Lílian Regina dos; DIAS FILHO, José Maria. Governança empresarial, riscos e controles internos: a emergência de um novo modelo de controladoria. *Revista Contabilidade & Finanças*, São Paulo, v. 15, n. 34, jan./abr. 2004. Disponível em: http://www.scielo.br/scielo.php?script=sci_arttext&pid=S1519-70772004000100001. Acesso em: 5 mar. 2018.

MATO GROSSO (Estado). *Lei Estadual nº 10.744, de 29 de agosto de 2018*. Disponível em: http://www.al.mt.gov.br/storage/webdisco/leis/lei-10744-2018.pdf. Acesso em: 10 out. 2018.

MATUS ACUÑA, Jean Pierre. La certificación de los programas de cumplimiento. *In:* ARROYO ZAPATERO, Luis; MARTÍN; Adán Nieto (Coord.). *El derecho penal económico en la era compliance.* Valência: Tirant Lo Blanch, 2013. Disponível em: https://blog.uclm. es/cienciaspenales/files/2017/06/derecho_compliance-compressed.pdf. Acesso em: 31 ago. 2021.

MELLO, Rafael Munhoz. *Princípios constitucionais de direito administrativo sancionador.* São Paulo: Malheiros, 2007.

MIRANDA, Rodrigo F. A. *Implementando a gestão de riscos no setor público.* Belo Horizonte: Fórum, 2017.

MOREIRA NETO, Diogo de Figueiredo; FREITAS, Rafael Véras de. A juridicidade da Lei Anticorrupção – Reflexões e interpretações prospectivas. *Revista Fórum Administrativo,* Belo Horizonte, v. 14, n. 156, fev. 2014. Disponível em: http://www.editoraforum. com.br/wp-content/uploads/2014/01/ART_Diogo-Figueiredo-Moreira-Neto-et-al_Lei-Anticorrupcao.pdf. Acesso em: 10 nov. 2018.

MOREIRA, Egon Bockmann; GUIMARÃES, Fernando Vernalha. *Licitação pública*: a Lei Geral de Licitações/LGL e o Regime Diferenciado de Contratação/RDC. São Paulo: Malheiros, 2012.

NEGRÃO, Célia Lima; PONTELO, Juliana de Fátima. *Compliance, controles internos e riscos*: a importância da área da gestão de pessoas. Brasília: Senac, 2014.

NÓBREGA, Marcos; ARAÚJO, Leonardo Barros C. de. Custos do não compliance. *In:* CARVALHO, André Castro; BERTOCCELLI, Rodrigo de Pinho; ALVIM, Tiago Cripa; VENTURINI, Otavio (Coord.). *Manual de compliance.* Rio de Janeiro: Forense, 2019.

O CUSTO da corrupção: trilhões de dólares são perdidos anualmente, diz Gutiérrez. *ONU News,* 9 dez. 2018. Disponível em: https://news.un.org/pt/story/2018/12/1651051. Acesso em: 9 dez. 2018.

O PROCESSO de avaliação de riscos (risk assessment). *Norma Internacional ISO 31000,* 20 jul. 2009. Disponível em: http://www.iso31000qsp.org/2009/07/processo-de-avaliacao-de-riscos-risk.html. Acesso em: 20 ago. 2018.

OCDE. *Seminário OCDE-CADE sobre Licitação Pública e Colusão.* Disponível em: https:// www.oecd.org/brazil/seminario-ocde-cade-sobre-licitacao-publica-e-colusao-discurso-de-abertura.htm. Acesso em: 2 jun. 2020.

PEREIRA JUNIOR, Jessé Torres; DOTTI, Marinês Restelatto. A responsabilidade dos fiscais da execução do contrato administrativo. *Fórum de Contratação e Gestão Pública – FCGP,* Belo Horizonte, ano 10, n. 120, dez. 2011.

PETROBRAS. *Programa Petrobras de Prevenção à Corrupção.* Disponível em: https:// canalfornecedor.petrobras.com.br/pt/compliance/compliance/. Acesso em: 10 jan. 2019.

PINHO, Clóvis Alberto Bertolini de. É preciso cautela ao exigir compliance em contrato público. *Conjur,* 18 fev. 2018. Disponível em: https://www.conjur.com.br/2018-fev-18/ clovis-pinho-preciso-cautela-compliance-contrato-publico. Acesso em: 25 jun. 2018.

PIOVESAN, Flávia; GONZAGA, Victoriana Leonora Corte. Combate à corrupção e ordem constitucional: desafios e perspectivas para o fortalecimento do Estado democrático de direito. *Revista dos Tribunais,* São Paulo, v. 967, p. 21-38, maio 2016.

PIRONTI, Rodrigo; ZILIOTTO, Mirela Miró. O controle de qualidade nas contratações públicas: uma análise do instrumento de medição de resultado. *Revista Brasileira de Direito Público – RBDP,* ano 16, n. 60, jan./abr. 2018.

PONTES, Helenilson Cunha. *O princípio da proporcionalidade e o direito tributário.* São Paulo: Dialética, 2000.

RAVLIN, Elizabeth. Valores. *In:* COOPER, Cary L.; ARGYRIS, Chris (Org.). *Dicionário enciclopédico de administração.* São Paulo: Atlas, 2003.

RESENDE, André Lara. Corrupção e capital cívico. *Valor Econômico,* São Paulo, 31 jul. 2015.

RIO DE JANEIRO (Estado). *Lei Estadual nº 7.753, de 17 out. 2017.* Disponível em: http://www2.alerj.rj.gov.br. Acesso em: 29 jun. 2018.

RIO GRANDE DO SUL (Estado). *Lei Estadual nº 15.228, de 25 de setembro de 2018.* Disponível em: http://www.legislacao.sefaz.rs.gov.br/Site/Document.aspx?inpKey=264558&inpCod Dispositive=&inpDsKeywords=. Acesso em: 11 out. 2018.

SANTOS, Franklin Brasil; SOUZA, Kleberson Roberto. *Como combater a corrupção em licitações:* detecção e prevenção de fraudes. 3. ed. rev., ampl. e atual. Belo Horizonte: Fórum, 2020.

SCHRAMM, Fernanda Santos. *Compliance nas contratações públicas.* Belo Horizonte: Fórum, 2019.

SEN, Amartya Kumar. *Development as freedom.* 4. reimpr. Oxford: Oxford University Press, 2000.

SENNA, Gustavo. Combate à má governança e à corrupção: uma questão de direitos fundamentais e direitos humanos. *In:* ALMEIDA, Gregório Assagra de (Coord.). *Coleção direitos fundamentais e acesso à justiça no estado constitucional de direito em crise.* Belo Horizonte: D'Plácido, 2018.

SILVA, José Afonso da. *Comentário contextual à Constituição.* 2. ed. São Paulo: Malheiros, 2006.

SUNSTEIN, Cass R. *Nudging:* a very short guide. *J. Consumer Pol'y,* v. 37, 2014. Disponível em: https://ssrn.com/abstract=2499658. Acesso em: 5 fev. 2020.

TCU. *Relatório FISCOBRAS 2019.* Disponível em: https://portal.tcu.gov.br/biblioteca-digital/fiscobras-2019.htm. Acesso em: 2 jun. 2021.

THALER, Richard H.; SUNSTEIN, Cass R. *Nudge:* o empurrão para a escolha certa. [s.l.]: [s.n.], 2008.

TRANSPARÊNCIA INTERNACIONAL – TI. *Sobre a Transparência Internacional.* Disponível em: https://transparenciainternacional.org.br/quem-somos/sobre-a-ti/. Acesso em: 20 jan. 2019.

TRANSPARENCY INTERNATIONAL. *Procuring for life.* Disponível em: https://www.transparency.org/en/news/procuring-for-life#. Acesso em: 30 jul. 2021.

TURIONI, Felipe. Energia a partir do lixo eleva potencial elétrico, mas não descarta hidrelétricas. *G1,* 7 set. 2014. Disponível em: http://g1.globo.com/sp/ribeirao-preto-franca/noticia/2014/09/energia-partir-do-lixo-eleva-potencial-eletrico-mas-nao-descarta-hidreleticas.html.

UNODC. *Corrupção e Desenvolvimento.* Disponível em: https://www.unodc.org/documents/lpo-brazil/Topics_corruption/Campanha-2013/CORRUPCAO_E_DESENVOLVIMENTO.pdf. Acesso em: 23 mar. 2021.

REFERÊNCIAS | 349

VILA VELHA (Município). *Lei Municipal n° 6.050 de 27 de agosto de 2018*. Disponível em: https://www.vilavelha.es.gov.br/legislacao/Arquivo/Documents/legislacao/html/L60502018.html. Acesso em: 31 ago. 2021.

WEFORUM. *Exploring blockchain technology for government transparency:* blockchain-based public procurement to reduce corruption. Disponível em: https://www.weforum.org/reports/exploring-blockchain-technology-for-government-transparency-to-reduce-corruption. Acesso em: 2 jun. 2021.

ZANON, Patricie Barricelli; GERCWOLF, Susana. Programas de Compliance e incentivos no combate à corrupção no Brasil. *In:* NOHARA, Irene Patrícia; PEREIRA, Fábio Bastos (Coord.). *Governança, compliance e cidadania*. 2. ed. rev., atual. e ampl. São Paulo: Thomson Reuters Brasil, 2019.

ZENKNER, Marcelo. *Integridade governamental e empresarial:* um espectro da repressão e da prevenção à corrupção no Brasil e em Portugal. Belo Horizonte: Fórum, 2019.

ZILIOTTO, Mirela Miró. A obrigatoriedade da implementação de programa de integridade nas contratações de grande vulto à luz do artigo 25, parágrafo 4º, do Projeto de Lei Nº 1292/95. *Observatório da Nova Lei de Licitações*. Disponível em: http://www.novaleilicitacao.com.br/category/artigos/mirela-miro-ziliotto/. Acesso em: 9 dez. 2019.

ZOCKUN, Maurício. Aspectos gerais da Lei Anticorrupção. *In:* PUCSP. *Enciclopédia jurídica da PUCSP*. 1. ed. São Paulo: Pontifícia Universidade Católica de São Paulo, 2017. Disponível em: https://enciclopediajuridica.pucsp.br/verbete/6/edicao-1/aspectos-gerais-da-lei-anticorrupcao. Acesso em: 13 dez. 2018.

# APÊNDICE

# FASES DO SISTEMA DE INTEGRIDADE[1]

**FASE 1**
Mapeamento e Coleta de Dados Existentes

**FASE 2**
Análise de Maturidade Evidenciada

**FASE 3**
Matriz de Riscos

**FASE 4**
Desenvolvimento e/ou Revisão de Políticas e Procedimentos

**FASE 5**
Canal de Denúncia/ Ouvidoria

**FASE 6**
Elaboração e Registro dos Indicadores de Performance do Sistema

**FASE 7**
Capacitação, Treinamento, Comunicação e Registro

---

[1] Fases de trabalho desenvolvidas pelo escritório Pironti Advogados, todos os direitos reservados.

## 1 Mapeamento e coleta de dados existentes

- Entendimento geral da estrutura;
- Coleta de dados e documentos relevantes;
- Mapeamento da estrutura de integridade e governança;
- Análise de documentos existentes.

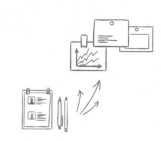

## 2 Análise de Maturidade Evidenciada

- Aplicação de questionários de maturidade com o objetivo de identificar as percepções gerais de uma amostragem de colaboradores da empresa
- Análise da maturidade dos colaboradores acerca da percepção da Integridade, apontando situações de melhoria, normativos que devem ser criados e eventuais situações de riscos

## 3 Matriz de Riscos

Matriz de riscos de *compliance*, com base nos riscos identificados na 2ª fase, desenvolvendo sugestões de processos que devem ser priorizados nos planos de trabalho de *compliance*.

Estruturação de matriz de risco com sugestão de instrução de procedimento para identificação, análise, avaliação e tratamento dos riscos de *compliance*, riscos relacionados à regulação ou relacionamento com o Poder Público, entre outros.

Política de gestão de riscos, com a descrição de metodologia utilizada para concepção da matriz de riscos (ISO31.000 e Coso ERM).

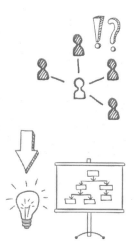

## 4. Desenvolvimento e/ou revisão de Políticas e Procedimentos

- Regimento para condução de investigações internas;
- Política de *due diligence* e *background check*;
- Código de conduta e integridade;
- Política de recepção e tratamento de denúncias;
- Política de brindes, doações e patrocínios;
- Política de viagens e reembolso de despesas;
- Regimento interno do comitê de ética;
- Política de monitoramento de riscos;
- Política de segurança da informação;
- Política de consequências;
- Política de suprimentos;
- Política antissuborno;
- Política de integridade;
- Política de treinamentos;
- Política de auditora interna.

## 5. Canal de denúncia/Ouvidoria

- Desenho do processo de recebimento e tratamento de relatos
- Estruturação de processo de canal de ouvidoria e denúncias
- Implantação de canal de recebimento de relatos

## 6. Elaboração e registro dos Indicadores de Performance do Sistema

Elaboração de KPIs (*key performance indicators* indicadores-chave de performance), quantitativos e qualitativos, que permitam o acompanhamento do sistema de integridade pelos responsáveis por governança, riscos e *compliance*, e pela alta administração, sua evolução, *gaps* e necessidades de aprimoramento.

# KPI - INDICADORES-CHAVE

## QUAIS SÃO OS MODELOS INDICADORES DE DESEMPENHO?

Indicadores que demonstram a aderência e evolução do programa de integridade

Indicadores que demonstram o volume/número de atividades executadas no programa de integridade

## COMO SÃO DESENVOLVIDOS OS INDICADORES DE DESEMPENHO DO PROGRAMA DE INTEGRIDADE?

São elaborados utilizando o mesmo racional de implantação do programa de integridade: por pilares. Cada pilar apresentará indicadores qualitativos e quantitativos para mensurar as atividades, a evolução e a efetividade do programa de integridade.

- Comprometimento da alta administração
- Capacitação e treinamentos
- Políticas e procedimentos
- Gerenciamento de riscos
- Monitoramento contínuo
- Estrutura independente de *compliance*

APÊNDICE | 357

# INDICADORES DE DESEMPENHO

## QUANTITATIVO | Pilar comprometimento da alta administração

| APROVAÇÕES DE RESPONSABILIDADE DA ALTA ADMINISTRAÇÃO POLÍTICAS E PROCEDIMENTOS | | | | |
|---|---|---|---|---|
| Total de políticas/ normas submetidas à aprovação com alterações relacionadas ao *compliance* | Total de políticas/ normas apuradas | Total de normas aprovadas | Total de normas desaprovadas ou não avaliadas | Normas desaprovadas ou não avaliadas: Política de consequências Política de brindes e hospitalidades |
| | 5   **100%** | 3   60% | 2   40% | |

| META | STATUS |
|---|---|
| Total de políticas/normas apuradas | |
| **100%** | ATINGIDA |


# INDICADORES DE DESEMPENHO

## QUALITATIVO | Pilar capacitação e treinamentos

| TREINAMENTO – *DUE DILIGENCE* | | | | |
|---|---|---|---|---|
| Total de colaboradores da área de suprimentos e compras que participaram do treinamento de cadastro e contratos | Colaboradores com nota entre 10 e 9 | Colaboradores com nota entre 8 e 7 | Colaboradores com nota abaixo de 7 ou que não realizaram o treinamento | Tema com pior avaliação: Conflito de interesses Tema com melhor avaliação: Análise de regularidade fiscal e trabalhista |
| 100 | 30   **30%** | 10   10% | 60   60% | |

| META | STATUS |
|---|---|
| Nº de colaboradores com notas acima de 7 | |
| **70%** | NÃO ATINGIDA |

## INDICADORES DE DESEMPENHO

### QUANTITATIVO | Pilar políticas e procedimentos

| ANÁLISE DE PROCESSOS | | | | | |
|---|---|---|---|---|---|
| Total de processos internos revisitados pela área de *compliance* | Total de processos adequados conforme as normativas do programa de integridade | | Total de processos parcialmente adequados conforme as normativas do programa de integridade | | Total de processos inadequados conforme as normativas do programa de integridade |
| 8 | 6 | 80% | 2 | 20% | 0 | 0% |
| | Processo de compras | | Processo de benefícios | | |
| | Processo de doações | | Processo de remuneração variada | | |
| | Processo de patrocínios | | | | |
| | Processo de recrutamento e seleção | | | | |
| | Processo de alvarás e licenças ambientais | | | | |
| | Processo de reembolso de despesas | | | | |

| META | STATUS |
|---|---|
| Total de processos internos adequados conforme as normativas do programa de integridade | |
| 5 | META SUPERADA |

APÊNDICE | 359

## QUANTITATIVO E QUALITATIVO | Pilar gerenciamento de riscos

### ANDAMENTO DOS PLANOS DE AÇÃO – GERENCIAMENTO DE RISCOS

| Histórico de riscos mapeados | Riscos com planos de ação finalizados e eficiência analisada | | Riscos com planos de ação em andamento | | Riscos com planos de ação pendentes | |
|---|---|---|---|---|---|---|
| 50 | 30 | **60%** | 10 | 20% | 10 | 20% |

| META | STATUS |
|---|---|
| Riscos com planos de ação finalizados e eficiência analisada | |
| **70%** | NÃO ATINGIDA |

| | | RISCOS INERENTES | | | | |
|---|---|---|---|---|---|---|
| | | MUITO ALTO | ALTO | MÉDIO | BAIXO | MUITO BAIXO |
| Estratégicos | 5 | 1 | 2 | 2 | | |
| Operacionais | 20 | 10 | 5 | 1 | 2 | 2 |
| Regulatórios | 3 | | | 1 | 1 | 1 |
| Financeiros | 10 | 7 | 2 | | | 1 |
| Políticos | 10 | 5 | 2 | 2 | 1 | |
| Tecnológicos | 1 | | | | 1 | |
| Ambientais | 1 | | | | | 1 |
| | 50 | 23 | 11 | 6 | 5 | 5 |

# INDICADORES DE DESEMPENHO

## QUANTITATIVO | Pilar monitoramento contínuo

| Total de fornecedores/ terceiros com contratos ativos em 2020 | Nível de risco | APROVAÇÕES DE RESPONSABILIDADE DA ALTA ADMINISTRAÇÃO POLÍTICAS E PROCEDIMENTOS | | | Análise geral |
|---|---|---|---|---|---|
| | | Total de fornecedores que passaram por procedimento de *due diligence* em menos de 2 anos | Total de fornecedores que passaram por procedimento de *due diligence* entre 2 e 3 anos | Total de fornecedores que nunca passaram por procedimento de *due diligence* ou com *due diligence* realizada acima de 3 anos | |
| | | 500 **50%** | 300 30% | 200 20% | |
| | ALTO | 100 | 50 | 0 | 15% |
| 1000 | MÉDIO | 200 | 100 | 0 | 30% |
| | BAIXO | 200 | 150 | 0 | 35% |
| | S. I. | | | 200 | 20% |

| META | STATUS |
|---|---|
| Total de fornecedores que passaram por procedimento de *due diligence* em até 3 anos | |
| **90%** | NÃO ATINGIDA |

## INDICADORES DE DESEMPENHO

QUANTITATIVO E QUALITATIVO | Pilar estrutura independente de *compliance*

| EFICIÊNCIA DA ÁREA DE COMPLIANCE | | | | | | | |
|---|---|---|---|---|---|---|---|
| Total de consultas fornecidas pela área de *compliance* | Nível de avaliação | Resposta fornecida em até 5 dias úteis | | Resposta fornecida em até 6 dias úteis | | Resposta fornecida em mais de 6 dias úteis | Análise geral |
| 32 | | 22 | **69%** | 7 | 22% | 3 | 9% | Satisfação |
| Satisfação na resposta oferecida | ÓTIMO | 20 | | 4 | | | **75%** |
| | BOM | 2 | | 3 | | 3 | **25%** |
| | MÉDIO | | | | | | **0%** |
| | RUIM | | | | | | **0%** |

| META | STATUS |
|---|---|
| Resposta fornecida em até 5 dias úteis | |
| **60%** | META SUPERADA |

| META | STATUS |
|---|---|
| Respostas fornecidas com nível de satisfação ótimo | |
| 80% | NÃO ATINGIDA |

## KPI - INDICADORES-CHAVE

### GRÁFICOS GERENCIAIS

Ao final do desenvolvimento dos KPIs, são elaborados gráficos que demonstram visualmente a evolução em cada pilar do programa de integridade.

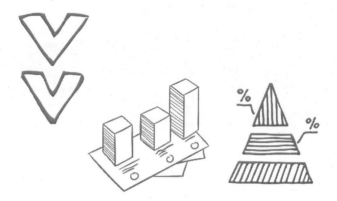

### Capacitação, treinamento, comunicação e registro

- Elaboração de conteúdo para treinamentos relacionados a políticas e riscos de *compliance*
- Conteúdo dos treinamentos *on-line* desenvolvido de acordo com as normativas da empresa
- Realização de treinamentos presenciais ou *on-line* sobre *compliance* e gestão de riscos
- Plano de comunicação do sistema de integridade para os públicos interno e externo
- Disponibilização das informações relacionadas à transparência e à responsabilidade de governança, ambiental e social (ESG) da empresa, para os públicos interno e externo

7

## CERTIFICAÇÕES EM *COMPLIANCE*

As certificações e selos reforçam a efetividade do sistema de integridade das organizações, por meio de evidências que demonstrem a realização de ações periódicas que fomentem o comportamento ético, interno e externo. Para obter tais certificações, as empresas devem atender a diversos requisitos específicos.

Esta obra foi composta em fonte Palatino Linotype, corpo 10
e impressa em papel Offset 75g (miolo) e Supremo 250g (capa)
pela Laser Plus Gráfica, em Belo Horizonte/MG.